Een liefde in Venetië

ANDREA DI ROBILANT

Een liefde in Venetië

VERTAALD DOOR PAUL SYRIER

MOURIA

Voor meer informatie: kijk op **www.mouria.nl** en
www.boekenwereld.com

Oorspronkelijke titel: *A Venetian Affair*

Omslagontwerp: Marry van Baar

Omslagfotografie: Image Bank / Francisco Hidalgo

Foto auteur: Jerry Bauer

ISBN 90 458 4891 0

NUR 320

Ter herinnering aan mijn vader,
Alvise di Robilant

Come ho io vissuto jeri dopo pranzo? Dove ero io a diciore
di notte, cosa faceva alle tre? Cosa sarà di noi oggi dopo pranzo,
questa sera? Questa mattina io vado a mio conto dalla
Contessa Sanseverina, poi dal Smith. Poi ... ...
passerò per casa tua per poter essere a tempo ... ...
mi ... ... e ... ...
... ...
... ... Mi dispiace
solamente che in jeri non ho potuto vedere l'avietina
che l'avrei avvisate perchè oggi si trovasse da bagstino.
Questo sarà per un altra volta: non vorrei che sospet-
tassi anche questo mio desserio per uno dei miei soliti
progetti dei quali tu sempre m'incolsi.
Cosa vuoi che ti dia adesso? Avrei assai cose, ma voglio
salvarle per altro tempo. Io son molto contento di te, e
per dir il vero anche di me medesimo che sans aucune
sorte de gêne je peux te sacrifier tous les moment de ma
vie .... Que dis-je sacrifier! oh que ce mot est detestable
a ce propos bien que en bonne langue françoise, il ne signifie
que simplement dedier .... Io t'amo assai. Ciò che vedrai
adesso non n'è che l'ultimo contrassegno. Mon esprit est toujours
... de soi même, il est chatouillé de cette aimable coquine

Enkele jaren geleden kwam mijn vader thuis met een kartonnen doos vol oude brieven die door de tijd en het vocht ernstig aangetast en nauwelijks leesbaar waren. Hij vertelde dat hij ze had gevonden op de zolder van het oude familiepalazzo aan het Canal Grande, waar hij in de jaren twintig als jongen had gewoond. Jarenlang had hij mijn broer en mij betoverd met verhalen over zijn sprookjesachtige kindertijd – over tochtjes met gondels en tea parties voor kinderen en picknicks op het Lido: op de achtergrond schenen volwassenen altijd champagne te drinken en gekostumeerde feesten te geven. Even romantisch, maar melancholieker, vonden we zijn verhaal hoe de weelderige en extravagante levensstijl van mijn grootouders was gaan rafelen. Aan het begin van de jaren dertig kwamen er steeds regelmatiger kunsthandelaren langs. Er verschenen grote lege vlakken aan de muren. Antieke meubelstukken werden het huis uit gedragen. Zelfs de versleten banieren en roestige zwaarden die onze strijdlustige voorouders op de gehate Turken hadden veroverd werden op veilingen verkocht. Uiteindelijk verkocht mijn spilzieke grootvader het paleis verdieping voor verdieping, waarmee hij de familiebanden met Venetië doorsneed en mijn vader zo berooid achterliet dat deze de rest van zijn leven alleen nog naar zijn Venetiaanse verleden kon terugverlangen. Hij heeft nooit meer in Venetië gewoond, maar zelfs toen hij oud was bleef hij nostalgische pelgrimstochten maken naar de plekken van zijn kindertijd, en vooral naar dat grote oude huis, waar de familie, ook al was het allang niet meer van ons, nog steeds een stel oude dozen en kisten had staan.

De familie Di Robilant is van Piemontese origine. Het verband met Venetië werd aan het eind van de negentiende eeuw gelegd, toen Edmondo di Robilant, mijn heel lange en tamelijk strenge overgrootvader, die uit Turijn kwam, in het huwelijk trad met mijn overgrootmoeder Valentina Mocenigo, een geduchte Venetiaanse grande dame met prachtige zwarte ogen en een messcherpe tong. De Mocenigo's behoorden tot de oude regentengeslachten van Venetië – 'ze hebben de Republiek zeven doges geschonken', werd mijn vader nooit moe tegen ons kinderen te verklaren. Natuurlijk waren de glorieuze dagen van de Venetiaanse Republiek allang verleden tijd toen mijn overgrootouders trouwden, maar de laatste Mocenigo's bezaten nog steeds paleizen en geld en prachtige schilderijen. En zo verhuisden de minder gefortuneerde Di Robilants na de Eerste Wereldoorlog naar Venetië en joegen het restant van het Mocenigo-fortuin er in tamelijk korte tijd doorheen.

Mijn vader, die in de vervallende grandeur van het Mocenigo-paleis was opgegroeid, had meer ontzag voor zijn Venetiaanse voorouders dan voor zijn Piemontese. Voor hem was de doos brieven een kleine schat die hij op wonderbaarlijke wijze aan zijn Venetiaanse verleden had ontrukt. Nog heel goed herinner ik me de uitdrukking van opgetogen verwachting op zijn gezicht toen hij in ons huis in Toscane aankwam en de doos op de tafel in de eetkamer zette, zodat we hem allemaal konden zien.

De brieven waren ernstig gehavend en er zaten wasvlekken en paarse wijnsporen op. Ze zagen er intrigerend uit. Het waren niet de gebruikelijke huishoudinventarissen die nu en dan, als door de tijd aangetast wrakhout van de familie, in een vergeten uithoek van het palazzo in Venetië opdoken. We peuterden ze een voor een open en beseften algauw dat het intieme liefdesbrieven waren die uit de jaren vijftig van de achttiende eeuw dateerden. Sommige bladen waren bedekt met geheimzinnige hiërogliefen, waardoor de ontdekking van mijn vader nog raadselachtiger werd. We besteedden een regenachtig weekend aan het kraken van de vreemde code en probeerden een betekenis te vinden in de eerste fragmenten die we nu konden lezen. Ik weet nog dat we een beetje huiverig waren om in geheimen te spitten die zo lang geleden waren begraven. Toch zwoegden we door, want de betovering was onweerstaanbaar.

Aan het eind van dat lange weekend keerde ik terug naar Rome, waar ik destijds als journalist werkte, terwijl mijn vader de taak op zich nam de schat van ongeveer honderd brieven die hij nu in bezit had te ontcijferen en uit te schrijven. Wat er uiteindelijk uit zijn ingespannen werk opdoemde was de opmerkelijke liefdesgeschiedenis tussen onze voorouder Andrea Memmo, telg van een van de oudste Venetiaanse families, en Giustiniana Wynne, een intelligente en mooie Engels-Venetiaanse van onwettige geboorte. De brieven onthulden een diepe, romantische hartstocht die niet strookte met de galante, luchthartige hofmakerij die men vaak als typerend voor de achttiende eeuw beschouwt. Het was ook, heel duidelijk, een clandestiene relatie: die merkwaardig aandoende puntjes en cirkels en kleine geometrische figuurtjes die op de bladen waren gekrabbeld getuigden indringend van de angst die de twee geliefden moesten hebben gevoeld dat hun brieven in verkeerde handen terecht zouden komen.

Toen mijn vader in de geschiedenis van Andrea en Giustiniana begon te graven vond hij al snel sporen van hun romance in de openbare archieven in Venetië, Padua en zelfs Parijs en Londen. Het bleek dat onderzoekers van het achttiende-eeuwse Venetië van de relatie op de hoogte waren geraakt via de geschriften van Giacomo Casanova, die een intieme vriend van zowel Andrea als Giustiniana was geweest. Rond de laatste eeuwwisseling identificeerde Gustav Gugitz, de grote Casanovakenner, de mademoiselle xcv, die een belangrijke rol speelt in Casanova's memoires, als Giustiniana.[1] Daarna, in de jaren twintig, vond Bruno Brunelli, historicus en kenner van het Venetiaanse theater, in de archieven in Padua twee kleine bundeltjes met de hand gekopieerde brieven van Giustiniana aan Andrea. Hij schreef een op deze brieven gebaseerd boek en sprak in zijn voorwoord zijn spijt uit over het feit dat hij niet ook de brieven van Memmo had gevonden. Hij troostte zich met het idee dat deze met geen mogelijkheid 'even meeslepend als die van Giustiniana' zouden kunnen zijn. Te oordelen naar haar correspondentie, zei hij, leek het er niet op dat Memmo 'het temperament van een groot minnaar had'.[2]

Ook andere Casanovaspecialisten werden door Andrea en Giustiniana aangetrokken. Velen kamden tevergeefs oude boekhandels en antiquariaten uit in de hoop de brieven van Andrea te vinden. De voorraad waar mijn vader bij toeval op was gestuit toen hij op de zolder van het palazzo Mocenigo had gerommeld bleek het ontbrekende deel van het verhaal te zijn – de andere stem. Het waren zeker niet alle brieven van Andrea. Veel waren er verbrand en nog meer had men er waarschijnlijk gewoon laten wegrotten en weggegooid. De brieven die we hadden waren echter informatief genoeg om een veel vollediger beeld van de liefdesgeschiedenis op te leveren – en Brunelli's bewering over Andrea's temperament als minnaar te logenstraffen.

Zodra mijn vader de brieven volledig had uitgeschreven probeerde hij er een uitgever voor te vinden. De tijd verstreek en ik vroeg me af of hij zijn project ooit zou voltooien. Mijn vader had niet de natuurlijke aanleg om een boek samen te stellen. Zijn echte talent was het vertellen van een goed verhaal. Met het verstrijken van de jaren hoorde ik hem steeds weer over Andrea en Giustiniana praten, aldus hun romance tot een volmaakt conversatieonderwerp bijvijlend. Hoe levendig staat hij me nu weer voor de geest, een glas rode wijn in de hand, zijn dinergasten betoverend met een volgende elegante aflevering van *zíjn* Venetiaanse liefdesverhaal. Hij vereerde Andrea, die later een van de laatsten in een lange reeks grote Venetiaanse staatslieden zou worden. Bovendien aanbad hij, vrouwengek die hij nu eenmaal was, Giustiniana – vanwege haar spiritualiteit en haar levendige intelligentie. Mijn vader groef naar hen met oprechte affectie, ook al legde hij zijn bezoekers, die misschien niet voldoende thuis waren in Venetiaanse wetten en gebruiken, uit dat het *un amore impossibile* – een onmogelijke liefde – was geweest.

Het was in die dagen ondenkbaar dat een vooraanstaand lid van de heersende elite zoals Andrea zou trouwen met een meisje met zo'n duistere afkomst als Giustiniana. Ze was uit een buitenechtelijke verhouding geboren, de achtergrond van haar moeder was op zijn best dubieus, en haar vader was een obscure Engelse landjonker en bovendien nog protestants. Om deze reden, zo legde mijn vader uit, zagen ze elkaar in het geheim en schreven ze elkaar vaak in dat vreemde alfabet. Waarop hij zijn publiek naar een hoogtepunt van koortsachtige opwinding bracht door een paar woorden in de privé-code van Andrea en Giustiniana op te krabbelen.

Uiteindelijk werden de gekoesterde brieven voor mijn vader vooral een excuus om eindeloos over zijn helden en de stad die hij zo liefhad door te kunnen praten. En daar zou het waarschijnlijk bij zijn gebleven als de gebeurtenissen niet een treurige en volkomen onverwachte wending hadden genomen. In januari 1997 drong een inbreker het appartement van mijn vader in Florence binnen en sloeg hem dood. Het was een zinloze, onbegrijpelijke daad – een gewelddadig einde voor een zachtaardige man die genoot van het leven. Na de begrafenis bleven mijn broers en ik een week in Florence, in de vage hoop de politie bij haar onderzoek te kunnen helpen. Tijdens die moeilijke dagen was de geschiedenis van Andrea en Giustiniana wel het laatste waar ik aan dacht – tot deze plotseling in de plaatselijke kranten verscheen. De carabinieri hadden mijn vaders laptop open op zijn werktafel aangetroffen. De moordenaar had met hetzelfde puntige voorwerp als waarmee hij mijn vader had vermoord het scherm kapotgeslagen. En dus werden de laptop en de floppy's door de carabinieri als bewijsmateriaal in beslag genomen, waarna ze informatie over Andrea en Giustiniana naar de pers lieten uitlekken die zich met het onderzoek bezighield.[3] In een nog bizardere wending stuurden de carabinieri een paar agenten naar Venetië om mogelijke aanwijzingen te onderzoeken.

Het onderzoek naar de moord leidde tot niets, en twee jaar later werd het afgesloten. De bezittingen van mijn vader, met inbegrip van de originele brieven van Andrea, de schijfjes met de transcripties en de aantekeningen over de coderingen, werden aan ons teruggegeven. Tegen die tijd was ik naar Washington verhuisd als de nieuwe correspondent van het Italiaanse dagblad *La Stampa*. Ik beloofde mezelf echter dat ik mijn best zou doen het oorspronkelijke plan van mijn vader – de brieven in een of andere vorm te laten publiceren – uit te voeren zodra mijn correspondentschap in de Verenigde Staten beëindigd zou zijn. Ik werd verder in dit besluit gestijfd door de vondst van nog een stapeltje brieven, van Giustiniana aan Andrea, in een boekhandel niet ver van mijn nieuwe adres als buitenlands correspondent.

James Rives Childs was een Amerikaans diplomaat en geleerde, die als gevolg van zijn onderzoek naar Casanova een kleine hartstocht voor Giustiniana had opgevat. In het begin van de jaren vijftig was hij in Venetië op zoek naar de onverwachte goudader die zijn collectie Casanoviana zou kunnen verrijken. Hij stuitte op een klein bundeltje van vierenvijftig brieven van Giustiniana aan Andrea, waarmee een volgend fascinerend hoofdstuk aan hun liefdesgeschiedenis werd toegevoegd. Hij maakte er echter niet veel gebruik van. Hij overleed in 1988 en liet zijn verzameling – inclusief de brieven van Giustiniana – na aan zijn alma mater, Randolph Macon College, in Ashland, Virginia, nauwelijks twee uur rijden van het adres waar ik nu in Washington woonde. Ik kende dit deel van Virginia al heel behoorlijk. Ambassadeur Childs – mijn vader zou opgetogen zijn geweest over het toeval – kwam uit Lynchburg, waar mijn moeder was geboren en opgegroeid (ze had op Randolph Macon Woman's College gezeten). Voor mij eindigde de zoektocht die ettelijke jaren daarvoor was begonnen toen mijn vader die brieven op de zolder van zijn ouderlijk huis in Venetië had gevonden op tamelijk spookachtige wijze een paar kilometer verderop aan de weg langs het huis waar mijn moeder in Amerika haar kindertijd had doorgebracht.

Het begin van de jaren vijftig van de achttiende eeuw – de periode waarin Andrea en Giustiniana elkaar leerden kennen – was een bijzonder treurige episode in de lange periode van verval die Venetië op dat moment doormaakte. De duizendjarige Republiek was minder dan vijftig jaar verwijderd van haar snelle ineenstorting door de invasie van het leger van Napoleon Bonaparte. Tekenen van ontbinding waren al lange tijd zichtbaar, en geen enkele Venetiaan met gezond verstand geloofde dat de Serenissima, zoals de Republiek eeuwenlang bekend had gestaan, weer de positie zou kunnen opeisen die ze ooit tussen de grote mogendheden van de wereld had ingenomen. Toch leek Venetië geen beschaving die op haar laatste benen liep. In tegendeel: het maakte een vibrerende, bij tijd en wijle zelfs zelfbewuste oude dag door. De economie kon weer een stootje hebben. Op straat was het drukker dan ooit en de winkels voller met specerijen, juwelen, luxueuze stoffen en huishoudelijke goederen. Op het vasteland maakten de landbouw en veeteelt revolutionaire veranderingen door en rijke Venetianen bouwden prachtige villa's op hun landgoederen. De bevolking groeide weer, en Venetië was met zijn 140.000 inwoners nog steeds een van de dichtstbevolkte steden van Europa. Een ervaren en in het algemeen gesproken conservatieve regering, samengesteld uit een netwerk van onderling verbonden raden en commissies die uit de machtigste families waren gerekruteerd, bestuurde de stad op een wijze die al eeuwenlang nauwelijks was veranderd. De heersende klasse van Venetië bleef een exclusieve kaste, wier symbool het Gouden Boek was – het officiële stamboek van het Venetiaanse patriciaat. De koppige weigering vers bloed tot haar rangen toe te laten, in combinatie met een diepgewortelde afkeer van veranderingen na een zo lange en glorieuze geschiedenis, verzwakte haar slagkracht. Maar zoals een historicus heeft opgemerkt, leek 'de toekomst van de staat, die op een intelligente vorm van paternalisme was gebaseerd, nog steeds verzekerd'.[4]

De periode halverwege de achttiende eeuw was ook getuige van een buitengewone opbloei van de kunsten – een soort nieuwe Renaissance die nauwelijks te rijmen valt met het beeld van een zieltogende beschaving. Het bleek in feite de laatste, glorieuze explosie van het creatieve genie van Venetië, en wat een feest was het – Tiepolo werkend aan zijn hemelse fresco's in het Ca' Rezzonico, Goldoni die zijn grootste blijspelen schreef, Galuppi die de lucht vulde met zijn juichende muziek. Venetië bood meer vermaak en afleiding dan het lang had gekend. Je stelt je het eindeloze Carnaval voor, de extravagante bals en de theaters, die bijna uit hun voegen barstten van het lawaaierige publiek. Het toneel beleefde een bloeiperiode: in de jaren vijftig van de achttiende eeuw waren er zeven grote theaters in bedrijf, die elke avond met rumoerige menigten waren gevuld. Van leden van het patriciaat werd geëist dat ze maskers droegen en in de loges boven zaten, terwijl het gewone volk de begane grond bezette. Het was er altijd luidruchtig, en veel toeschouwers – boven en beneden – schreeuwden en lachten en bekogelden elkaar met klompjes was terwijl ze het toneelstuk luidkeels van commentaar voorzagen. De favoriete en drukste ontmoetingsplaats van alle was echter de Ridotto, het openbare gokhuis dat in heel Europa befaamd was. Venetianen verkeerden in de greep van een grootschalige gokverslaving; ze waren vooral verslingerd aan een kaartspel dat faro heette, dat erg op baccarat leek (faro stond voor farao, de koningskaart). Er waren verschillende gokzalen in de Ridotto, met in totaal wel tachtig speeltafels. De speelkamers kwamen uit op een lange, met kaarsen verlichte zaal – de Sala lunga – waar zich een bont gezelschap gemaskerde mannen en vrouwen ophield, roddelend over wie die avond de sequino's opstapelde en wie de schulden.

Het masker was, misschien meer dan wat dan ook, het symbool van die luchtige, zorgeloze periode. Het was langzamerhand integraal deel van de Venetiaanse uitmonstering geworden, net zoals de pruiken en waaiers en tâches de beauté. Maskers waren er in twee soorten: het meer achteloze, platte genre dat alleen de ogen bedekte, en het 'verhulde' masker, ofwel domino, dat het hele gezicht tot de schouders verborg. Venetianen mochten in het openbaar maskers dragen van oktober tot de vastentijd, met uitzondering van de novene – de periode van negen dagen voor Kerstmis – en iedereen droeg er dan een, van de doge tot de vrouwen die op de markt groenten verkochten. Het gebruik verleende een vleugje mysterie en intrige aan het leven van alledag.

De Zevenjarige Oorlog (1756-1763) tussen de grote Europese mo-

gendheden zou al snel deprimerend gaan werken en de sfeer in de
stad veranderen. De Venetiaanse Republiek, die gedurende dit hele langdurige conflict, dat het einde van het Franse expansionisme
betekende en het begin van de opkomst van Groot-Brittannië als
grote mogendheid markeerde, neutraal bleef, voelde zich in toenemende mate geïsoleerd en op drift raken en uiteindelijk, na de oorlog, verdoold. Maar tot dat moment heerste het gevoel dat alles zou
blijven zoals het al eeuwenlang was, en dat er daarom zoveel mogelijk van het leven genoten moest worden.

In die gelukkiger jaren was het huis van consul Joseph Smith,
een rijke Engelse handelaar die kunstverzamelaar was geworden,
een van de drukstbezochte en interessantste in het Venetiaanse wereldje – de ontmoetingsplaats van populaire kunstenaars, intellectuelen en buitenlanders op doorreis. In de met kunst volgehangen
salon van Smith in het palazzo Balbi aan het Canal Grande leerde
Andrea Giustiniana omstreeks eind 1753 kennen. Hij was vierentwintig, zij nog geen zeventien. Andrea was groot en sterk – knap
op een Venetiaanse manier, met die lange arendsneus die kenmerkend was voor veel patriciërsprofielen. Hij had een scherpe geest
die op de nieuwe ideeën van de Verlichting was afgestemd en het
natuurlijke zelfvertrouwen dat eigen was aan zijn klasse – en een
bewustzijn van zijn onaantastbare positie in de Venetiaanse oligarchie. Zijn ouders beschouwden hem al als een van de grootste talenten van zijn generatie. In de ogen van een meisje dat zeven jaar
jonger was dan hij moet hij wel helemaal een oogverblindende jongeman zijn geweest – wijzer dan zijn leeftijd deed vermoeden en
bovendien zo op zijn gemak in de indrukwekkende salon van consul Smith. Ook Giustiniana was echter een opvallende verschijning
in dat selecte gezelschap. Achter haar onschuldige, van ontzag vervulde blik ging een prachtig meisje schuil, dat overstroomde van
leven. Verder was ze intelligent en alert en had ze een snel gevoel
voor humor. Andrea was meteen diep van haar onder de indruk.
Ze was zo anders dan de andere jonge vrouwen in zijn omgeving:
in zekere zin vertrouwd – ze was immers in Venetië geboren en opgegroeid – maar tegelijk ook heel anders, een beetje exotisch zelfs,

niet alleen vanwege haar Engelse bloed maar ook vanwege haar unieke karakter.

Andrea en Giustiniana ontmoetten elkaar steeds weer ten huize van consul Smith. Dat ze zich fysiek tot elkaar aangetrokken voelden was iedereen duidelijk: al heel gauw konden ze het niet meer verdragen niet bij elkaar te zijn. Maar er was ook iets diepgaanders aan de hand, iets magischers en geheimzinnigers: de versmelting van twee zielen die heel verschillend waren en niettemin naar elkaar smachtten. 'Mijn hartstocht voor hem slokte al het andere in mijn leven op,'⁵ herinnerde Giustiniana zich vele jaren later. Ook Andrea was overweldigd door zijn gevoelens, op een manier die hij nooit eerder had meegemaakt.

Helaas is het vroegste deel van hun liefdesverhaal in nevelen gehuld gebleven. Als ze elkaar in die periode al brieven hebben geschreven – wat waarschijnlijk is – zijn deze nooit ergens opgedoken. In hun latere correspondentie vinden we echter sporen van hun eerste betoverde dagen samen, toen ze elkaar in de kamers van het palazzo Balbi achternazaten, op zoek naar de donkere hoek waar ze, volledig meegesleept door hun prille liefde, elkaar vast konden houden en konden kussen.

Van het allereerste begin droeg het liefdesverhaal van Andrea en Giustiniana een accent van een uitdaging aan het adres van de buitenwereld. Meegesleept door de pure kracht van hun gevoelens zetten ze hun verhouding door, dwars tegen de sociale conventies in die hier duidelijk tegen gekant waren. Het is waar dat ongeveer halverwege de achttiende eeuw, toen preromantische aanvechtingen zich door de Venetiaanse maatschappij verspreidden, jonge mannen en vrouwen die van elkaar hielden de rigide gebruiken van de bejaarde Republiek begonnen te tarten. Het aantal clandestiene huwelijken, die heimelijk door de kerk werden gesanctioneerd, maakte in die jaren een aanzienlijke stijging door. De prijs van een inbreuk op de regels was echter nog steeds erg hoog. Zoals een historicus het heeft uitgedrukt: 'Iedere patriciër die een poging deed een geheim huwelijk te sluiten ging bijna onvermijdelijk een direct conflict met zijn familie en de maatschappelijke instellingen aan.

Door zijn eer te schaden zag hij af van elke maatschappelijke carrière en verloor hij het privilege zijn eigen kinderen te zien, die wel als leden van het patriciaat werden erkend. Bovendien liep hij de kans elke economische bijstand van zijn familie te verliezen en onterfd te worden.'6

De clandestiene huwelijken die wel plaatsvonden, betroffen voor het merendeel verarmde patriciërs of leden van de lagere adel, die met ongehoorzaamheid jegens hun ouders niet veel te verliezen hadden. Voor Andrea, met zijn familiegeschiedenis, zijn opleiding en zijn sterke plichtsgevoel jegens de Republiek, moet het idee heimelijk met Giustiniana in het huwelijk te treden, zeker in de beginfase van hun verhouding, volledig irrationeel hebben geleken. Afgezien van de schande die het over zijn familie zou hebben gebracht valt moeilijk in te zien hoe een dergelijk huwelijk vanuit praktisch oogpunt kans van slagen zou hebben gehad. Waar hadden ze moeten wonen? Waarvan hadden ze moeten leven? Ondanks haar jeugd en intense emoties was zelfs Giustiniana realistisch genoeg om in te zien dat ze vermorzeld zouden worden als ze de oeroude gebruiken van de Republiek geweld aandeden.

Een paar maanden na het begin van hun affaire betrad Giustiniana's moeder met typerende kracht het toneel. Mevrouw Anna had één dringende taak: een geschikte echtgenoot voor haar oudste dochter te vinden. Dit hield in dat ze Giustiniana op veilige afstand moest houden van de warmbloedige jonge Venetiaanse patriciërs, die een poging zouden kunnen wagen haar omwille van de intrige en de pret te verleiden maar nooit met haar zouden trouwen – en onderwijl naar een verstandigere, zij het minder glamoureuze verbintenis uit te zien. Ze kon niet toestaan dat Giustiniana haar plan op de klippen zou laten lopen door een verhouding die in haar ogen geen toekomst had en haar uitsluitend eerverlies zou brengen. In de winter van 1754 verbood ze Andrea dus Giustiniana ooit nog thuis te komen bezoeken en zei dat de twee geliefden elkaar niet meer mochten zien.

Het verbod van mevrouw Anna leek het einde van hun clandestiene liefde te betekenen. De door de tijd aangetaste brieven die door de jaren heen bleven opduiken – eerst in de archieven in Padua, daarna op de zolder van het palazzo Mocenigo en ten slotte aan het Randolph Macon College in Virginia – onthullen echter dat dit eigenlijk nog maar het begin was van hun opmerkelijke liefdesverhaal.

Een

Vroeg in de avond ontmoette Andrea Giustiniana in het theater. Ze zag er stralend uit in haar brokaten avondmantel, en
door de gespannen wijze waarop ze vol spanning naar hem uitkeek,
werd ze in zijn ogen lieftalliger dan ooit. Ze glimlachte toen ze hem
in de gaten kreeg, en ze wisselden, kennelijk zonder de argwaan
van mevrouw Anna te wekken, op veilige afstand een paar signalen uit. Na het toneelstuk volgde Andrea moeder en dochter naar
de Ridotto, waarbij hij dicht langs de muren in de smalle straatjes
liep en nerveuze blikken voor zich uit wierp. In de speelzalen, in
de late menigte gemaskerde mannen en vrouwen die zich rond de
farotafels verdrongen, was het echter veel lastiger mevrouw Anna
te ontwijken, die de schaduwen in de met kaarsen verlichte vertrekken in en uit schoot. Hij was doodsbang dat ze hem plotseling
op zijn nek zou zitten en een verschrikkelijke scène zou maken. Uit
het veld geslagen door alle obstakels gaf hij het ten slotte op en
ging naar huis zonder zijn kostbare moment met Giustiniana alleen te hebben gehad.

Die nacht sliep hij nauwelijks, lag onrustig te woelen, zich afvragend of hij niet te abrupt uit de Ridotto was vertrokken en of
hij Giustiniana wel voldoende duidelijk had gemaakt waarom hij
ervandoor was gegaan. De volgende morgen stond hij vroeg op en
schreef haar meteen:

*M*ijn liefje,

Laat ik beginnen bij het eind: ik wil heel graag weten of je moeder gisterenavond iets heeft gemerkt – enig onvoorzichtig gebaar mijnerzijds misschien – en of je zelf tevreden was of redenen had om boos op me te zijn. Alles is zo ongewis. In het theater ging het niet slecht, maar in de Ridotto – ik weet niet hoe het in de Ridotto is afgelopen. Zolang ik in het zicht van je moeder was probeerde ik me te verbergen – zoals je waarschijnlijk hebt gezien. En wees verzekerd dat toen ik me niet liet zien, de reden hiervoor was dat mevrouw Anna mijn kant op keek. Zodra je de speelkamers had verlaten zag ik onze tiran niet meer en stelde ik me voor dat we haar voorgoed kwijt waren; je gebaren leken dit in elk geval te suggereren. Toen ik echter ging informeren en te horen kreeg dat ze er nog was, bleef ik even wachten om het zelf te zien, en inderdaad: daar was ze weer. Ik besloot dus uit haar blikveld te verdwijnen. Ik weet niet of ik daar goed aan heb gedaan. Ik ben overal onzeker over en ik zie uit naar het moment waarop ik weer zonder twijfels zal zijn.'*

Met haar verbod op elk contact tussen de geliefden hoopte mevrouw Anna duidelijk te bereiken dat de hartstocht die ten huize van consul Smith zo gevaarlijk was ontbrand, zou doven voordat haar dochter onherstelbare schade zou worden toegebracht. Ze had het verbod echter uitgevaardigd precies op het moment dat ze diep verliefd op elkaar waren geworden. Hun behoefte bij elkaar te zijn

---

* Om de lezer niet onder eindeloze noten te bedelven heb ik niet van ieder citaat uit de correspondentie tussen Andrea en Giustiniana steeds weer een precieze bronvermelding gegeven (tenzij anders aangegeven), in de hoop dat een korte aantekening bij de verschillende bundels brieven, die na de tekst op pagina 365 wordt gegeven, lezers met bibliografische belangstelling in staat zal stellen aan de weet te komen waar het citaat dat ze lezen vandaan komt. Verder zal de lezer het wellicht op prijs stellen te weten dat ik bij de vertaling van de brieven van het Italiaans in het Engels mijn best heb gedaan de oorspronkelijke achttiende-eeuwse toon te handhaven, hoewel ik het excessieve gebruik van hoofdletters niet heb overgenomen en veranderingen in de interpunctie heb aangebracht, zodat de brieven gemakkelijker toegankelijk worden.

was sterker dan iedere hindernis die ze hun in de weg kon leggen; de spanning van hun verboden verhouding bracht hen alleen maar dichter bij elkaar. Zoals Andrea tegen Giustiniana opmerkte waren de niet-aflatende waakzaamheid van haar moeder en de sfeer van algemene afkeuring die ze om hen heen weefde voldoende om hun verlangen samen te zijn 'alleen maar hardnekkiger te maken'. In feite was er in het kielzog van het vonnis van mevrouw Anna geen sprake geweest van een noemenswaardige scheiding. De twee geliefden bleven elkaar steeds fanatieker opzoeken en speelden in de straten van Venetië, in het theater, in de menigte in de Ridotto een uiterst geladen verstoppertje.

Het is gemakkelijk mevrouw Anna als de gevoelloze en al te betuttelende moeder te zien – als de tiran, zoals de geliefden haar gewoonlijk noemden. Ze had echter goede redenen om in haar standpunt te volharden. Ze was een ervaren vrouw, die hard voor haar respectabele positie had gewerkt, en ze had een scherp inzicht in de gecompliceerde werking van de Venetiaanse society, waarin de belangen van de heersende families altijd voorgingen. Ze was zich ook zeer bewust van de speciale plaats die Andrea in deze society innam – en van het feit dat hij een ontzagwekkende tegenstander was in haar strijd om haar dochter te beschermen.

Historici hebben de herkomst van Andrea's familie helemaal tot de *gens Memmia* in de Romeinse tijd kunnen herleiden. Al in het jaar 979 was er een doge met de naam Memmo, en de daarop volgende acht eeuwen leverde de familie de Republiek een gestage stroom staatslieden en hoge ambtsdragers. Ten tijde van Andrea hadden ze nog steeds extreem veel invloed in de Venetiaanse politiek, een elite binnen een elite in een periode dat veel andere families die in de stad woonden waren weggekwijnd en politiek irrelevant geworden.*

---

* Los van hun politieke invloed werden er vierentwintig families als de oorspronkelijke stichters van Venetië beschouwd en van deze herleidden er twaalf hun wortels tot het vroege christendom. Ze duidden zichzelf met de term 'apostolisch' aan. De Memmo's behoorden tot deze twaalf families.

Maar de Memmo's hoorden niet bij de rijkste families. In de jaren vijftig van de achttiende eeuw was hun inkomen tot ongeveer 6000 dukaten per jaar gedaald, en ze zouden minstens het dubbele van dit bedrag nodig hebben gehad om comfortabel de uitgaven te kunnen bekostigen die van een familie van zo hoge rang werden verwacht (de rijkste families hadden inkomens die tienmaal zo hoog waren). Ze verdienden aan hun landgoederen op het vasteland derhalve nauwelijks genoeg om met het noodzakelijke decorum in Ca' Memmo, het grote familiepalazzo aan het westelijke uiteinde van het Canal Grande te kunnen wonen.[1]

Andrea's vader, Pietro Memmo, was een zachtaardige en rechtschapen man die sinds lang met zijn gezondheid tobde. Zijn moeder, Lucia Pisani, kwam uit een rijke familie die de Republiek haar grootste en populairste admiraal had geschonken – de strijdlustige Vettor Pisani, die in de veertiende eeuw Venetië uit handen van de Genuezen had gered. Pietro was altijd een tamelijk afstandelijke figuur geweest – hij en Andrea hadden elkaar maar weinig te zeggen – en ook Lucia gedroeg zich niet erg warm tegen haar kinderen. Ze had nogal stijve manieren, die onder de meer ouderwetse patricische dames van die tijd tamelijk gebruikelijk waren. Niettemin was ze veruit de sterkste persoonlijkheid van de beide ouders, en Andrea voelde zich veel meer met haar verbonden dan met zijn vader. De enige in de familie die hij werkelijk aanbad, was Marina, zijn zes jaar oudere zuster: een gevoelige, vriendelijke jonge vrouw, die hij altijd in vertrouwen kon nemen. Zijn broer Bernardo was een jaar jonger dan hij, en een andere broer, Lorenzo, vier jaar jonger. De drie jongens, die in leeftijd niet veel van elkaar verschilden, waren als kind veel samen.

De pater familias was Andrea Memmo, Andrea's eerbiedwaardige oom, die bekendstond om zijn moed en zijn sterke karakter; hij was toen hij in 1713 ambassadeur in Constantinopel was geweest door de Turken gevangengezet en gefolterd. Andrea senior diende de Republiek op uitnemende wijze en eindigde zijn politieke loopbaan als procuratore di San Marco, de hoogste regeringspost na het ambt van doge. Vervolgens werd hij een gerespecteerd 'elder statesman', die door zijn gelijken als 'misschien wel de grootste expert in Venetiaanse aangelegenheden' werd beschouwd.[2] Hij overleed in 1754 op zesentachtigjarige leeftijd – in het jaar dat de grote liefde tussen Andrea en Giustiniana ontluikte.

Andrea's oom bestierde de familie tientallen jaren met strakke hand en hield overal toezicht op: van politieke bondgenootschappen tot zakelijke beslissingen, van huishoudelijke uitgaven tot de opleiding van de jongste Memmo's, zijn neefjes Andrea, Bernardo en Lorenzo, met het oog op een carrière in dienst van de republiek. Tijdens zijn lange bewind stond Ca' Memmo bekend om zijn sterke gehechtheid aan tradities. Het werd echter ook als een progressief huis beschouwd, waar schrijvers, beeldend kunstenaars en componisten altijd welkom waren. De nieuwe ideeën uit Parijs, en vooral de politieke geschriften van Montesquieu (Venetianen hadden een voorkeur voor alles wat met regeringsmachinerieën te maken had) werden aan de eettafel hartstochtelijk besproken.* Carlo Goldoni, de grote toneelschrijver, was een intieme vriend van de Memmo's en een frequente gast bij het middagmaal. Hetzelfde gold voor de Duitse componist Johann Adolph Hasse, de 'goddelijke Sakser', die trouwde met de diva Faustina Bordoni en aan het hoofd stond van het conservatorium in de Incurabili, een van de hospitia waar jonge wezen tot musici en vocalisten werden opgeleid.

Al heel vroeg had Andrea senior zijn favoriete neef en naamgenoot als zijn opvolger aangewezen. Met het verstrijken van de jaren doordrong hij hem van een plichtsgevoel tegenover zijn familie en zijn land dat hem zijn hele leven bij zou blijven. Bovendien bereidde hij hem voor op een loopbaan in dienst van 'onze wijze Venetiaanse Republiek, die de afgelopen tien eeuwen de grootste en rijkste koninkrijken heeft zien instorten en toch kans heeft ge-

---

* Montesquieus *Esprit des lois* werd in 1749 in Venetië gepubliceerd. Montesquieu zelf was naar Venetië gegaan om de wetten en de bestuursvorm van de stad te bestuderen. Hij werd door inquisiteurs de stad uitgezet, en de overlevering wil dat hij op zijn vlucht naar het vasteland al zijn aantekeningen in de lagune heeft gegooid. Jean-Jacques Rousseau was in Venetië ook een bekende figuur omdat hij in 1743 en 1744 secretaris van de Franse ambassadeur in Venetië was.

zien overeind te blijven temidden van de tegenslagen die alle andere hebben getroffen'.[3]

Andrea kreeg zijn eerste onderricht van Eugenio Mecenati, een karmelieter monnik die als huisleraar bij verschillende patricische families werkte. Intellectueel kwam hij echter pas volledig tot wasdom na zijn kennismaking met Carlo Lodoli, een vurige en charismatische franciscaner monnik. In de jaren veertig van de achttiende eeuw veroverde Lodoli voor zichzelf een positie als controversiële plaatselijke filosoof van Venetië. Hij was een briljant geleerde en docent en praatte met zijn studenten even gemakkelijk over astronomie als over filosofie of economie. Lodoli's grote hartstocht gold de architectuur, een terrein waarop hij de principes van het utilitarisme toepaste om zijn eigen visionaire theorieën met betrekking tot functie en vorm te ontwikkelen. Gehuld in zijn ruwe habijt had de monnik een rauw, slonzig uiterlijk, dat behoorlijk intimiderend kon zijn: 'De rode vlekken in zijn gezicht, zijn wilde haar, zijn baard en die ogen die brandden als kolen – het scheelde niet veel of hij joeg zwakkere geesten op de vlucht,'[4] herinnerde Andrea zich jaren later. Lodoli's leerlingen waren de kinderen van de meer verlichte families van Venetië. Hij heeft geen boeken geschreven maar hield de studenten in zijn ban door de kracht van zijn persoonlijkheid en het onderzoekende vermogen van zijn socratische 'gesprekken'. Zijn missie was het openbreken van de geesten van jonge patriciërs. De Venetiaanse autoriteiten stonden argwanend tegenover de grote invloed die de monnik op zijn leerlingen had. Lodoli had echter geenszins de bedoeling de gevestigde politieke orde omver te werpen, zoals zijn conservatieve critici suggereerden: hij wilde hem verbeteren – door de mannen te verbeteren op wie algauw een beroep zou worden gedaan om de Republiek te dienen.

Andrea bleef Lodoli zijn hele leven toegewijd, maar de morele strengheid van de franciscaan, zijn ascetische levensstijl, kon af en toe moeilijk te verdragen zijn. Het valt gemakkelijk in te zien waarom Andrea's sensuele kant in zijn gezelschap enigszins ondervoed raakte en waarom Andrea steeds meer tijd doorbracht in het schitterende huis annex museum van consul Smith aan het Canal Grande, dat een klein stukje lopen van het Ca' Memmo lag. Hij bestudeerde er urenlang de geweldige verzameling schilderijen en beelden die de consul in de loop van dertig jaar had aangelegd en begroef zich tevreden in de bibliotheek – een uitzonderlijke schatkamer van klassieken en modernen in prachtig gebonden delen.

Smith was in de eerste jaren van de eeuw in Venetië aangekomen, toen de stad nog een groot aantal buitenlandse handelaren en zakenlieden had aangetrokken. Hij was aan het werk gegaan voor de firma van zijn landgenoot Thomas Williams en had dit met zoveel succes gedaan dat hij, toen Williams zich een paar jaar later terugtrok en naar Engeland terugkeerde, de onderneming had kunnen overnemen. Smith bouwde een aanzienlijk fortuin op met de handel met het Oosten, waarbij hij goederen kocht van Venetiaanse handelaren en ze weer op de Britse markt verkocht. In 1717 trad hij in het huwelijk met Catherine Tofts, een populaire zangeres die naam had gemaakt in de theaters in Londen alvorens naar Venetië te verhuizen. Catherine was rijk, had goede connecties en was tijdens de eerste jaren van hun huwelijk zeker de belangrijkste attractie van huize Smith. Met de jaren trok ze zich echter geleidelijk uit de society terug, misschien omdat ze nooit was hersteld van het verlies van hun zoon, John, die in 1727 op zesjarige leeftijd was overleden.

Omdat zijn zaken een steeds grotere bloei doormaakten kocht Smith het palazzo Balbi, dat hij al sinds zijn aankomst in Venetië huurde, en gaf de architect Antonio Visentini, een vriend en beschermeling, opdracht de gevel te renoveren. Na de nodige intriges in de Engelse gemeenschap in Venetië en veel smeekbeden bij de regering in Londen verwierf hij in 1740 uiteindelijk de titel van consul. Tot zijn grote verdriet bracht hij het echter nooit tot Brits Resident (ambassadeur).

Consul Smith zou waarschijnlijk allang in vergetelheid zijn geraakt als hij zich niet ook op het terrein van de kunst was gaan bewegen en een van de grootste kunsthandelaren van zijn tijd was geworden. Hij maakte er een gewoonte van kunstenaars te bezoeken, van wie velen op korte loopafstand van zijn huis hun atelier hadden. Smith beschikte over een scherp oog en genoot ervan in alle vriendelijkheid over prijzen te onderhandelen. Zijn verzameling omvatte prachtige allegorische schilderijen van Sebastiano Ricci en Giovan Battista Tiepolo, weidse landschappen van Francesco Guardi, intieme taferelen uit het Venetiaanse leven door Pietro Longhi en verschillende exquise portretten van Rosalba Carriera. Zijn speciale bewondering gold echter Canaletto's heldere en gedetailleerde stadsgezichten, en door de jaren ontwikkelde hij een intieme professionele relatie met de grote Venetiaanse *vedutista*.

Smith combineerde het oog van een kunstliefhebber met de geest van een koopman. Hij besefte dat hij in het brandpunt van een buitengewone artistieke bloeiperiode leefde en in een unieke positie verkeerde om van zijn beschermheerschap een winstgevende onderneming te maken. Hij bestelde werken bij zijn favoriete kunstenaars en verkocht ze door aan rijke Engelse aristocraten, precies op het moment dat het verzamelen van kunst op grote schaal in de mode kwam. (Hij had zoveel succes met de verkoop van zijn geliefde Canaletto dat deze kunstenaar uiteindelijk naar Londen verhuisde om voor zijn groeiende klantenkring gezichten op de Theems te schilderen.) Al doende bouwde Smith zijn eigen verzameling op en verrijkte deze met belangrijke schilderijen van oude meesters. Werken van Bellini, Vermeer, Rembrandt, Van Dyck en Rubens sierden de muren van zijn palazzo. Misschien nog meer dan schilderijen waren boeken zijn passie. Hij kocht kostbare edities van de grote klassieken naast originele handschriften en tekeningen en was persoonlijk betrokken bij de hausse in het publicatiewezen in Venetië. Smith investeerde in de drukkerij en boekhandel van Giovan Battista Pasquali, en samen publiceerden ze de werken van Locke, Montesquieu, Helvetius, Voltaire en Diderot en zijn collega-Encyclopédistes (de eerste delen van de revolutionaire *Encyclopédie* verschenen in 1751). Het atelier van Pasquali groeide algauw uit tot een favoriete verzamelplaats voor de groeiende groep Venetiaanse boekenliefhebbers. 'Na van de frisse lucht te hebben genoten en deel te hebben gehad aan de genoegens van het Piazza San Marco,' schreef de Franse reiziger Pierre Jean Grosley, 'gingen we altijd naar de winkel van Pasquali of een andere boekhandel. Deze winkels doen dienst als het gebruikelijke ontmoetingspunt voor buitenlanders en edelen. De gesprekken worden dikwijls gekruid met dat Venetiaanse zout dat veel ontleent aan het Griekse atticisme en de Franse vrolijkheid zonder een van beide te zijn.'5

De salon van Smith was in zekere zin een filiaal van de winkel van Pasquali in een eleganter decor. Hij was het middelpunt van de kleine Engelse gemeenschap (en raakte op de een of andere manier nooit zijn vleugje Engelse eigenaardigheid kwijt). Belangrijker was echter dat het een plek was waar in een sfeer van verlichte gezelligheid kunstenaars, intellectuelen en Venetiaanse patriciërs bijeen konden komen. Carlo Goldoni droeg een van zijn toneelstukken – *Il filosofo inglese* – aan Smith op. In zijn vleiende voorwoord schreef hij: 'Allen die uw huis betreden vinden er de meest volmaakte versmelting van alle wetenschappen en alle kunsten. U bent geen liefhebber die alleen maar vol bewondering staat te staren, maar een ware kenner die de betekenis en schoonheid van de kunst om zich heen graag met anderen deelt. Uw goede smaak en uw volmaakte kennis hebben u geïnspireerd de mooiste dingen uit te kiezen, en uw moedige en genereuze geest heeft u ertoe gebracht ze te kopen.'6 Andrea bracht tal van gelukkige dagen in het palazzo Balbi door. In de bibliotheek van de consul maakte hij kennis met Vitruvius, bestudeerde hij tekeningen van Palladio en verdiepte hij zich in het nieuwste deel van de *Encyclopédie* (hij maakte zich de gewoonte eigen er lange passages uit over te schrijven om de geest van de Franse Verlichting beter in zich op te kunnen nemen). Smith, wiens enig kind zoveel jaren daarvoor was overleden, ontwikkelde een oprechte affectie voor Andrea en werd met het klimmen van de jaren steeds afhankelijker van hem als vertrouweling en assistent. Rond 1750 was hij al in de zeventig. Hij was zijn vaste hand in zakelijke transacties kwijtgeraakt en zijn financiële situatie, die slecht was, zou alleen maar nog slechter worden. Omdat hij geen erfgenaam had en steeds minder geld bezat beraamde hij de transactie van zijn leven – een ambitieus plan om zijn geweldige kunstverzameling en zijn bibliotheek aan de Britse Kroon te verkopen.* Hij schakelde Andrea in om hem te helpen al zijn schilderijen en boeken te catalogiseren.

Onder invloed van Goldoni ontwikkelde Andrea ook een grote belangstelling voor het theater. In het seizoen, dat van oktober tot en met mei liep, ging hij vrijwel iedere avond naar de schouwburg. Hij stortte zich enthousiast in het rauwe debat dat tussen conservatieve en progressieve critici woedde. Hoewel Goldoni twintig jaar ouder was dan Andrea, genoot hij van het gezelschap van de jongeman, die hij niet alleen als een veelbelovend lid van de heersende klasse beschouwde, maar ook als een mogelijke bondgenoot in zijn kruistocht voor toneelstukken die het dagelijks leven van de Venetianen meer benaderden. In 1750 droeg hij zijn *Momolo cortesan* aan Andrea op en zei hem dat hij hoopte dat ze samen 'het toneel zouden bevrijden van de obscene en slecht doordachte stukken'[8] die door zijn conservatieve rivalen werden geschreven. Aangemoedigd door Goldoni begon Andrea serieus werk te maken van het idee een nieuw theater te openen dat geheel gewijd zou zijn aan Franse stukken, van de klassieken van Molière tot de lichte komedies van Marivaux. Het doel, zei hij, was 'onze eigen toneelkunst te verbeteren... en de algemene geest op een oprechte manier te verheffen.'[9]

Terwijl Andrea rustig op zijn beurt wachtte om als lagere functionaris bij de Venetiaanse regering te dienen, werden zijn dagen gevuld met werk voor Smith, zijn nieuwe theaterproject en de groeiende last van familieverantwoordelijkheden die door zijn ouder wordende oom op zijn schouders werd gelegd. Toch was er nog

---

* Smith opende de onderhandelingen met de Kroon tijdens de laatste jaren van het bewind van koning George II. Pas na de troonsbestijging van koning George III in 1760 kwamen de onderhandelingen in een stroomversnelling. De transactie werd in 1763 uiteindelijk bezegeld. De schilderijen en tekeningen van Smith werden de hoeksteen van de Windsor-collectie, en de Bibliotheca Smithiana maakt nu deel uit van de Koninklijke Bibliotheek in het British Museum.[7]

meer dan genoeg tijd voor avondwandelingen en galante avonturen in het Campo Santo Stefano en op het Piazza San Marco, nachtelijke discussies in de koffiehuizen en *malvasìe* (wijnlokalen die gespecialiseerd waren in de verkoop van malvezij) en zelfs af en toe een uitstapje naar de Ridotto – hoewel Andrea nooit echt een gokker werd en er voornamelijk heen ging om vrienden te ontmoeten en de omgeving in zich op te nemen.

Een van zijn nieuwe vrienden was Giacomo Casanova, die na zijn eerste reis naar Parijs in 1752 in Venetië was teruggekeerd. Hij en de drie gebroeders Memmo werden vaak in elkaars gezelschap gezien in een van de populaire *malvasìe*, waar ze tot laat dronken, kaart speelden en luidruchtig korte metten maakten met het laatste stuk van abbé Pietro Chiari, de belangrijkste conservatieve rivaal van Goldoni. Andrea's moeder was niet gelukkig met de vriendschap van haar zoons met Casanova. Ze zag hem als een gevaarlijke atheïst met een laagstaande moraal, die onvermijdelijk haar kinderen zou corrumperen, en alarmeerde via haar politieke connecties de autoriteiten. Het bleek dat de Inquisitori di Stato – het geheimzinnige comité van drie leden dat toezag op de binnenlandse veiligheid – er eenzelfde visie op Casanova op na hielden en al een lijvig dossier over hem hadden opgebouwd. De groep vrolijke nachtbrakers werd zelfs al in de gaten gehouden door een handjevol fossiele informanten die nog steeds op de loonlijst van de regering stonden en van wie er een in zijn rapport vertrouwelijk uitlegde dat wat Casanova en zijn vrienden aan elkaar bond de omstandigheid was dat ze 'filosofen van hetzelfde allooi zijn... allemaal epicuristen'.[10]*

Ondanks zijn drukke leven en de vele afleidingen was Andrea zo doordrongen van plichtsgevoel jegens de Republiek dat hij zijn hartstocht voor architectuur, zijn liefde voor het theater en zijn ken-

---

* Giovan Battista Mannuzzi was destijds de bekendste spion die in Venetië werkzaam was, en hij hield Casanova terdege in de gaten. In een eerder rapport beschreef hij hem als 'een man met een neiging tot overdrijving die dankzij zijn leugens en zijn vermogen tot bedriegen kans ziet op kosten van deze of gene te leven'. Een ander rapport, van een minder be-

nis van schilderkunst en tekeningen niet als doel op zich zag maar als extra bekwaamheden die hij in zijn loopbaan in het openbaar bestuur praktisch te nutte zou maken. De gedachte kwam niet bij hem op een andere weg te zoeken dan die welke zijn oom Andrea voor hem had uitgestippeld. Ook het huwelijk zag hij duidelijk vanuit hetzelfde gezichtspunt. Voordat Andrea Giustiniana had leren kennen had hij een aantal affaires gehad. Hij was dol op het gezelschap van vrouwen en al op jonge leeftijd zeer gewild onder zijn vriendinnen – hij was ook een goed danser, wat zeker hielp. Hij had echter geen grote romance of duurzame verhouding gehad. Hij kende en aanvaardde het feit dat hij onvermijdelijk met een jonge vrouw uit zijn eigen maatschappelijke klasse zou trouwen en dat beide families het huwelijk zouden beklinken na lange onderhandelingen die weinig met de gevoelens van de aanstaande bruid en bruidegom te maken zouden hebben. Alles wat jongemannen als Andrea thuis hadden geleerd 'onderstreepte de irrationaliteit van keuzen die uitsluitend op basis van sentimentele gevoelens werden gemaakt'.[11]

De wereld van Andrea rijk, gevarieerd en uitdagend maar ook tot op grote hoogte voorspelbaar – werd opeens overhoop gegooid toen Giustiniana er eind 1753 haar opwachting maakte. Ze kwam uit een totaal andere wereld, was net met haar moeder en haar zussen en broers uit Londen teruggekeerd, waar ze heen waren gegaan om na de dood van sir Richard, haar geliefde vader, de erfenis op te halen. Tijdens dit jaar van afwezigheid was ze opgebloeid tot een levendige en zeer aantrekkelijke jonge vrouw. De Wynnes beschikten over een tweejarige, verlengbare verblijfsvergunning; ze waren

---

kende informant, dat van groot inzicht getuigt, meldt dat Andrea's broer Bernardo ietwat werd verscheurd door zijn relatie met Casanova: 'Hij verkeert vaak in zijn gezelschap en bemint en verafschuwt hem beurtelings.' In het algemeen maakte het ooit ontzagwekkende systeem van informanten van de regering in de achttiende eeuw een gestaag proces van neergang door. Tegen 1760 was het budget tot vierduizend dukaten gekrompen en ontvingen er slechts drie spionnen volledige betaling. Een hoge ambtenaar betreurde het feit dat ze 'zo gering in aantal en van zo matige kwaliteit waren'.

geen Venetiaans staatsburger en moesten om deze reden, net als iedere andere buitenlander, speciaal toestemming hebben om in de stad te verblijven. Ze namen hun intrek in een gehuurd huis in de buurt van Sant'Aponal en leidden aanvankelijk een rustig leven, grotendeels binnen de grenzen van de kleine Engelse gemeenschap.

Sir Richard Wynne was na de dood van zijn eerste vrouw, Susanna, hevig aangeslagen uit zijn geboortestreek Lincolnshire vertrokken. Hij had door Europa gereisd en was in 1735 in Venetië aangekomen 'om zich door middel van uitspattingen te bevrijden van de pijn van het verlies van zijn dame',[12] zoals lady Mary Wortley Montagu, een beroemde en rusteloze Engelse reizigster, het tijdens een van haar vele verblijven in Venetië afkeurend formuleerde. Hij werd al spoedig 'door zijn gondelier' voorgesteld aan Anna Gazzini, een opvallende tweeëntwintigjarige Venetiaanse met een niet geheel smetteloos verleden. Anna was geboren op Lefkos, een Grieks eiland in de Ionische Zee, waar haar vader, Filippo Gazzini, zich ooit als handelaar had gevestigd. De familie was echter naar Venetië teruggekeerd toen ze nog maar een klein meisje was.

Algauw na hun eerste ontmoeting werd Anna de minnares van sir Richard. Twee jaar later baarde ze een dochtertje, dat op 26 januari 1737 in de kerk van San Marcuola Giustiniana Francesca Antonia Wynne werd gedoopt. Sir Richard was verzot op zijn dochter. Hij keerde niet naar Engeland terug, trad in 1739 met Anna in het huwelijk en erkende Giustiniana zes jaar later. (In de legaliseringspapieren wordt de vader van Anna aangeduid als 'Ser Filippo Gazzini, edelman van Lefkos',[13] maar deze late aanspraak op een adellijke status klonk ook toen al dubieus.) Anna kreeg nog twee dochters: Mary Elizabeth in 1741 en Teresa Susanna in 1742, bekend als Bettina en Tonnina. Hun eerste zoon, Richard, werd in 1744 geboren, gevolgd door William in 1745. Een vierde dochter, Anna Amelia, werd in 1748 geboren en stierf twee jaar later.

Mevrouw Anna kan onmogelijk leuk gezelschap zijn geweest. Misschien om voor haar jeugdzonden te boeten werd ze een fanatieke katholiek die haar kinderen naar de kerk sleepte en haar anglicaanse echtgenoot eindeloos lastig bleef vallen met haar pogingen hem te bekeren. Ze hechtte zeer aan discipline en stond erop Giustiniana en haar jongere broers en zusters een zo traditioneel mogelijke opvoeding te geven: muziek, dans, Frans en weinig anders. Sir Richard liet de opvoeding van zijn kinderen graag aan zijn vrouw over en trok zich terug in zijn welvoorziene bibliotheek. Naarmate zijn jicht verergerde, onttrok hij zich steeds meer aan het gezinsleven. Vele jaren later herinnerde Giustiniana zich hem zittend met een boek in zijn favoriete fauteuil gedurende 'de zes maanden van het jaar die hij niet in bed doorbracht'.[14]

In weerwil van zijn slechte lichamelijke toestand kreeg sir Richard een sterke band met Giustiniana. Ze deelde zijn liefde voor literatuur en hij gaf haar de sleutels van zijn bibliotheek. Van jongs af aan las ze gretig maar lukraak, variërend van reisboeken tot de fabels van Lafontaine en zware verhandelingen als de geschiedschrijving van het Concilie van Trento door Paolo Sarpi – het boek dat vanwege de sympathieke behandeling van de Reformatie door de inquisitie was verboden. Giustiniana werd betrapt terwijl ze het stiekem zat te lezen. Te oordelen naar het weinige dat we over sir Richard weten moet hij heimelijk om de vermetelheid van zijn dochter gegrinnikt hebben. Anna kreeg daarentegen een woedeaanval en dreigde Giustiniana in een klooster op te sluiten.

Sir Richard stierf in 1751, en het jaar daarop sleepte mevrouw Anna haar vijf kinderen naar Londen om hun erfenis op te eisen. Het was een lange, vervelende reis. Vele jaren later zou Giustiniana zich alleen nog de vuile hotels, het slechte eten en 'al die kerken [in Duitsland] met hun overdadige versiering' herinneren. Ze was echter gek op Londen – 'de parken, het lawaai op straat, die mooie hoeden... en de algemene sfeer van rijkdom' – en was er graag gebleven. 'Ik had goed genoeg Engels geleerd, was tamelijk bedreven in het hanteren van een vork en leefde in de verwachting mijn nieuwe bekwaamheden te kunnen gebruiken.'[15] Mevrouw Anna ging het echter alleen om het geld. Toen ze uiteindelijk dankzij de tussenkomst van de voogd van de kinderen, Robert d'Arcy, burggraaf van Holderness, een gewezen Brits Resident in Venetië, de hand op een deel ervan had weten te leggen pakte het gezin nogmaals zijn spullen en ging op weg naar huis – ditmaal via een prettiger route, over Parijs.

Giustiniana was nog geen zestien toen ze met haar moeder en haar broers en zusters in Parijs aankwam. Ze bleef tijdens haar korte verblijf echter niet onopgemerkt. Casanova ontmoette haar ten huize van Alvise Mocenigo, de ambassadeur van Venetië. Veertig jaar later had hij nog steeds een levendige herinnering aan die eerste ontmoeting. 'Haar karakter,' zo schreef hij in zijn memoires, 'tekende zich in haar prachtige gezicht al volmaakt af.'[16] Giustiniana was dol op het leven in Parijs – 'het theater, de elegantie van de mannen, de rouge op de wangen van de vrouwen'[17] – maar mevrouw Anna wilde graag naar Venetië terug, dus gingen ze naar huis met medeneming van een Franse gouvernante, Toinon, die heel geliefd was vanwege haar bedrevenheid in het kammen van het haar van de meisjes.

De terugkeer van de zusjes Wynne – *le inglesine di Sant'Aponal*,[18] zoals ze al snel bekend kwamen te staan – veroorzaakte een zekere opwinding onder de jongemannen in de stad. Natuurlijk klopte ook Casanova, die inmiddels eveneens in Venetië was teruggekeerd, kort nadat ze zich hadden gevestigd bij hen aan en beweerde dat hij verliefd was geworden op Giustiniana. Mevrouw Anna, die zijn reputatie kende en er zeer op was gespitst haar dochter problemen te besparen, stuurde hem vastbesloten weer weg. (In zijn *Geschiedenis van mijn leven* zou Casanova later beweren dat Giustiniana hem toen een charmante brief had geschreven, 'wat het mij mogelijk maakte deze belediging rustig te verdragen'.[19]) Mevrouw Anna was vast van plan haar dochters zeer strak aan de lijn te houden, en Giustiniana, die net van de genoegens van het societyleven begon te genieten, ontdekte tot haar ontzetting dat hun leven in Venetië 'tot een wel heel klein kringetje werd beperkt'. Een groot deel van hun tijd brachten ze thuis door, 'waar we voortdurend over Parijs en Londen praatten'.[20] Het was allemaal nogal somber.

Het huis van consul Smith, een van de weinige huizen waar mevrouw Anna haar dochters toestond heen te gaan, vormde hun verbinding met de buitenwereld. De consul, die sir Richard goed had gekend, was een van de meest vooraanstaande buitenlandse inwoners van de stad. Hij had de kinderen Wynne zien opgroeien en had zijn oude vriend beloofd dat hij diens gezin in de gaten zou houden en mevrouw Anna met het regelen van haar financiën zou helpen. Palazzo Balbi werd voor de jonge Wynnes een tweede thuis, een plek die in niets leek op hun saaie huis in Sant'Aponal – vol prachtige voorwerpen en waar de conversatie een kosmopolitische trek had die hen aan Parijs en Londen herinnerde. De consul bezag op zijn beurt de kinderen Wynne met een oomachtige affectie. Hij was vooral te spreken over Giustiniana, die altijd een vleugje frisse lucht in zijn huis bracht. 'Meneer Smith deelde, om mijn hartstocht voor eruditie aan te moedigen, met mij zijn liefde voor zijn schilderijen, zijn antiquiteiten en zijn bibliotheek,'[21] herinnerde ze zich later. Men vermoedt dat hij er ook van genoot met zo'n prachtig meisje aan zijn arm door zijn schitterende vertrekken te paraderen.

Tijdens een van haar bezoeken aan palazzo Balbi stelde de consul Giustiniana aan zijn overdonderende jonge assistent voor. Zodra mevrouw Anna lucht kreeg van de bevlieging van haar dochter begon ze zich ernstig zorgen te maken. Sinds de dood van sir Richard had ze voortdurend in de angst geleefd dat de respectabiliteit die ze met de jaren zo koppig had opgebouwd zou afkalven, waardoor zijzelf en haar gezin zouden worden blootgesteld aan verraderlijke en materieel schadelijke vormen van sociale discriminatie. Haar angst was zeer gegrond. Zelfs in de relatief tolerante sfeer in het achttiende-eeuwse Venetië herinnerden veel mensen zich nog nadrukkelijk dat Lady Wynne eigenlijk de dochter van een 'Griekse' handelaar was. Bovendien waren er hardnekkige geruchten over de amoureuze avonturen uit haar jeugd: er werd zelfs gefluisterd dat ze een kind had gekregen voordat ze het met *il vedovo inglese* – de Engelse weduwnaar – had aangelegd. Nu was ze zelf weduwe en woonde in een gehuurd huis, met vijf kinderen en oude zonden die ze beter kon verbergen, en het is niet moeilijk te begrijpen waarom ze het gevoel had dat haar positie in de society zo precair was – te meer daar ze in Venetië aan de grillen van de autoriteiten was overgeleverd. Haar verblijfsvergunning zou wel eens niet verlengd kunnen worden of zelfs kunnen worden ingetrokken. Ze moest dus omzichtig te werk gaan om de status te handhaven die sir Richard haar had nagelaten.

Hoe verfoeilijk haar koppige houding ook op de twee geliefden moet zijn overgekomen, ze was in de ogen van de Engelse gemeenschap zeker gerechtvaardigd. Consul Smith was dol op zowel Andrea als Giustiniana, maar hij was ook een praktisch man. Toen Andrea hem in vertrouwen nam sympathiseerde hij tot op zekere hoogte met de geliefden. Niettemin stond hij erg aan de kant van mevrouw Anna. De paar Venetiaanse families waarmee de Wynnes contact onderhielden steunden haar ook – vooral de machtige Morosini's, met wie de Memmo's al heel lang een politieke vete onderhielden en aan wie Andrea een hekel had. Haar voornaamste bondgenoot, hoezeer beide vrouwen wat karakter en neigingen betrof ook elkaars tegendeel waren, was echter Andrea's moeder. Lucia zag, misschien duidelijker dan de rest van de Memmo's, de materiële nadelen die een verbintenis met Giustiniana met zich mee zou brengen voor een oud huis dat zijn zwakke financiële positie moest verstevigen. Bovendien vreesde ze de politieke schade die de Memmo's zouden oplopen als haar oudste en meest veelbelovende zoon ooit de familie zou verloochenen en de inquisiteurs aanstoot zou geven door beneden zijn stand te trouwen.

Het verschil tussen de twee moeders was dat Lucia er simpelweg zeker van wilde zijn dat Andrea het niet in zijn hoofd zou halen met Giustiniana te trouwen. Als hij in de tussentijd plezier met haar wilde maken, zoals jongemannen dikwijls deden voordat ze zich settelden, dan maakte ze zich daar geen grote zorgen over en zou het zijn vooruitzichten niet schaden. Mevrouw Anna leverde daarentegen dagelijks slag om ieder contact tussen de geliefden te verhinderen dat de reputatie van de familie zou kunnen schaden en de kansen van haar dochter op een respectabel huwelijk in de waagschaal kon stellen.

Mevrouw Anna was de strijd aan het verliezen. Andrea's hofmakerij was volhardend, voor iedereen zichtbaar en in hoge mate compromitterend. Hij zag Giustiniana elke dag in de Listone aan het Piazza San Marco, waar de Venetianen bijeenkwamen voor hun avondwandeling, en vaak ook nog later, in een van de theaters. Hij meerde zijn gondel regelmatig af aan de smalle steiger aan de voet van het huis van de Wynnes en riep Giustiniana dan terwijl het hele gezin het kon zien. In de winter van 1754 ging mevrouw Anna ten slotte toch de confrontatie aan. Ze schopte een verschrikkelijke scène, verklaarde Andrea tot persona non grata in hun huis en maakte duidelijk dat ze hen nooit meer samen wilde zien. Ieder contact was verboden: brieven, berichten, de minste blik. Het moest afgelopen zijn, schreeuwde ze – en stuurde hem weg.

Het nieuws over het dramatische optreden van mevrouw Anna deed snel de ronde door de stad. Andrea noemde de scène zijn *cacciata funesta* [22] – zijn noodlottige verbanning – en het beginpunt van al hun ellende.

Mevrouw Anna was een agressieve waakhond, altijd alert en ziekelijk argwanend. Ze hield haar oudste dochter scherp in de gaten en liet haar niet zonder chaperonne uitgaan – gewoonlijk was ze het zelf. Ze had, zowel in het Engelse kringetje als bij de Venetiaanse families, spionnen uitgezet op alle plekken waar de geliefden zouden kunnen proberen aan haar blik te ontsnappen, en ze hield haar oren voortdurend gespitst op praatjes over de geliefden. Venetië was een kleine wereld. Iedereen wist wie op een bepaalde avond zijn fortuin verloor in de Ridotto en wie een affaire had met wie. Andrea en Giustiniana waren doordrongen van het risico dat ze namen door het verbod van mevrouw Anna te overtreden. Ze moesten uiterst voorzichtig zijn met wie ze spraken en wat ze zeiden. Diep in hun hart wisten ze eigenlijk wel dat de toekomst nauwelijks de belofte inhield dat er een einde aan hun problemen zou komen. Maar het was te vroeg, en ze waren te jong, om zich zorgen te maken over de toekomst. In weerwil van alle problemen die hun liefde al had veroorzaakt was er maar één ding dat die winter en die lente van belang was: iedere gelegenheid aangrijpen om bij elkaar te zijn.

Net zoals mevrouw Anna haar toevlucht nam tot de Venetiaanse kunst van het inwinnen van informatie, zo zette Andrea een klein informantennetwerk op om dagelijks over de bewegingen van Giustiniana te worden geïnformeerd. Zijn belangrijkste spion was Alvisetto, een jonge bediende in het huishouden van het gezin Wynne, die niet altijd betrouwbaar was omdat zijn angst voor mevrouw Anna soms zijn loyaliteit jegens zijn geheime opdrachtgever overtrof. Hij had de vervelende gewoonte tijdens zijn missies opeens te verdwijnen en Andrea zenuwachtig en onwetend op een straathoek of bij de reling van een brug achter te laten. 'Vandaag is Alvisetto weer niet komen opdagen op onze afspraak en ik heb de hele morgen tevergeefs op hem staan wachten,' klaagde hij. 'Arme wij, Giustiniana. Soms verlies ik alle hoop als ik bedenk aan wiens handen we ons hebben toevertrouwd.'

Alvisetto was ook de belangrijkste koerier en bewoog zich met brieven en kattenbelletjes tussen Andrea en Giustiniana heen en weer. Nu en dan legden de gondeliers van Ca' Memmo aan bij een steiger in de buurt van de Wynnes om een enveloppe af te leveren of op te halen. Als mevrouw Anna thuis was vielen de geliefden terug op 'de gebruikelijke *bottega* voor bestellingen', een grote levensmiddelenwinkel bij Giustiniana om de hoek, die door een vriendelijke winkelier werd bestierd. Als het bericht van Andrea niet kon wachten – of als de aandrang haar te zien te sterk werd – posteerde hij zich in het raam van Ca' Tiepolo, dat door een smal kanaaltje van het kleinere huis van de Wynnes was gescheiden.

Ca' Tiepolo was eigendom van een van de oudste en aanzienlijkste Venetiaanse families. De brede neoklassieke gevel stond majesteitelijk aan het Canal Grande. Vanuit een zijraam van de tussenverdieping was het echter mogelijk direct op het balkon van de Wynnes te kijken. De banden tussen de Tiepolo's en de Memmo's gingen vele eeuwen terug. Andrea was een goede vriend van de jonge Tiepolo's en was vooral intiem bevriend met Domenico, die bekender was onder zijn bijnaam Meneghetto en die als een van de weinigen op de hoogte was van het feit dat Andrea's affaire met

Giustiniana in het geheim werd voortgezet. Meneghetto was graag behulpzaam en Andrea kwam dikwijls langs nadat hij Giustiniana nauwkeurige instructies had gestuurd. 'Na het middageten, lief kleintje' droeg hij haar in een briefje op, 'moet je een excuus vinden om buiten op het balkon te gaan staan. Maar wees in hemelsnaam voorzichtig met je moeder. En dwing me niet helemaal bij de vensterbank te komen, want dan ziet ze me zeker.'

Andrea's zaktelescoop bewees heel goede diensten. Hij richtte hem vanaf een *campiello*, een klein pleintje, aan de overkant van het Canal Grande, op Giustiniana's balkon om erachter te komen of ze thuis was of dat ze misschien aanstalten maakte naar buiten te gaan, of, het mooiste, om naar haar te kijken terwijl ze lui over het balkon hing, haar haar weggestopt onder een kanten muts, kijkend hoe de boten voorbijvoeren. Als hij haar van een dergelijke afstand – ongeveer honderd meter – bekeek, was Giustiniana zich niet altijd bewust dat Andrea haar bespioneerde. 'Gisteren heb ik je bewonderd met mijn *canocchiale* [telescoop],' biechtte hij haar op. 'Het kan me niet echt schelen of je moeder me heeft gezien... Van haar mag ik je alleen niet roepen, ik mag je huis niet in en nooit mag ik je schrijven.'

Vanuit zuiver technisch oogpunt deed hij ook niets wat verboden was als hij alweer dankzij de welwillendheid – en het zweet – van zijn gondeliers het Canal Grande afkwam en vanaf het water naar Giustiniana zwaaide. Op dagen dat ze huisarrest had en er geen andere manier was om elkaar te zien was het plotselinge opduiken van Andrea in het venster van haar buren of het vertrouwde gespetter van de gondel van de familie Memmo beneden op het water een welkome troost. 'O, vergeet niet vandaag langs te komen op het kanaal, want ik mag niet naar buiten,' smeekte ze dan. 'Of laat je in ieder geval even zien in het Ca' Tiepolo.'

Ze ontwikkelden een eigen gebarentaal, zodat ze tijdens de avondwandeling op het Listone of in het theater of, later op de avond, in het gokhuis op een afstand met elkaar konden communiceren. 'Raak even je haar aan als jullie naar de Ridotto gaan,' instrueerde hij haar. 'Wenk me of schud je hoofd als jullie

naar de piazza gaan.' Deze kleine signalen zaaiden soms verwarring als ze niet van tevoren waren afgesproken. Als de aanraking
van het haar verkeerd werd begrepen omdat de dag anders zou
lopen dan gedacht, leidde dat onvermijdelijk tot beschuldigingen over en weer. Ze moesten ook heel discreet worden gegeven,
want anders activeerden ze de alarmbel van mevrouw Anna. 'Toen
jullie het theater verlieten,' schreef Andrea bezorgd, 'gaf je me
net een signaal op het moment dat je moeder zich omdraaide, en
ik denk dat ze het misschien heeft gezien. Als dit zo is zou het
ons kunnen schaden, want het is heel goed mogelijk dat ze ook
alle andere gebaren heeft gezien die we vanuit onze loges naar
elkaar hebben gemaakt.' Ondanks zijn incidentele uitbarstingen van bravoure bleef Andrea zich ernstig zorgen maken, niet alleen over wat mevrouw Anna misschien had gezien maar ook over
wat ze had gedácht te zien. In zijn pogingen valse indrukken te
vermijden ging hij zover dat hij soms als een hardnekkige regis-
seur klonk. 'Je moet je realiseren dat als je moeder je betrapt terwijl je met iemand staat te lachen die ze niet kan zien, ze zal aannemen dat je met mij staat te lachen,' zei hij ooit eens in een
slechte bui tegen haar. 'Probeer de volgende keer dus voorzichtig
te zijn.'

Andrea zeurde voortdurend over hoe gevaarlijk het was elkaar te
schrijven. Mocht hun correspondentie ooit in de verkeerde handen
vallen, dan zou er een explosie volgen 'die alles in een hoop puin
zal veranderen'. Niettemin bleef hij Giustiniana overspoelen met
brieven en briefjes, die hij vaak volschreef met praktische adviezen
en gedetailleerde beschrijvingen van zijn koortsachtige omzwer-
vingen door de stad. 'We zijn helemaal gek... Als je eens wist hoe
bang ik ben dat je moeder erachter komt dat we elkaar weer zien.'

Het was een glorieus avontuur. Er waren momenten dat ze kans
zagen dicht genoeg bij elkaar te komen om elkaar in een alkoof in
de Ridotto of in de donkere straatjes bij de theaters in San Moisè
even snel te omhelzen, wat onveranderlijk verschrikkelijk opwindend was. 'Gisterenavond, ik zweer het,' schreef Andrea zijn geliefde de ochtend na een van deze zeldzame ontmoetingen, 'gister-

avond bracht je me buiten zinnen: je was zo teder en prachtig en ik stond in vuur en vlam.' Aanvankelijk hadden ze echter de neiging gereserveerd te werk te gaan. Ze deden hun zetten weloverwogen. Ze hielden elkaar op veilige afstand: hun liefde beperkte zich grotendeels tot wat hun ogen konden zien en wat hun ogen konden zeggen.

We kunnen ons gemakkelijk voorstellen hoe in een stad waar zowel mannen als vrouwen een flink deel van het jaar maskers droegen de taal van de ogen van allesoverheersend belang werd. En wat in algemene zin gold, gold vanwege de strenge restricties die hun waren opgelegd vooral voor Andrea en Giustiniana. Andrea bedoelde het erg letterlijk toen hij op angstige toon vroeg: 'Vandaag zullen mijn lippen niet in staat zijn je te vertellen hoeveel ik van je houd... Maar er zullen andere manieren zijn... Zul je begrijpen wat mijn ogen tegen je zeggen?' Wat hun ogen zeiden was niet altijd lief en evenmin altijd duidelijk. Hun ogen drukten ook ergernis, afkeer en woede uit, het gehele complexe gamma van emoties van geliefden. Zo kon het dagen duren om een misverstand op te helderen dat het gevolg was van een verkeerde blik of een afgewend gezicht. Op een avond keerde Andrea na een bijzonder frustrerende poging contact met Giustiniana te krijgen naar Ca' Memmo terug. Het had hem de hele avond en veel moeite en vernuft gekost om haar in een van de theaters te vinden. Toch had ze uiteindelijk geen enkel blijk gegeven van de gebruikelijke samenzweerderigheid waardoor zelfs de kortste ontmoeting een moment van vreugde werd. Eigenlijk was ze zo vervelend geweest dat hij wenste dat hij haar helemaal niet had gezien:

*I*k probeerde wanhopig je te zien. De gondeliers konden me niet helpen. Na lunchtijd ben ik je gaan zoeken in Campo Santo Stefano. Niets. Dus ben ik naar het Piazza San Marco gelopen, en toen ik bij de brug van San Moisè was aangekomen liep ik Lucrezia Pisani* tegen het lijf! Ik gaf haar op de brug net een hand, en toen zag ik je. Ik liet haar onmiddellijk staan en ging overal naar je op zoek. Uiteindelijk vond ik je op het piazza. Ik stuurde Alvisetto vooruit om erachter te komen of je op weg was naar de opera of naar het nieuwe stuk in het Teatro Sant'Angelo, zodat ik me erheen kon haasten om nog net op tijd een loge te krijgen. In het theater drong ik me door de menigte en wachtte op je, vervuld van verlangen. Uiteindelijk kwam je, en ik liep de trap op naar mijn loge om naar je te kijken – niet alleen om het pure genoegen je te bewonderen maar ook in de hoop dat ik als vorm van troost een teken zou krijgen dat mijn gekwelde gemoed wat zou kalmeren. Je deed echter helemaal niets. Je lachte voortdurend, maakte tot het eind van de voorstelling veel lawaai, wat me zowel speet als boos maakte – zoals je je kunt voorstellen.'

Een paar dagen later kwam Andrea haar op het spoor na een nieuwe jacht door de steegjes en over kanalen. Ditmaal was de beloning de achtervolging echter zeker waard:

Ik kreeg je moeder in het oog en hoopte dat jij er dus ook zou zijn. Ik zocht en keek overal. Niets. Je moeder liep weg, ik liep achter haar aan. Zij ging naar San Moisè, ik ging naar San Moisè. Ik kwam zelfs zo dicht bij haar dat we bij de ingang van een *bottega* tegen elkaar zouden zijn gebotst als ik niet zo snel had gereageerd...[Later] Tevergeefs bleef ik op Alvisetto wachten, die ik achter je moeder had aangestuurd... Toen kreeg ik je brief waarin stond dat je naar San Benetto zou gaan, dus rende ik daar naartoe, alleen maar om spijtig te beseffen dat je er al was en dat de opera was begonnen... O, hemel, wat zal mijn Giustiniana zeggen... Laten we eens zien hoe ze me zal behandelen... Hemel, daar is ze, die ondeugende meid die een paar avonden geleden [niet naar me wilde kijken]... Zal ze ditmaal wel naar me kijken of niet... Verdenk je me of vergeef je me? Kom, kijk eens deze kant uit, meisje!... En

---

* Een aangetrouwde nicht van Andrea en een intieme vriendin.

beetje bij beetje begon ik me beter te voelen. En zelfs veel beter, toen ik in die andere loge plaatsnam, omdat ik jou kon zien en jij mij zo goed kon zien zonder dat we veel risico liepen dat je moeder elk klein gebaar dat we naar elkaar maakten kon zien.

Andrea wilde mevrouw Anna laten geloven dat de liefde tussen hem en Giustiniana inderdaad was verflauwd en dat de tiran dan toch eindelijk haar waakzaamheid kon laten verslappen. Op die manier zou het voor hen gemakkelijker zijn methoden te bedenken om elkaar te kunnen zien. Iedere keer dat mevrouw Anna haar dochter naar een plaats meenam waar een goede kans bestond dat ze hem tegen zouden komen, diende Giustiniana dus een volledig gebrek aan belangstelling te veinzen:

*S*oms, als je een risico neemt, moet je bereid zijn *la dupe de soi-même* te zijn. Maak een scène als je naar de kerk moet gaan. Je moeder zegt dan wellicht dat je je niet door de duivel moet laten verleiden, waarop jij zegt: 'Genoeg, genoeg, ik kijk wel of ik me morgen beter voel.' Ze moet het gevoel krijgen dat ze je dwingt mee te gaan naar alle plekken waarvan ze weet dat je me er tegen het lijf zou kunnen lopen, zoals San Benetto of de Ridotto... En als het mooi weer is, toon dan weinig belangstelling, en zelfs onwil, om een wandeling naar het plein te maken... Geloof me, onze fortuin hangt af van het succes van onze misleiding... Om niet naar San Benetto te hoeven hoef je haar alleen maar te vertellen dat je je niet lekker voelt. En wat de Ridotto betreft kun je zeggen: 'Echt, moeder, ik verveel me daar te erg. Bovendien is daar niemand om mee te praten, en ik heb geen zin in [kaart]spelen. We zullen trouwens toch al geen goede indruk maken als we daar alleen heen gaan. Laat me dus maar naar bed gaan.' En als ze dit weigert en je toch meeneemt, zul je me zien en zal ze zeggen: 'Giustiniana zit niet meer te smachten naar Memmo.'

In het openbaar deden Andrea en Giustiniana alsof ze elkaar niet kenden. Wilde hun verhouding echter ooit verder uitgroeien, wilden ze een regeling kunnen treffen om elkaar ergens veilig te ontmoeten en werkelijk enige tijd samen door te brengen, dan zouden ze betrouwbaarder bondgenoten nodig hebben dan Alvisetto – vrienden en vriendinnen die bereid waren het risico te nemen hen te dekken en voor kamers te zorgen waar ze elkaar onder vier ogen konden ontmoeten. Andrea deed erg zijn best om uit te vinden wie voor hen het grootste nut kon hebben. Hij gaf Giustiniana precieze instructies hoe ze deze of gene vriendin aan hun kant kon krijgen. Zijn instructies waren echter niet altijd duidelijk. Toen Giustiniana een potentiële bondgenoot in alle onschuld vertelde dat ze niet meer van Andrea hield terwijl Andrea haar juist had gevraagd het tegendeel te zeggen, maakte hij haar een scherp verwijt: 'Zodra ik iets goeds bedenk, ruïneer je het voor me. De waarheid is... en het spijt me erg dat ik dit moet zeggen, dat je niet aan mijn verwachtingen hebt voldaan.'

Andrea kon even hard optreden als hij dacht dat Giustiniana niet genoeg afstand bewaarde ten opzichte van mogelijke vijanden. Hij stond wantrouwend tegenover de jonge Venetiaanse edelen die in de Ridotto rondhingen en verzot waren op roddels en intriges. Het was van belang hun geen reden te geven hun kwaadaardige tongen te roeren. Als regel, legde hij Giustiniana uit, 'is het voor ons goed een zo groot mogelijk aantal vrienden en een zo klein mogelijk aantal vijanden te hebben'. Ze moesten echter niet dichter bij die groep in de buurt komen dan strikt noodzakelijk was. En hij bekritiseerde haar als hij zag dat ze zich te vriendelijk gedroeg tegen kennissen die hij niet betrouwbaar achtte.

Hij stond vooral argwanend tegenover de Morosini's, die in haar strijd tegen de twee geliefden altijd de zijde van mevrouw Anna hadden gekozen – alleen maar om hen beiden dwars te zitten, zo dacht Andrea. De Wynnes waren dikwijls te gast aan de lunch in het Ca' Morosini aan het Campo Santo Stefano, en Andrea was woedend over Giustiniana's voortdurende sociale omgang met de vijand. Ze moest kiezen, zei hij haar uiteindelijk, tussen hem en 'die Morosini-ezels':

*I*k weet dat ik te veel van je vraag, maar ik kan niet net doen alsof het onbelangrijk is... Ik moet je aan deze beproeving onderwerpen, en aan de hand van de uitslag zal ik je liefde voor mij afmeten... Giustiniana, ik zal hevig teleurgesteld zijn als je geen acht slaat op mijn wens. Ik heb nog nooit mensen ontmoet die zo onbeschaamd en onbetrouwbaar tegen ons beiden zijn... Ze willen alleen maar met je omgaan omdat ze zich om je kunnen amuseren... Mijn God, ze denken je daarmee een gunst te verlenen, maar je moet je niet tot hun niveau verlagen... stompzinnige vijanden van me... die rigide bewakers van Giustiniana die voor je moeder spioneren... te vleien. Het zijn kwaadaardige lieden zonder een greintje menselijkheid, die geen enkel respect hebben voor vriendschap... Vergeef me dat ik op deze toon tegen je spreek, maar ik ben zo kwaad en uit mijn doen dat ik het niet meer uithoud.

Helaas zijn er weinig brieven van Giustiniana bewaard gebleven en is het niet duidelijk hoe ze reageerde op de neerbuigende toon die hij tegen haar aansloeg, op zijn neiging ieder aspect van hun relatie te regisseren. Hij was natuurlijk enkele jaren ouder dan zij, en er is geen twijfel mogelijk dat hij aanvankelijk de leiding had en zij zich aan zijn oordeel onderwierp. Maar al snel kreeg ze echter meer zelfvertrouwen als het erom ging dingen te verbergen en mensen om de tuin te leiden. En in weerwil van Andrea's incidentele belerende uitlatingen begon ze het leuk te vinden achter haar moeders rug om complotten te smeden. Ze ging een actievere rol spelen als er plannen voor hun ontmoetingen moesten worden gemaakt en was dikwijls verrukt over haar eigen doortastendheid: 'Echt, Memmo, ik herken mezelf niet. Ik doe dingen die ik vroeger nooit zou hebben gedaan. Ik denk nu zo anders dat ik het gevoel heb dat ik mezelf niet meer ben.'

Giustiniana was degene die Andrea op gretige toon informeerde dat N., een vriend die ze met veel moeite aan hun kant hadden gekregen, er eindelijk mee had ingestemd hen elkaar te laten ontmoeten in zijn *casino*, een van de kleine huizen van plezier die in die jaren een rage waren – het praktische antwoord van Venetië op een vaag verlangen naar comfort en genot. (Er waren wel meer dan honderd van dergelijke *casino's* in de stad, waar mensen elkaar op informele wijze konden ontmoeten. Ook werden ze als weelderige boudoirs en liefdesnesten gebruikt.) 'Ik heb een afspraak gemaakt voor vrijdag,' schreef ze vol zelfvertrouwen. 'Eerder kunnen we elkaar niet zien. Ik vond dat ik hem niet onder druk kon zetten, dus heb ik hem de datum laten bepalen. Hij is helemaal mijn vriend geworden, vertrouwt me zijn zorgen toe en geeft zelfs lucht aan zijn huiselijke problemen.'

Hun opwinding groeide met de dag in afwachting van de momenten die ze samen zouden doorbrengen. Het was niet meer genoeg elkaar uit de verte liefdevolle blikken toe te werpen en signalen te geven. Als Giustiniana in slechts een paar weken veel brutaler was geworden kwam dat doordat haar verlangen nu zo sterk was. Ze smachtte ernaar door Andrea gekust te worden, in zijn armen te liggen. Hun listen begonnen nu eindelijk resultaat af te werpen. Dit schrijft Giustiniana, drie dagen voor hun geheime afspraakje in het *casino* van N.:

*V*rijdag zullen we elkaar zien. Maar mijn God, wat zal de tijd tussen nu en dan eindeloos lijken! En daarna, wat? Daarna zal ik aan onze volgende ontmoeting denken, zodat ik altijd lieve gedachten over je zal hebben... Vertel me eens, Memmo, ben je wel helemaal gelukkig met me? Kan ik je op een of andere manier meer geven? Is er iets in mijn gedrag, in mijn manier van leven wat ik kan veranderen, zodat het jou aangenamer is? Zeg het, want ik zal alles doen wat je wilt. Ik kan niets kostbaarders bedenken dan jou gelukkig en steeds dichter bij me te zien. Ik heb nooit vermoed dat het mogelijk is zo hevig van iemand te houden. Ik brand van verlangen.

De avond hierop maakte Alvisetto zijn opwachting in Giustiniana's kamer. Hij had een antwoord van haar minnaar bij zich. 'Overmorgen zien we elkaar en zullen we samen zijn. Mijn ziel,' schreef Andrea, 'wat een volledige verrukking zal het zijn. Houd van me, aanbid me... Ik verdien het omdat ik je hart zo goed ken. O Heer, ik sterf zo van verlangen je te zien dat ik bijna uit mijn vel barst.' Alvisetto gaf Giustiniana ook een kleine waaier met delicaat borduurwerk – een cadeau om het wachten draaglijker te maken. Om te voorkomen dat de argwaan van mevrouw Anna zou worden gewekt suggereerde Andrea in zijn brief dat Giustiniana haar tante Fiorina zou vragen te doen alsof de waaier voor haar bestemd was. In het verleden had de zuster van mevrouw Anna van een zekere sympathie voor de beproeving van haar nichtje blijk gegeven. Andrea, die altijd op zoek was naar betrouwbare bondgenoten, dacht dat deze krijgslist niet alleen bij mevrouw Anna iedere twijfel over dit cadeau zou wegnemen, maar hun ook enig inzicht zou geven in hoeverre tante Fiorina in de toekomst bereid zou zijn hen te helpen.

Op donderdag, de dag voor hun ontmoeting, bracht Alvisetto Andrea een lange, liefdevolle brief:

*E*n zo, mijn liefste Memmo, zullen we morgen bij elkaar zijn. En wat kan er ter wereld natuurlijker zijn tussen twee mensen die van elkaar houden dan bij elkaar te zijn? Ik ben gek van liefde. Ik houd van je. Ik houd van je, Memmo, meer dan ik kan zeggen. Houd jij evenveel van mij? Weet je, ik voel die voortdurende aandrang mijn best te doen, er mooi uit te zien, zo veel mogelijk goede eigenschappen bij mezelf te cultiveren, alleen maar om jou te behagen, je respect te verdienen, mijn Memmo vast te houden... Je moet echter wel weten dat jouw liefde voor mij me verschrikkelijk trots en ijdel heeft gemaakt... Waar vind je een man zo prettig, zo op zijn gemak in de society, en tegelijkertijd toch zo vastbesloten, met zo'n diep inzicht in de belangrijke zaken in het leven? Waar vind je een jongeman met zo'n rijke verbeeldingskracht, die ook precies en helder denkt, zo elegant en overtuigend als hij zijn ideeën onder woorden moet brengen? Mijn Memmo, zo erudiet in de humaniora, zo intelligent als het over kunst gaat, is ook een man die zich weet te kleden en er altijd goed uitziet en weet hoe hij zich elegant moet gedragen... Hij is een man die het talent bezit tegelijkertijd bedachtzaam en doortastend te zijn. En zelfs als hij af en toe uit de band springt, doet hij dit om de natuurlijke impulsen van zijn jeugdigheid en karakter te bevredigen. En dit is de weg naar geluk. Je bent een wilde jongen uit principe, het is het gevolg van diep nadenken. Ben je niet een heel zeldzame filosoof?... En wat heb je gedaan, wat doe je met vrouwen? Nog pas gisteren zei N. tegen me: 'Hoe heb je het voor elkaar gekregen die wispelturige jongeman in de wacht te slepen?' En toen was ik zo trots, Memmo.

Wat de waaier betrof voegde ze eraan toe: 'Ik zal Fiorina vragen hem in mijn plaats in ontvangst te nemen. Ik weet niet of ze aan onze kant staat of niet, maar ze schijnt in ieder geval bereid te zijn het voor te wenden.'

De ochtend na hun ontmoeting bij N. schreef Giustiniana, totaal in de ban van de heerlijke herinneringen aan de avond tevoren, Andrea een brief helemaal in het Frans – niet de taal die ze het best beheerste maar wel die waarvan ze kennelijk het gevoel had dat hij zich het best leende voor de nagloed van hun hereniging die ze nog steeds voelde:

Ah, Memmo, zoveel geluk! Ik ben bijna twee uur met je samen geweest; ik heb naar je stem geluisterd, je hebt mijn hand vastgehouden, en onze vrienden, ontroerd door onze liefde, lijken bereid ons vaker te helpen. Nadat je was vertrokken vertelde N. me hoeveel je van me houdt. Ja, je houdt van me, Memmo, je houdt zo intens van me. Zeg het me nog eens: ik krijg er niet genoeg van je het te horen zeggen. En hoe directer je zult zijn, des te meer zal ik worden betoverd. Het hart heeft echt weinig consideratie met omtrekkende bewegingen. Eenvoud is zoveel meer waard dan de drukste versieringen. Je bent de meest betoverende filosoof naar wie ik ooit heb geluisterd... Je redeneert als een engel. Ja, we zijn voor elkaar gemaakt. Kon ik maar vrij zijn... en de wereld over mijn liefde vertellen! Ah, laten we maar niet over zo'n gelukkige toestand praten. Vaarwel, ik neem nu afscheid van je. Wanneer zal ik je weer zien? Zeg me, ben je even ongeduldig als ik?

Plagend voegde ze hieraan toe:

O, trouwens, ik heb nieuws. Mijn moeder heeft een huwelijksaanzoek voor me ontvangen van een heel rijke heer uit Rome... Is het niet vreselijk, Memmo? Ben je niet minstens een heel klein beetje jaloers? En als hij nu eens even aardig is als ze zeggen... en als mijn moeder hem nu eens als schoonzoon wil... Ik kan niet verder. Zelfs niet als grapje... Ik ben helemaal van jou, mijn liefste, en jij bent helemaal voor mij. Vaarwel.

Twee

Andrea en Giustiniana gingen tijdens de eerste maanden van hun clandestiene verhouding zo discreet te werk dat slechts een handjevol vertrouwde vrienden wist wat er gaande was. Zoals Andrea had voorspeld liet mevrouw Anna uiteindelijk haar waakzaamheid verslappen en richtte haar aandacht op mogelijke nieuwe kandidaten voor haar oudste dochter. Tegen de herfst van 1754 zagen de geliefden elkaar zeer regelmatig, iets waarvoor veel moed nodig was. Ze hadden nu verschillende plekken tot hun beschikking. Het *casino* van N. was dikwijls beschikbaar. Meneghetto Tiepolo had het appartement op de tussenverdieping van zijn *palazzo* beschikbaar gesteld. Verder deden ze een beroep op een vrouw, Rosa, die in een klein en heel eenvoudig huis in de buurt van de Wynnes woonde, en huurden bij haar af en toe een kamer. Het organiseren van een heimelijke ontmoeting kostte dikwijls ettelijke dagen. Er waren betrouwbare informatie en goede planning voor vereist. Alvisetto bewoog zich heimelijk heen en weer tussen het huis van de Wynnes en het Ca' Memmo, en leverde brieven af met de laatste afspraken of een bericht over een onverwachte verandering van de plannen. Er was vaak sprake van het afgeven en oppikken van sleutels.

Door deze koortsachtige voorbereidingen, in combinatie met de voortdurende angst betrapt te worden, werden hun ontmoetingen alleen maar hartstochtelijker. 'Hoe kunnen ze toch zo dom zijn,' merkte Giustiniana opgetogen op, 'dat ze niet beseffen welke verfijningen ze door al die verboden aan ons genot bijdragen? Ik was altijd al blij als ik je zag, natuurlijk, maar de emoties die ik nu voel, de pure opwinding, het overweldigende gevoel van liefde, waren toen zeker niet zo intens.'

Naarmate hun liefde zich verdiepte en hun verhouding een meer seksueel karakter kreeg, begon ook jaloezie hun kleine wereldje binnen te sluipen. Ondanks het feit dat mevrouw Anna zich steeds ontspannener begon te gedragen kon Giustiniana zich nog steeds niet zo vrij in de stad rondbewegen als Andrea. Psychologisch was ze hierdoor in het nadeel. Wie zag Andrea allemaal als hij niet met haar samen was? Ze had natuurlijk zijn brieven, vol gedetailleerde verhalen over zijn dagelijkse bezigheden. Maar hoe betrouwbaar waren die? In haar staat van relatieve gevangenschap in het huis in Sant'Aponal had ze meer dan genoeg tijd om zich tot een stemming van angstige bezorgdheid op te werken. Een onaangenaam roddelverhaaltje, hoe onbenullig ook, was voldoende om haar een aanval van woede te bezorgen.

Een van Andrea's beste vriendinnen was zijn nicht Lucrezia Pisani, de jongedame die hij toevallig op de brug had ontmoet toen hij achter Giustiniana aan had gezeten. Ze was levendig, aantrekkelijk en populair bij de kring rond Andrea. Ze had dikwijls interessante gasten en Andrea kwam graag bij haar langs. Door zijn vrolijke verhalen over zijn bezoeken aan haar voelde Giustiniana zich echter buitengesloten. Toen ze hoorde dat hij op de dagen dat ze niet samen konden zijn steeds vaker bij Lucrezia langsging, protesteerde ze boos. Andrea was onthutst over haar houding. Lucrezia was een oude vriendin, betoogde hij, een bondgenoot; ze was een van de weinigen die weet hadden van hun affaire. Op Giustiniana's verontwaardiging reageerde hij met nog grotere verontwaardiging:

*W*at heb ik je gedaan? Wat voor wezen ben je? Wat denk je in godsnaam? En wat een koppigheid! Wat een wreedheid! Het zou er nu dus op lijken dat ik de afgelopen dagen Lucrezia het hof heb gemaakt... Welnu, in de eerste plaats klopt het tijdstip niet: ze is de afgelopen tien dagen de stad uit geweest. In die periode heb ik het grootste deel van de tijd thuisgezeten, en vaak ook 's avonds. Ik heb een keer 's middags met haar gegeten. Inderdaad: iedere keer dat ik haar in het theater heb ontmoet heb ik bij haar in haar loge gezeten... Maar andere avonden was ik er alleen of met een vriend... Ik lijk wel gek dat ik me nog verdedig ook. Ja, ik stel haar gezelschap op prijs en dat geef ik toe. Ten eerste omdat ze een van de vrouwen is met wie je probleemloos om kunt gaan... Verder is ze geestig, weet ze veel en is ze slim. Je kunt vrijuit met haar praten en ze is dikwijls in goed gezelschap... Bovendien is ze een vriendin van je, ze informeert vaak belangstellend naar je... Je bent gek, gek, gek. Je zult me nog eens krankzinnig maken met je eeuwige argwaan. Niettemin denk ik dat ik je hoe dan ook gerust moet stellen. Maak je maar geen zorgen: ik zal niet meer in haar gezelschap worden gezien. Maar waar mag ik dan wél heen? Overal waar ik me vertoon ontstaan nieuwe roddels en nieuwe scènes... Mijn God, ik zal me onder permanente bewaking in mijn kamer moeten opsluiten, want anders zul je me toch niet geloven. Maar als niemand me meer ziet zullen de mensen natuurlijk gaan denken dat ik me in het geheim vermaak. Wat een leven.

Giustiniana's achterdocht was echter niet helemaal onterecht: in de stad ging het verhaal dat Lucrezia inderdaad een sympathie voor Andrea had opgevat die verder ging dan hun oude vriendschap. Toen Giustiniana's stemming niet beter werd besefte Andrea dat hij drastischer zou moeten optreden om haar gunstig te stemmen. Hij pakte de zaak aan op een wijze waaruit zijn eigen neiging tot het veroorzaken van toestanden bleek:

*H*et is moeilijk je dit te vragen, maar je bent zo gemakkelijk, zo vrij van vooroordelen, je bent zo opgewekt en wilt altijd zo graag iets voor me doen dat ik het niet onmogelijk acht dat je me deze gunst wilt bewijzen. Lucrezia kwelt me voortdurend met de vraag of ze een paar van jouw brieven aan mij mag zien – wat ik haar nooit heb toegestaan. Om deze reden zou ik graag willen dat je me in het Frans een brief schrijft waarin je haar prijst. Je zou terloops kunnen zeggen dat je weliswaar niet jaloers op haar bent maar toch denkt dat ze te intelligent is om niet te beseffen dat het de voorkeur verdient als ik niet zo vaak met haar werd gezien. Ze weet al hoeveel ik van je houd en hoe je mij bent toegewijd. Ik verzeker je dat de enige reden waarom ik dit van je vraag is dat ze zichzelf zal overtuigen dat ik verliefd ben op een vrouw die specialer is dan zij... Als je hier niet toe in staat bent is het niet echt erg. Het is genoeg dat je van me houdt.

Giustiniana voelde zich ongemakkelijk over dit soort spelletjes. Ze twijfelde niet aan Andrea's liefde, maar vond het feit dat hij zijn toevlucht tot dergelijke kunstgrepen zocht verwarrend. Het gemak waarmee hij van de tederste en meest liefhebbende kameraad in een geslepen manipulator kon veranderen was een trekje dat in zijn karakter leek geëtst. En waar Lucrezia, zelf een ervaren manipulator, Andrea's gedrag waarschijnlijk schouderophalend zou hebben afgedaan, vond Giustiniana het veel lastiger te begrijpen. Ook zij had een verleidsterskant, een neiging om met jonge en oude mannen te flirten. Excessieve dubbelzinnigheid bezorgde haar echter een onbehaaglijk gevoel. Ze volhardde in een regel in de liefde die onder andere jonge Venetianen bepaald geen gemeengoed was: de exclusiviteit van romantische gevoelens. Ze was dus verbijsterd toen ze kort na de episode-Lucrezia bij de Morosini's ging lunchen en daar te horen kreeg dat Andrea ook flirtte met Mariettina Corner, een andere bekende verleidster. Het liefdesleven van Mariettina was toch al behoorlijk gecompliceerd: ze was getrouwd met de broer van Lucrezia, had een officiële minnaar en bovendien een affaire met nog een derde man, Piero Marcello – een gokker en rokkenjager die toevallig een buurman van de Wynnes was. Giustiniana kreeg te horen dat Mariettina haar relatie met Piero weliswaar voortzette maar eigenlijk een oogje op Andrea had.

Weer riep ze hem ter verantwoording en weer nam hij haar kwalijk dat ze geloof hechtte aan iedere flinter roddel die bij de Morosini's de ronde deed. 'Wat vertellen ze je allemaal, die mensen met wie je je zo schijnt te amuseren? En waarom geloof je ze, ook al weet je dat ze me haten? Je beschuldigt me ervan dat ik achter Mariettina aanzit... Maar waarom ben je tocht altijd bang dat ik je voor schut zet met alle vrouwen die ik zie? Zelfs met de vrouwen die ik in jouw opdracht zie?'

Het verhaal over de veronderstelde affaire van Andrea met Mariettina had alle ingrediënten van een klucht van Goldoni. Het bleek dat Andrea op verzoek van Mariettina als tussenpersoon in haar geheime romance met Piero was opgetreden. En Giustiniana had – iets waaraan Andrea haar snel herinnerde – hem zelfs aangemoedigd deze rol op zich te nemen omdat ze dacht dat Mariettina, zolang ze met andere mannen bezig was, geen bedreiging voor haarzelf zou vormen. Andrea's komen en gaan tussen minnaar en minnares had de roddelaars echter gespreksstof te over gegeven. In de verwarring die hierop volgde wist Giustiniana niet meer wie ze moest geloven. Andrea gaf toe dat 'sommige mensen inderdaad misschien hebben gedacht dat Mariettina belangstelling voor me heeft opgevat... Ik stond immers voortdurend in haar oor te fluisteren en zij in het mijne... Ze praatte met me, gebaarde naar me, zat naast me terwijl ze ogenschijnlijk geen zier om [haar minnaar], haar echtgenoot of wie ook ter wereld gaf.' Hij hield vol dat het allemaal een vreselijk misverstand was: hij was onschuldig en Giustiniana was 'dom' als ze de moeite nam 'ook maar één woord vuil te maken aan al dit geklets waarmee de Morosini's je hoofd vullen'.

Het viel haar niet gemakkelijk de dingen die ze over Andrea hoorde schouderophalend af te doen, omdat een zo groot deel van zijn leven voor haar onzichtbaar, onbereikbaar was. De geruchten waren des te pijnlijker omdat ze weerklonken in kringen waartoe ze was toegelaten maar waar ze niet echt bij hoorde. Giustiniana kende de meeste vrienden van Andrea goed of iets minder goed en was ten huize van veel patricische families een welkome gast maar ook al was de sluier van maatschappelijke discriminatie niet zo zichtbaar als elders in Europa, hij was er wel degelijk: hij beheerste de Venetiaanse maatschappij op al dan niet subtiele wijze – zoals bij huwelijken. Als Giustiniana Andrea over zijn vriendinnen schreef klonk er vaak een onderstroom van bezorgdheid door die veel verder ging dan een natuurlijke romantische jaloezie.

Toch had ze zo haar eigen kleine methodes om hem iets betaald te zetten.

Terwijl Andrea en Giustiniana worstelden om het misverstand over zijn rol in de affaire van hun vrienden op te helderen besloot Mariettina een van haar befaamde bals op Giudecca te geven – een eiland dat door een breed kanaal van de zuidkant van Venetië werd gescheiden en waar patriciërs buitenhuizen met tuinen en wijngaarden hadden. Het bal was een van de belangrijkste sociale gebeurtenissen van het seizoen. De voorbereidingen namen dagen in beslag. Jonge Venetiaanse dames waren berucht om hun voorliefde voor weelde. Ze droegen graag kostbare en rijkbewerkte maar tegelijkertijd comfortabele kleren, zodat ze zich gemakkelijker konden bewegen tijdens de menuetten en de *furlane*, een populaire dans die afkomstig was uit de streek Friuli. Ze lieten urenlang hun haar kappen tot grote bijenkorven, die ze met edelstenen en gouden pennen versierden. Hun lange vingernagels werden in felle kleuren geschilderd. Ze drenkten zich in exotische parfums en kozen met bijzondere zorg hun tâches de beauté (de *appassionata* werd in de ooghoek gedragen, de *coquette* boven de lip, de *galante* op de kin en de *assassina* – de moordenares – in de mondhoek).[1] Ze droegen grote, schitterend geborduurde waaiers en kettingen van parels en diamanten. Hoge hakken waren allang uit de mode: Venetiaanse dames gaven de voorkeur aan meer verstandige lage avondschoenen, die dikwijls met diamanten gespen waren opgesmukt. Deze schoenen waren uitzonderlijk kostbaar maar erg comfortabel, vooral om te dansen. De mannen droegen de traditionele Franse uitmonstering: een lang jasje van zijde, een tot de knie reikende broek en witte kousen. Druk bewerkte manchetten en jabots van kant

van het eiland Burano gaven hun kleding een Venetiaans tintje.
Hun elegante avondpruiken werden voor de gelegenheid opgekamd
en verzorgd.

Het bal van Mariettina bood Andrea en Giustiniana een kans elkaar te zien en de zaken voor eens en voor altijd op te helderen.
Giustiniana, die zich nog door het hele gedoe gekwetst voelde, was
niet in de stemming voor een zo veeleisende sociale gebeurtenis.
Ze stuurde Andrea precies op het moment dat hij zich kleedde voor
de avond het volgende briefje:

*A*ls het weer zo slecht blijft ga ik zeker niet naar het *festa* van
Mariettina Corner. Je kent mijn moeder en je weet hoe bang ze is
voor wind. Ze heeft me gewaarschuwd dat ze het kanaal niet over-
steekt als er ook maar de geringste bries staat. Uiteindelijk is het
waarschijnlijk beter dat een dergelijke redelijke smoes mijn verontschuldiging is om niet te komen, want ik geloof dat het voor
ons beiden vreselijk zou zijn... Toch zal ik proberen mijn moeder
te bepraten zich over haar angst heen te zetten – ik hoop dat je no-
ta zult nemen van mijn goede wil. Ik heb al voor een nieuwe gedragslijn gekozen: van nu af aan kun je doen wat je wilt, ik zal niet
klagen en je evenmin lastigvallen met beschuldigingen. Mocht je
me onaangenaamheden bezorgen dan zal ik proberen mezelf ervan
te overtuigen dat je het niet uit kwaadwilligheid hebt gedaan maar
omdat je niet gelooft dat ik voor dergelijke dingen gevoelig ben...
Overigens: al die smeekbeden om vergiffenis en die gewoonte van
je om je toch op precies dezelfde manier te blijven gedragen, ook
al weet je dat je me ermee kwetst – ik kan er echt niet tegen. De
waarheid is dat ik jou steeds maar bewijzen van mijn werkelijke affectie blijf geven terwijl jij mij steeds meer verdriet doet. En wie
weet of al mijn verdriet je op zekere dag zal veranderen... Vaarwel
nu, Memmo. Ik zou je verder niet willen storen bij het maken van
je toilet.

Uiteindelijk wist Giustiniana haar moeder niet over te halen – als ze het al heeft geprobeerd – en ging ze niet naar het bal van Mariettina. De volgende dag stuurde ze Andrea dit bitterzoete briefje: 'Ik heb je vanochtend niet geschreven omdat ik dacht dat je na gisterenavond wel moe zou zijn en je slaap nodig had. Ik kon niet komen door het slechte weer, maar zoals ik je al heb gezegd geloof ik dat het uiteindelijk hoe dan ook het beste was. Vandaag hoopte ik half en half je aan het raam in Ca' Tiepolo te zien, maar ik neem aan dat ik mezelf daarmee een rad voor ogen heb gedraaid. Vanavond gaan we naar Smith. Ik zal je morgen schrijven. Ik heb je niets anders te vragen dan dat je veel van me houdt – als je kunt Tot een volgende keer.'

Andrea reageerde altijd verdedigend, zelfs ongeduldig, op Giustiniana's uitbarstingen van jaloezie. Hij was zelf niet immuun voor dergelijke gevoelens, maar in abstracte zin was hij een aanhanger van wat hij als een 'filosofische' benadering zag. 'Ik kan bijna niet jaloers zijn,' legde hij uit:

Niet omdat ik zo'n hoge dunk van mezelf heb dat ik niet onderken dat anderen [je aandacht] waardig zouden kunnen zijn. Nee, de reden is dat ik niet wil geloven dat je oppervlakkig of koket of grillig of achteloos of gemeen bent. Als er ooit een moment zou komen dat ik werkelijk twijfels over je zou gaan koesteren... dan zou ik je gewoon als zomaar een vrouw beschouwen. De pijn die ik vanwege je gedaanteverandering zou voelen zou zeker intens zijn, maar in mijn ogen zou je dan niet meer de lieftallige, unieke Giustiniana zijn. En als ik zou verliezen wat mijn diepste liefde deed ontbranden en deze liefde blijft voeden, zou ik elk gevoel voor jou verliezen en weer de Memmo worden die ik was voordat ik je heb leren kennen.

Dit was de theorie. In werkelijkheid raakte Andrea behoorlijk snel zijn koelbloedigheid kwijt als andere jongemannen zich om Giustiniana verdrongen. Hij stond bijzonder argwanend tegenover Momolo Mocenigo, beter bekend als Il Gobbo – de Bultenaar – vanwege een lichte kromming van zijn ruggengraat, maar voor het overige erg knap en een groot versierder. 'Hij was de knapste van alle patricische spelers in de Ridotto,' schreef Casanova in zijn *Geschiedenis van mijn leven*.[2] Als hij niet zat te gokken aan zijn farotafel hing Il Gobbo in de theaters rond, waar hij de dames lastigviel en probeerde flauwe grappen uit te halen. Hij vond het vooral leuk met Giustiniana te dollen, en haar bereidheid hem te tolereren ergerde Andrea mateloos. Eens, toen hij haar voor de zoveelste maal had betrapt bij 'een heel lang gesprek' met hem, gaf hij haar de wind van voren: 'Iedereen weet dat Il Gobbo een eersteklas hoerenloper is. Je moet weten dat hij me een keer ten overstaan van andere mensen [heeft gezegd] dat ik hem dankbaar zou moeten zijn omdat hij ervoor had gekozen je niet te verleiden, ook al gaf je blijk van een bepaalde vriendelijkheid jegens hem... Ik geef toe dat ik een dergelijke belediging niet kon dulden, en ik kan wel zeggen dat mijn reactie hem niet erg gelukkig stemde... Maar waarom moest je met hem praten zonder dat je moeder erbij was? Waarom moest je hem bijna iets in het oor fluisteren? Waarom moest je hem toefluisteren dat je naar San Moisè ging, zodat hij het mij kon vertellen op een toon die me zo onaangenaam trof?'

Op een andere avond zat Andrea met koorts en verschrikkelijke keelpijn thuis, toen hij opeens hoorde dat de 'eersteklas hoerenloper' op weg was naar een afspraak met Giustiniana. Hij raakte zo over zijn toeren dat hij het huis uit stoof en de hele stad door rende, en de drukke gokkamers van de Ridotto binnenstormde. 'Midden in de nacht, met een ontstoken keel, ben ik de straat opgegaan om je te zoeken en ik vond je uiteindelijk in het vertrek waar [Il Gobbo] net was geweest,' schreef hij haar boos en met een behoorlijke dosis zelfmedelijden. 'Toen ik je in dezelfde kamer aantrof waar hij was,' zo verzekerde hij Giustiniana, werden 'de vlammen die mijn keel toch al teisterden tot het dubbele aangewakkerd.'

Il Gobbo was overigens minder ergerniswekkend dan Piero Marcello, de knappe *coureur de femmes* die Mariettina Corner het hof maakte maar die ook een oogje op Giustiniana had. Andrea beschouwde Piero als frivool en ijdel, het slag jongeman dat een nieuwe jas kocht en dan 'een opstootje veroorzaakte om er de aandacht op te vestigen'. De gondel van Piero lag dikwijls afgemeerd aan dezelfde steiger als die van de Wynnes. 'Wat kan uiterlijke schijn toch bedrieglijk zijn,' merkte Andrea op, want hij maakte zich zorgen dat de mensen ten onrechte zouden veronderstellen dat Piero bij Giustiniana en haar zusters op bezoek was, terwijl Piero daar in feite vlak in de buurt woonde. Sommige mensen noemden hen zelfs al 'de meisjes van Piero Marcello'. Piero flirtte niet alleen met Giustiniana, hij nagelde ook Andrea publiekelijk aan de schandpaal door zich hardop af te vragen of hij en Giustiniana elkaar nog in het geheim zagen. De beide mannen raakten bijna slaags om haar, zoals Andrea Giustiniana in zijn verslag van hun confrontatie met meer dan een beetje bravoure vertelde:

Piero: Ben je soms jaloers op me? O... maar ik heb helemaal geen plannen met haar. Natuurlijk, als vrouwen naar me toe komen is het altijd lastig er weerstand aan te bieden... Maar ik ben je vriend, ik zal je niet verraden. Ik blijf uit de buurt van de vrouwen van mijn vrienden. En als je ook maar de minste argwaan koestert zal ik haar nooit meer zien.

Andrea: Wie denk je dat je bent, de Schrik van de Wereld? Denk je nu echt dat ik bang ben Giustiniana aan jou te verliezen? Als ze nu gek was, zoals al je vroegere minnaressen, als ze op je geld uit was... als ze alle zwakheden had, alle dwaasheden, alle vooroordelen van de gemiddelde vrouw, als ze niet de echte waarde van goede mannen kon inzien, als ze koket was of erger, dan, ja, zou ik haar waarschijnlijk niet vertrouwen. Maar mijn beste Piero, met wie denk je dat je te maken hebt?

Andrea besloot: 'Ik zei hem dit alles met mijn gebruikelijke openhartigheid, zodat hij eerst deed alsof hij verbaasd was en daarna een grap van de hele zaak probeerde te maken.'

En hiermee was het niet afgelopen. Een paar dagen later zag Andrea Piero en Giustiniana weer met elkaar praten. Hij gaf haar een strenge waarschuwing: 'Nu spreek ik tegen je als een echtgenoot: ik wil absoluut niet dat je jan en alleman laat zien dat je Piero Marcello kent. Ik vond het heel erg dat Mariettina, die merkte dat ik erachter probeerde te komen met wie je stond te lachen, naar me toe kwam en me in het oor fluisterde: "Ze staat daar beneden met Piero te lachen."'

Zelfs na een dergelijke reprimande wilde Andrea niet toegeven dat hij ook maar in de verste verte jaloers was:

*I*k heb heb je al honderd keer gezegd: ik verbied je niet uit jaloezie Piero te zien... Maar ik wil absoluut niet dat je in het openbaar naar hem kijkt of hem zelfs maar groet, te meer omdat hij zich dubbelzinnig gedraagt, op een manier waar ik gewoon niet van houd en die ik uiterst onbeschoft vind... Piero en Momolo zijn geen gezelschap voor jou... Piero stelt zich aan terwijl Momolo zijn gebruikelijke maniertjes laat zien, beide met hetzelfde doel: de mensen wijs te maken dat er in ieder geval sprake is geweest van een klein beetje intimiteit met alle vrouwen die ze eigenlijk nauwelijks kennen. En om deze reden zijn ze beiden een ware bron van ergernis voor jonge geliefden.

Ondanks de misverstanden en het gekibbel die hierop volgden verdiepte de relatie tussen Andrea en Giustiniana zich tijdens de lente en zomer van 1755 zozeer dat weinig anders er nog toe scheen te doen. Ze waren voortdurend in de weer om tijd voor zichzelf te maken en plekken te vinden waar ze elkaar konden ontmoeten. Ze waren er buitengewoon behendig in geworden te ontsnappen aan de beperkingen die hun waren opgelegd en bewogen zich heimelijk van de ene alkoof naar de andere. Hun affaire beheerste hun leven en veranderde hen geleidelijk.

Giustiniana had altijd als een levendige en sociabele jonge vrouw bekendgestaan. De liefdevolle bijnaam *inglesina di Sant'Aponal* riep een verfrissend beeld van jeugd en elegantie op. Al spoedig na hun terugkeer naar Venetië was Giustiniana, aangezien ze de oudste was, begonnen samen met haar moeder de plichten van een goede gastvrouw op zich te nemen terwijl Bettina, Tonnina, Richard en William nog onder de hoede van Toinon vielen. Deze rol was haar op heel natuurlijke wijze toegevallen. Ze had zich altijd op haar gemak gevoeld in hun eigen salon en in het huis van de consul, waar ze iedereen met haar charme in verrukking bracht. Rond 1755 had ze echter genoeg gekregen van dit alles, van al dat toneelspelen. Ze herkende zichzelf nauwelijks meer. 'Koketterie was het enige waar ik ooit om gaf,' vertelde ze Andrea op een introspectief moment. 'Nu lukt het me nog maar nauwelijks om beleefd te blijven. Alles verveelt me. Alles ergert me. De mensen zeggen dat ik dom, dwaas ben geworden, dat ik een hopeloos geval ben als het erom gaat de gasten bezig te houden. Ik besef dat ze gelijk hebben. Maar wat dan nog?' Ze bracht haar dagen door met het schrijven van brieven aan Andrea, maakte zich zorgen over wie hij zag, plande hun volgende ontmoeting – waar, op welk tijdstip, en altijd hoe het met de sleutels moest. Als ze met haar moeder het huis uit ging – om te lunchen bij de consul, of naar de kerk, het theater, de Ridotto – de mensen die ze uitkoos om mee te praten, wat ze zei, hoe ze het zei: alles wat ze deed had op een of andere manier met Andrea te maken.

Ook voor Andrea was de affaire allesverterend geworden. 'Mijn liefste, je leidt me in alles wat ik doe,' bekende hij haar. 'Ik denk, ik voel, ik zie niets anders dan mijn aanbiddelijke Giustiniana. Al het andere heeft geen enkele betekenis voor me... Ik kan mijn liefde voor jou gewoon niet meer voor anderen verbergen.' Hij maakte nog steeds de gebruikelijke rondes – een boodschap voor de familie, een uitstapje naar drukker Pasquali voor de consul, een lunch in Ca' Tiepolo en 's avonds een bezoek aan het theater. Zijn leven buiten de geheime wereld die hij met Giustiniana deelde leek echter niet meer erg stimulerend of zelfs maar leuk. Na de dood van zijn oom Andrea het jaar daarvoor ontving Ca' Memmo minder bezoekers en was niet meer het sprankelende intellectuele toevluchtsoord dat het de voorgaande jaren was geweest. Het was ook de periode waarin Andrea's moeder, die geobsedeerd werd door de invloed van Casanova op haar drie zoons, uiteindelijk haar zin kreeg en de inquisiteurs wist te bepraten hem te laten arresteren.* De verhitte, nachtelijke conversaties in de drukke *malvasìe* over het laatste boek uit Parijs of het nieuwe toneelstuk van Goldoni waren hun meest onderhoudende deelnemer kwijt.

Andrea's persoonlijke project – de stichting van een Frans theater in Venetië – leidde tot niets, en Giustiniana maakte zich zorgen dat zij wel eens de belangrijkste oorzaak van dit gebrek aan vorderingen kon zijn. 'Doe je er niets aan vanwege mij? Lieve Memmo, geef het alsjeblieft niet op. Als je eens wist hoe je zaken me ter harte gaan als je eer op het spel staat. Vooral dit project, dat, gegeven de omvang, de gedetailleerde manier waarop je het hebt voorbereid en de uitstekende manier waarop je elke fase hebt uitgevoerd, was bedoeld om je reputatie te vestigen. En dan te bedenken dat mijn gevoelens voor jou, hoe echt ze ook zijn, je wellicht zoveel schade hebben berokkend. Ik schaam me dood.' Andrea gaf toe dat hij weinig voortgang had geboekt en dat 'alle betrokkenen' bij het project woedend op hem waren. 'Ze zeggen dat ik ze al die tijd aan het lijntje heb gehouden. In de stad doet het praatje de ronde dat het theaterproject mislukt is door mijn buitensporige hartstocht voor jou. Bij God, niets kan me minder deren. Ik wil je alleen vertellen dat ik van je houd, mijn hart.' Lief voegde hij eraan toe dat hij er nu weer aan zou gaan werken 'omdat het zal zijn alsof ik het voor jou doe. Nadat ik je brief had gekregen ben ik meteen naar

---

* Het is waarschijnlijk dat er een combinatie van factoren ten grondslag lag aan de arrestatie van Casanova op 25 juli 1755 – zijn openlijk verklaarde atheïsme, zijn gescharrel met zwarte magie, zijn reputatie als handige oplichter van een nogal lichtgelovig trio oude patriciërs. Ook de druk die Lucia Memmo op de inquisiteurs uitoefende speelde een rol. Casanova was hier zeker van overtuigd. 'Zijn [Andrea's] moeder maakte deel uit van het complot waardoor ik in de gevangenis belandde,'³ schreef hij later in zijn *Geschiedenis van mijn leven*. Hij heeft echter nooit rancune gekoesterd jegens de zoons.

de advocaten gerend om ze weer aan het werk te zetten. Ze waren niet op kantoor, maar binnenkort vind ik ze wel.' Uiteindelijk kwam, ondanks incidentele pogingen, het project niet van de grond.

Andrea bleef contact houden met zijn mentor Carlo Lodoli, de franciscaner monnik die op de meer verlichte leden van de Venetiaanse adel nog steeds grote invloed had. Nu hij geen student meer van hem was zag Andrea hem minder vaak, maar hij was er erg op gespitst dat ook Giustiniana haar voordeel zou doen met de geest die hem zo diepgaand had beïnvloed. Hij moedigde zijn oude leermeester aan haar zo veel mogelijk te bezoeken en haar bij zijn kring volgelingen te betrekken. Giustiniana was altijd blij met deze bezoeken: ze hongerde in de beperkte intellectuele sfeer die haar moeder thuis in stand hield naar nieuwe boeken en nieuwe ideeën. Het meest genoot ze van de gelegenheid enige tijd door te brengen met iemand die haar geliefde goed kende. Als Lodoli op bezoek kwam was het alsof hij Andrea meenam – in ieder geval in de geest. 'Hij is net vertrokken,' meldde Giustiniana haar minnaar. 'Hij heeft me lange tijd gezelschap gehouden en we hebben heel ongedwongen gepraat. Ik heb vandaag geweldig van ons gesprek genoten – meer dan anders. Hij is een heel nuttig man voor de maatschappij omdat hij zonder enige pedanterie zijn kennis uitdraagt. Vandaag had hij een uitstekend humeur en het was een genot met hem te praten. Ik had hem nooit weg laten gaan als ik niet vreesde dat mijn gesprekken hem te veel zouden vervelen. Maar afgezien daarvan heeft hij veel over jou gepraat en je geprezen om de deugden waarvoor mannen geprezen zouden moeten willen worden – de goedheid van je ziel en de oprechtheid van je geest.'

Ettelijke jaren was de bibliotheek van consul Smith voor Andrea een tweede thuis. Hij bleef de consul tijdens zijn geheime affaire met Giustiniana regelmatig bezoeken, hielp hem bij het catalogiseren van zijn verzameling kunst en boeken. Er waren bijna twee jaren verstreken sinds de geliefden elkaar in dat huis voor het eerst hadden ontmoet. Terwijl Andrea aan het werk was gaf hij zich over aan tedere herinneringen aan die dagen van weleer, toen ze tussen de prachtige schilderijen en de zeldzame boeken verliefd op elkaar waren geworden. 'Vanavond ben ik bij Smith geweest, die mij tekeningen liet zien. Mijn God, zoveel voorwerpen doen me aan jou denken. Hoeveel zuchten heb ik geslaakt in dat huis! Ik heb onder andere een vrouwtje met een miezerig mannetje in een bedje in een bepaalde houding gezien. O God, Giustiniana, mijn aanbedene, weet je nog hoe gelukkig we hier zijn geweest?'

In werkelijkheid ging Andrea meer uit plichtsbesef en dankbaarheid dan voor zijn genoegen bij de consul langs. De oude man kon veeleisend zijn. 'Als hij 's avonds na het eten begint te praten houdt hij nooit op,' meldde Andrea enigszins vermoeid. 'Meestal vraagt hij me te blijven, ook al is hij al in kamerjas.' Deze gesprekjes van mannen onder elkaar gingen vaak over de Wynnes, en bij verschillende gelegenheden moest Andrea wel geamuseerd opmerken hoe de stem van Smith een vaag begerige klank kreeg als hij over Giustiniana begon.

Het was onvermijdelijk dat naarmate de levens van Andrea en Giustiniana onlosmakelijker met elkaar vervlochten raakten de hopeloosheid van hun situatie sterker tot hen begon door te dringen, wat dan weer nieuwe spanningen en crises met zich meebracht. Andrea vulde zijn brieven met verklaringen van zijn liefde en toewijding, maar hij had nooit veel perspectief te bieden – er was geen sprake van een plan op lange termijn dat, hoe vaag ook, Giustiniana de mogelijkheid zou geven over een gezamenlijke toekomst te dromen. In plaats hiervan maakte hij achteloze opmerkingen over hoeveel eenvoudiger het zou zijn als ze met iemand anders was getrouwd of, nog beter, als ze een jonge weduwe was 'zodat we niet al die voorzorgsmaatregelen hoefden te nemen en ik de wereld kon laten zien hoe ik je aanbid'.

Giustiniana had het moeilijker dan Andrea. Haar brieven, die altijd impulsiever en emotioneler waren dan de zijne, werden gedurfder naarmate ze meer tussen gelukzaligheid en wanhoop heen en weer werd geslingerd. Venetië kon zo'n vijandige omgeving lijken – een waterig labyrint van spiegels en schaduwen en gefluister. Ze kon geen greep krijgen op Andrea's leven of, het gevolg hiervan, het hare. Hoe meer tijd er verstreek des te sterker kreeg ze het gevoel verdwaald te zijn. Steeds weer werd ze overweldigd door golven jaloezie die haar de gedachte ingaven de verhouding te verbreken.

Caterina (Cattina) Barbarigo was een grote schoonheid en een beruchte femme fatale. Ze hield hof in een *casino* dat onder progressieve patriciërs erg in de mode was en door de inquisiteurs met argwaan werd bezien. Hoewel ze ouder was dan Andrea – ze was getrouwd en moeder van twee prachtige dochters – omringde ze zich graag met veelbelovende jongemannen. Andrea was op zijn beurt opgetogen tot haar kring vrienden te worden toegelaten – ook al betekende dit dat hij Giustiniana's gevoelens kwetste. 'Je bent de hele dag bij Cattina Barbarigo geweest, nietwaar?' vroeg ze verwijtend. 'Genoeg, ik zal er niet over klagen. Maar waarom heb ik je niet gezien? Waarom heb ik geen regel van je ontvangen? Nu ik erover nadenk is het misschien ook maar beter dat ik geen briefje van je heb gekregen, want je zou het waarschijnlijk inderhaast laat in de avond hebben geschreven, en misschien alleen uit plichtsgevoel. Misschien zal het je morgen makkelijker vallen me te schrijven.' Maar de volgende dag kwam er geen brief, en de daaropvolgende niet, en de daaropvolgende evenmin. De vierde dag dat hij niets van zich liet horen maakte haar bezorgdheid plaats voor woede:

Je moet je schamen, Memmo. Kan iemand zich slechter gedragen jegens een geliefde op wie hij wanhopig verliefd beweert te zijn? Ik schrijf je op zaterdag en je antwoordt niet omdat je bij Barbarigo bent. Op zondag zie ik je geen enkele keer, hoewel ik de hele dag aan mijn raam zit. En geen brief – hoewel je heel goed weet dat ik op maandag altijd uitga en je zou moeten willen weten wat het plan is om me te kunnen zien. Of misschien heb je me wel geschreven maar kon je vriend de brief niet afleveren? Dacht je soms dat ik zal geloven dat je geen andere manier kon vinden me een brief te bezorgen, nu ik twee dagen geen enkel nieuws van je heb gehad?... Mijn moeder is een paar dagen ziek geweest, en we hadden elkaar heel gemakkelijk kunnen zien. Maar nee – Memmo maakt ergens anders plezier. Hij denkt niet eens aan Giustiniana, behalve wanneer een hevige aandrang hem ertoe dwingt. Wat moet ik ervan denken? Ik hoor van alle kanten verhalen over je nieuwe vermaak en je o-zo-dierbare oude vriendschappen.

Natuurlijk voerde Andrea aan dat hij volledig onschuldig was: 'In hemelsnaam, wees niet zo hardvochtig. Over welk rendez-vous heb je het? Wat heb ik gedaan om zo'n minachting te verdienen? Mijn zoete liefste, je moet kalmeren. Vertrouw me, want anders breek je mijn hart.' Hij legde nogal onhandig uit dat hij zich nu en dan door tactische overwegingen en niets anders gedwongen zag er een paar dagen het zwijgen toe te doen en de stroom brieven te onderbreken. Ze mocht echter nooit vergeten dat als hij soms eens niets van zich liet horen, hij dit omwille van *haar* deed en zeker niet omdat hij achter jongedames aanzat: 'Je weet dat ik je aanbid, en precies om die reden maak ik me alleen maar zorgen over jouw positie in plaats van over je eeuwige wantrouwen te klagen. Ik zou je graag elke dag hebben geschreven om je te vertellen wat ik deed, maar je weet hoe bang ik ben je te schrijven – je moeder is tot iedere smerige streek in staat. Het enige dat ik probeer te bereiken is dat de leden van jouw familie en onze vijanden en de massa mensen die iedere stap volgt die we zetten onze verhouding niet ontdekken doordat wij iets onvoorzichtigs hebben gedaan.'

Giustiniana liet zich niet door Andrea's woorden geruststellen. Zijn vage houding maakte haar zelfs ongeruster en uitdagender:

*H*oe kon je zweren dat je me geen enkel ongenoegen aandoet en dat je je alleen maar bekommert om mijn positie terwijl je in feite alleen maar probeerde bij me vandaan te komen en voorzichtigheid als een uitvlucht gebruikte om zo snel mogelijk N. te zien?*

---

* Duidelijk een andere N. dan degene die hun het *casino* ter beschikking stelde.

Wees maar niet zo zeker van de macht die je over me hebt, want ik verbreek die verdraaide band tussen ons. Ik heb nu dan toch eindelijk mijn ogen geopend. Mijn God! Wie is die man aan wie ik mijn diepste liefde heb geschonken! Laat me met rust, laat me in hemelsnaam met rust. Ik ben alleen maar een bron van ongemak voor je. Het zal niet lang duren of je gaat me haten. Jij schurk! Waarom heb je me verraden?... Iedereen heeft het nu over jouw nieuwe vriendschap met N. Aanvankelijk heb je je nader verklaard, en was ik dus weer kalm en vond ik het zelfs goed dat je in het openbaar met haar werd gezien... En na onze verzoening rende je weg, terug naar haar. Is er een beter bewijs van je ontrouw denkbaar? Verdoemd moge je zijn! Mijn buitengewoon grote verachting belet me alles te zeggen wat ik zou willen. Ik ben zo boos dat ik niet eens kan zeggen wat ik allemaal wil zeggen... Kom niet meer bij me in de buurt, ik wil je niet meer zien... Nu begrijp ik waarom je erop hebt aangedrongen dat ik moest doen alsof onze vriendschap achter de rug was; nu zie ik duidelijk hoe vals je oprechtheid was, je weerzinwekkende behoedzaamheid... Nu ken ik je. Dacht je dat je me eeuwig belachelijk kon maken? Genoeg. Ik houd ermee op nog langer een van je speeltjes te zijn.

Waren de geruchten waar? Zat Andrea achter N. aan, of werkte Giustiniana zich op tot een spiraal van jaloezie waar geen reden voor was? Wat er ook gebeurde, Andrea had duidelijk de diepte van Giustiniana's wanhoop onderschat. Hij merkte dat hij opeens in het defensief was gedrongen en spande zich geweldig in om haar woede in te tomen: 'Hoe kan ik je mijn gemoedstoestand duidelijk maken, jij wrede vrouw? Er schieten duizenden gedachten door me heen en ik word gekweld door oneindig veel problemen. En jij – in hemelsnaam – vindt niets beters te doen dan me buitengewoon onmenselijk te behandelen. Hoe komt dit allemaal? Waaraan heb ik dit allemaal te danken?... Is het mogelijk dat je mijn hart nog steeds niet kent?... Kom, mijn zoete Giustiniana, spreek vrijuit tegen je Memmo.'

Andrea begreep nu beter dat zolang Giustiniana zich in een verhouding zonder toekomst opgesloten voelde ze alleen maar ongeruster en onhandelbaarder zou worden en dat hun leven in een hel zou veranderen. Hij bleef echter dubbelzinnig: 'Vertel me of je je wilt bevrijden uit de situatie waarin je verkeert. Vertel me de verschillende mogelijkheden, en hoe schadelijk ze ook voor mij zullen zijn, als ze jou gelukkig zullen maken... Spreek, en je zult zien hoeveel ik van je houd.' Riep hij hier het beeld van een ontvoering op? Begon hij een heimelijk huwelijk te overwegen, met alle negatieve gevolgen vandien? Zo ja, dan ging hij wel op een erg omzichtige en tastende manier te werk, alsof het alleen maar een tactiek voor de korte termijn was om de woede van Giustiniana te laten kalmeren. In zijn volgende brief trok hij zich eigenlijk alweer terug op zijn oudere, meer traditionele standpunt: hun geluk was, wat Andrea betrof, afhankelijk van de vraag of ze een echtgenoot voor Giustiniana konden vinden. 'Helaas, er valt niet veel te winnen totdat jij getrouwd bent en ik meer vrijheid heb je te zien. Laten we in die tussentijd proberen elkaar zo min mogelijk pijn te doen.'

Giustiniana's woede was echter nog niet helemaal bekoeld. Andrea's brieven leken opeens zo kleinzielig en voorspelbaar. Waar was de sterke, wilskrachtige jongeman op wie ze zo wanhopig verliefd was geworden? In de eenzaamheid van haar kamer in Sant'Aponal, waar steeds vaker sprake van was, besloot ze een einde aan hun liefdesgeschiedenis te maken. Het was beter duidelijk met elkaar te breken, hoe pijnlijk dit ook zou zijn, dan de kwelling te verdragen waaraan Andrea haar blootstelde.

*D*it is de laatste keer dat ik je lastigval, Memmo. Je gedrag is van dien aard geweest dat ik me nu vrij voel je deze brief te schrijven. Ik zal je je verraad, je gebrek aan dankbaarheid, het gebrek aan liefde, je minachting niet voor de voeten werpen. Nee, Memmo. Ik was door dit alles erg gekwetst, maar ik heb besloten niet te klagen of me in wraakgevoelens te wentelen. Je weet hoeveel ik van je heb gehouden; je weet wat een volmaakte vriendin ik voor je ben geweest. God weet dat ik mijn hele geluk voor onze liefde op het spel heb gezet. Dat wist je. Toch heb je me laten geloven dat je met dezelfde intensiteit van mij hield... En nu ik je ken, nu ik inzie dat je me bedrogen hebt, schenk ik je een nog groter blijk van mijn hartstocht door deze hardnekkige band te verbreken. Na al je wangedrag en je trouweloosheid stond ik al op het punt je te verlaten. Je blijken van minachting de afgelopen paar dagen, de afwezigheid van iedere poging jouwerzijds je gedrag te verklaren, je voortdurend toegeven aan dingen waarvan je weet dat ik er ongelukkig van word, en je volledige verwijdering van mij hebben me uiteindelijk echter doen inzien dat je niets anders te bieden hebt. Mijn ogen zijn opengegaan, ik heb jou leren kennen en mezelf leren kennen, en ben onvermurwbaar geworden in mijn besluit nooit meer een gedachte aan een man te wijden die tot zulke wreedheid, zulke minachting, zo'n totaal gebrek aan trouw aan mij in staat is.

Alles tussen ons is nu dus afgelopen. Ik weet dat ik je geen groter plezier kan doen dan dit... En ik weet ook dat mijn gemoedsrust, mijn welzijn, misschien zelfs mijn leven zullen afhangen van deze breuk. Ik zal je nooit haten (het valt te bezien of ik deze belofte waar kan maken), maar ik zal zowel genoegen als ongenoegen voelen in zowel jouw geluk als je tegenslagen. Sterker nog: ik zal nooit meer van iemand houden zoals ik van jou heb gehouden, ondankbare Memmo. Je zult me aan je verplichten door me al mijn brieven terug te geven... daar deze verder geen ander doel zullen dienen dan me aan mijn zwakheid en jouw verdorvenheid te herinneren. Geef ze dus alsjeblieft terug, zodat ik ze kan verbranden en alles uit mijn blikveld kan verwijderen wat me zou kunnen herinneren aan wat ik heb gedaan voor een man die het zo weinig verdiende.

Hier is je portret, ooit een bron van vreugde en troost, dat ik niet meer in mijn buurt wil hebben. Vraag de kunstenaar* me het

---

* Andrea had een portret besteld bij 'Nazari', mogelijkerwijs Bartolomeo Nazzari (1699-1758), destijds een kunstenaar die in Venetië erg in de mode was en een beschermeling van consul Smith. Het portret is helaas nooit gevonden.

portret van mezelf te brengen dat je had besteld – ik zal het in termijnen betalen en het houden. Je ijdelheid is nu wel voldoende bevredigd. Iedereen weet hoeveel ik van je heb gehouden. Laat je alsjeblieft nog een paar dagen niet zien. Ik weet hoe heilzaam deze scheiding van een paar dagen voor me is geweest, en ik heb goede redenen om te geloven dat ik er wel bij zal varen deze periode te verlengen. Ik vergeef je alles. Ik heb deze behandeling verdiend omdat ik dwaas genoeg was om te geloven dat je tot een oprechte en duurzame verbintenis in staat was, en ik veronderstel dat ik je niet echt kwalijk kan nemen dat je je niet over je eigen kleinzieligheid heen kunt zetten, die zozeer een deel van je karakter is. Ik vraag noch om je vriendschap noch om een plek in je herinneringen. Ik verlang niets meer van je. Omdat ik niet meer de hartstochtelijkste minnares kan zijn wil ik ook niets anders meer voor je zijn. Adieu, Memmo, beschouw me als dood. Voor altijd adieu.

Door Giustiniana's dramatische breuk werd de lucht gezuiverd. Binnen enkele dagen loste de vergiftigde atmosfeer die hen had overweldigd op en lagen ze weer in elkaars armen, vervuld van liefde en begeerte. Giustiniana lachte zelfs om haar eigen capriolen:

O God, mijn Memmo, hoe kan ik deze alles overspoelende emoties beschrijven? Hoe kan ik je vertellen dat... je nog mijn ware geluk, mijn enige schat bent? Alleen jij kunt me begrijpen, omdat je mijn hart kent en weet welke macht je erover uitoefent... Ik weet niet hoe het komt dat mijn stemming zo snel is veranderd en waarom ik het aandurf je dit te vertellen! Nee, ik weet echt niet wat er met me gebeurt... Heer, ik ben waanzinnig. Uiterst waanzinnig. En alles wat er de laatste paar dagen is gebeurd? Kun je met me meevoelen?... Mijn argwaan, mijn jaloezie, mijn liefde... Hoe dan ook, we zullen elkaar morgen zien. Intussen denk ik dat ik meteen naar bed ga. Na in zoete gedachten over mijn Memmo te zijn ondergedompeld en zo van hem te zijn vervuld, zou ik met geen mogelijkheid de rest van de avond met dat dwaze gezelschap beneden door kunnen brengen!

Andrea wilde Giustiniana zo graag weer in zijn armen voelen dat zelfs die vierentwintig uur wachten hem nu ondraaglijk toescheen. Alleen in zijn kamer in het Ca' Memmo liet hij zich wegdrijven op erotische fantasieën, die hij zijn minnares prompt doorgaf:

O, mijn kleintje, mijn kleintje, mag ik je even lastigvallen met mijn dwaasheden? Heb je de moed om te luisteren? Ik ben zo vol fantasieën van je dat het geringste volstaat om me in een kosmische stemming te brengen. Ik lees bijvoorbeeld een van je brieven... daar staan de letters, opgetekend met jouw eigen hand en ik richt mijn aandacht op een paar kenmerken van je handschrift en ik staar ernaar en zeg tegen mezelf: hier heeft mijn aanbiddelijke Giustiniana zitten schrijven, mijn hartediefje... en dan lijkt het of ik je hand, je eigen hand zelf zie, o Heer, ik kus je brief omdat ik niets anders vind om te kussen, en ik druk de brief tegen me aan alsof jij het was, o, en ik omhels jou in gedachten, en het is echt te veel: wat moet ik doen? Ik kan er niet langer weerstand aan bieden. O mijn Heer, o mijn Heer, nu biedt je andere hand me verlichting, o, maar ik kan niet doorgaan... Ik kan niets meer zeggen, mijn liefste, maar je kunt je de rest voorstellen... O Heer, o Heer... Ik zeg niets meer, ik zeg niets meer. Op dit moment zou het me zelfs gelukkig maken als ik dicht bij je mocht sterven. Zou je altijd van me blijven houden? O Heer, dan zal ik de gelukkigste man van de hele wereld zijn. Schrijf me, Giustiniana, schrijf me alles wat je wilt, of zeg me duizendmaal dat je van me houdt.

Op dergelijke momenten van speelse overgave kreeg Andrea het gevoel dat hij in staat was tot 'zelfs het meest onverantwoordelijke optreden... Ja... ik voel de aandrang je op te halen en met je te trouwen.' En als hij zich op een dergelijke manier openstelde gaf Giustiniana zich ook altijd volledig: 'Mijn Memmo, ik zal altijd van jou zijn. Je betovert me. Je overweldigt me. Ik zal nooit een andere Memmo vinden met alle kwaliteiten en alle tekortkomingen die ik in je bemin. We zijn zo duidelijk voor elkaar geschapen. Het enige dat er moet gebeuren is dat ik minder argwanend word en dat jij iets minder luchtig wordt, en dan zullen we gelukkig zijn.'

Na deze momenten van extase sloop het besef van hun sombere situatie echter weer binnen in hun hart. Andrea vroeg zich af hoe hun verhouding kon overleven. 'We zullen nooit een moment van vrede of rust kennen. En dan jij, die alles gelooft wat je hoort. Goede God, ik weet niet meer wat ik moet doen! Je zult nooit veranderen zolang ik bij je weg moet blijven. Ik zie dat je gewoon niet kunt geloven dat ik helemaal van jou ben, wat wel zo is, en dat het onmogelijk is je moeder te veranderen, of je situatie, dus wat moet ik doen?' vroeg hij Giustiniana terneergeslagen en met een doffe wanhoop. 'Ik weet niet hoe ik je vast moet houden.'

Drie

Begin december 1755 deed snel het nieuws de ronde dat Catherine Tofts, de vrijwel onzichtbare echtgenote van consul Smith, na een lang ziekbed was overleden. Ze was ooit een actieve en vindingrijke gastvrouw geweest die in haar salon regelmatig privé-concerten had georganiseerd. Er bestaat een heel mooi schilderij van Marco Ricci, een van de favoriete kunstenaars van Smith, van Catherine die, begeleid door een kamerorkest, vrolijk staat te zingen. Het schilderij was echter kort na haar huwelijk met Smith en voor de dood van haar zoontje geschilderd. Met het verstrijken van de jaren zag men haar steeds minder (Andrea maakt in zijn brieven nooit gewag van haar). Tegen het einde van haar leven ging het gerucht dat ze waanzinnig was geworden en dat haar echtgenoot haar in een gesticht had laten opsluiten.

Smith organiseerde een grote begrafenisplechtigheid, die door een omvangrijk contingent van de buitenlandse gemeenschap in Venetië werd bijgewoond (de Italianen lieten verstek gaan omdat de katholieke kerk openbaar rouwbeklag voor protestanten verbood). Een lutherse handelaar uit Duitsland, een vriend van de consul, legde de gebeurtenis in zijn dagboek vast: 'Signor Smith nam condoleances in ontvangst en bood iedereen taartjes, koffie, chocolade, Cypriotische wijn en tal van andere dingen aan: iedereen gaf hij naar Engelse trant een paar witte kalfsleren handschoenen cadeau.' Vijfentwintig gondels, elk met vier toortsen, vormden de rouwstoet. Dit drijvende cortège voer het Canal Grande af, langs de Dogana di Mare, door het bassin van San Marco en het Lido op, waar het lichaam van Catherine op de protestantse begraafplaats te ruste werd gelegd: 'De Engelse schepen die bij San Marco lagen afgemeerd groetten de stoet met een storm van kanonschoten.'[1]

De consul was tachtig jaar oud maar nog steeds opmerkelijk fit en energiek. Hij was niet van plan het kalmer aan te gaan doen. Bij het aanbreken van de lente fluisterden roddelaars dat de periode van rouw al achter de rug was en dat hij naarstig op zoek was naar een nieuwe echtgenote – een wending in de gebeurtenissen die in de Engelse gemeenschap tot een golf van ontzetting leidde.

John Murray, de Britse Resident, had sinds zijn aankomst in Venetië in 1751 al een ongemakkelijke relatie met Smith. Smith had deze positie zelf nagejaagd in de hoop zijn loopbaan te bekronen met een ambassadeurschap van de koning in de stad waar hij het grootste deel van zijn leven had doorgebracht. Zijn connecties in Londen waren echter niet invloedrijk genoeg geweest om deze post voor hem in de wacht te slepen, en Murray, een levensgenieter met meer belangstelling voor vrouwen en lekker eten dan voor de kunst der diplomatie, was in zijn plaats gekozen. 'Hij is in elke zin van het woord een schandaal verwekkende kerel,' klaagde lady Mary Wortley Montagu, die, nogal snobistisch, liever in het gezelschap van plaatselijke patriciërs dan van haar minder aristocratische landgenoten verkeerde. 'Je kunt hem nog geen sequino toevertrouwen, hij wordt door zijn regering veracht vanwege zijn smokkelactiviteiten, wat oorspronkelijk zijn beroep was, en omringt zich steevast met pooiers en makelaars, die zijn particuliere raadgevers zijn.'[2] Casanova hield er, uiteraard, een andere visie op Murray na: 'Een knappe man, heel gevat, erudiet, en een enthousiast aanhanger van het schone geslacht, Bacchus en een goede maaltijd. Ik was altijd welkom bij zijn amoureuze ontmoetingen, waar hij, om de waarheid te zeggen, een goed figuur sloeg.'[3]

Smith verheelde zijn teleurstelling niet. Hij deed in feite zijn uiterste best Murray het gevoel te geven dat deze niet welkom was, en de nieuwe Resident roddelde algauw over de consul met lord Holderness, de staatssecretaris, Venetië-veteraan en vriend van de Wynnes: 'Zodra ik hier aankwam probeerde ik uw advies op te volgen om consul Smith voorkomend te bejegenen. Hij heeft me nu echter zoveel onaangename streken geleverd dat ik hem uiteindelijk flink de waarheid heb moeten zeggen. Hij beloofde in de toekomst beleefd tegen me te zijn – en begon toen opnieuw, waardoor ik me gedwongen zag alle relaties te verbreken.'[4]

De dood van Catherine en, belangrijker, de wens van Smith opnieuw in het huwelijk te treden brachten een plotselinge dooi in de betrekkingen tussen de Resident en de consul teweeg. Murray kwam op het idee dat zijn vroegere vijand de volmaakte echtgenoot zou zijn voor zijn ouder wordende zuster Elizabeth, die hij uit Londen had meegenomen (misschien ging Murray ook uit van de berekening dat hij door dit beoogde huwelijk uiteindelijk de kostbare kunstcollectie van de consul in handen zou krijgen). Smith was trouwens erg dol op Betty Murray. Hij genoot van haar regelmatige bezoeken aan het palazzo Balbi. Ze was vriendelijk tegen hem, en bij nader inzien kwam hij tot de conclusie dat ze niet onaantrekkelijk was. Al heel gauw begon hij serieus na te denken over een huwelijk met 'die fraaie maagd van veertig', zoals lady Montagu haar noemde.[5]

Murray en zijn zuster waren niet de enigen die de consul na de dood van Catherine in een ander licht gingen zien. Ook mevrouw Anna had een oogje op hem laten vallen omdat ze dacht dat hij de volmaakte echtgenoot voor Giustiniana zou zijn: Smith kon haar dochter een respectabele positie in de maatschappij en bovendien financiële veiligheid bieden. Bovendien was hij al twintig jaar een vriend van de familie en zou hij zeker de rest van de jonge Wynnes in de gaten houden – in elk geval de korte tijd die hem nog gegund was. Was een dergelijke oplossing immers niet de best mogelijke manier om zijn belofte aan sir Richard gestand te doen dat hij voor diens gezin zou zorgen? Mevrouw Anna begon de consul heel voorzichtig te paaien, nodigde hem vaker uit in hun huis, pronkte met Giustiniana en liet hier en daar een opmerking vallen. Ze nam zich voor de concurrente, Betty Murray, weg te vagen terwijl ze tegelijkertijd probeerde de best mogelijke relaties met haar en haar broer te handhaven. Onvermijdelijk ontstonden er echter spanningen in hun kleine groep, en Betty Murray reageerde op het optreden van mevrouw Anna door de consul te attenderen op het feit dat voorzover zij wist Giustiniana nog steeds heel erg op Andrea gesteld scheen te zijn.

Aanvankelijk was Giustiniana verbijsterd over het plan van haar moeder, maar ze wist dat ze geen zeggenschap in deze zaak had. En hoewel ze pas achttien was liet ze niets blijken van enige weerzin tegen het idee met een tachtigjarige in het huwelijk te treden. Ze was dol op Smith en onderkende ook de materiële voordelen van een dergelijk huwelijk. Wat ze echter het belangrijkst vond was de vraag hoe dit plan haar relatie met Andrea zou beïnvloeden. Zou het hun affaire beschermen of zou het het einde ervan inluiden? Zou het makkelijker worden elkaar te zien of juist moeilijker? De consul was zo oud dat het huwelijk maar een kort leven beschoren zou zijn. Wat zou er na zijn dood gebeuren?

Andrea had vaak, soms lachend en soms ook niet, gezegd dat hun leven zoveel gelukkiger zou zijn als Giustiniana getrouwd was of, nog beter, weduwe. Het was altijd maar een fantasie geweest, maar nu overwogen ze geheel onverwachts de heel reële mogelijkheid dat Giustiniana binnenkort zou kunnen trouwen en niet veel later weduwe zou zijn. Andrea werd erg serieus. Hij zette zijn redenering zorgvuldig op:

*I*k wil dat je begrijpt dat ik een dergelijk huwelijk uit liefde voor jou wil. Zolang hij leeft zul je in de meest gelukkige omstandigheden verkeren die er mogelijk zijn voor jou, die graag in Venetië blijft wonen... Je zult geen schoonzusters of zwagers hebben of God weet wie nog meer met wie je ruzie zou kunnen krijgen. Je hebt met maar één man te maken. Hij is een moeilijk toegankelijk man, maar als je hem van het begin af aan op de juiste manier benadert zal hij erg graag je slaaf worden. Hij zal van je houden en je de grootste achting toedragen zolang er geen irritaties ontstaan uit jaloezie... Hij zwemt in rijkdom en weelde. Hij houdt ervan met zijn fortuin en zijn smaak te pronken. Hij is ijdel, zo ijdel dat hij zal willen dat je veel dames ontvangt. Dit zal voor jou ook de mogelijkheid openen heren te ontmoeten en in hun gezelschap gezien te worden. We zullen ons zeer voorzichtig moeten gedragen zodat hij niet voortijdig ontdekt welke gevoelens we voor elkaar koesteren.

Andrea begon de pogingen van mevrouw Anna te steunen door zelf af en toe tegen Smith een opmerking te maken wat een verstandige verbintenis het zou zijn. Giustiniana nam zijn standpunt over, zij het schoorvoetend, omdat ze er een slecht voorgevoel over bleef houden. Wat de consul betrof, alleen al het vooruitzicht met het prachtige meisje te zullen trouwen dat hij in zijn salon had zien opbloeien, bracht hem in een staat van opwinding die hij niet altijd onder controle kon houden. Andrea merkte de verandering onmiddellijk op. '[Gisteren] zei hij tegen me: "Ik heb de afgelopen nacht niet kunnen slapen. Gewoonlijk val ik in slaap zodra ik in bed lig. Ik heb me laten meeslepen door mijn fantasieën. Ik kon om zeven uur pas mijn ogen sluiten en ben om negen uur opgestaan, ging naar Mogliano,* at drie boterhammen met goede boter en voel me nu heel goed." En om me te laten zien hoe goed hij zich voelde maakte hij een paar sprongen om duidelijk te maken hoe energiek hij wel niet is.'

Het verhaal over een mogelijk huwelijk tussen de oude consul en Giustiniana begon ook buiten de Engelse gemeenschap de ronde te doen en werd het onderwerp van roddels in de hoogste Venetiaanse kringen. Smith deed weinig om een einde te maken aan de praatjes. 'Hij zit voortdurend mijn moeder te vleien,' schreef Giustiniana Andrea. 'En hij spreekt de geruchten over ons huwe-

---

* De consul bezat een villa in Mogliano Veneto, op het vasteland.

lijk totaal niet tegen.' Andrea vertelde Giustiniana dat hij net terug was van Smith, waar een gesprek vol toespelingen had plaatsgevonden ten overstaan van generaal Graeme,* de uitbundige nieuwe opperbevelhebber van het haveloze leger van Venetië, en verschillende andere gasten:

[De consul] sneed het onderwerp getrouwde vrouwen aan, en nadat hij had geteld hoeveel er in het vertrek aanwezig waren, draaide hij zich naar me om:

'Binnenkort gaat er nog een vriend van u trouwen,' zei hij.

'Ik vraag me af wie die vriend is, dat hij me niet genoeg vertrouwt om het me zelf te vertellen,' antwoordde ik.

'Ikzelf... Wordt er niet overal in de stad over gepraat? De generaal heeft me zelf verteld dat zelfs ten huize van de doge...'

'... Inderdaad, daar ben ik zelf bij geweest. En wat Graeme eigenlijk bedoelde was dat toen hij u het gerucht vertelde, u niets deed om het te ontkennen.'

'Waarom zou ik iets ontkennen wat me op mijn hoge leeftijd alleen maar tot eer kan strekken?'

Andrea was tamelijk verward bij de consul vertrokken, niet helemaal wetend of Smith 'oprecht of in scherts' had gesproken. Hij vroeg Giustiniana hem op de hoogte te houden van wat zij hoorde. 'Ik ben vreselijk nieuwsgierig of er nieuwe ontwikkelingen zijn.' Niemand wist wat de bedoelingen van de consul waren – of hij Giustiniana een huwelijksaanzoek wilde doen of dat hij ten gunste van Betty had besloten. Het was zelfs niet duidelijk of hij überhaupt in een huwelijk was geïnteresseerd of dat hij zich ten koste van iedereen uitstekend vermaakte. Ook Giustiniana vond het

---

* Generaal William Graeme, een Schot, was precies in dat jaar (1756) maarschalk Johann Matthias Shulenburg opgevolgd. Gedurende haar hele geschiedenis huurde de republiek niet-Venetianen als bevelhebber van haar landstrijdkrachten.

moeilijk Smiths gedachten te raden. 'Hij is hier tot vier uur geweest,' meldde ze haar minnaar. 'Geen nieuws, behalve dat hij zijn uitnodiging om hem in zijn huis in Mogliano te komen bezoeken heeft herhaald en dat hij bij het afscheid mijn hand heeft gepakt. Ben je nu tevreden?'

Andrea vreesde dat Smith aanstoot zou nemen aan de geruchten, die door de Murray-clan bekwaam werden aangewakkerd – namelijk dat zijn affaire met Giustiniana in het geheim werd voortgezet – dus bleef hij terughoudend met zijn aanmoedigingen: misschien vond de consul dat hij meer tijd nodig had; zijn vrouw was immers nog maar pas begraven. Mevrouw Anna was echter vastbesloten niet de gelegenheid voorbij te laten gaan en een eventueel huwelijk van haar dochter verder te bevorderen en voerde gretig de druk op.

In de zomermaanden verhuisden rijke Venetianen naar hun bezittingen op het platteland. Toen de maritieme macht van de stad in de zestiende eeuw in verval begon te raken had de Venetiaanse Republiek haar aandacht geleidelijk verplaatst naar het vasteland, haar gebied uitgebreid en de landbouw en lichte industrie tot ontwikkeling gebracht om haar economie te ondersteunen. De adel had geweldige stukken land verworven en elegante villa's gebouwd, waarvan de grandeur soms die van grote Engelse landhuizen of Franse kastelen evenaarde. Tegen de achttiende eeuw was de villa een belangrijk teken van maatschappelijke status geworden, en de *villeggiatura* – de vakantieperiode die in de zomer in de villa werd doorgebracht – raakte steeds meer in de mode. Degenen die een villa bezaten, stelden deze voor het seizoen, dat begin juli begon en tot ruim in september doorliep, open voor familie en gasten. Degenen die geen villa bezaten, verdrongen zich om een landgoed te huren. En degenen die zich de huur niet konden veroorloven gingen koortsachtig op jacht naar uitnodigingen. Het begin en het eind van het zomerseizoen ging altijd met een nogal gespannen drukte gepaard.

De Venetianen werden niet naar het platteland getrokken door een romantisch verlangen zich dichter bij de natuur te voelen. Hun tamelijk geforceerde zomerexodus, die door Goldoni over de hekel was gehaald in een met veel applaus ontvangen klucht die eerder dat jaar in het Teatro San Luca was opgevoerd,* was een grillige en ostentatieve manier om de luie levensstijl waaraan ze zich in de winter in de stad overgaven naar het platteland te verplaatsen. Het belangrijkste aspect was dat het platteland heel letterlijk een wisseling van decor bood, alsof de *burchielli*, de comfortabele boten die de zomergasten via het Brentakanaal naar hun villa's brachten, ook de decorstukken voor de theaterproducties van het komende seizoen meevoerden.

Consul Smith was al sinds het begin van de jaren twintig een enthousiast aanhanger van de *villeggiatura*, maar had pas in de jaren dertig uiteindelijk een huis gekocht in Mogliano, ten noorden van Venetië aan de weg naar Treviso, en had het door zijn vriend Visentini laten renoveren. Het huis was in typisch palladiaanse stijl gebouwd – heldere lijnen en eenvoudige, elegante ruimten. Het lag aan een kleine, strak ontworpen tuin met klassieke beelden en citroenbomen in potten die symmetrisch op het plaveisel stonden opgesteld. Een smalle, goed onderhouden laan, afgesloten door lage, decoratieve poorten, liep direct achter de tuin parallel aan het huis en bood een veilige route voor de ochtend- of avondwandeling. De consul had een deel van zijn kunstverzameling verhuisd om de muren in zijn huis in Mogliano op te smukken, met inbegrip van werken van enkele van zijn beroemdste tijdgenoten – Marco en Sebastianus Ricci, Francesco Zuccarelli, Giovan Battista Piazetta, Rosalba Carriera – en daarnaast oude meesters als Bellini, Vermeer, Van Dyck, Rembrandt en Rubens. 'Een van de mooiste verzamelingen schilderijen die ik ooit heb gezien,'[6] luidde het commentaar van de architect Robert Adam toen hij Smith in zijn buitenhuis bezocht.

De consul had de Wynnes dikwijls uitgenodigd om zijn prachtige huis in Mogliano te komen bekijken. Nu, aan het eind van de

---

* Goldoni schreef zijn *Villeggiatura*-trilogie voor het carnavalsseizoen van 1756.

lente van 1756, hernieuwde hij zijn uitnodiging met een dringender doel: hij wilde Giustiniana op krachtiger wijze het hof maken, zodat hij tot een besluit kon komen om haar een huwelijksaanzoek te doen, mogelijkerwijs tegen het einde van de zomer. Mevrouw Anna, die gewoonlijk niet veel voor dergelijke bezoeken voelde vanwege de logistieke complicaties die zelfs een kort reisje naar het vasteland voor een grote familie als de hare met zich meebracht, vond dat ze de uitnodiging niet kon afslaan.

Het vooruitzicht ettelijke dagen in de greep van de consul door te brengen wond Giustiniana niet bijzonder op. Ze zei tegen Andrea dat ze wenste dat de oude man 'ons gewoon met rust liet' en vervloekte 'dat ellendige Mogliano honderdmaal'. Andrea legde haar echter uit dat de uitnodiging van Smith juist gunstig was omdat het betekende dat hij serieus overwoog met haar te trouwen en de oude vrijster Betty Murray hopelijk op zou geven. Giustiniana bleef het bezoek, en de rol die zowel Andrea als haar moeder van haar verwachtte echter met angst en beven tegemoet zien. Haar angstige gespannenheid werd gedurende de daglange reis over de lagune en naar Mogliano alleen maar intenser. Zodra ze op het platteland was en zich in het schitterende huis van Smith had geïnstalleerd, begon ze echter te genieten van haar rol en waardering te krijgen voor de humoristische kant van haar gedwongen verleiding van *il vecchio* – de oude. De tijd die ze met Smith doorbracht groeide uit tot prachtig materiaal om haar echte minnaar mee te vermaken:

Ik heb Smith nog nooit zo dartel gezien. Hij heeft me de hele ochtend meegenomen op een wandeling en beklom de trappen met twee treden tegelijk om te laten zien hoe lenig en sterk hij wel niet is. [De kinderen] speelden in de tuin en hielden een wedstrijd wie het verst met stenen kon gooien. En Memmo, je zult het niet geloven! Smith draaide zich naar me om en vroeg: 'Zal ik het verst van iedereen gooien?' Ik dacht dat hij een grapje maakte, maar nee: hij vroeg [de kinderen] hem twee stenen te geven en gooide ze naar het doel. Hij haalde het niet eens, dus gaf hij de stenen de schuld. Ze zouden te licht zijn geweest. Toen vroeg hij om meer stenen. Tegen die tijd stond ik op het punt in lachen uit te barsten en moest op mijn lip bijten.

Het bezoek aan Mogliano deed iedereen goed, en zelfs Giustiniana keerde in een opperbeste stemming terug. Smith wekte nu de indruk behoorlijk verliefd te zijn en wilde zijn hofmakerij in de loop van die zomer voortzetten. Aangezien dit onmogelijk zou zijn als de Wynnes in Venetië zouden blijven suggereerde hij mevrouw Anna dat deze van de familie Mocenigo een prettige villa zou huren, Le Scalette, in het modieuze dorp Dolo op de oever van de Brenta, een paar uur rijden van Mogliano. Smith zelf regelde alle financiën, en aangezien de huur voor mevrouw Anna wel erg hoog zou zijn geworden is het heel goed denkbaar dat hij ook een deel van de kosten voor zijn rekening nam.

Onnodig te zeggen dat Giustiniana niet blij was met deze gang van zaken. Een verblijf van een paar dagen in Mogliano was één ding, maar de hele zomer Smith in de buurt hebben was iets heel anders. En waar zou Andrea in de tussentijd zijn? Wanneer zouden ze elkaar kunnen zien? Ze kon het idee dat ze zo lang van haar minnaar gescheiden zou zijn niet verdragen. Andrea probeerde haar nogmaals gerust te stellen. Ze had geen enkele reden zich zorgen te maken: het zou op het platteland waarschijnlijk eenvoudiger zijn elkaar clandestien te ontmoeten dan in de stad. Hij zou zo vaak mogelijk komen en bij vertrouwde vrienden logeren – de Tiepolo's hadden daar in de buurt een villa. Hij zou haar dikwijls bezoeken. Het zou heel makkelijk zijn.

Inmiddels besloot Andrea dat hij zo veel mogelijk tijd bij de consul zou doorbrengen om hem gunstig te stemmen, zijn argwaan weg te nemen en hem steeds meer in de richting van een besluit over Giustiniana te sturen. Het werd algauw duidelijk dat ook de consul zijn jonge vriend dicht bij zich in de buurt wilde hebben. Hij zei dat hij Andrea's hulp nodig had bij zijn juridische en financiële zaken, maar waarschijnlijk stelde hij Andrea ook op de proef, observeerde hij hem nauwkeurig om te zien of hij nog steeds van Giustiniana hield. Nooit eerder had hij zo afhankelijk van hem geleken als in juni en begin juli van die zomer. De twee werden onafscheidelijk – een ongewoon stel dat heen en weer reisde tussen Venetië en Mogliano, waar de staf van Smith het huis klaarmaakte voor het zomerseizoen, en dat regelmatig zakenreizen maakte naar Padua.

Giustiniana was gedwongen in haar eentje haar toekomst onder ogen te zien. Ze klaagde over Andrea's perioden van afwezigheid uit Venetië en was vervuld van vrees over de onzekerheid van haar situatie. Ze begreep niet waarom hij zoveel tijd met die 'verdoemde oude man' door moest brengen. Ze vond dat ze 'kostbare tijd verspilden' die ze samen konden doorbrengen. Toch vond ze tussen haar verwijten door altijd ruimte voor woorden waaruit grote liefde sprak. Tijdens een van Andrea's tweedaagse reizen met de consul naar het vasteland schreef ze:

Je bent ver weg, lieve Memmo, en ik voel me helemaal niet goed. Ik ben gelukkiger als je hier in de stad bent, ook al weet ik dat we elkaar niet zullen spreken, want ik houd altijd voor ogen dat als ik je door een gelukkig toeval opeens zou kunnen zien, ik altijd een manier zou kunnen bedenken om het je te vertellen. Je zou dan meteen naar me toe kunnen rennen; ik zou je vanuit mijn raam kunnen zien... En zo doet de tijd dat ik niet bij je ben minder pijn... Maar dagen als deze zijn wel heel erg lang en aan deze zondag lijkt nooit een einde te komen... Hoewel ik moet zeggen dat er ook wel gelukkige momenten zijn geweest, zoals toen ik vanmorgen wakker werd en twee brieven van je vond die ik de hele dag steeds weer over heb gelezen. Ze hebben me zoveel plezier bezorgd... Ik heb ook nog andere brieven van je, die ik je gelukkig niet heb teruggestuurd – die heb ik vandaag tevoorschijn gehaald en 'uitgelaten'. En dan je portret – o, hoe heerlijk heeft dat me bezighouden! Ik heb ertegen gepraat, ik heb het alles verteld wat ik voel als ik je zie en wat ik niet onder woorden kan brengen als ik met je samen ben... Mijn moeder heeft me mee naar buiten genomen om een luchtje te scheppen, en we hebben heel rustig aan een lange wandeling langs het kanaal gemaakt. En omdat ze toevallig even zwijgzaam was als ik ging ik geheel op in mijn eigen gedachten. En toen, toen ik weer uit mijn gedachten kwam bovendrijven, keek ik gretig om me heen, alsof ik je elk moment tegen het lijf kon lopen. Iedere keer dat ik een boot zag die op de jouwe leek bleef ik maar geloven dat jij er misschien in zat. Hetzelfde gebeurde toen we weer thuis waren – verschillende keren lokte een plotselinge beweging buiten me naar het raam waar ik altijd zit als ik hoop je te zien... De avonduren waren erg vervelend. We kregen verschillende mensen op bezoek en ik kon het gezelschap niet alleen laten. Maar eigenlijk pleegden ze niet zo'n inbreuk op mijn hart en gedachten, omdat ik in een hoek van de kamer kon gaan zitten. Nu heb ik me goddank op mijn kamer kunnen terugtrekken en ben ik met mijn hele hart en geest bij jou. Dit is altijd het gelukkigste moment van de avond voor me. En jij, mijn ziel, wat voer jij uit daar op het platteland? Ben je altijd bij mij? Tonnina zeurt nu dat ze wil gaan slapen en dat ik naar bed moet. O, wat heeft dat meisje toch veel aandacht nodig! Ik denk echter dat er niet veel anders op zit. Ik schrijf je morgen. Zou het niet heerlijk zijn als ik kon dromen dat ik bij je was? Vaarwel, mijn Memmo, vaarwel. Ik aanbid je... Memmo, ik denk altijd, altijd aan jou, altijd, mijn ziel, ja, altijd.

Naarmate de *villeggiatura* naderde groeide Giustiniana's onbehagen. Andrea bracht nog steeds het grootste deel van zijn tijd in gezelschap van de consul door, werkend voor hun toekomstig geluk, zoals hij het formuleerde. Niets wees er echter op dat de consul dichter bij een beslissing kwam. Bovendien voelde ze zich ongemakkelijk bij het idee de zomer op het platteland door te brengen en al die tijd de oude man om de tuin te moeten leiden. Ze werd pessimistisch en begon te vrezen dat hun vergezochte plan niets zou opleveren. Andrea gedroeg zich niet realistisch, vond ze, en het was dwaasheid ermee door te gaan: 'Geloof me, we hebben niets te winnen en veel te verliezen... Je zult zien dat we veel onvoorzichtigheden begaan. Hij zal het zeker ontdekken en zal zich vol walging van jou en mij afkeren. Dan heb je een heel gevaarlijke vijand in plaats van een vriend. En wat mijn moeder betreft: ze zal ons als altijd de schuld geven dat we een plan hebben geruïneerd waarvan zij gelooft dat het het beste is dat ze ooit heeft bedacht.' Niettemin gingen ze er allebei mee door, klaagde Giustiniana – zij door iedere keer dat ze de consul zag pogingen te doen bij hem in het gevlij te komen 'alsof ik er werkelijk zo opuit ben met hem te trouwen', waardoor ze haar moeder een geweldig plezier deed, en Andrea door 'de hele dag tegen me te preken dat ik hem als echtgenoot moet nemen'. Maar zelfs als ze dit deed, zelfs als de consul haar als gevolg van hun machinaties zou vragen met hem te trouwen en zij zou instemmen, dacht Andrea dan werkelijk dat het voor hen makkelijker zou worden of dat de consul hun verhouding uiteindelijk zou gaan accepteren? 'In hemelsnaam, overweeg zo'n dwaas idee zelfs niet. Geloof je echt dat hij het ook maar zou kunnen verdragen je in zijn huis te ontvangen of je bij mij in de buurt te zien? God alleen kan weten welke scènes ervan zullen komen en hoe ellendig mijn leven zou worden, en ook het zijne en het jouwe.'

In juni, toen Giustiniana in afwachting van het gevreesde vertrek naar het platteland leefde, was Andrea vaak de stad uit. Er was meer te doen dan alleen de opdrachten van de consul uitvoeren: zijn eigen familie verwachtte van hem dat hij, nu zijn oom dood was, meer aandacht aan de landgoederen van de familie Memmo op het vasteland besteedde. Zodra hij weer in Venetië terug was probeerde hij echter meteen Giustiniana gerust te stellen door haar nogmaals van de logica achter hun strategie te doordringen. Hij zei haar nadrukkelijk dat ze geen alternatief hadden: de consul was hun enige kans. Hij pleitte voor geduld en was gewoonlijk wel zo overtuigend dat Giustiniana, zoals ze zelf toegaf en ondanks haar bedenkingen, 'in een staat van volledige instemming' wegsmolt door alleen maar naar hem te luisteren.

Beetje bij beetje begon ze het idee te aanvaarden dat bij de jacht op hun eigen geluk bedrog een noodzakelijk instrument was. De kunst der misleiding kwam haar echter niet aanwaaien. Als ze niet betoverd door zijn geruststellende woorden in Andrea's armen lag kreeg haar eigen, meer onschuldige denkwijze al snel weer de overhand en raakte ze in paniek: 'O God, Memmo, je schildert een beeld van mijn heden en toekomst waarvan ik begin te huiveren. Je zegt dat Smith mijn enige kans is. Maar als hij me niet neemt raak ik jou kwijt, en als hij me wel neemt kan ik jou niet zien. En dan wil jij dat ik verstandig ben... Memmo, wat moet ik doen? Ik kan zo niet doorgaan.'

'Ah, Memmo, ik ben nu hier en er is geen weg terug.'

Begin juli, na weken van gespannen voorbereidingen, hadden de Wynnes uiteindelijk de reis over de lagune en door het Brentakanaal gemaakt en waren ze aangekomen in Le Scalette, de villa die ze dankzij de consul hadden kunnen huren. De herinnering aan haar afscheid vol tranen van Andrea in Venetië diezelfde ochtend – de Wynnes en hun kleine gevolg die in het Canal Grande aan boord gingen van hun boot terwijl Andrea, kennelijk niet gezien door mevrouw Anna, vanuit zijn gondel naar haar had gewuifd – had Giustiniana de hele reis beziggehouden. Gedurende de hele boottocht had ze op de bank in de cabine gelegen en gedaan alsof ze sliep om ook maar geen moment de stroom beelden te onderbreken die haar met zoete gedachten aan Andrea in een staat van betovering hielden. Zodra ze echter bij de villa waren aangekomen en er hun intrek hadden genomen, had ze een blik op haar nieuwe omgeving geworpen en ontdekt dat het huis en de tuin eigenlijk heel mooi waren en het uitzicht op de Brenta niet aangenamer had kunnen zijn. 'O, was je maar hier, wat een heerlijke plek zou het dan zijn. Wat een heerlijke tijd zouden we hier kunnen hebben,' schreef ze hem voordat ze die eerste avond naar bed ging.

De dagelijkse rituelen van de *villeggiatura* begonnen iedere ochtend met een kop warme chocolademelk die na een lange nacht slapen een zoete smaak gaf en voor een snelle, opwekkende dosis energie zorgde. De chocolademelk werd gewoonlijk in een intieme omgeving opgediend – het ontbijt in het boudoir. De gastheer en gastvrouw en hun gasten wisselden voordat de ochtendpost werd binnengebracht begroetingen en de eerste kleine roddels uit. Plannen voor de dag werden besproken. Na het toilet, dat in het geval van de dames grotendeels uit de uitgebreide verzorging van hun kapsel bestond, verzamelden de leden van het gezelschap zich buiten voor een korte wandeling om de tuin. Na hun terugkeer konden ze bijeenkomen in de salon om een spelletje kaart te spelen tot het tijd was voor de lunch, een tamelijk uitgebreide maaltijd die in de rijke huizen gewoonlijk onder supervisie van een Franse kok werd bereid. De middagen gingen heen met bezoeken aan andere huizen of een meer formele wandeling langs de oever van de Brenta, een vorm van lichaamsbeweging waarvoor de Venetianen de aanduiding *la trottata* hadden verzonnen. De eindbestemming van deze middagwandeling was dikwijls de *bottega*, het plaatselijke koffiehuis, waar de zomerbewoners het laatste nieuws uit Venetië vernamen. Na het diner werd de avond gevuld met conversatie en spelletjes. Blindemannetje was een favoriet. In de grotere villa's werden ook kleine concerten en recitals en nu en dan een dansfeest gehouden.

Giustiniana zag niet echt verlangend naar een van deze gelegenheden uit. Zodra ze in Le Scalette was aangekomen was ze zich zorgen van logistieke aard gaan maken en zich gaan afvragen of ze Andrea op het platteland echt makkelijker stiekem kon zien dan in Venetië. Ze zocht het huis af naar een geschikte plek waar ze samen konden zijn en meldde haar minnaar direct dat er naast haar slaapkamer een ongebruikte logeerkamer was. En belangrijker: 'Niet ver van het bed bevindt zich een deur die uitkomt op een geheime, smalle trap die naar de tuin leidt. Op die manier kunnen we ongezien naar binnen en naar buiten.' Ze beloofde Andrea de omgeving grondiger te zullen verkennen: 'Ik zal voor spion spelen en iedere hoek van het huis controleren, en goed in de tuin en ook in de onderkomens van de bedienden rondkijken – overal. En ik zal je gedetailleerd verslag uitbrengen.'

De villa ernaast was eigendom van Andrea Tron, een geslepen

politicus die nooit doge was geworden maar wel als de machtigste man in Venetië bekendstond (hij zou later een belangrijke rol spelen bij het begin van Andrea's loopbaan). Tron vatte een intense belangstelling voor zijn nieuwe buren op. Als oude vriend van consul Smith was hij ervan op de hoogte dat de dood van diens echtgenote onder de Engelse inwoners van de stad voor veel commotie had gezorgd. Net zoals alle goed geïnformeerde Venetianen wist hij ook van de verhouding die Andrea en Giustiniana in het verleden hadden gehad en was nieuwsgierig of deze misschien nog onder de oppervlakte doorsmeulde. Hij kwam lunchen en nodigde de Wynnes uit voor een bezoek aan zijn villa. Mevrouw Anna was aangenaam getroffen: het was verstandig met een zo invloedrijk man als Tron op goede voet te staan. Ze moedigde Giustiniana aan sociabel en vriendelijk te zijn tegen hun belangrijke buurman. Giustiniana maakte er een gewoonte van 's middags aan het uiteinde van de tuin bij het poortje te gaan zitten dat op de doorgaande weg uitkwam, van de koelte te genieten en dromerig naar de passanten te kijken. Tron kwam dan dikwijls langs en bleef even staan om een praatje met haar te maken.

Aanvankelijk dacht Giustiniana dat zijn grote landgoed zich goed voor haar nachtelijke escapades zou lenen. Ze had gezien dat er op zijn bezit ettelijke *casini* stonden waar zij en Andrea elkaar onder dekking van de duisternis konden ontmoeten. Maar dankzij haar regelmatige uitstapjes naar de onderkomens van de bedienden, waar ze al nuttige bondgenootschappen aan het sluiten was, had ze ontdekt dat de *casini* van Tron 'altijd vol mensen zaten, en zelfs als er eens een leegstaat zou het door de vele mensen in de buurt te gevaarlijk zijn' om daar af te spreken.

Uiteindelijk leek het haar praktischer en verstandiger een regeling te treffen met hun vertrouwde vrienden, de Tiepolo's. Hun villa lag iets verderop langs de weg, maar Andrea kon er zeker logeren en het was veiliger elkaar daar in het geheim te ontmoeten. Giustiniana ging zelfs zover de hoop te uiten dat ze op het platteland een 'tweede Ca' Tiepolo' zouden kunnen inrichten, dat hun in Venetië immers zulke goede diensten had bewezen. Ze voegde hieraan toe – in gedachten liep ze ver op de gebeurtenissen vooruit – dat als Andrea langs zou komen het het beste zou zijn 'als we elkaar 's morgens ontmoeten omdat ik gemakkelijk eerder dan de anderen kan opstaan, terwijl 's middags het huis altijd vol mensen is en ik voortdurend in de gaten word gehouden'.

Terwijl Giustiniana ijverig het terrein prepareerde voor een zomer van liefde vroeg ze zich af of 'al deze informatie ooit haar nut voor ons zal kunnen hebben'. Andrea was nog steeds voortdurend op reis en kon slechts nu en dan aan de Brenta aanwezig zijn. Als hij niet met de consul in Mogliano zat, maakte hij wel een zakenreis naar Padua, bracht een bezoek aan het landgoed van de familie Memmo of haastte zich terug naar Venetië, waar zijn zuster, Marina, die zich al enige tijd niet lekker had gevoeld, plotseling erg ziek was geworden. Giustiniana kreeg soms bericht dat Andrea in een naburig dorp zat en op weg naar haar toe was. En dan hoorde ze helemaal niets meer. Iedere keer dat ze net begon te dromen dat hij in het holst van de nacht haar slaapkamer kwam binnensluipen of haar verraste in de *bottega* van het dorp, kreeg ze een brief waarin er een vertraging of een verandering van plannen werd aangekondigd. Dus wachtte ze en schreef hem, en wachtte en schreef:

Ik heb een lange wandeling gemaakt in de tuin, het grootste deel van de tijd alleen. Ik had je kleine portret bij me. Hoe vaak heb ik er niet naar gekeken! Wat heb ik er allemaal niet tegen gezegd! Hoeveel gebeden en hoeveel verklaringen heb ik niet uitgesproken! Ah, Memmo, wist je maar hoe buitensporig ik je aanbid! Ik daag iedere vrouw uit van je te houden zoals ik van je houd. En we kennen elkaar zo diepgaand en toch kunnen we niet genieten van onze volmaakte vriendschap of ons voordeel doen met onze gemeenschappelijke interesses. God, wat een waanzin! Hoewel het in deze wrede omstandigheden goed is te weten dat je extreem veel van me houdt en dat ik niet aan je twijfel: wat zou mijn leven anders een ellendige hel zijn.

Een paar dagen later zat ze nog steeds op hete kolen:

Ik ontving je brief net op het moment dat we van tafel op-
stonden, en ik vloog naar een toiletkamer, sloot me op en gaf me
over aan het genot te luisteren hoe mijn Memmo tegen me praatte en me al zijn liefde verklaarde en me vertelde over alles waarmee
hij het zo druk heeft gehad. O, als je me daar had gezien, hoe tevreden was je dan geweest. Ik lag nonchalant op de bank en hield
je brief in mijn ene hand en je portret in de andere. Ik las en her-
las [je brief] gretig, en even liet ik dat genoegen in de steek voor
het andere genoegen: naar je te kijken. Ik drukte de brief en je portret tegen mijn boezem en werd door golven van tederheid over-
spoeld. Langzaam maar zeker viel ik in slaap. Anderhalf uur later
werd ik wakker, en nu ben ik weer bij je en schrijf ik je.

Andrea was op een avond eindelijk op weg om bij Giustiniana langs
te gaan toen hij een briefje van zijn broer Bernardo kreeg dat hun
zuster, Marina, stervende was. Vol verdriet keerde hij naar Venetië
terug en schreef Giustiniana onderweg om haar uit te leggen waarom het plan was veranderd. Ze schreef onmiddellijk terug en betuigde hem al haar liefde en medeleven:

Is je zuster stervende, Memmo? En moet je halsoverkop terug naar Venetië?... Je doet er goed aan te gaan, en ik zou je hetzelfde hebben geadviseerd... Ik weet dat je door dit ongeluk zeer
bent aangeslagen, want behalve dat ze je zuster is, is ze ook een goede vriendin. Ik hoop echter dat ze zal blijven leven... Misschien
hebben je moeder en je familie je alleen maar zo dringend geschreven om je sneller terug te laten komen... Als je zuster herstelt
bid ik dat je meteen bij me langs zult komen... En mocht ze overlijden, dan zul je troost nodig hebben, en kom je deze na de periode die het fatsoen vereist bij je Giustiniana zoeken.

Zo verstreken er dagen en daarna weken. Uiteindelijk maakte Giustiniana geen plannen voor geheime ontmoetingen meer. Terwijl ze in eenzaamheid wachtte waren er zelfs momenten dat ze zich zorgen maakte over de intensiteit van haar gevoelens. Wat speelde er zich in *zijn* geest, in *zijn* hart af? Ze had natuurlijk zijn brieven. In het algemeen schreef hij haar trouw. Zijn langdurige afwezigheid verwarde haar echter. Ze had zo'n behoefte hem te zien – hem lichamelijk te zien en niet alleen maar in een fantasiewereld zijn beeld op te roepen. 'Ik huiver, Memmo, bij de gedachte dat mijn excessieve liefde voor jou een last zou kunnen worden,' schreef ze hem ontroerend. '... Ik heb niemand anders dan jou... Waar ben je nu, mijn ziel? Waarom kan ik niet bij je zijn?'

Terwijl Giustiniana hunkerde naar Andrea's komst op het platteland dwong ze zichzelf ook zich prettig te gedragen tegen de consul. Hij kwam regelmatig voor de lunch bij de Wynnes langs en bleef soms een nacht in Le Scalette logeren, waarbij hij door zijn onverwachte aankomst en het late tijdstip waarop hij naar bed ging het hele huishouden in de war schopte. Hij nam Giustiniana mee op wandelingen in de tuin en bracht veel tijd door met de familie, waarbij hij iedereen bedolf onder de attenties. Niemand twijfelde ook maar een moment of de oude man was volledig in de ban van Giustiniana en maakte haar het hof met de bedoeling met haar te trouwen. Zelfs de jongere kinderen gingen nu uit van de veronderstelling dat de consul 'aan de haak was geslagen' en al 'van' hun oudere zuster was, zoals Giustiniana het in haar brieven aan Andrea formuleerde.

Terwijl ze in eenzaamheid op haar minnaar wachtte bezag Giustiniana licht verbijsterd de ingehouden omhelzingen van haar zuster Tonnina en haar jonge verloofde, Alvise Renier, die in een villa daar in de buurt de zomer doorbracht. 'Arme kerel!' schreef ze Andrea. 'Hij neemt haar in zijn armen, houdt haar dicht tegen zich aan en toch blijft ze indolent en beweegt zich niet meer dan een standbeeld. Zelfs als ze hem streelt gedraagt ze zich zo koel dat je alleen al van de aanblik boos wordt. Ik begrijp dat soort liefde niet, mijn ziel, want jij steekt me in brand, alleen maar door me aan te raken.' Ze liet zich een beetje hardvochtig over haar zuster uit. Tonnina was immers pas dertien en Alvise niet veel ouder: het was een tamelijk onschuldige eerste liefde. Maar natuurlijk verlangde Giustiniana iedere keer dat ze hen samen zag in de armen van haar hartstochtelijke minnaar te liggen.

Mevrouw Anna, die zich niet bewust was van de intensieve briefwisseling tussen Le Scalette en Ca' Memmo, kon onmogelijk verheugder zijn geweest over de wijze waarop de zaken zich ontwikkelden. Nu Andrea was weggewerkt leek de consul zich steeds zekerder te voelen over het idee met Giustiniana in het huwelijk te treden. Het was niet onrealistisch tegen het einde van het seizoen een formeel aanzoek te verwachten. De andere zomerbewoners volgden genietend de wederwaardigheden ten huize van de Wynnes. Op de bezoeken van de consul werd in de *bottega* in Dolo regelmatig commentaar geleverd, en hetzelfde gold voor de opvallende afwezigheid van Andrea. Zagen ze elkaar nog steeds achter de rug van de consul om, of was hun affaire uiteindelijk onder de druk van de familie bezweken? De jonge Venetiaanse vrienden van Giustiniana riepen haar dikwijls ter verantwoording als ze in de *bottega* kwam om haar post op te halen. Hoe omzichtig ze ook te werk moest gaan, ze kon zich het heimelijke genoegen de mensen op haar eigen indirecte manier te laten weten dat ze nog steeds innig van Andrea hield niet ontzeggen. 'Vandaag zaten we te praten over hoe Engelsen op de vlucht slaan voor hartstochten terwijl Italianen zich er juist in lijken te storten,' meldde ze. 'Iemand vroeg me op enigszins boosaardige toon wat ik hiervan vond. Ik antwoordde dat het leven erg kort is en dat een diepgewortelde hartstocht voor een lieve en beminnelijke persoon iemand duizend genoegens kan schenken. Als dat het geval was, vroeg ik, waarom zou je er dan voor weglopen? Dezelfde persoon drong verder aan: "En als die hartstocht nu eens op sterk verzet stuit of schadelijk is?" Ik antwoordde dat de hartstocht die eenmaal tot ontwikkeling is gekomen altijd moet worden gevoed... Moet ik me nu echt iets aantrekken van wat die dwazen vinden? Ik ben te ijdel om publiekelijk afstand te doen van een keuze die ik eenmaal heb gemaakt. En zo, mijn liefste, altijd als ik spreek denk ik aan je en zelfs de meest algemene zaken voer ik terug op ons en pas ze aan.'

De veelvuldige bezoeken van de consul – en de voortdurende afwezigheid van Andrea – schiepen wat haar toekomstige huwelijk betrof een sfeer van onvermijdelijkheid die van Giustiniana zijn tol begon te eisen. In het openbaar deed ze haar best zich flink te houden. Maar zodra ze alleen was werd ze door de somberste voorgevoelens bevangen. De hoop dat ze, als het allemaal achter de rug zou zijn – als het huwelijk zou zijn voltrokken –, de vrijheid zou hebben zich volledig aan de man te geven van wie ze hield maakte dat ze het toneelstuk dat ze dag in dag uit opvoerde volhield. Ze kon zich echter niet bevrijden van de angst dat ze, hoe slim hun plan ook in elkaar zat, Andrea helemaal niet meer zou kunnen zien zodra de consul met haar getrouwd zou zijn. Zoals een Engelse vriendin die de zomer ook aan de Brenta doorbracht haar op zekere dag toefluisterde: 'Ik ken mijn land goed, en ik weet tamelijk zeker dat de eerste die door Smith uit zijn huis verbannen zal worden Memmo zal zijn.' Ze schreef Andrea:

*H*elaas, ik ken mijn land ook! Wat moet er dus gebeuren? Wachten tot hij doodgaat om vrij te zijn? En in die tussentijd? En daarna? Hij kan nog jaren met me leven, terwijl ik geen maand zonder jou kan leven... Het is waar dat iedere andere echtgenoot het me onmogelijk zou maken je te zien zonder de voordelen te bieden te hebben die Smith te bieden heeft, waaronder zijn hoge leeftijd... Maar alles is zo onzeker, en het lijkt me dat de toekomst alleen maar erger kan worden dan het heden. Natuurlijk zou het verkeerd zijn als wij met elkaar zouden trouwen. Ik zou je niet te gronde willen richten, ook al zou het me al het geluk schenken dat ik mogelijkerwijs zou kunnen voelen door met je samen te leven. Nee, mijn Memmo! Ik houd van je op de meest belangeloze en oprechte manier die maar denkbaar is, precies zoals er van jou gehouden moet worden. Ik geloof niet dat we ooit helemaal gelukkig zullen zijn, maar niettemin zal ik altijd de jouwe zijn, zal ik je aanbidden en zal ik mijn hele leven van je afhankelijk zijn... Ik zal dus doen wat je graag ziet, en ik zweer je dat als Smith om mijn hand zou vragen en mijn Memmo er niet helemaal mee zou kunnen instemmen, ik Smith en alles eromheen onmiddellijk zou laten vallen, want mijn ware lot is van jou en van jou alleen te zijn. En als ik dit niet met mijn hart voel, dan zou ik op dit moment kunnen sterven.

In augustus trad er enige verbetering in de gezondheid van Marina op en kon Andrea eindelijk de stad uit om Giustiniana te zien. Het ging niet goed met hem – hij was nog aan het herstellen van een ernstige koortsaanval die hem had gedwongen het bed te houden. Hij besloot echter toch de reis naar Dolo te ondernemen en gebruik te maken van de permanente uitnodiging van de Tiepolo's. Giustiniana was gek van opwinding. 'Kom snel, mijn hart, nu de toestand van je zuster het toelaat... Kom naar me toe; ik wacht met het grootste ongeduld op je.' Ze had besloten dat een bezoek van Andrea aan haar huis te riskant was, dus had ze een regeling getroffen hem in het bescheiden huis van de moeder van een van de bedienden te zien. Ze had er de beschikking over gekregen dankzij de tussenkomst van een lokale priester die ze onmiddellijk in vertrouwen had genomen. 'Ik ben het gaan bekijken en moet je zeggen dat het maar een armzalig krot is,' waarschuwde ze, 'maar voor ons zou het voldoende moeten zijn.' Het alternatief was elkaar te ontmoeten in het appartement van de beheerder, dat bereikbaar was 'via een kleine trap naast de stallen'.

Andrea kwam laat in de avond met een rijtuig aan, uitgeput na een lange omweg over Padua die hij voor de veeleisende consul had gemaakt. Hij liet zijn bagage bij de Tiepolo's achter en vertrok onmiddellijk weer om Giustiniana te verrassen door vanuit de tuin haar kamer binnen te glippen.

De volgende ochtend krabbelde ze, na lange tijd vol vreugde en beneveld in bed te hebben gelegen, een briefje en stuurde dit per adres de Tiepolo's naar Andrea: 'Mijn geliefde, liefste Memmo, wat ben ik dankbaar! Kan een hart meer geven? Iedereen kan een bezoek aan zijn minnares brengen. Maar de omstandigheden waarin je me de vorige avond kwam opzoeken, en de vriendelijkheid en goedheid waarvan je blijk gaf – niemand, niemand had dit kunnen doen! Ik ben zo gelukkig en je bent zo fantastisch voor me. Wanneer zal ik je al mijn dankbaarheid mogen laten blijken?'

Giustiniana maakte zich zorgen over Andrea's gezondheid. Hij had er niet goed uitgezien en ze was bang voor een terugval: 'Je hebt wat gewicht verloren en je zag bleker dan gewoonlijk... Ik wilde het je niet zeggen, mijn schat, maar ik maak me zorgen. Pas goed op jezelf, omwille van mijn liefde. Wat zul je hebben geleden die hele avond in dat rijtuig, en waarschijnlijk nog steeds koortsig... Mijn ziel, het genot je te zien kost te veel, te veel.' Toch smachtte ze na zijn lange afwezigheid zo naar hem dat ze het nauwelijks kon verdragen hem niet te zien nu hij zo dichtbij was: 'Misschien kom je vanavond weer... Stel jezelf niet bloot aan gevaar, want ik zou sterven als ik de oorzaak was dat je weer ziek werd... Als je volledig bent hersteld, kom dan, want ik zal met het grootste ongeduld op je wachten, maar als je nog niet gezond bent zorg dan goed voor jezelf, mijn ziel. Ik zal je komen opzoeken; ik zal... ah, maar dat kan ik niet. Wat een wreedheid!'

Andrea nam voor de rest van de zomer zijn intrek bij de Tiepolo's. Zijn gezondheid keerde weer helemaal terug en het directe gevaar voor zijn zuster was kennelijk geweken, dus was hij vol begeerte de verloren tijd met Giustiniana in te halen. Ze zaten algauw weer in hun oude routine, maakten gebruik van boodschappers tot dezen volledig waren uitgeput en spanden met vertrouwde bondgenoten samen om geheime ontmoetingen te arrangeren. Giustiniana's mousseline ritselde weer als ze zich stiekem uit de voeten maakte voor een snel bezoek aan het 'stulpje' – dat ze nu 'ons huis van genot' noemde – of naar het appartement van de beheerder, naar het huis van de Tiepolo's of zelfs naar de *bottega* in het dorp als ze zich bijzonder vermetel voelden. Als ze niet bij elkaar waren stuurden ze elkaar briefjes met plannen voor hun volgende escapade. Giustiniana was in de zevende hemel. Ze had geen zorgen, er stonden geen donkere wolken aan de hemel: 'Woon ik werkelijk helemaal in je hart? Mijn Memmo, hoe diep voel ik mijn geluk! Wat een verrukkelijk genot voel ik nu ik je bezit. Er waren momenten, moet ik toegeven, dat ik aan mijn eigen geluk twijfelde. Maar nu, Memmo, geloof ik volledig in je en ben ik de gelukkigste vrouw ter wereld. Welk groter bewijs van tederheid, van vriendschap, van ware affectie zou ik nog van je kunnen verlangen, mijn kostbare schat? Mijn hart en ziel, je bent onnavolgbaar. En het zou een wonder zijn als zoveel genot en vreugde me niet helemaal krankzinnig zouden maken.'

In de rustige sfeer van de Venetiaanse zomer, waarin de dagen zich aan elkaar regen met kaartspelletjes, een beetje roddelen en een avond-*trottata*, bleef de plotselinge explosie van activiteit tussen de villa van de Tiepolo's en Le Scalette niet onopgemerkt. Zo deden onder de zomergasten veel nieuwe praatjes over Andrea en Giustiniana de ronde. Zelfs sommige leden van de huishouding van de Wynnes begonnen zich zorgen te maken. Tante Fiorina, die altijd met hen had meegevoeld, had de intense correspondentie tussen de twee geliefden die hele zomer opgemerkt maar had zich ervan weerhouden er een punt van te maken. Toen ze er echter achter kwam dat Andrea en Giustiniana elkaar werkelijk zagen, zette ze zich schrap en onderwierp haar nichtje aan 'een langdurige donderpreek'. De inzet met de consul was zo hoog dat ze zich zo'n gevaarlijk spelletje niet konden veroorloven, legde ze uit.

De gealarmeerde stemming van Fiorina was de voorbode van grotere rampen. Andrea ging voor familiezaken een paar dagen naar Venetië terug. Giustiniana schreef hem verschillende malen, maar de brieven bereikten hem niet: haar boodschappen waren onderschept. Iemand in de huishouding van de Wynnes – misschien in de onderkomens van de bedienden – had Giustiniana verraden en mevrouw Anna de brieven overhandigd. De laatste regels van een paniekerige brief aan Andrea zijn het enige overgeleverde fragment dat ons inzicht geeft in de paniek en chaos die hierop volgden:

... de hevigste remedies. Ze weten dat ik naar Venetië geschreven heb, maar niet aan wie! Iedereen, mijn Memmo, bespioneert me... Laat me nu niet in de steek, en neem geen enkel risico door me te schrijven. Ik zal je niet verliezen, maar mocht er iets gewelddadigs gebeuren, dan voel ik me tot alles in staat. Als je me verlaat zal ik sterven, mijn ziel!

Helaas wist mevrouw Anna maar al te goed aan wie Giustiniana in Venetië had geschreven, want ze was ook in het bezit van enkele brieven van Andrea – brieven die ze had onderschept voordat ze bij haar dochter hadden kunnen worden afgeleverd. Trillend van woede riep ze Giustiniana ter verantwoording. 'De hele dag is een absolute hel geweest – als de hel tenminste zo afgrijselijk kan zijn,' schreef Giustiniana Andrea een paar dagen later, toen ze eindelijk kans had gezien even alleen te zijn ('Ik moet je schrijven waar en wanneer ik kan'). Op het hoogtepunt van haar woedeaanval dreigde mevrouw Anna Andrea een proces aan te doen en 'hem te kijk te zetten als een verleider die de rust in vredige families verstoort,' raasde ze, 'want de brieven die ik in handen heb bewijzen dat hij precies dat is.' Giustiniana smeekte met zoveel kracht en overtuiging om genade dat het haar uiteindelijk lukte haar moeder te kalmeren. Huilend trok mevrouw Anna haar dreigement weer in, maar waarschuwde haar dochter dat ze niet nog eens erbarmen zou tonen: 'Ik zal je voortdurend laten bewaken, ik zal mijn ogen wijd openhouden, ik zal alles weten. En vergeet niet dat ik genoeg bewijzen heb om signor Memmo te gronde te richten.'

Het ergste was vermeden – wat kon er een grotere nachtmerrie zijn dan aan te moeten zien hoe hun liefdesgeschiedenis in een rechtszaal aan flarden werd gescheurd? Door het verraad was echter opeens het geheime leven van de twee geliefden blootgelegd. De plekken waar ze elkaar ontmoetten, hun geheime afspraken, hun beloften van levenslange liefde en toewijding – mevrouw Anna wist er nu alles van. Ze had een lijst met de namen van hun boodschappers en medeplichtigen. Aan de Tiepolo's kon ze niet veel doen, behalve haar dochter verbieden ooit nog een voet in hun huis te zetten. In de huishouding van de Wynnes vond echter een snelle vergelding plaats. De bedienden die de geliefden een handje hadden geholpen kregen een uitbrander en werden hardvochtig gestraft. Alvisetto, die van meet af aan bij de zaak betrokken was geweest, werd ontslagen.

Het ontslag van Alvisetto heeft iets heel triests, wat ons eraan herinnert in welke mate het lot van een bediende in handen van zijn *padrone* – zijn baas – lag. In het algemeen onderhielden de heer des huizes en zijn echtgenote een formele, zelfs afstandelijke relatie met het personeel. De jongere leden van de familie hadden echter gewoonlijk een veel intiemere band met de bedienden. Ze kwamen vaak de onderkomens van de bedienden binnenlopen om roddels uit te wisselen of om een gunst te vragen. En het was niet ongewoon dat een dochter des huizes aan een dienstmeisje een paar geheimen toevertrouwde (of dat een zoon naar haar seksuele gunsten dong). De relatie was echter altijd ongelijkwaardig en uiteindelijk dubbelzinnig. En er was vaak evenveel ruimte voor verraad als voor complotten – aan beide kanten. Giustiniana had haar bondgenoten immers in de keuken in Le Scalette gevonden, maar ze had er waarschijnlijk ook haar verrader leren kennen. Goldoni had in een van zijn populairste stukken de nodige grappen gemaakt over de ingewikkelde relaties tussen meesters en bedienden. De arme Alvisetto had echter niets gemeen met de 'geslepen en zwijgzame' Truffaldino, de hoofdpersoon in *Knecht van twee heren*. Je krijgt het gevoel dat hij al die tijd tegen wil en dank door Giustiniana en Andrea gedwongen was met hen samen te werken. Nu moest hij de hoge prijs betalen voor een verschrikkelijke situatie die hij niet had veroorzaakt. En ze konden niets doen om hem te redden.

De twee geliefden herstelden het contact binnen enkele dagen. Giustiniana barricadeerde zich in de woning van een vriendelijke boer op het landgoed, waar ze haastig haar briefjes aan Andrea krabbelde. Elkaar zien was gegeven de omstandigheden echter uitgesloten. 'Ah, Memmo, wat moet ik doen?... Zal ik je ooit nog zien? Ik houd meer van je dan ooit, maar ik raak je kwijt!... Help me, vertel me wat ik moet doen.' Het duurde niet lang of ze vonden een oplossing. Andrea stelde voor dat hij mevrouw Anna een brief zou schrijven waarin hij zijn eeuwige liefde voor Giustiniana uitsprak en aanbood haar over een paar jaar te trouwen als consul Smith geen aanbod deed. Het was bluf: zowel Andrea als Giustiniana wist dat hij niet van plan was zich aan deze belofte te houden. Hij dacht echter dat mevrouw Anna erdoor overtuigd zou raken dat hij eerzame bedoelingen had en hun om deze reden wellicht zou toestaan elkaar weer te zien. Het was een riskante strategie met een inzet op korte termijn. Niettemin stemde Giustiniana met het plan in en besloot haar tante Fiorina er tot op zekere hoogte bij te betrekken – haar te vertellen over de brief die Andrea aan mevrouw Anna wilde schrijven maar haar niet uit te leggen dat het om bedrog ging. Tante Fiorina reageerde met gemengde gevoelens. 'Het valt niet te ontkennen dat Memmo van je houdt en dat hij een heer is,' zei ze tegen haar nichtje. Zijn voorstel was 'heel redelijk'. Het probleem, zoals zij het zag, was dat ze mevrouw Anna zover moesten krijgen naar hem te willen luisteren. Ze was echter bereid te helpen.

Zelfs nu tante Fiorina aan hun kant stond had Giustiniana het gevoel dat succes of mislukking in laatste instantie afhankelijk was van de vraag of Andrea de juiste toon en woorden zou vinden om zich tot haar moeder te richten. Haar instructies aan hem waren heel nauwkeurig – en spraken van een flinke vastbeslotenheid het initiatief in de situatie over te nemen.

*J*e begint je brief met de klacht dat ik je niet geschreven heb. Je zegt me dat je in je hart weet dat ik zielsveel van je houd en dat juist de heftigheid van mijn hartstocht het me onmogelijk maakt met je te corresponderen. Je verzekert me dat je buitengewoon veel van me houdt en dat je, om dat te bewijzen, mijn moeder had geschreven omdat je wilde dat ze een belangrijk voorstel zou aanhoren dat je haar te doen had – en dan schrijf je de brief aan mij die je haar hebt geschreven. Het belangrijkste (en hier, mijn liefste, moet je listig zijn en wil ik dat je me vertrouwt) is dat je je vastbesloten betoont in je aanbod een document op te stellen waarin je, zoals je hebt gezegd, belooft over twee jaar met me te trouwen als Smith of een betere partij me geen huwelijksaanzoek doen. Geef een paar redenen waarom het voor mij voordelig zou zijn met je te trouwen en voeg hieraan toe dat je door je intense liefde voor mij tot dit voorstel wordt gebracht, waarvan je al weet dat ik het met mijn hele hart zal aanvaarden. Zeg bovendien dat je zult moeten wachten omdat je gezien de huidige omstandigheden op dit moment je voorstel niet kunt doen, maar dat er over twee jaar dingen dienen te gebeuren die ons de rest van ons leven gelukkig zullen maken en een comfortabel bestaan zullen garanderen... [Zeg bovendien] dat we er nauwlettend zorg voor zullen dragen deze belofte voor iedereen geheim te houden.

De lezer van deze brief kan zich maar moeilijk voorstellen dat Giustiniana diep in haar hart niet heeft gehoopt dat dit alles, hoewel ze er zich volledig van bewust was dat het allemaal een krijgslist was, niet op zekere dag echt bewaarheid zou worden. Als ze het al heeft gehoopt heeft ze het voor zich gehouden.

Andrea worstelde met een eerste versie. Giustiniana liet deze aan tante Fiorina zien, die 'tevreden was over [Andrea's] gevoelens' maar enigszins werd afgeschrokken door de rancunes die ze er jegens mevrouw Anna in las. 'Ze heeft me gezegd dat ik jou moest zeggen dat je die vrouw moet vleien om haar voor je in te nemen en niet agressief moet zijn.' Ze vroeg Andrea het nog een keer te proberen. 'Mijn liefste,' voegde ze er als aanmoediging aan toe, 'met deze brief doen we zeker een goede zet, maar het is nog beter als je een wat mildere toon aanslaat. Wat een geluk zal ons ten deel vallen als we erin slagen haar te misleiden! Ofwel Smith zal met me trouwen, in welk geval we [deze list] niet nodig hebben ofwel hij zal niet met me trouwen, in welk geval ze zeker de man van wie ze denkt dat hij op zekere dag met me zal trouwen niet de vrijheid zal ontnemen van tijd tot tijd bij me te zijn.'

Andrea's tweede versie was echter nog teleurstellender.

*M*ijn Memmo, dit is niet het soort brief dat ons zal opleveren wat we willen... Het is een zwakke en onbruikbare brief, dus
je zult begrijpen waarom ik hem mijn moeder en zelfs mijn tante
niet heb laten zien. De eerste was sterker en zou ons doel prachtig
hebben gediend als je alleen maar de paar regels had weggelaten
waarin je mijn moeder beledigde... In deze brief zie ik alleen maar
de minnaar... Schrijf dus een nieuwe brief of herschrijf de eerste in
de zin die ik bedoel... Vertrouw op me. Stuur hem onmiddellijk...
Mijn tante heeft me al gevraagd of hij is aangekomen, en het zou
jammer zijn als ze zag dat we zo weinig haast maakten in een zaak
die zo belangrijk is.

Een deel van het probleem was dat Andrea zich terughoudend op-
stelde voor het geval hun plan op hemzelf zou terugslaan. In zijn
kladversies verplichtte hij zich uitsluitend in de vaagste termen met
Giustiniana te trouwen, omdat hij bang was dat de brief hem, als
mevrouw Anna er misbruik van zou maken, problemen met zijn
eigen familie zou bezorgen. Giustiniana giste wat hem bezighield
en schoot hem te hulp met de suggestie dat hij *zijn* moeder de
waarheid zou zeggen, haar zelfs een paar van Giustiniana's brieven
zou laten lezen om haar te overtuigen dat het niet hun opzet was
werkelijk met deze zaak door te gaan, dat het alleen een list was
om mevrouw Anna om de tuin te leiden en dat zij – Giustiniana
– 'nooit je hand zou aanvaarden' omdat ze zich terdege bewust was
van de schade die ze de Memmo's zou berokkenen. Uit niets blijkt
echter dat hij haar advies heeft opgevolgd.

In geen van hun brieven aan elkaar suggereerde Andrea of Giustiniana dat ze op zekere dag echt met elkaar zouden kunnen trouwen. Ze hielden deze gedachte hardnekkig op een afstand. Dit is wel
ironisch: Mevrouw Anna begon steeds meer te vrezen dat de twee
geliefden met elkaar zouden trouwen, of ze het nu wilde of niet. Ze
begon, in de paranoïde stemming die zich van haar had meester gemaakt nadat ze het laatste pakje brieven had onderschept, zelfs te
vermoeden dat de twee geliefden al in het geheim waren getrouwd.

In deze zin moet de nauwkeurig opgestelde brief van Andrea, zodra hij uiteindelijk door zijn veeleisende redactrice was goedgekeurd en afgeleverd, voor mevrouw Anna enigszins een opluchting zijn geweest. Er stond echter weinig meer in dat haar zou kunnen vermurwen, en in laatste instantie maakte het bedrog de zaak alleen maar erger. Aanvankelijk dacht ze dat de brief een vervalsing was. Toen haar zuster Fiorina haar uiteindelijk te goeder trouw overtuigde dat hij authentiek was, legde mevrouw Anna Giustiniana in zeer ontnuchterende bewoordingen uit waarom ze niet op Andrea's voorstel kon ingaan. Dit is Giustiniana's verslag van de reactie van haar moeder:

*I*k heb de brief van Memmo gelezen en ik geloof dat hij oprecht met je wil trouwen. Jij houdt van Memmo, Memmo houdt van jou, en jullie verbintenis zou zeker wenselijk zijn. Maar, lieve Giustiniana, je kunt zijn echtgenote niet worden. Ik zal je nu iets vertellen wat je misschien anders de rest van je leven nooit zou hebben geweten. Mijn lieve dochter, het huwelijkscontract zou nooit worden goedgekeurd. Je zou met iedereen kunnen trouwen, behalve met een Venetiaanse edelman. Denk erover na en neem zelf je beslissing. Wil je door iedereen worden geminacht en wil je dat je de toegang tot het huis van iedere edelman wordt ontzegd, nog afgezien van het feit dat je door de familie Memmo zult worden gehaat... en wil je die arme man zo schaden? En dan de schade die je de kinderen zou toebrengen die jullie zouden krijgen? Kom, kindje, wees moedig. Ik voel hoeveel pijn het je doet de man die je aanbidt te verliezen op het moment dat je hem bijna dacht te hebben. Maar als je van hem houdt, dan wil je hem of zijn zoons natuurlijk niet te gronde richten. Trouw met iemand anders, dan kun je een vriendschap voortzetten die je zo dierbaar is.

Haar wereldwijze redenering leek eigenlijk verrassend veel op die van Andrea en Giustiniana. Het was ook de eerste keer dat ze blijk gaf van enig inlevingsvermogen jegens haar dochter. Ondanks haar strengheid en de verschrikkelijke scènes die ze had gemaakt begreep ze kennelijk wat Giustiniana doormaakte (deed het haar misschien aan een pijnlijke scheiding in haar eigen jeugd denken?) Het is natuurlijk onmogelijk met zekerheid te zeggen hoe betrouwbaar deze weergave van de reactie van mevrouw Anna werkelijk was. Volgens de versie die Giustiniana Andrea gaf stond echter vast dat haar moeder de mogelijkheid dat hun affaire zou worden voortgezet zodra ze eenmaal veilig was getrouwd zelfs welwillend leek te bezien.

Hoe dan ook, mevrouw Anna was nog niet uitgesproken. Ze vertelde Giustiniana dat zodra ze in Venetië terug zouden zijn (het seizoen was nu afgelopen en de Wynnes troffen voorbereidingen Le Scalette te verlaten) ze de hele zaak rechtstreeks met Andrea wilde bespreken. Inmiddels gaf ze haar dochter opdracht een brief te schrijven waarin deze formeel om teruggave van al haar correspondentie verzocht en waarin ze ook de hand van Andrea moest afwijzen: voor zijn eigen bestwil, voor de bestwil van haar broers, wier toekomst in Engeland gevaar zou kunnen lopen als ze met een katholiek zou trouwen, en voor de bestwil van zijn eigen familie.

Kort na de terugkeer van de Wynnes in Venetië ontmoetten mevrouw Anna en Andrea elkaar onder vier ogen. Het was hun eerste confrontatie sinds Andrea's *cacciata funesta*, zijn noodlottige verbanning twee jaar daarvoor, en het was voor geen van beiden makkelijk. Toch slaagden ze erin beleefd te blijven, en mevrouw Anna gaf zelfs blijk van enig mededogen en verzekerde Andrea dat ze hem geen kwade gevoelens toedroeg. Ze begreep hoeveel ze van elkaar hielden, zei ze hem, en was ervan overtuigd dat ze in de toekomst bij elkaar zouden kunnen zijn, maar voorlopig was hier geen sprake van. Dit was een heel gevoelig moment, legde ze uit: zoals hij heel goed wist was de consul in een huwelijk met Giustiniana geïnteresseerd en stond de toekomst van haar familie op het spel. Nogmaals eiste ze dat Andrea ieder contact met haar dochter zou verbreken.

Welbeschouwd sloot mevrouw Anna op heel subtiele wijze een geheim bondgenootschap met haar aartsvijand. Als hij bereid was een stap terug te doen en haar in staat te stellen haar delicate transactie met de consul tot een succesvol einde te brengen, zou zij op haar beurt in de toekomst hun relatie niets in de weg leggen. Andrea stemde in met haar eisen – hij had immers al die tijd hetzelfde doel voor ogen gehad. Hij beloofde dat hij niet zou schrijven en Giustiniana niet meer zou zien tot haar huwelijk met de consul was bezegeld. Op aandringen van mevrouw Anna schreef hij Fiorina ook een brief waarin hij duidelijk maakte dat hij afzag van zijn voornemen over twee jaar met Giustiniana te trouwen – een verzoek dat hij gemakkelijk kon inwilligen. In een aparte brief schreef Andrea Giustiniana dat het gegeven de omstandigheden inderdaad verstandig zou zijn het contact volledig te verbreken. Mevrouw Anna had een volledige overwinning behaald.

Giustiniana was verbijsterd over Andrea's verraad. Ze kon niet geloven dat hij zich zo willoos in de eisen van haar moeder had geschikt. 'Geloof je dat ik kan leven zonder je te schrijven of te zien?... Je vraagt te veel... Ik zou nog liever sterven. Ik zal proberen om je te blijven zien hoe en waar het maar mogelijk is, en ik lucht mijn hart en passie voor jou door je te schrijven. En als je je niet laat zien of mijn brieven niet ontvangt, zal ik komen. Geloof dat maar. Alles zal ik ervoor over hebben.' Andrea probeerde haar te kalmeren, maar bleef bij zijn standpunt: 'Dat is geen oplossing. Heb geduld. We zijn voor elkaar geschapen, en iedereen zal het in de toekomst zien, maar geloof me, dit is niet het juiste moment... We hebben geen keus... Als je iets nodig hebt stuur dan iemand naar me toe... [maar] in hemelsnaam schrijf me niet... Het beste antwoord dat je op deze brief kunt geven is hem niet te beantwoorden... Hou van me, Giustiniana... heb vertrouwen in me... Ik verlaat je nu.'

Giustiniana kon de woede die in haar opwelde niet onderdrukken:

*J*ij bent misschien bereid tevreden te zijn, maar ik niet. Je kent me nog niet. Ik voel een zeer heftige hartstocht en ben tot alles in staat. Je hebt me in een verschrikkelijke positie gebracht. Dacht je dat ik gewoon rustig zal zitten wachten terwijl jij je met het beste gezelschap en de mooiste vrouwen van het land vermaakt? Stel je eens in mijn plaats en vertel me of jij je op je gemak zou voelen. Natuurlijk zou dit het geval zijn, omdat je dergelijke dingen niet begrijpt... Intussen word ik geacht lijdelijk op een onzeker huwelijk te wachten. Wat voor liefde is dit?... Door je brief heb ik zoveel tranen vergroten dat ik de hele ochtend mijn gezicht heb moeten verbergen... Hoe heb je de moed kunnen opbrengen me te vragen onze relatie te verbreken? Hoe is het mogelijk dat je geen medelijden met me hebt, met mijn hart, met mijn liefde? Memmo, ik heb niemand in de wereld dan jou en nu vertel je me dat je niet meer de mijne bent?

Andrea was op zijn beurt buiten zichzelf van haar reactie. Ook al was hij 'bang zijn afspraak met mevrouw Anna te schenden', hij stuurde Giustiniana een boos briefje: 'Als ik je nu in mijn handen had, wat zou ik dan doen? Je bent er nu in geslaagd mijn pijn in boosheid te veranderen. Wat moet ik voor je doen? Vertel het me alsjeblieft, jij beest. Wat voor liefde is dit, dat je nooit tevreden bent met wat ik doe? Ik aanbid je en het verlangen met je samen te wonen doodt me iedere dag een beetje meer... Mijn enige zonde is dat ik je niet schrijf, maar hoe zou ik je kunnen schrijven? Je weet heel goed welke risico's eraan zijn verbonden.'

Het enige verstandige dat ze konden doen, stelde hij, was hun aandacht op de consul gericht houden en mevrouw Anna zo goed mogelijk helpen haar doel te bereiken. Het was nog steeds de meest zekere weg naar hun geluk. Hoewel Giustiniana sceptisch bleef groeide bij Andrea met de dag de hoop dat alles uiteindelijk in hun voordeel zou aflopen. 'Het moment zal snel aanbreken,' verklaarde hij, 'dat ik zal kunnen genieten van je geluk en van het genoegen de wereld te laten zien hoeveel ik van je houd.' Nogmaals verbrak hij het embargo waarmee hij plechtig had ingestemd om Giustiniana uit te leggen dat het allemaal eigenlijk niet beter kon:

*B*ij God, Giustiniana, we hebben geluk... omdat de enige weg om deze komedie tot een gelukkig einde te brengen via Smith loopt... En we hebben nog meer geluk omdat hij oud is, omdat hij rijk is, omdat hij mijn vriend is, omdat hij ontzag heeft voor deze maatschappij, omdat hij ontzag heeft voor mij... omdat hij weet hoe hij een echtgenote moet behandelen omdat hij ijdel is, omdat hij gek is en omdat hij alles heeft waaraan wij behoefte zouden kunnen hebben. Moet ik nog meer zeggen? Luister, de waarheid is dat ons huidige ongeluk – dat we het zo lang moeten volhouden – in werkelijkheid ons grootste geluk is, gesteld dat er ooit een einde aan komt... Ik vraag je: als Smith met je getrouwd was toen hij wist dat mijn liefde voor jou nog te veel brandde... had ik je dan werkelijk kunnen opzoeken? Geloof me, het kost tijd om een oude kater te verleiden en hem dan voor gek te zetten. Maar nu weet ik dat ik alles goed heb voorbereid, dat ik hem dichter naar me toe heb getrokken, dat hij alleen maar des te meer van ons houdt en dat hij ons vertrouwt. Ik heb veel vooruitgang geboekt en ik hoop dat we in ieder geval gelukkig zullen worden.

De oude kater lag echter niet te dutten. Nadat Smith na zijn *villeggiatura* in Mogliano in Venetië was teruggekeerd duurde het niet lang of hij hoorde van de confrontatie tussen mevrouw Anna en Andrea en, wat hem nog razender maakte, van Giustiniana's ontreddering bij de gedachte dat ze haar minnaar niet meer zou zien. Andrea en Giustiniana maakten de zaken niet makkelijker voor zichzelf: ze waren niet in staat het verbod op hun correspondentie na te leven en de boodschappers pendelden weer tussen hen op en neer. Algauw zagen ze elkaar ook weer, soms zelfs op het Piazza San Marco of tijdens de avondwandeling op het Campo Santo Stefano. Het was alleen maar een kwestie van tijd voordat iemand het Smith zou vertellen, en er waren in Venetië niet weinig mensen die bereid waren hun voordeel te doen met het ongeluk van anderen.

Een van deze lieden was abbé Testagrossa, een schimmige figuur die in Venetië door middel van vleierijen en roddel met moeite in zijn levensonderhoud voorzag. Hij werkte als secretaris bij de Franse ambassade maar had nog steeds de gewoonte met zijn armoede te koop te lopen om een ander zijn lunch of diner te laten betalen, waarvoor hij ieder liedje wilde zingen dat van hem werd verlangd. Voor iedereen die een geheim had was hij iemand om uit de buurt te houden. Op een avond zaten Andrea en Giustiniana in een besloten hoekje in de buurt van het Campo Santo Stefano te praten toen abbé Testagrossa uit het niets opdook en hen glimlachend passeerde. Andrea was zo bang dat de abbé een schandaal zou veroorzaken dat hij al het mogelijke deed om aardig tegen hem te zijn, en de volgende keer dat hij hem zag nodigde hij hem zelfs uit voor de lunch in Ca' Memmo. 'Wat kon ik anders?' legde hij schaapachtig uit aan een nog bezorgdere Giustiniana. 'Ik kwam hem tegen op het water in de buurt van mijn huis en hij zei: "Ik heb geen keuken meer en ben gedwongen hier en daar om een maaltijd te bedelen."' Andrea verzekerde haar dat 'het niet in zijn bedoeling lag' nog eens aardig tegen Testagrossa te zijn en dat hij hem 'zo formeel zal behandelen dat het hem duidelijk zal worden dat deze [lunch] niet het begin van een vriendschap betekent. Je zou toch niet hebben gewild dat ik deze indiscrete babbelaar tegen me innam?'

Niettemin was hij het met Giustiniana eens dat de abbé waarschijnlijk zou proberen hen 'te schaden', niet uit kwaadaardigheid maar vanwege 'de pure waanzinnigheid van zijn karakter'. Te oordelen naar wat we van Testagrossa weten is het zeker geloofwaardig dat hij de consul tussen neus en lippen door – misschien tijdens een maaltijd in het palazzo Balbi – heeft verteld dat hij de twee geliefden zonder begeleiding in de buurt van het Campo Santo Stefano had gezien.

Augustus maakte plaats voor september, en nog steeds had de consul geen officieel aanzoek gedaan. Andrea wilde wanhopig graag weten wat er tegen Smith was gezegd. Was het voldoende geweest om al het werk dat hij die zomer had verricht ongedaan te maken? Op een of andere manier leek het in de stad, met haar kwaadaar-

dige gefluister en insinuerende opmerkingen, allemaal moeilijker
te regelen. Andrea zocht het gezelschap van de consul om hem in
de gaten te kunnen houden. Hij doorzag hem echter niet zo goed
als vroeger. 'Er lijken dingen niet in de haak te zijn,' klaagde hij.
Soms was Smith weer zijn gewone oude zelf. Op andere momenten kreeg hij een sarcastische klank in zijn stem waarover Andrea
zich zorgen maakte. Hier volgt een fragment van een gesprek dat
hij met Smith had en dat hij voor Giustiniana uitschreef:

'*W*at is er aan de hand, mijn beste Memmo, dat je zo diep
zucht?'
   'Ik weet het niet. Ik voel me niet goed. Misschien de sirocco...'
   'Ah, het moet iets anders zijn. Dit zijn geen sirocco-zuchten...'

Andrea voelde zich niet op zijn gemak bij de consul. Was hij achter hun complot gekomen? 'En toch behandelt de man me vriendelijk,' peinsde Andrea, '... op die wereldvreemde manier.'
   Ook thuis was sprake van toenemende druk. De Bentivoglio's,
een rijke familie van het vasteland, hadden met Pietro en Lucia
Memmo gesproken en hun de hand van een van hun dochters geboden voor Andrea. De Memmo's hadden ermee ingestemd via een
tussenpersoon een eerste onderhandelingsronde te openen. Aanvankelijk had Andrea hieraan meegewerkt in de hoop dat de gesprekken vanzelf zouden verzanden, zoals met dergelijke gecompliceerde huwelijksonderhandelingen zo vaak gebeurde. Hij zei
Giustiniana dat ze zich geen zorgen moest maken en verzekerde
haar dat het uiteindelijk toch zou overwaaien.
   Veel alarmerender was voor hem de groeiende afstandelijkheid
van de consul. Hij sprak niet meer over een huwelijk met Giustiniana, en de schertsende toon verdween geheel uit zijn conversatie. Bovendien gedroeg hij zich niet alleen koel tegen Andrea, maar
ook tegen mevrouw Anna. Deze plotselinge verandering in zijn
houding bracht haar in een staat die veel op paniek leek. Op een

avond ging ze met een gondel naar het Ca' Memmo en verlangde Andrea te spreken. Zijn bediende maakte hem wakker en Andrea strompelde de trap af: 'Ik stap in de gondel, ze beveelt de gondelier uit te stappen en gooit eruit: "Je maakt me dood, je vermoordt me... Ben je een heer of een verrader, Memmo?"' Andrea probeerde haar woede te sussen en beweerde dat hij ondanks zijn gevoelens Giustiniana niet meer zag. Hij was bereid rechtstreeks met Smith te gaan praten om hem te vertellen dat hun affaire afgelopen was. Om haar nog meer gerust te stellen maakte hij haar deelgenoot van de geheime huwelijksonderhandelingen met de Bentivoglio's. Noch zij noch de consul had reden om zich zorgen te maken, zei hij.

Dit was echter uitsluitend een vertragingstactiek. De discussies met de Bentivoglio's leidden tot niets; met als belangrijkste reden dat Andrea nu weigerde mee te werken. Hij besefte dat het een heel voordelige verbintenis zou zijn – zoals hij het onder woorden bracht: 'Het bevat alle elementen in combinatie die ik in andere aanbiedingen niet afzonderlijk gevonden zou hebben.' Hij behoorde echter 'helemaal' Giustiniana toe. Zolang hun situatie niet op een of andere manier gestabiliseerd was zou hij niet met iemand anders trouwen. De Memmo's maakten zich zorgen dat er andere vooraanstaande Venetiaanse families op het toneel zouden verschijnen om met de Bentivoglio's zaken te doen. Andrea's getreuzel ergerde hen en ze drongen er bij hem op aan dat hij duidelijk ja of nee zou zeggen. Toen hij weigerde met een huwelijk in te stemmen ontplofte zijn moeder Lucia.

Ook zij had nu al maanden de indruk dat de verhouding tussen Andrea en Giustiniana was bekoeld en dat de consul inderdaad met Andrea's minnares in het huwelijk zou treden. Geconfronteerd met Andrea's recalcitrante houding kreeg ze opeens een afgrijselijk visioen – net zoals mevrouw Anna vóór haar. Al dat geprat van haar zoon over de consul die met Giustiniana zou trouwen was niet meer dan een dekmantel voor een onuitsprekelijke waarheid: Andrea en Giustiniana waren al in het geheim getrouwd. 'Dus alles wat ik over Smith heb gehoord is niet waar!' schreeuwde ze tegen hem. 'O, mijn God, Andrea, je hebt het gedaan. Vertel me de waarheid: je bent met Giustiniana getrouwd. Of je hebt je woord gegeven dat je het zult doen. Een van de twee, dat weet ik zeker.'

Andrea voelde zich gekwetst door de aanval van zijn moeder. Hoe kon ze denken dat hij in staat zou zijn de naam van de familie te onteren? Zijn hart werd echter werkelijk gebroken toen hij zijn oude en zwakke vader in grote verwarring en 'met tranen in zijn ogen' zag.

Het plan waaraan Andrea en Giustiniana sinds die lente hadden gewerkt was volledig uit de hand gelopen. De gesprekken met de Bentivoglio's werden eind september afgebroken. Andrea kreeg van zijn familie volledig de schuld en het leven in het Ca' Memmo werd ondraaglijk. Toen Smith vernam dat Andrea toch niet met het meisje Bentivoglio zou trouwen zag hij al zijn vermoedens over de twee jonge geliefden indirect bevestigd. In een dramatische en pijnlijke confrontatie beschuldigde hij Andrea van een samenzwering tegen hem achter zijn rug om. Hij zag af van verdere gesprekken over een huwelijk met Giustiniana en stuurde Andrea abrupt weg.

Het was voor Andrea een verschrikkelijke klap. Zoals hij al verwachtte ging mevrouw Anna tegen hem tekeer omdat hij een zaak had verknoeid die zij als beklonken had beschouwd. Hij was echter verbijsterd door de golf van kritiek die hij vanwege zijn beschamende falen van alle kanten te incasseren kreeg. 'Ik heb meer verloren dan mijn vriendschap met Smith,' schreef hij Giustiniana vol zelfmedelijden. 'Iedereen beschuldigt me ervan dat ik onvoorzichtig, deloyaal en een slechte vriend voor jou ben geweest. Als Smith heeft besloten af te zien van zijn plan met jou te trouwen – zeggen ze – komt dit door mijn gebrek aan eerlijkheid en gezond verstand.' Giustiniana's ergste angst was bewaarheid. Ze was door alle chaos zo verpletterd, zo gedesoriënteerd dat ze niet meer wist wat ze tegen Andrea moest zeggen en zich terugtrok in zwijgen.

Enkele dagen later deed Smith Betty Murray, die al die tijd in de coulissen had gewacht, een huwelijksaanzoek. 'De oude consul

Smith, die negen maanden geleden zijn vrouw heeft begraven, heeft zich aan de voeten van mijn zuster geworpen, maar haar nog niet aan zijn wil onderworpen,'[7] schreef de Resident begin oktober, met boosaardige trots van het moment genietend. Haar verzet, als daar al sprake van was geweest, was niet van lange duur. Ze trouwden tegen het einde van die maand.

Vier

De winter van 1756-1757 was de koudste sinds mensenheugenis. Eind oktober veranderde het gouden herfstlicht in een kil grijs. De *bora* waaide vanuit het noorden. De sneeuw viel al vroeg, dwarrelend over het donkere, brakke water. Op sommige dagen daalde de temperatuur zo sterk dat de lagune dichtvroor. Een zware stilte daalde over de stad neer, uitsluitend doorbroken door het rouwende gebeier van kerkklokken en de geïsoleerde kreten van gondeliers. In de drukke *botteghe* en *malvasìe* gingen de gesprekken tussen de Venetianen voornamelijk over de oorlog die in de zomer was uitgebroken.

Sinds Oostenrijk in de Oostenrijkse Successieoorlog van 1740 tot 1748 de rijke oostelijke provincie Silezië aan Pruisen was kwijtgeraakt had het plannen gesmeed deze op het geweldige Habsburgse Rijk te heroveren. Met dit doel had Wenen zich met succes ingespannen Frankrijk, de traditionele bondgenoot van Pruisen, aan zijn kant te krijgen. Rusland en het Keurvorstendom Saksen sloten zich ook bij de nieuwe coalitie aan. Frederik de Grote van Pruisen, de rusteloze 'filosoof-koning', die zich plotseling door deze machtige groep mogendheden omsingeld zag, sloot een bondgenootschap met Groot-Brittannië en zijn Duitse aanhangsel, de staat Hannover. Eind augustus 1756 voerde hij een verrassingsaanval uit op Saksen, de zwakste schakel in het vijandelijke kamp, en marcheerde helemaal op naar Dresden.

De aanval van Frederik was de openingszet in de Zevenjarige Oorlog, het laatste grote conflict tussen de Europese mogendheden vóór de Franse Revolutie en een waardoor het machtsevenwicht ten gunste van Groot-Brittannië en Pruisen zou doorslaan. De Venetiaanse Republiek nam geen deel aan deze langdurige oorlog, die op drie continenten werd uitgevochten. Haar neutraliteit was echter meer het gevolg van haar toenemende irrelevantie op het Europese toneel dan van haar ooit spreekwoordelijke diplomatie. Voor de stad bleef het vrede, maar ze kreeg wel te lijden van de indirecte gevolgen van het conflict. De handel stortte in en de economie begon aan een periode van neergang. Naarmate de oorlog zich voortsleepte zou Venetië zich steeds geïsoleerder gaan voelen en de bevolking werd door een verlammende angst voor de toekomst beslopen.

In het Ca' Memmo was de sfeer die winter bijzonder somber. Andrea's geliefde zuster Marina was na een korte periode van herstel aan het eind van de zomer onder verschrikkelijke pijnen gestorven. Zijn vader, Pietro, oud en zwak, was verpletterd door het verlies van zijn dochter. Andrea vond hem op een koude dag 'alleen bij de haard zittend'. 'Ik ging naar Smith en omdat het zo sneeuwde ging ik meteen door naar huis zonder naar de Marzeria te gaan zoals ik eerst van plan was geweest. Hij wilde eten en slapen tegelijk.' Zijn hele leven had Andrea tegen zijn oom opgezien zoals hij nooit tegen zijn vader had opgezien, die hij als uiterst naïef en onpraktisch beschouwde. Hij wist echter dat de vermoeide oude man die ineengedoken in de fauteuil bij de haard zat heel veel van hem hield, en er waren momenten dat hij vermoedde dat zijn vader misschien beter dan de anderen de diepte van zijn gevoelens voor Giustiniana begreep. Andrea verwachtte niet dat hun relatie in dit stadium in hun beider levens nog fundamenteel zou veranderen, maar zijn toewijding als zoon roerde zich nu sterker dan in het verleden. 'Door die maagkrampen kan hij de hele nacht niet slapen,' schreef hij bezorgd, 'om nog maar te zwijgen van de jicht en de koorts. Arme oude man! Was hij maar even verstandig als genereus, hoeveel meer zou ik dan van hem houden.'

Andrea had het met zijn moeder, Lucia, altijd beter kunnen vinden maar hij zag haar die winter weinig. Op de gangen van het Ca' Memmo was het zo koud dat ze haar vertrekken nauwelijks verliet. De kou in de lucht was echter niet de enige reden dat ze zich zo terugtrok. De toestand met Smith had haar diep gekwetst, en maandenlang bleef ze in de ijskoude beslotenheid van haar kamers broeierig over het gênante optreden van Andrea nadenken.

Giustiniana gedroeg zich zo gereserveerd dat Andrea vreesde ook haar te zullen kwijtraken. 'Onze liefde is niet verdwenen, hoezeer ze ook is bedreigd,' herinnerde hij haar terwijl hij haar op vriendelijke toon nieuwe manieren suggereerde om haar razende moeder te benaderen. Giustiniana was echter nog te ontgoocheld om hem meer dan passieve, oppervlakkige antwoorden te geven. Hij voelde dat ze hem ontglipte. 'Waarom verdedig je me niet?' klaagde hij. 'Je moeder haat me... Ze belastert me... Waarom maak je haar niet duidelijk hoezeer ze ongelijk heeft?... Omdat je niet meer van me houdt... O God, ik ben verloren. Mijn ziel, mijn liefste ziel, denk goed na voordat je me vernietigt.'

In weerwil van de bijtende kou ging Andrea regelmatig bij het huis in Sant'Aponal langs. Hij stond er rillend onder Giustiniana's venster terwijl zijn gondel een klotsend geluid maakte op het ijskoude water. Soms kwam ze niet eens naar het raam. Ze liet Andrea's brieven dagenlang onbeantwoord en ging maar zelden uit, en als ze het wel deed liep ze alleen samen met haar moeder het korte stukje naar de kerk. Andrea's smeekbeden werden steeds wanhopiger: 'O God, als je wilt dat ik je niet langer kwel, laat me dan in elk geval geloven dat we als goede vrienden uit elkaar gaan en dat je me je nog steeds waardig acht als de omstandigheden anders zouden zijn.'

De winter leek zich eindeloos voort te slepen, maar in het begin van de lente kreeg Venetië geleidelijk zijn tintelende kleuren terug. De smalle straatjes gonsden weer van de activiteit. De kanalen vulden zich met bootjes in alle soorten en maten. Na maanden te hebben overwinterd keerden de babbelende menigten terug naar de Listone voor hun dagelijkse wandelingetje. Giustiniana was niet ongevoelig voor deze veranderingen. Ze reageerde iets warmer op Andrea's brieven. Behoedzaam ging ze in op zijn voorstel hem weer in het geheim te ontmoeten. Andrea was dankbaar en uiterst voorkomend. Hij maakte zich druk over haar gezondheid en over wat ze at en stroomde over van praktische attenties. 'Ik moet op zoek naar rieten vloerbedekking, zodat Rosa's kamer minder oncomfortabel zal zijn,' schreef hij in een aandoenlijk vertoon van huiselijkheid. 'Mijn hart, wat houd ik toch van je. Ik ben zo van je vervuld en zo gelukkig dat je voor altijd de mijne zult zijn.'

Oppervlakkig gezien begonnen de zaken weer geleidelijk te lopen zoals in het verleden. Alvisetto maakte natuurlijk niet meer deel uit van het tafereel, maar er was een vervanger gevonden: Martino, de piccolo van het Regina d'Inghilterra, de populaire herberg in de Frezzeria waar Andrea soms rond lunchtijd voor een snel maal binnenliep, bezorgde nu het grootste deel van hun geheime correspondentie.

Toch was hun verhouding niet meer wat ze ooit was geweest. Ten tijde van de samenzwering tegen consul Smith had Giustiniana zich geheel aan Andrea overgeleverd omdat ze zichzelf toch uiteindelijk had toegestaan in het succes van hun lachwekkende complot te geloven. Maar nu, als ze elkaar als dieven in het kale kamertje van Rosa ontmoetten, welk vooruitzicht had hun liefde nu? 'Je zult eeuwig de mijne zijn,' bleef Andrea haar verzekeren. Maar hoe zou dit gebeuren? Giustiniana had niets om naar uit te zien: in het verschiet lagen alleen onzekerheid en meer pijn. Ze gaf, aangezet door haar eigen fysieke behoefte in zijn armen te liggen, toe aan Andrea's toenaderingen maar toch bleef ze emotioneel afstandelijk. Bovendien vond ze vanuit praktisch oogpunt dat haar moeder gelijk had: haar vooruitzichten op een huwelijk waren inderdaad ernstig geschaad. Er was dus een aantal redenen waarom ze zich terughoudend gedroeg als het erom ging haar minnaar over het kronkelende pad van het bedrog te volgen. Ze gaf er de voorkeur aan haar hartstocht per dag bot te vieren en haar eigen gedachten over de toekomst uit de weg te gaan.

Andrea was echter veranderd. Het was voor hem een pijnlijke winter geweest, en de mogelijkheid dat hij Giustiniana na het debacle met Smith zou kwijtraken had hem nog sterker van de intensiteit van zijn gevoelens voor haar doordrongen. Toen hun clandestiene verhouding haar vierde jaar inging zonder dat er enige hoop was op een praktische regeling die hen in staat zou stellen elkaar op een minder verborgen manier lief te hebben, begon hij na te denken over iets wat tot dan toe ondenkbaar was geweest. Hij hield zielsveel van haar. Hij wilde bij haar zijn, kinderen van haar hebben. Als een huwelijk de enige methode was om bij elkaar te zijn, misschien was dan het moment gekomen om deze gedurfde stap te zetten en tegelijkertijd de negatieve gevolgen zo veel mogelijk te beperken.

Zonder iets tegen Giustiniana te zeggen had Andrea twee mensen benaderd: Clemente Sibiliato, een vooraanstaand jurist, en abbé Jacopo Facciolati, een rechtsgeleerde en intieme vriend van de familie, om te praten over het idee een huwelijkscontract aan het oordeel van de Avogarìa di Comun te onderwerpen, het machtige driemanschap dat juridische zeggenschap had in dergelijke aangelegenheden. De gesprekken waren minder ontmoedigend verlopen dan Andrea had gevreesd en hij was er met nieuwe hoop vandaan gekomen. In het verleden had hij deze mogelijkheid niet eens overwogen omdat hij ervan was uitgegaan dat een dergelijk contract nimmer zou worden goedgekeurd en een poging in deze richting de beide families alleen maar in diskrediet zou hebben gebracht. Eenzelfde redenering had mevrouw Anna er in eerste instantie toe gebracht Andrea te verbannen. Inmiddels waren de omstandigheden echter dramatisch veranderd, en nu er geen serieus alternatief opdoemde leek een huwelijk niet meer zo'n onredelijke oplossing. In veel opzichten was het zelfs de enig mogelijke oplossing geworden.

Andrea raakte er steeds meer van overtuigd dat de Venetiaanse autoriteiten het verzoekschrift zouden aanvaarden mits de twee families een veto van de Avogarìa di Comun vóór zouden kunnen zijn door overeenstemming te bereiken over een huwelijkscontract voordat het zou worden ingediend. Immers, zo redeneerde hij, het was de rol van de Avogarìa de Venetiaanse gebruiken en instellingen en derhalve ook de belangen van de heersende oligarchie te beschermen. Waar zouden de drie *avogadori* de juridische autoriteit vandaan halen om een huwelijkscontract af te wijzen dat was aanvaard door een van de families die de Republiek hadden gesticht? Het enige dat hem te doen stond was de twee families te overtuigen. De rest zou vanzelf gaan.

Andrea dacht dat hij zijn vader wel aan zijn kant zou kunnen krijgen. Het overtuigen van zijn oom – de oude procurator Andrea Memmo, de held van Constantinopel en strenge bewaker van de Venetiaanse traditie – zou iets geheel anders zijn geweest, maar de zachtmoedige Pietro Memmo, lijdend aan kwalen en doordrongen van liefde voor zijn zoon, zou hem niet teleurstellen, en zijn moeder zou, ondanks hun kille relatie, uiteindelijk eieren voor haar geld kiezen. De grootste hindernis, zo besefte Andrea onmiddellijk, was mevrouw Anna. Giustiniana zou haar moeder flink moeten bewerken om haar na alles wat er was gebeurd tot instemming te bewegen met de Memmo's over een huwelijkscontract te gaan onderhandelen.

In weerwil van zijn toenemende optimisme verloor Andrea geen moment het feit uit het oog dat een dergelijke strategie voor alle betrokkenen buitengewoon riskant was. Als de Avogarìa het contract uiteindelijk zou afwijzen zou de reputatie van de Memmo's jarenlang bezoedeld zijn. En wat Giustiniana betrof: haar vooruitzichten een echtgenoot te vinden zouden zo worden geschaad dat de Wynnes de stad waarschijnlijk zouden moeten verlaten. Een lucide beoordeling van de situatie, in combinatie met een flinke dosis wensdenken, bracht Andrea er echter toe zijn vertrouwen in de grote wijsheid van de Avogarìa te stellen. 'Ik weet zeker,' zei hij tegen Giustiniana toen hij haar uiteindelijk deze nieuwe strategie voorstelde, 'dat de weg vrij is als je moeder ook maar een centimeter toegeeft.'

Giustiniana deinsde terug voor het gewaagde nieuwe plan van Andrea. Ze was bang voor de confrontatie met haar moeder en bovendien had ze er weinig vertrouwen in dat het verzoekschrift zou worden aanvaard. Die hele lente en zomer van 1757 probeerde Andrea, terwijl hij zijn gesprekken met de juristen voortzette, haar te bepraten en gerust te stellen. 'Ik begrijp hoe vreselijk gênant het voor een meisje is om haar eigen moeder haar hartstocht te onthullen – en dan bovendien een moeder met zo'n temperament, die haar die hartstocht al heeft verboden,' zei hij haar. 'Maar jij bent niet zoals andere meisjes, en dat is de reden waarom ik je dit allemaal zeg.' Ze bood maandenlang weerstand, en gedurende een korte periode in de zomer van 1757 overwogen ze serieus zijn ouders en mevrouw Anna buiten spel te zetten en in het geheim te trouwen.* Uiteindelijk kwam Andrea echter toch altijd weer terug op het idee hun uiterste best te doen volgens de regels te trouwen, en begon Giustiniana's weigering het onderwerp ook maar met mevrouw Anna aan te snijden hem uit te putten. Aanvankelijk klaagde hij op vriendelijke toon: 'Mijn verbeeldingskracht en mijn hart worden iedere dag warmer, en ik denk de hele tijd aan je, maar helaas, je bent in ieder opzicht zo gereserveerd. Mijn allerliefste, bied me de troost je in zo'n belangrijke aangelegenheid te zien doen wat ik je zeg te doen.' Daarna werd hij, geconfronteerd met haar koppigheid, ongeduldiger: 'Je hebt de hele tijd alles op jouw manier willen doen, maar wat hebben we daarbij gewonnen?' Hij begreep niet waarom Giustiniana zo bang was. Was haar recalcitrantie een weerspiegeling van het aangeboren onvermogen vooruit te denken dat vrouwen nu eenmaal eigen was? vroeg hij zich af, in een poging zijn wanhoop een filosofisch fineerlaagje mee te geven. 'De dag waarnaar ik zo heb uitgezien zal nooit komen, niet omdat dat

---

* In juli 1757 namen Andrea en Giustiniana contact op met de religieuze autoriteiten van de kanselarij van het aartsbisdom om een begin te maken met de procedure die tot een clandestiene echtvereniging zou leiden (de keuze van getuigen, het verzamelen van verklaringen onder ede), maar het is onduidelijk hoever ze zijn gegaan voordat ze het idee opgaven. In de archieven van de kanselarij van het aartsbisdom bevindt zich in het register van geheime huwelijken een dossier met hun namen, maar de inhoud is verwijderd.[1]

jouw schuld is; het is het gevolg van de vrouwelijke fysieke gesteldheid, die haar nu eenmaal niet toestaat heel lang de inspanning te verdragen die nodig is om een ingewikkeld plan uit te werken.'

Giustiniana's brieven uit deze periode ontbreken, dus we weten niet hoe ze op deze vrouwvijandige overpeinzingen heeft gereageerd. We kunnen ons echter gemakkelijk voorstellen hoe er een floers voor haar ogen trok terwijl ze al lezend kennis nam van Andrea's hoogdravende gedachten over het vrouwelijk karakter. De spanningen tijdens hun geheime ontmoetingen namen weer toe en hun afspraakjes liepen vaak op ruzie uit.

Andrea was echter onvermurwbaar, en in de herfst van 1757, meer dan zes maanden nadat hij het plan voor het eerst had voorgesteld, raapte Giustiniana ten slotte toch de moed bij elkaar om haar moeder te vertellen dat zij en Andrea nog steeds verliefd op elkaar waren en met haar toestemming wilden trouwen. Andrea was euforisch en dat gevoel werd nog versterkt toen Giustiniana hem vertelde dat mevrouw Anna zich, na aanvankelijk haar hakken in het zand te hebben gezet, verbazingwekkend ontvankelijk had betoond voor het idee. 'Wat heeft het me toch veel moeite en verdriet gekost om je op het rechte pad terug te brengen!' riep hij na zijn overwinning uit.

De koerswending van mevrouw Anna had zo haar redenen. Ze had zich immers tegen de verhouding met Andrea verzet omdat ze ervan overtuigd was geweest dat de Memmo's met alle mogelijke middelen zouden proberen een huwelijkscontract te blokkeren; als dit niet het geval was zou het de moeite waard zijn het te proberen. Voorzichtig als ze was besloot ze te wachten tot de Memmo's de eerste zet zouden doen.

In het Ca' Memmo werd de optimistische voorspelling van Andrea bewaarheid. De relaties tussen hem en zijn ouders waren verbeterd dankzij zijn weloverwogen pogingen meegaand en behulpzaam te zijn bij het beheer van het huis en hun landgoed op het vasteland. Zijn diplomatieke manoeuvres leidden tot een emotioneel familieberaad, waarop Pietro en Lucia Memmo instemden met inleidende onderhandelingen met het doel een huwelijkscontract aan het oordeel van de autoriteiten te onderwerpen. Het zag er nu echt naar uit dat Andrea's inspanningen misschien resultaten af zouden werpen. Het nieuws sijpelde naar buiten en werd koren op de onverzadigbare Venetiaanse geruchtenmolen. 'Iedereen in de stad heeft het over ons huwelijk alsof het een voldongen feit is,' meldde hij Giustiniana dolblij.

De twee partijen moesten het eens zien te worden over de voorwaarden in het contract, dat gewoonlijk uit langdradige en zeer gedetailleerde documenten bestond en vol stond met financiële bepalingen en talloze clausules en condities. Toen het contract eenmaal was opgesteld werd het aan de *primario*, een soort algemeen secretaris, van de Avogarìa di Comun ter hand gesteld, zodat deze het in eerste instantie kon bekijken. Als zijn oordeel gunstig was werd het contract ter uiteindelijke goedkeuring aan het driemanschap voorgelegd.

Mevrouw Anna drong erop aan dat Andrea en Giustiniana elkaar tijdens de onderhandelingen niet zouden zien en niet met elkaar in contact zouden staan. Ze besloot met Giustiniana naar Padua te gaan, waar ze de gasten zouden zijn van Bernardino Renier, de vooraanstaande patriciër wiens zoon Alvise nog steeds de lusteloze Tonnina het hof maakte. De rest van de kinderen bleef met Toinon in Venetië achter. Voor haar vertrek nam mevrouw Anna een advocaat in de arm, signor Faccini, om terwijl zij en haar dochter weg waren de onderhandelingen met de Memmo's te voeren. Discreet wendde ze zich ook tot consul Smith om financieel advies. Er was een heel jaar verstreken sinds hij met Betty Murray was getrouwd, en mevrouw Anna vond dat het tijd was een kostbare vriendschap nieuw leven in te blazen.

Het was voor Andrea en Giustiniana ellendig dat ze, nu alles er zo hoopvol uitzag, van elkaar werden gescheiden. Het was echter nog vervelender dat ze op zo'n essentieel moment hun correspondentie moesten afbreken. Andrea had sterk het gevoel gehad dat hij de leiding had, dat hij de loop van de gebeurtenissen dicteerde. Hij moest met Giustiniana in contact blijven, al was het maar om

te weten welke beslissingen er aan de andere kant werden genomen. Tegelijkertijd besefte hij dat als er een compromitterende brief
werd gevonden het hele plan ogenblikkelijk uit de rails zou lopen.
In hart en ziel strateeg besloot hij dat de enige oplossing in de ontwikkeling van een geheime code was gelegen. Hij bracht ettelijke
nachten slapeloos door met het ontwerpen van een systeem van
punten, strepen, cirkels en driehoeken teneinde een samenhangend
alfabet te maken en stuurde dit naar Giustiniana zodat zij zich hun
geheime taal eigen kon maken. De uiteindelijke combinatie waarover ze het eens werden was de volgende:

a	b	c	d	e	f	g	h	i	j	k	l	m	n	o	p
θ	....	?	!	:	,	.	z	:			ω	∪	t	∷	s
q	r	s	t	u	v	w	x	y	z	'					
r	q	p	n	∴	m			h	õ						

Aanvankelijk gebruikten ze deze code uitsluitend om de meest gevoelige informatie aan het oog te onttrekken: namen, plaatsen, details van hun plannen of hun eigen intieme boodschappen. Uiteindelijk raakten ze er zo bedreven in dat het geen enkel probleem
meer was tussen het standaard alfabet en het geheime heen en weer
te schakelen. Soms namen ze hun toevlucht tot een of twee woorden in code en gingen dan gewoon door in het Italiaans; bij andere gelegenheden schreven ze een hele bladzijde vol met hun piep-
kleine hiërogliefen, waarmee ze de brief een rijke en mysterieuze
sfeer meegaven.

In Padua probeerde Giustiniana echter nog steeds de symbolen
onder de knie te krijgen die Andrea voor haar had opgesteld, en ze
beschikte niet echt over de energie ze elke dag te oefenen. Algauw
nadat ze met haar moeder bij de Reniers was aangekomen ging ze
naar bed, klagend over koorts en buikpijn en algehele zwakte. De
doktoren folterden haar met een reeks aderlatingen die het beetje
energie dat ze nog had lieten wegvloeien en haar moeder zette haar
op een streng dieet dat hoofdzakelijk uit knoflook bestond. Andrea

was 'kapot' van het nieuws over haar slechte gezondheid en droeg zijn steentje bij met een aantal persoonlijke medische adviezen. 'Nog een paar aderlatingen zullen je zeker goeddoen, maar wacht in ieder geval tot je niet meer zo zwak bent en je je een beetje beter voelt. Ik denk dat het ook niet slecht is het bloed te zuiveren door veel water te drinken.' Hij verweet haar ook dat ze zich niet tegen haar moeder verzette: 'Knoflook is erg slecht voor je en toch eet je het voortdurend.'

Weg van huis, aan haar ziekbed gekluisterd en koortsig, worstelde Giustiniana om enige gemoedsrust te krijgen. Was haar moeder oprecht geweest toen ze had gezegd dat ze door wilde gaan met het huwelijkscontract? Ondanks de stroom gecodeerde berichten van Andrea voelde ze zich van hem geïsoleerd en eenzaam. Zag hij zijn oude vriendinnen Marietta en Lucrezia in Venetië terwijl zij een halve dagreis van haar geliefde in Padua vastzat? Nog verontrustender waren de praatjes dat de Memmo's een volgend huwelijksaanbod overwogen.

Ditmaal had Andrea niets verdedigends meer in zijn pogingen Giustiniana gerust te stellen: 'Mijn liefste... hoe denk je dat ik zo ver van jou mijn dagen doorbreng? Ik breng ze door met gedachten aan onze tedere hartstocht. En jij denkt dat ik opga in Marietta's en Lucrezia's! De ene is zo precieus, de andere zo vlinderachtig... Op een dag zal ik je een waarheidsgetrouw portret van hun karakter schilderen, zodat je zelf zult kunnen oordelen of er ooit een reden is geweest twijfel over me te koesteren.' Wat betreft de verhalen die ze over nog een ander huwelijksvoorstel hoorde legde Andrea uit dat een familielid van de Memmo's zijn ouders inderdaad had benaderd met een aanbod van een rijke familie, de Baglioni's, dat onder meer een fraaie bruidsschat van twaalfduizend dukaten behelsde. 'Maar wees gerust,' zei hij Giustiniana, 'ik heb er geen aandacht aan besteed, noch iemand anders van mijn familie.'

Andrea sprak hiermee de waarheid. Toen zijn ouders er eenmaal mee akkoord waren gegaan het huwelijk door te zetten, hadden ze het idee van ganser harte omhelsd en deden nu erg hun best om te bereiken dat het contract zou worden goedgekeurd: hun prestige en de toekomst van hun zoon stonden op het spel. Lucia Memmo, die sinds Giustiniana in hun leven was gekomen zo op de Wynnes had neergekeken, werd nu een van haar hartstochtelijkste aanhangers. 'Ze is gek op je portret!' riep Andrea uit, die zijn moeder nauwelijks herkende maar opgetogen was hoe haar standpunten in hun tegendeel waren omgeslagen. Vanuit praktisch oogpunt nog belangrijker was de verandering bij zijn vader. In een buitengewoon gebaar van welwillendheid jegens zijn oudste zoon had Pietro Memmo in het geheim de *contraddizione* opgeheven – het vetorecht dat een patricische familie over een huwelijkscontract kon uitoefenen tot het ondertekend was – voordat de onderhandelingen ook maar serieus waren begonnen. Deze zet was heel genereus maar ook onverstandig: Andrea's oom zou het, had hij nog geleefd, nooit hebben goedgekeurd. Hoewel Andrea zijn vader dankbaar was dat hij een belangrijke hindernis uit de weg had geruimd voordat de besprekingen waren begonnen moet de toekomstige staatsman in hem wel even hebben geslikt. Met gebruikmaking van hun code vertelde hij Giustiniana over de nieuwe ontwikkelingen en vroeg haar deze geheim te houden. Het zou voor de Memmo's vernederend zijn als het nieuws bekend zou worden. Omdat ze zich zorgen maakten over een mogelijk lek gingen Andrea's moeder en broers naar de kanselarij van de aartsbisschop en verzochten de functionarissen die met de zaak waren belast iedereen die ernaar vroeg te vertellen dat de *contraddizione* nog geldig was en te weigeren iemand het officiële dossier met de verklaring van Pietro Memmo te laten zien. Andrea legde Giustiniana uit dat dit 'de enige manier is om zowel ons als mijn ouders te beschermen, die immers al door heel Venetië zijn veroordeeld omdat ze tot dusverre onze verbintenis niet hebben voorkomen'. Hij was ontroerd dat Pietro en Lucia omwille van hen de conventie aan hun laars lapten en liet in zijn brieven aan Giustiniana geen gelegenheid voorbijgaan om haar eraan te herinneren hoe dankbaar ze hun moesten zijn.

De stemming was nu heel optimistisch. Het proces zou door de beslissing van Pietro zeker worden versneld. Andrea zei Giustiniana zich geen zorgen te maken: 'Het contract zal goedgekeurd worden, en als het eenmaal zover is komt de rest ook wel goed.' Hij liep signor Faccini, de advocaat van mevrouw Anna, tegen het lijf, en deze verzekerde hem dat hun deel van het contract binnenkort klaar zou zijn en zou worden overgedragen aan de hiertoe aangewezen *primario*, signor Bonzio, een man die de twee geliefden kennelijk welgezind was. Andrea kreeg bovendien vertrouwelijke informatie uit welingelichte bron: de geheime minnares van signor Bonzio, Donada. 'Over een paar dagen komt er belangrijk nieuws,' informeerde hij Giustiniana. 'En wie zal me dan nog van mijn bruid gescheiden durven houden?' In code voegde hij een korte mededeling toe: 'Dinsdag of woensdag zul je op last van de inquisiteurs naar Venetië terugkomen.'

En zo kwam er een einde aan Giustiniana's kortstondige ballingschap in Padua. De geliefden mochten elkaar nog steeds niet zien, maar ze konden het niet opbrengen elkaar te mijden nu ze allebei in Venetië zaten. Het gevoel dat de onderhandelingen snel tot een besluit zouden leiden, verhevigde hun verlangen bij elkaar te zijn, wat het ook mocht kosten, en hun fysieke liefde bloeide weer op terwijl er een volgende ijskoude winter begon. 'Ik schrijf je van huis,' vertelde Andrea Giustiniana voordat hij naar het huis van Rosa vertrok. 'Maar als je deze envelop krijgt zal ik al op de jou bekende plaats zijn... Je moet rennen, want ik ben er al en wacht met gespreide armen op je.' Giustiniana gaf zich nu ongedwongener dan daarvoor aan haar minnaar. Andrea was overweldigd. Hij biechtte op dat hij '*ingiustinianatissimo*' was – volledig van haar bezeten.

Ze bedreven de liefde in het klamme kamertje van Rosa, begraven onder lagen wollen dekens om de kou buiten te houden. Deze ontmoetingen verliepen noodzakelijkerwijs gehaast – er was altijd de angst dat ze ontdekt zouden worden en het was hoe dan ook te koud om lang tussen de stijve lakens te blijven liggen. Ze verlieten hun schuilplaats nog steeds hongerig naar elkaar en zetten hun liefdesspel voort in hun dwangmatige brieven en briefjes – beschermd door het schild van hun geheimtaal.

$\mathcal{N}$adat ik je had achtergelaten ging ik naar huis en meteen naar bed. Zodra ik onder de dekens lag voelde mijn kleine nachtegaal de aandrang naar je terug te vliegen. Ik wilde hem hier houden. Ik wilde dat hij tot morgenochtend rustig zou blijven. Maar hoe ik hem ook probeerde af te leiden met fantasieën over de mooie benen van Cattina Barbarigo, het zachte buikje van gravin Romilii en de mooie wangen van Cattina Loredan, hij wilde er niets van weten. Hij wilde bevrediging. Geloof het of niet, maar hij overtuigde me dat je hem had bevolen me niet in slaap te laten vallen voordat ik aan al zijn verlangens had voldaan. Uiteindelijk dankbaar en genereus jegens mij was hij zo vriendelijk op dit vel papier het blijk van zijn bevrediging achter te laten zodat ik op mijn beurt jou bij de eerste gelegenheid het bewijs kon schenken van mijn blinde gehoorzaamheid aan al je wensen.

Dergelijke speelse maar tamelijk extreme blijken van affectie vielen niet altijd bij Giustiniana in de smaak. Niettemin maakte hij zich de gewoonte eigen haar als tastbaar blijk van zijn liefde kleine hoeveelheden zaad toe te sturen. Hij smeerde het uit op een vel papier, dat hij vervolgens opvouwde tot wat hij zijn speciale '*involtini*' noemde – een alledaagse Italiaanse culinaire term. Aanvankelijk reageerde Giustiniana vol weerzin op deze kleverige kleine envelopjes die in de hand van hun boodschapper door de stad waren gereisd. Ze raakte er echter aan gewend, werd er zelfs onverschillig voor, en uiteindelijk stuurde Andrea ze niet meer, klagend over het feit dat hij nooit overeenkomstige blijken van haar liefde had mogen ontvangen. 'Ze zouden me zo in vervoering hebben gebracht,' verzuchtte hij.

Bij Rosa veranderde het een en ander. De twee geliefden merkten tot hun verdriet dat 'hun' kamer nu ook aan andere clandestiene paren werd verhuurd. Door de drukte in de buurt van het huis werd nu ook de kans groter dat ze herkend zouden worden. Ze zagen zich gedwongen bij ieder bezoek hun masker te dragen. Maar zelfs die voorzorgsmaatregel was niet altijd voldoende. Op een dag droeg Andrea zijn masker toen hij in zijn eentje het huis van Rosa verliet (ze droegen er altijd zorg voor afzonderlijk te vertrekken), en een felrode mantel over vele lagen warme kleren en de typische Venetiaanse vilten driekantige steek. Het zou voor iedereen erg moeilijk zijn geweest hem te herkennen, vooral omdat zijn gezicht helemaal verborgen was. Maar toen hij plotseling tegenover Giacomo Zandiri, een vriend van mevrouw Anna, stond kreeg hij het deprimerende gevoel dat hij precies door de verkeerde was betrapt.

Zandiri was, net als mevrouw Anna, als kind van een van de Griekse eilanden gekomen. Zijn broer werkte als butler bij de Bragadins, een bekende Venetiaanse familie. Giacomo had daarentegen geen vaste baan. Hij had kans gezien zich stukje bij beetje toegang tot mevrouw Anna's huis te verschaffen door steeds klaar te staan om te helpen met de dagelijkse klusjes die gedaan moeten worden om een groot huishouden te laten lopen. Hij was van nature een nieuwsgierige kerel, hield ook een oogje op het komen en gaan van Giustiniana en had mevrouw Anna al een paar keer van geheime informatie over haar oudste dochter voorzien. 'Vergeet nooit hoeveel schade hij je in het verleden heeft toegebracht,' had Andrea haar talloze malen gewaarschuwd, 'en blijf bij hem uit de buurt.'

Na zijn toevallige ontmoeting met Zandiri schreef Andrea Giustiniana in allerijl een gecodeerd briefje: 'Giacomo trof me op Rosa's drempel op het moment dat ik naar buiten kwam. Ik ben ervan overtuigd dat hij me herkende, want hij keek heel verrast en bleef even staan om naar me te kijken. Ik deed alsof ik hem niet kende en verborg me zo goed mogelijk. Ik acht het echter vrijwel uitgesloten dat hij het je moeder niet zal vertellen, ook al heeft hij slechts een vermoeden.'

Wat te doen? Andrea moest een overtuigend alibi hebben voor het geval Zandiri zou vertellen dat hij hem bij Rosa naar buiten had zien komen. Inmiddels moest Giustiniana heel stellig ontkennen dat ze er samen met hem was geweest en opperen dat de man die Zandiri in de deuropening had gezien wellicht Lucatello Loredan was geweest, een vriend van Andrea die ook met zijn minnares bij Rosa afsprak en 'die eenzelfde hoed als ik en witte kousen draagt en die net zulke magere benen heeft als ik'. Andrea herinnerde zich toen een belangrijk detail: toen hij bij Rosa was vertrokken had hij zich opeens gerealiseerd dat hij zijn *manizza*, de mof van bont die de Venetianen in de winter droegen, in hun kamer had laten liggen, maar hij was niet teruggegaan om hem op te halen 'omdat ik niet wilde dat [Rosa] wist dat we zolang bij elkaar waren geweest'. Aangezien de man die Zandiri op Rosa's drempel had gezien duidelijk geen *manizza* had gedragen moest Giustiniana haar zuster Bettina bepraten dat deze zou zeggen dat ze Andrea in zijn gondel op het Canal Grande voorbij had zien komen in zijn rode jas en *met zijn manizza*. 'Waar ik het bangst voor ben zijn de stompzinnige antwoorden die Rosa en haar bedienden misschien geven als hun ernaar wordt gevraagd. Morgenochtend moet je er dus voor zorgen dat [ze] ontkennen dat ik er ooit ben geweest.'

De volgende ochtend wachtte Andrea in het Ca' Memmo tevergeefs op een brief. Daarna liep hij de verschillende *botteghe* af die hij en Giustiniana als postbus gebruikten. Niets. Uiteindelijk, 's avonds, bracht zijn gondelier hem het nieuws: niemand had het aangedurfd de brieven van Giustiniana naar Andrea te brengen vanwege 'de verschrikkelijke scène' die zich bij de Wynnes had afgespeeld nadat mevrouw Anna had ontdekt dat ze elkaar hadden gezien. Wat de ellendige Zandiri betrof had hij dus gelijk gehad, en geen enkele poging om zijn sporen te verhullen had enig verschil gemaakt.

Ze staakten hun ontmoetingen bij Rosa. Het was te riskant. Inmiddels waren de onderhandelingen vastgelopen. De omstandigheden vereisten maximale voorzichtigheid. Toch bleef Andrea schrijven, nu meestal in code, om Giustiniana van de ontwikkelingen op de hoogte te houden.

Nog voor het incident met Zandiri had mevrouw Anna een reeks eisen gesteld die duidelijk in strijd waren met de welwillendheid waarvan de familie Memmo blijk gaf. Andrea was vooral woedend over haar harde eis dat er in het contract een clausule zou worden opgenomen waarin werd bepaald dat, mocht het contract niet worden goedgekeurd, iedere correspondentie tussen Andrea en Giustiniana op grond van een gerechtelijk bevel diende te worden beëindigd. Mevrouw Anna probeerde de kansen van haar dochter op een huwelijk met iemand anders veilig te stellen en Faccini vertelde de Memmo's dat ze in dit opzicht per se haar zin wilde hebben. Andrea protesteerde heftig: 'Wat een dwaas verzoek! Als ik hiermee akkoord zou gaan zou mijn familie meteen denken: o, maar dan is Andrea toch niet zo aan Giustiniana gehecht.'

Het was niet zozeer die specifieke clausule waarover Andrea zich zorgen maakte. Hij had het gevoel dat mevrouw Anna met haar houding haar eigen positie ondermijnde: door te onderhandelen op een manier alsof het contract nooit zou worden goedgekeurd zou ze onvermijdelijk de hele onderneming tenietdoen. Hij stuurde Giustiniana een bericht waarin hij uitlegde dat de Memmo's niet op de verzoeken van mevrouw Anna zouden reageren tot ze de namen van al haar adviseurs zou hebben genoemd. 'Dan zal ik met ze gaan praten... Maak je geen zorgen, mijn geliefde vrouw... Ik heb aan alles gedacht en ze zullen me vast niet bedriegen.' Andrea had in feite elk vertrouwen in Faccini verloren, die hem overal buiten hield en 'met zijn buik vooruit, en het verzoek met mijn moeder onder vier ogen te spreken zonder eerst met mij de zaken te hebben doorgenomen' naar het Ca' Memmo kwam. Niet alleen was hij gekwetst, hij vond het onverstandig dat hij werd buitengesloten: hij was meer dan wie dan ook in staat te helpen bij de details van de overeenkomst omdat hij wist wat beide families wilden.

De problemen die door mevrouw Anna werden opgeworpen maakten het kamp-Memmo nerveus omdat de Memmo's hun reputatie al op het spel hadden gezet. 'Mijn moeder maakt zich nu verschrikkelijk zorgen dat het nieuws dat ze de *contraddizione* heeft opgeheven te vroeg openbaar zal worden,' klaagde Andrea, waarbij hij de feiten wel een beetje geweld aandeed. Zijn vader had dit natuurlijk gedaan – hij was het titulaire hoofd van de Memmoclan en hier als enige toe bevoegd. De bewering dat zijn *moeder* de *contraddizione* had opgeheven was technisch gesproken onjuist, maar ook tamelijk onthullend inzake de vraag wie er werkelijk de leiding had bij de onderhandelingen. Lucia Memmo was echter niet meer zo optimistisch als ze was geweest. Ze was bang dat haar familie in het drijfzand zou worden getrokken. Waarom drong mevrouw Anna er niet op aan dat het contract er daadwerkelijk zou komen? Andrea's moeder vreesde 'heel erg' dat ze de gang van zaken simpelweg saboteerde omdat ze bang was dat het contract niet zou worden goedgekeurd – wat mevrouw Anna overigens al tegen verschillende mensen buiten de kring onderhandelaars had gezegd.

Om het allemaal nog erger te maken bliezen de gevreesde Morosini's ook hun partijtje mee in het gekonkel en gaven mevrouw Anna advies over de door haar te volgen gedragslijn. Aangemoedigd door haar moeder was Giustiniana bezoeken aan hun palazzo blijven brengen, ondanks de oude smeekbede van Andrea dat ze nooit meer met zijn 'vijanden' zou worden gezien. Heel lang had hij gedaan alsof hij van niets wist, maar de onderhandelingen verkeerden nu in zo'n precair stadium dat hij erop stond dat de Morosini's buiten beeld zouden blijven. 'Ik wil absoluut niet dat [ze] zich met onze zaken bemoeien.' En waarom zocht mevrouw Anna eigenlijk contact met ze? Was ze zich misschien aan het bedenken? Ondanks het hardnekkige optimisme waarvan hij tegenover Giustiniana blijk gaf begon Andrea, net als zijn moeder, de werkelijke bedoelingen van mevrouw Anna te wantrouwen.

Terwijl ze in besloten kring naar een overeenkomst met de Memmo's bleef streven begon mevrouw Anna zich publiekelijk zo negatief over de kansen op succes uit te laten dat ze zich zelfs hardop afvroeg of het wel zin had ermee door te gaan. 'Ze vertelt iedereen dat we gek zijn, dat ik een schurk, een leugenaar en een bedrieger ben, dat het niet waar is dat mijn ouders er blij mee zijn en dat ik het allemaal heb verzonnen om jou en je moeder te bedriegen,' schreef Andrea verbijsterd. 'Gelukkig zijn mijn ouders allerliefst... Bij God, het zijn ware helden.'

Toch had mevrouw Anna nog meer streken in petto. Er arriveerde een jonge Fransman, die zich de naam graaf van Chavannes had aangemeten, uit Parijs om een deel van het lange carnavalsseizoen in Venetië door te brengen. Hij was charmant en knap en droeg een sfeer van verfijning om zich heen die de jonge Venetiaanse dames erg opwindend vonden. Toen hij aan Giustiniana werd voorgesteld raakte hij onmiddellijk in de ban van haar. Hij overlaadde haar met galante attenties, begeleidde haar naar het theater, danste met haar en nam haar mee naar de Ridotto voor een paar spelletjes kaart. Mevrouw Anna was opgetogen dat zo'n beschaafde jongeman haar dochter met aandacht overstelpte. Achter de schermen deed ze haar best Chavannes te helpen bij zijn hofmakerij, ook al was ze – in ieder geval formeel – gebonden aan de huwelijksonderhandelingen met de Memmo's.

Voor Andrea was het het ergst dat Giustiniana niet ongevoelig was voor de charmes van de *soi-disant* graaf van Chavannes.

Het carnaval van 1758 bood Giustiniana een prettige ontsnapping uit het drama en de uitputtende intensiteit van haar relatie met Andrea. Zoals ieder jaar stonden de straten en bruggen stampvol met narren, vuurvreters en allerlei andere wonderen. Er waren menselijke piramides, bokswedstrijden en stierengevechten, stalletjes met verdoofde nijlpaarden en neushoorns uit verre landen. De muziek en het dansen en drinken gingen tot diep in de nacht door. De menigten waren zo dicht dat het een hele toer was van de ene plek naar de andere te komen, maar dat maakte het gemakkelijker je anoniem door die massa's domino's te bewegen.

Chavannes, die had besloten gedurende het hele festival te blijven, werd meegesleept door de sfeer van opwinding en zedeloosheid, en Giustiniana kon zich eindelijk overgeven aan haar meer kokette kant, die ze zo lang had onderdrukt. Ze genoot van de aanwezigheid van de jonge Fransman – de sfeer van Parijs steeg haar altijd naar het hoofd, zelfs wanneer ze hem in Venetië inademde. En ze schrok niet terug toen hij haar aan het einde van een leuke avond kuste – en niet zomaar een Franse kus op de lippen, zoals Andrea haar later geschokt door haar bandeloosheid voor de voeten wierp, maar een diepe, lange kus 'op de veel hartstochtelijker Italiaanse manier' – althans volgens de getuigen die hem er ijlings van op de hoogte hadden gebracht. Wist ze niet dat de mensen erover praatten? Realiseerde ze zich niet dat ze met haar gedrag al hun plannen voor de toekomst op het spel zette? Wat *dacht* ze terwijl ze publiekelijk 'voortdurend met Chavannes stond te babbelen'? Iedereen in de stad praatte over hen, meldde Andrea verwijtend. Veel mensen zeiden al dat Giustiniana de kans liep 'haar echtgenoot kwijt te raken om met een dwaze Fransman te kunnen dartelen die hoe dan ook binnenkort Venetië verlaat'. En dan de pijn die ze hem aandeed? De laatste keer dat hij hen samen had gezien, in het theater, had hij weg moeten rennen om niet te hoeven zien hoe Chavannes 'je zijn arm aanbood en je in zijn gondel liet stappen, waarna je misschien zelfs nog met hem naar de Ridotto bent geweest'. Om nog maar te zwijgen van die afgrijselijke Italiaanse kussen waarvan Andrea het gevoel had dat hij 'nimmer de moed zou hebben ze uit zijn geheugen weg te wissen'.

Aan Andrea's nachtmerrie kwam een einde tijdens de vasten, toen de Fransman, kennelijk nog steeds hevig naar Giustiniana verlangend, naar Parijs terugkeerde. De onvermoeibare mevrouw Anna drong er bij haar dochter op aan dat ze met Chavannes zou gaan corresponderen en zou poseren voor een portret dat hem in Parijs kon worden toegezonden. Na de aanvankelijke opwinding had Giustiniana haar belangstelling voor haar Franse aanbidder echter verloren; ze schreef hem zonder veel enthousiasme en zocht iedere keer dat de portretschilder langskwam naar een uitvlucht. Zijn hofmakerij was voor haar een afleiding geweest, en nu alle waanzin van het carnaval achter de rug was stond ze klaar om zich weer in de armen van haar ware liefde te storten. Andrea was opgelucht, maar kon geen weerstand bieden aan de verleiding in een lange en chaotische brief die hij tot diep in de nacht schreef zijn gelijk te halen:

*L*uister naar me: we hebben allemaal gezien hoe je moeder uit een ongelukkige en ellendige positie is opgeklommen en de vrouw van een Engelse edelman is geworden. Je moeder heeft niet bepaald een goede reputatie. Je hebt afgrijselijke relaties en maar een kleine bruidsschat. Je bent katholiek, en om deze reden wordt aangenomen dat niemand in Engeland je terug wil, of in ieder geval zul je er zelf liever niet heen gaan. Je opvoeding en opleiding stellen niet veel voor. De vrijheden die je je veroorlooft worden met argwaan bezien. Je bent een intelligent meisje. Hoe gemakkelijk zou iemand – een man, of beter nog, een vrouw – kunnen geloven dat je me al die tijd puur uit eigenbelang hebt gecultiveerd als ze zien dat een aardige jonge Fransman... met je flirt en hoffelijk tegen je is en je zuchten ontlokt op een moment dat je de indruk zou moeten wekken buitengewoon veel respect voor mij te hebben. In hemelsnaam, het zou je geen enkele moeite hebben gekost je die dwaze jonge kerel van het lijf te houden – je reputatie zou er zoveel bij hebben gewonnen. Natuurlijk had een scène met je moeder je meer geschaad, maar ook dat was nog wel overkomelijk geweest. En je zou zo in mijn achting zijn gestegen, mijn gezegende Giustiniana... O, het is niet zo belangrijk, maar laat dit de laatste 'afleiding' voor ons huwelijk zijn. Ditmaal zal ik je als onschuldig beschouwen – ik zal uit deze episode niet de conclusie trekken dat je te gemakkelijk aan je behaagzucht toegeeft of dat je houding van overmoed jegens je Memmo getuigt, die immers verliefd op je is, die altijd goed voor je is, die altijd vol respect tegenover je staat en die je blindelings trouw is. Als het echter nog eens gebeurt sta ik nergens voor in... Ik weet nog steeds niet of ik ooit het slachtoffer zal zijn van de zwakheid waaraan verliefde echtgenoten dikwijls ten prooi vallen – jaloezie. Tot dusverre is me deze vloek door mijn respect voor jou en de lage dunk die ik van mijn rivalen heb bespaard gebleven, maar wie kan zeggen wat er in de toekomst zal gebeuren... Vergeet niet dat ik uit grenzeloze liefde en diepe achting met je trouw, en juist om deze reden ben ik ervan overtuigd dat mijn eeuwige geluk alleen van jou afkomstig kan zijn. En dat de enige bruidsschat die je meeneemt je liefde is, zo volmaakt oprecht, en een karakter dat al mijn bewondering waardig is. Vergeet niet dat ik jou de liefde schenk van mijn vader, mijn moeder, mijn broers, mijn verwanten, mijn vrienden, de achting... van de rest van de wereld, de voordelen die ik en mijn huis inbrengen, en misschien zelfs wel meer.

Giustiniana moet enige spijt hebben betoond over haar schaamteloze gedrag met Chavannes, want in zijn volgende brief beschouwde Andrea tot zijn vreugde de vijandigheden tussen hen als officieel beëindigd. '*Trève donc des inutiles querelles*,' schertste hij in het Frans om haar duidelijk te maken dat ze een wapenstilstand hadden gesloten in hun zinloze ruzies. 'Ik ben er zeer gelukkig mee; blijf bij je voornemens, dan komt alles goed.' Hij gniffelde om het portret dat naar Chavannes in Parijs werd verstuurd. Wat een geringe kwaliteit, zo weinig poseerbeurten... Zou hij zich geen zorgen moeten maken over de kwalijke indruk die het bij Parijzenaars zou wekken?

Zijn wapenstilstand met Giustiniana leidde echter tot een slechts geringe verbetering van hun algemene vooruitzichten. Sinds het eerste contact tussen de Memmo's en mevrouw Anna waren er zes maanden verstreken, en na de eerste bemoedigende signalen was er maar weinig gebeurd. De eerste versie van het huwelijkscontract was nog niet eens aan de *primario* aangeboden, laat staan aan de *avogadori*. Mevrouw Anna traineerde de zaak nog steeds en zag uit naar andere mogelijkheden. De Memmo's konden niet toelaten dat de onderhandelingen zich nog veel langer zouden voortslepen: hun aanzien liep gevaar. Andrea voelde dat het moment voor een volgende gedurfde stap was gekomen: hij besloot een beroep te doen op consul Smith, die weer veel invloed op mevrouw Anna had.

De betrekkingen tussen Andrea en de consul waren sinds de gênante gebeurtenissen van het jaar daarvoor niet verbeterd. Hoewel ze in het openbaar beleefd tegen elkaar waren hadden ze afstand tot elkaar bewaard. Andrea besefte nu dat hij de consul als bondgenoot nodig had. Bovendien was de consul gelukkig getrouwd met Betty en vormde Andrea geen bedreiging meer. Er was geen enkele reden waarom ze niet weer vrienden zouden kunnen worden. Afgezien van trots, natuurlijk, maar in zijn omgang met de consul had Andrea geleerd dat zijn trots met de juiste dosis vleierij overwonnen kon worden. 'We moeten de consul bewerken tot hij doet wat we willen,' schreef hij Giustiniana. 'We moeten hem helpen zich van die typische onbuigzaamheid jegens ons te bevrijden.'

Andrea wist dat de consul met ernstige financiële en juridische problemen te kampen had en wel enige hulp van een patriciër met goede contacten – zoals hijzelf – kon gebruiken. Smith had op zijn hoge leeftijd zijn commerciële scherpte verloren. Een reeks zakelijke transacties was mislukt. Afgezien van het geld dat het hem had gekost waren deze tegenslagen een smet op zijn blazoen geweest. In Venetië en Londen ging het verhaal dat hij, om zijn financiële verliezen te compenseren, zijn toevlucht tot oneerlijke praktijken had gezocht. Hoewel zeker waar was dat zijn zaken in een staat van wanorde verkeerden lijkt consul Smith, die toen ruim in de tachtig was, eerder het slachtoffer van zijn eigen naïviteit dan de geldbeluste uitvoerder van schimmige transacties te zijn geweest, zoals sommigen van zijn vijanden beweerden. Vooral de gevolgen van één bepaalde zaak, waarin hij schaamteloos was bedrogen door een professionele zwendelaar, had hem vele maanden zorgen gebaard.

Het jaar ervoor had een man die zich kapitein John Wilford noemde een koopvaardijschip overgenomen dat eigendom was geweest van een Engelse handelsfirma. Hij had de naam *Nevis Planter* in *Fuller* veranderd en een tijdlang de Middellandse Zee doorkruist en goederen gekocht en verkocht. Wilford was in Venetië aangekomen om goederen te lossen, en omdat hij een groot geldbedrag nodig had om zijn volgende expeditie te financieren had hij de consul gevraagd hem dit voor te schieten. De nietsvermoedende consul was hem van dienst geweest met een maritieme lening met de waarde van het schip als onderpand. Wilford was echter geen moment van plan geweest hem terug te betalen. Bij zijn terugkeer in Venetië had hij de *Fuller* – die om te beginnen al helemaal niet zijn eigendom was – in het geheim op de naam van zijn verzonnen kinderen laten registreren. De consul had, net zoals de wettige eigenaars van het schip, Wilford een proces aangedaan maar tevergeefs. Wilford had geprofiteerd van een gat in de Venetiaanse maritieme wetgeving om de boot te houden. Zijn 'kinderen' waren uit het niets komen opduiken om tijdens het proces een zielig verhaal op te hangen en de consul had zijn geld nooit teruggekregen. Wilford had nog eens extra zout in zijn wonden gewreven door overal in de stad op te scheppen over hoe hij de oude man had beetgenomen. Het was voor Smith een zware beproeving geweest.[2]

Andrea benaderde de consul in de nasleep van het incident met Wilford, op een moment dat de oude man zich ontreddderd en kwetsbaar voelde. Hij was blij weer vrede te kunnen sluiten met zijn jonge vriend en beloofde te zullen helpen mevrouw Anna op andere gedachten te brengen. Andrea informeerde Giustiniana dat de consul binnenkort bij haar moeder langs zou gaan. Hij voegde hieraan toe dat hij hem, om zijn welwillendheid te beproeven, zou vragen Giustiniana een kleine geëmailleerde snuifdoos namens hem cadeau te geven 'zodat je moeder zich niet zal realiseren dat hij in werkelijkheid van mij is... Zie het maar als een cadeau van mij aan jou op de dag van mijn *festa*, dat morgen valt.' Een paar dagen later ging de consul zoals beloofd bij mevrouw Anna langs, maar zei niets ten gunste van de twee geliefden. Andrea steunde zijn nieuwe bondgenoot en legde Giustiniana uit dat 'ook al is hij bij jullie langsgegaan met het expliciete doel met [je moeder] te praten, hij nagelaten heeft de zaak ter sprake te brengen omdat hij het niet het goede moment vond. Hij vroeg haar wel hoe het met het contract stond... Ze vertelde hem dat de zaken er op het moment zo goed voorstonden als maar mogelijk was.' Andrea bleef hem onder druk zetten. Een paar dagen later meldde hij Giustiniana dat de consul hem uiteindelijk 'als eerzaam man' had 'bezworen' dat hij 'een heel lang gesprek met mevrouw Anna had gehad, dat hij flinke vooruitgang had geboekt en nu vol vertrouwen was dat hij haar helemaal aan onze kant kon krijgen, nu ze doordrongen is van de zorg en de ijver waarmee hij jullie huis en jou in het bijzonder blijft beschermen'.

Andrea zelf was bepaald niet zo optimistisch als consul Smith. De houding van mevrouw Anna jegens de geliefden bleef koud, hij ergerde zich aan de manier waarop ze publiekelijk over zijn familie praatte en had sterk het gevoel dat haar gedrag hun zaak niet veel goed deed. 'Je herinnert je toch dat je moeder overal rondvertelde dat mijn familie afgrijselijk kritisch tegenover ons stond en dat ze haar achter mijn rug belasterden? Smith vroeg haar waarop deze beschuldigingen waren gebaseerd, omdat hij weet dat de Memmo's oprecht en verstandig zijn, en hij zich zeer bewust is van ons standpunt in deze hele aangelegenheid. Ze schrok erg en gaf toe dat ze geen bewijs had. Ze had gehoord... ze had gedacht... enzovoort. Het blijkt nu dat wij Memmo's toch heren zijn, we hebben haar niet te schande gemaakt, we hebben niet de ondergang van haar familie, haar ineenstorting, haar gewelddadige dood veroorzaakt zoals ze domweg rondbazuinde.'

Terwijl Andrea de consul weer in beeld bracht drong hij ook weer stapje voor stapje in diens privé-leven binnen door hem adviezen te geven hoe hij een uitweg uit nieuwe juridische schermutselingen kon vinden. Weer was Andrea zo machiavellistisch als maar denkbaar was. Hij gaf Giustiniana opdracht 'meneer Smith en zijn vrouw voor zich in te nemen' en herinnerde haar eraan 'dat ze waarschijnlijk geloven dat we al op een of andere manier getrouwd zijn, want ik heb mijn best gedaan dat vermoeden te wekken zonder me er ooit duidelijk over uit te laten'. Algauw kon Andrea melden dat hij zich weer 'in het hart' van de activiteiten van de consul bevond. 'Hier ben ik dus weer, onmisbaar, bereidwillig en hulpvaardig.'

De manier waarop Andrea de consul behandelde had een bijsmaakje van wreedheid. Er was niet alleen sprake van de arrogantie van jongeren tegenover ouderen. Er hing nog steeds een sfeer van rancune, een suggestie dat niet alles was vergeten. Hun toenadering was beiden van nut, en de twee kwamen niet tot een herstel van hun nauwe relatie. Andrea beschreef hem Giustiniana in een bijzonder kwaadaardige brief als volgt: 'Ik zeg je: Smith zal voor ons moeten doen wat hij kan, tenzij hij de ondankbaarste man op deze aarde is. Hij zou zeker minstens vijftienduizend sequino's verloren hebben, om nog maar te zwijgen van zijn gemoedsrust en zijn eer, als ik hem niet een advies had gegeven dat precies tegengesteld was aan wat hij en zijn raadgevers waren overeengekomen. Ik zal de druk op hem dus niet verminderen. Het ergste is dat hij inderdaad een ezel is, dat hij niet weet hoe hij een zakelijke transactie moet aanpakken, dat hij Engels en oud is.'

De consul mocht dan zijn zakelijke handigheid kwijt zijn geraakt, wat hij zei legde voor mevrouw Anna, die zich bewust was dat de jonge Chavannes terug was gezogen in de Parijse wervelwind en niet meer serieus in Giustiniana geïnteresseerd leek te zijn, nog steeds gewicht in de schaal. Bovendien was ze erachter gekomen dat hij, in tegenstelling tot wat hij had beweerd, niet echt een graaf was. Na een lang oponthoud in de winter werd er plotseling weer vooruitgang geboekt bij de onderhandelingen. In het begin van de lente van 1758 gaf mevrouw Anna onder druk van de Memmo's signor Faccini dan toch eindelijk opdracht Bonzio, de *primario*, een eerste versie van het huwelijkscontract ter hand te stellen voor een inleidend onderzoek. Andrea was opgewonden: 'Wat zullen we gelukkig zijn. Ja, ik weet het nu zeker, kleintje.'

In afwachting van een huwelijksovereenkomst werd de verleiding elkaar te zien voor de geliefden onweerstaanbaar. Andrea voer twee of drie keer per dag in zijn gondel op en neer door het Canal Grande. Hij was opgetogen haar weer op haar balkon te zien: 'Nadat ik langs was geweest en je niet had gezien, kon ik niet anders dan nogmaals te proberen je te zien, en ik ging voor de tweede keer. Eindelijk, de derde keer zag ik je staan. Mijn God, wat heb je me week gemaakt! Ik denk dat ik nog meer van je houd dan dat ik ooit van je heb gehouden. Ik vond je zo prachtig met die slaapmuts, o liefste, o mijn zeldzaamste Giustiniana, mijn verlangen naar jou... Ik voel dat ik er geen weerstand aan kan bieden.' Toch hing de verraderlijke winterkou nog in de lucht, en hij waarschuwde haar voorzichtig te zijn. 'In hemelsnaam, kom niet in de buurt van het raam,' smeekte hij op een ochtend. 'Het is nog te koud.' Een paar dagen later stuurde hij een volgend bezorgd briefje: 'Vraag een van de dienstmeisjes of een bediende in jouw plaats naar me uit te kijken.

Dan kunnen ze je roepen zodra ze me in de verte zien aankomen. Anders maak ik me te veel zorgen.'

Het begon met een barstende hoofdpijn. Toen kreeg Giustiniana koorts en steeg haar temperatuur, en toen kwamen de gevreesde buikpijnen. Andrea volgde bij het raam van het huis van de Tiepolo's het verloop van de ziekte met toenemende ongerustheid: 'Je leek gisterenavond wel in brand te staan, en de manier waarop je herhaaldelijk de hand op je voorhoofd legde maakte me zo verdrietig.' Andrea was in alle staten. Het was de tweede keer in een tijdsbestek van zes maanden dat Giustiniana ernstig ziek was geworden. Ze werd door dokter Trivellati, een van de meest toonaangevende artsen in Venetië, nogmaals aan een reeks aderlatingen onderworpen die alle kracht uit haar wegzogen. Haar moeder diende haar onder dwang de gebruikelijke extra knoflook toe, waarvan Andrea nadrukkelijk zei dat het 'echt heel slecht' voor haar was. Hij kon nauwelijks met haar communiceren en betrouwbaar nieuws over haar gezondheidstoestand krijgen. De dood van zijn zuster Marina was nog zo kort geleden dat Andrea's bezorgdheid om Giustiniana langzamerhand plaatsmaakte voor angst. De meeste nachten kwam hij laat thuis na doelloos door de stad te hebben gezworven, nu en dan bij vrienden langsgaand 'en over jouw pratend terwijl de anderen zaten te kaarten'. In zijn kamer vocht hij tegen de kou en de slapeloosheid door voor de haard heen en weer te lopen. Of hij hulde zich in dekens en zat bij de kachel te schrijven tot het gebeier van de klokken de vroegmis aankondigde. Beelden van Giustiniana hielden hem wakker. 'Ook al maak ik me nu minder zorgen over je ziekte dan vannacht en vanmorgen, je kunt je niet voorstellen hoe mijn hart van bezorgdheid en eindeloze steken van angst is vervuld en mijn geest van gedachten over verschrikkelijke dingen die zeker niet zullen gebeuren... Nu zie ik mijn Giustiniana in een bed, haar hoofd zo verhit, haar lichaam geteisterd door vloeiingen en koorts en pijnen en allerlei ellende... zonder haar Memmo, zonder enige hoop hem ook maar een moment bij zich te kunnen hebben. Genoeg nu, ik moet ophouden.'

Een toevallige ontmoeting met dokter Trivellati op straat leidde tot de eerste opluchting: 'Hij vertelde me dat je pols na de laatste koortsaanval weer wat rustiger was. Hij zei dat hij had besloten door te gaan met zijn behandeling en je nog wat bloed af te nemen nu je hoofdpijn iets is verminderd en je je overvloedig hebt ontlast. Wat waren zijn woorden, zo precies en waarheidsgetrouw, een troost voor me.'

Ondanks alle aderlatingen, waardoor Giustiniana waarschijnlijk meer verzwakte dan door de kwaal zelf, verbeterde haar gezondheidstoestand geleidelijk. Toen het weer wat gunstiger werd keerde ze terug naar haar balkon. Ze zag er onder haar slaapmuts met die linten bleek en mager uit, maar ze glimlachte in het heldere zonlicht, kneep haar ogen halfdicht en zwaaide naar haar geliefde daar beneden. Terwijl ze verder herstelde keerden ook weer de diepere impulsen terug, en daarmee de gebruikelijke logistieke problemen. Sinds het moment dat Andrea bij het verlaten van haar huis was betrapt was Rosa nog maar nauwelijks bereid de twee geliefden te helpen. Ze beweerde ziek te zijn en zorgde ervoor dat ze zo goed als onbereikbaar was. Andrea richtte zulke hartstochtelijke smeekbeden tot haar dat ze er uiteindelijk mee instemde hen haar kamer 'nog één keer' te laten gebruiken, met de stilzwijgende afspraak dat het de laatste keer zou zijn.

Andere vrienden boden nu bereidwillig hulp. Johann Adolph Hasse, de Duitse componist, en zijn vrouw, Faustina, de gevierde diva, hadden altijd een zwak voor Andrea gehad sinds de tijd dat oom Andrea, de oude patriarch, nog had geleefd en ze regelmatige bezoekers van het Ca' Memmo waren geweest. Hun dochters, Beppina en Cattina, waren opgegroeid en nu ook met Andrea en Giustiniana bevriend geraakt. De Hasses waren een vrolijk gezin dat dol was op plezier en ze waren meer dan bereid met de twee jonge geliefden samen te spannen. Op de afgesproken dag zei Giustiniana tegen haar moeder dat ze 'bij de meisjes Hasse' op bezoek ging. Andrea arriveerde er dan even voor haar en werd naar de kamer van de meisjes op de eerste verdieping gesmokkeld. Op deze manier kon Giustiniana naar boven om Andrea te zien, zelfs als ze de pech had door haar moeder te worden begeleid.

Verbazingwekkender was dat de consul bereid was Andrea de sleutels van zijn loge in het teatro Giovanni Grisostomo te geven, een nogal traditioneel theater met een weinig inspirerend programma – wat Andrea en Giustiniana uitstekend uitkwam. Ze konden elkaar er in alle rust ontmoeten en zorgden ervoor dat het gordijntje dicht was. Ze kwamen zelden in de verleiding naar de voorstelling te kijken. 'Natuurlijk is het mijn favoriete theater geworden,' zei Andrea nu, nadat hij het San Giovanni Grisostomo jarenlang had bekritiseerd. 'Die loge is inderdaad erg comfortabel. O, ik hoop dat we er dikwijls heen zullen gaan... Het is er zo vredig en rustig... En dan natuurlijk het voorrecht niet naar de voorstelling te hoeven kijken, die in de regel zo verschrikkelijk slecht is.'

Nu de procedure aangaande hun huwelijk weer in beweging was gekomen voelde Andrea zich 'ondergedompeld in deze heerlijke situatie'. Hij kon er niet genoeg van krijgen, zelfs niet als ze niet bij elkaar waren:

*T*erwijl ik al die tijd alleen in bed lag kwam het bij me op dat we op een dag bij elkaar zullen zijn en elkaar 's nachts troost zullen bieden. Het ene idee leidde tot het andere en toen tot nog een, en algauw was ik zo verhit dat ik je naast me in bed zag. Je droeg die slaapmuts die ik zo leuk vind, en een lint versierde je gezicht zo lief. Je was zo dicht bij me en zo verleidelijk dat ik je tedere geur rook en je ademhaling voelde. Je was diep in slaap – soms snurkte je zelfs. Je had me de hele avond zo verrukkelijk gezelschap gehouden dat ik niet de moed kon opbrengen je wakker te maken... Maar toen deed er zich, op het moment dat mijn discretie het dreigde te laten afweten, een heel fortuinlijk klein incident voor. Je draaide je naar me om precies op het moment dat je droomde dat je in mijn armen lag. De natuur, misschien aangemoedigd door gewoonte, bracht je ertoe me te omhelzen. Dus daar lagen we, tegen elkaar aan, gezicht tegen gezicht en mond tegen mond! Je rechterbeen drukte tegen mijn linker. Beetje bij beetje begon de snavel van het duivenjong je met zoveel kracht te pikken dat je in je slaap je hand zo bewoog dat het dorstige diertje de deur wijdopen vond. Sidderend van angst en verrukking betrad het o zo zachtjes de kleine kooi, en nadat het zijn dorst had gelest begon het wat pret te maken, vloog in die ruimte rond en probeerde er zo ver mogelijk in door te dringen. Het drong zich zo op en maakte zo'n drukte dat je uiteindelijk wakker werd.

De grootste intimiteit kwam hun op volstrekt natuurlijke wijze aanwaaien. De speelse toon verzachtte de rauwe seksuele begeerte. En ook het schrijven, zo voelt de lezer, rekte en vervolmaakte hun genot. Op een avond keerde Andrea in zijn kamer in het Ca' Memmo terug, zijn hoofd vol seksuele gedachten over Giustiniana. Hij overwoog te masturberen maar bedacht zich: 'Ik was verschrikkelijk verliefd op je... Maar ik wilde de natuur niet tot een derde keer dwingen nadat ik haar al met zulk goed gevolg 's morgens geweld had aangedaan.'

In de lente van 1758 stonden Andrea's brieven vol met een combinatie van seksuele exuberantie en ernstige opmerkingen over hun toekomstige leven als man en vrouw. Als de luchthartige kant van zijn persoonlijkheid de overhand kreeg gaf Andrea zich aan de jacht op genot over. Zijn ernstige kant, die de last van de traditie en de verantwoordelijkheid voor zijn familie droeg, bleef echter nooit ver achter. Hij smeekte Giustiniana, omwille van zowel zijn als haar reputatie, omzichtiger te zijn in haar gedrag in het openbaar en altijd op haar hoede te zijn voor die 'kwaadaardige wereld' daarbuiten, die altijd op ook maar de geringste schijn van een roddel gespitst was. Soms ergerde de opstandige Giustiniana zich aan dit schijnheilige gepreek, maar toch bleef Andrea aandringen en instrueerde haar in de omgangsvormen 'van deze Venetiaanse wereld van ons, zoals een goede vriend en filosoof zou doen'. Als hij haar niet in zijn hoedanigheid van speelse minnaar schreef koos hij voor de benadering van een filosoof-echtgenoot, wiens hartstocht altijd stevig aan de rede vastgeklonken diende te zijn: 'Geloof me, klein-tje, een eenvoudige bevlieging zou me er niet toe hebben gebracht alles wat ik bezat op het spel te zetten om met je te trouwen. Wat me ertoe bracht was het heldere en volmaakte beeld dat ik van mijn Giustiniana heb, het diepgewortelde respect dat ik voor haar koes-ter, en een gevoel dat veel sterker is dan de meest deugdzame en oprechte vriendschap. En dit alles heeft ertoe geleid dat ik mijn doel heb nagejaagd met alle voorzichtigheid en geduld en ijver en vooruitziendheid die ik kon opbrengen.' Als hij wispelturiger was geweest, als zijn liefde 'niet zo intens' was geweest had hij haar 'kun-nen verleiden met mij weg te lopen toen we ons in afschuwelijk wrede situaties bevonden'. Of hij had 'een eerzame uitweg' uit hun verhouding kunnen vinden. 'En toch is een dergelijke gedachte nooit bij me opgekomen. Ik ben standvastig gebleven. Ik voel me nog net zo sterk en vastbesloten als op de allereerste dag – toen ik al veel meer over ons lot had nagedacht dan je je kunt voorstellen.'

Aan het begin van de zomer bereidde de Venetiaanse society zich weer voor op het jaarlijkse ritueel van de *villeggiatura*. Het was voor de Memmo's en vooral voor de Wynnes, die geen buiten bezaten, echter moeilijk definitieve plannen te maken op een moment dat de onderhandelingen over het huwelijk een kritisch stadium leken te bereiken. Mevrouw Anna wees het idee een huis te huren van de hand en ging in op een nieuwe uitnodiging van de Reniers om eni-ge tijd in hun huis in Padua door te brengen. Andrea besloot in Ve-netië te blijven, waar signor Bonzio het huwelijkscontract onder de loep zou nemen, en maakte plannen om er zeker van te kunnen zijn dat hij en Giustiniana gedurende de periode van hun scheiding voortdurend met elkaar in contact zouden staan. Na viereneenhalf jaar list en bedrog was Andrea een meester geworden in het inge-wikkelde spel de stroom van hun correspondentie in stand te hou-den: 'Ik zal twee kleine streepjes onder de naam van de provincie zetten. Dat zal de mensen van de post in Venetië, die door mij zijn ingelicht, duidelijk maken [dat de brieven van mij zijn]... Ze zul-len ze in de ochtend bezorgen... Als iemand op het postkantoor van Padua of van Venetië ze controleert vinden ze niets – de brief zal niet voor jou bestemd zijn, hij zal geadresseerd zijn aan een Venetiaanse edelman, er zal geen sprake zijn van een *poste restante*, en dus ook geen reden voor ook maar enige argwaan.'

De rest van de familie Memmo verliet de stad om de hitte te ontvluchten. Pietro was zo zwak dat Andrea zich afvroeg of hij het einde van de zomer wel zou halen. Hij gaf Giustiniana een ontroerende beschrijving van hun afscheid: 'Ik denk dat hij lange tijd in onze villa zal blijven omdat het goed voor zijn gezondheid is... Na het middagmaal kuste ik hem de hand, wat bij ons Memmo's niet de gewoonte is. Na dat gezegende moment konden we niets meer zeggen omdat onze ogen vol tranen stonden.'*

Het leven in de stad vertraagde aanzienlijk. Afgezien van het grote Festa del Redentore op de derde zondag van juli waren er geen belangrijke festiviteiten. De theaters waren gesloten. De paleizen aan het Canal Grande stonden leeg. In de *botteghe* en *malvasìe* was het minder druk dan normaal. Andrea had, afgezien van een paar boodschappen, rondneuzen bij kunsthandelaren en ervoor zorgen dat signor Bonzio alles had wat hij moest hebben, niet veel te doen. 'Vanmorgen ben ik vroeg in de winkel** van Tonnin Zanetti langs geweest om een paar tekeningen van Tiziano te bekijken en met een priester te praten die op zekere dag nuttig voor ons zou kunnen zijn. Terwijl ik van die schitterende tekeningen stond te genieten dacht ik: Was Giustiniana maar hier bij me, die nu zover weg is. Zo gaat het altijd. Je bent altijd in mijn hart, en ik zou zo het gevoel hebben dat ik je niet waard was als ik niet voortdurend aan je dacht.' In zijn eentje in de verstikkende hitte in de stad verwonderde hij zich erover hoe gunstig alles voor hen verliep: 'Die profane mensen denken heel anders over de liefde dan wij. Weet je dat het bijna onmogelijk is, de zegening van de goede fortuin die God ons na al ons verdriet wil laten geworden? Zo'n verwant-

---

schap tussen ons te ontdekken, te zien hoe rede en deugdzaamheid onze liefde sturen en een waar en duurzaam genot schenken... Dit zijn dingen die niet vaak gebeuren. O, wanneer zullen we weer bij elkaar zijn, mijn liefste kleine? En wat een verrukking zal ik voelen als ik het je naar de zin maak, als ik je gelukkig maak, als ik van je houd! Hoe zoet zal je gezelschap zijn.'

Zijn gelukkige gedachten werden echter bedorven toen hij van een plotselinge verandering van de plannen op de hoogte werd gesteld: de Reniers hadden Giustiniana en een paar andere gasten uitgenodigd uit Padua te vertrekken en naar hun villa in Mirano, een ander stadje aan de Brenta, te gaan. Mevrouw Anna zou met Tonnina, die van een korte ziekte herstelde, in Padua moeten blijven, en het was een beetje vreemd dat Giustiniana zonder begeleidster werd uitgenodigd. Andrea was nijdig. De Reniers wisten immers heel goed dat hij en Giustiniana binnenkort zouden trouwen. Nog ergerniswekkender was het feit dat Giustiniana zelf de neiging voelde erheen te gaan. 'Doe wat je wilt,' schreef hij haar gepikeerd, 'maar ik wil dat je weet dat dat reisje me allerminst aanstaat... Het is nooit goed verdenking op je te laden, maar onder de omstandigheden waarin wij ons bevinden zou het grote problemen opleveren. [Renier] zou respect moeten tonen voor het feit dat ik niet graag zie dat je zonder je moeder reist.' Vervolgens beklaagde hij zich rechtstreeks bij Alvise Renier, die hij confronteerde met een lijst van 'alle redenen waarom ik weinig op heb met het idee van dit reisje' en liet zich in treurige bewoordingen uit over de onverschilligheid waarmee de ander dacht hem tegemoet te kunnen treden. Andrea verwachtte meer respect van Alvise, die een stuk jonger was dan hij. Een dergelijke behandeling van zijn aanstaande echtgenote, besloot hij bitter, was niet minder dan 'het optreden van een ongeciviliseerde boer'.

Giustiniana bevond zich in een lastig parket. Ze wilde het Andrea graag naar de zin maken maar vond ook dat hij zich excessief beschermend gedroeg en de zaken compliceerde. De Reniers hadden een vriendelijk gebaar jegens haar familie gemaakt en ze zag de zin van al deze drukte niet. Andrea voelde aan dat Giustiniana niet de kracht of de wil had het reisje naar Mirano van de hand te wijzen en uitte een paar zachtaardige dreigementen: 'Je zult geen nieuws van me krijgen voordat je in Padua terug bent... En je zult me niet zien voordat je in Venetië terug bent.' Bij wijze van laatste schimpscheut vroeg hij haar hem alsjeblieft snel te vertellen of ze al dan niet naar Mirano ging, zodat hij een regeling kon treffen 'de komende twee weken of zo ergens anders door te brengen en wat lichaamsbeweging te krijgen, waar ik echt behoefte aan heb'. Hij voegde er een PS aan toe dat hem typeerde. Als het niet anders kon, als ze echt naar Mirano *moest*, 'dan hoop ik dat je in ieder geval zult proberen in de buurt van de minnares van Bonzio te blijven, die vrouw Donada, en ook bij Bonzio zelf, mocht deze er ook heen-gaan. Neem hen zo veel mogelijk voor je in en vergeet niet dat je hem altijd "Uwe Excellentie" moet noemen'.

Uiteindelijk ging Giustiniana naar Mirano. Andrea verbeet zijn trots en meldde haar dat er voor hem weinig anders opzat dan zich zo snel mogelijk bij haar te voegen. 'Ik heb mijn jonge vriend Re-nier uitgelegd dat hij me niet als zijn voetveeg kan behandelen... Mijn lieve kleintje, rustig maar. Ik heb spijt van alles wat ik tegen je heb gezegd... Het kwam door de pijn die ik voelde... Om je te kalmeren en je weer helemaal voor me te winnen zoals eerst... zie ik geen andere mogelijkheid dan nu meteen naar Mirano te gaan.' Alvorens uit Venetië te vertrekken reserveerde hij een kamer boven de fournlturenhandel aan het grote plein van het stadje en stuur-de Giustiniana nieuwe instructies: 'Zodra je [in Mirano] bent ga je naar de *bottega* aan het plein en vraag je de eigenaar om een brief voor een zekere Battista... Ik houd van je, mijn ziel, ik aanbid je bovenmatig. Daarom kom ik naar Mirano... Ik moet nu rennen, hopelijk om goed nieuws te horen over onze papieren... Iedereen zegt dat we al getrouwd zijn... Ons huwelijk is het enige waar de mensen over praten.'

Zodra hij op zijn bestemming was aangekomen stuurde hij Gius-tiniana, die zelf nog maar net in de villa Renier was gearriveerd haastig een briefje: 'Ik houd zoveel van je dat ik hier ondanks alle bezwaren heen moest. Ik schrijf je uit Mirano, mijn ziel, ik ben hier, in de *bottega*, rechts van de arcade, vlak bij de fournituren-handel van signora Laura Angeloni, precies zoals ik je heb gezegd. Ik zal hier niet weggaan. Ik wil geen scène veroorzaken die tot praat-jes zou kunnen leiden... Ik kan niet wachten je te zien. Vergeef me mijn slordige handschrift, mijn liefste, maar ik val bijna in slaap terwijl ik dit schrijf.'

De volgende ochtend zag Giustiniana tijdens de ochtendwan-deling kans langs de arcade te lopen. Andrea kon de vreugde haar na zoveel weken te zien nauwelijks de baas: 'Mijn God, wat een troost... Ik ben helemaal uitzinnig nu ik weer bij je in de buurt ben, je heb gezien. Het leek echt alsof ik je hand stevig in de mij-ne hield en met je praatte en je kuste... Je kunt je wel voorstellen hoe ik me voel! Wat zullen we doen, kleintje?... Morgen is het marktdag. Als het mogelijk is zou ik je toch minstens willen zien. Hoe gaat het met je? Mijn God, dit wordt mijn dood... Mijn geest, mijn ziel, mijn hele lichaam verkeren in zo'n staat van beroering... O Christus, ik verlang er zo naar je tegen mijn borst te drukken! Bij God, ik kan het niet meer verdragen... Ik wenste dat we een halfuur alleen konden zijn en onze liefde tot een apotheose kon-den brengen.'

Die nacht sloop Andrea de villa Renier binnen. Eindelijk voel-de hij Giustiniana weer in zijn armen, huiverend van geluk en be-geerte. Zo zou het voortaan zijn – een leven samen, gevuld met hun liefde.

Een bericht uit Venetië scheurde opeens de dromerige wereld van Andrea en Giustiniana in Mirano aan flarden. Het onderzoek naar het huwelijkscontract was stopgezet. Ditmaal had het niets met ei-sen of aarzelingen van mevrouw Anna te maken: haar eigen verle-den was opgedoken en wierp nu een schaduw van schande over de toekomst van haar dochter. Bij het doornemen van oude dossiers had Bonzio ontdekt dat mevrouw Anna in het begin van de jaren dertig, voordat sir Richard in Venetië was aangekomen, 'door een Griek was gedefloreerd' – dit waren de woorden die de *primario* la-ter tegen Andrea gebruikte. Ze was zwanger geworden, en negen maanden later was er een baby van het mannelijk geslacht aan een weeshuis overgedragen. De Gazzini's hadden de Griekse man kennelijk voor het gerecht gedaagd, maar het was onduidelijk of het proces ooit had plaatsgevonden omdat het kantoor van Bonzio niet alle documenten had kunnen achterhalen.

Andrea was verdoofd. Opeens was hem duidelijk waarom mevrouw Anna zo grillig te werk was gegaan en zoveel problemen had veroorzaakt. Al die tijd, terwijl ze Andrea en zijn familie had belasterd en uitvluchten had verzonnen om het proces te vertragen, had ze in feite dit geheim verborgen. Andrea was furieus. Hij haastte zich naar Venetië terug om met de *primario* te praten. 'Het gesprek duurde twee uur,' meldde hij Giustiniana, die over deze onthulling zo mogelijk nog meer ontredderd was dan hij. 'Bonzio's gezicht stond uiterst serieus. Hij leek van de hele zaak te walgen... en wist alles wat schadelijk voor ons kan zijn: het jaar van het proces, de naam van de Griek, de plaats waar het proces aanhangig is gemaakt, het optreden van de *avogadore*, de jongen die naar het weeshuis is gebracht en vooral ieder detail over het leven van je moeder. Je kunt je wel voorstellen hoe verbaasd ik was.'

Het is mogelijk dat de zalvende Bonzio ook zo zijn eigen redenen had om van streek te zijn. Aan het begin van dergelijke onderhandelingen verwachtte men – en dit gold zeker voor de Memmo's – dat het op een bepaald moment nodig kon zijn de bureaucratische machine een beetje te oliën door de *primario* onder de tafel een paar sequino's toe te schuiven. Het algemene gevoel onder degenen die van de onderhandelingen tussen de Memmo's en de Wynnes wisten was dat met een omkoopsom van honderd sequino's 'het contract zeker zou worden goedgekeurd'. De voorgaande maanden had mevrouw Anna's vertragingstactiek Bonzio en zijn collega's echter zo ontmoedigd dat dezen volgens Andrea 'geen stuiver meer van haar verwachtten'. Ze had het allemaal nog erger gemaakt door mensen als Zandiri te vertellen – en Zandiri had het doorverteld – dat het de Memmo's alleen zou lukken het contract te laten goedkeuren als ze Bonzio onder het goud zouden 'bedelven'. Volgens Andrea konden de conclusies van de *primario*, hoewel ze hem op de meest plechtstatige manier werden medegedeeld, niet ontmoedigender zijn: 'Uwe Excellentie,' had Bonzio tegen hem gezegd, 'als we een document vinden waarin mevrouw Anna publiekelijk verklaart door die Griek te zijn gedefloreerd, wat kan Uwe Excellentie dan nog van ons verlangen? Dit zijn geen kwesties voor arbitrage. We zijn totaal afhankelijk van de wetten; de wetten zijn heel streng, en als blijkt dat zich nog maar vijfentwintig jaar geleden voor de Quarantìe* een openbare procedure heeft afgespeeld – want het heeft er de schijn van dat er voor de Quarantìe beroep is ingesteld, ook al is de zaak er feitelijk nooit onderzocht voorzover ik weet, welnu, de publieke opinie heeft zich ineens tegen ons gekeerd... wat zou Uwe Excellentie in zo'n geval van ons verwachten? Onze eer is publiekelijk aangetast, we zijn publiekelijk te schande gezet, en de mensen zouden gelijk hebben als ze veronderstelden dat Uwe Excellentie "de *primario* bedelft onder het goud", zoals ze zeggen.'

De boodschap was duidelijk, en door deze laatste toespeling op mevrouw Anna's opmerking werd de kleine toespraak van Bonzio nog vernietigender. Nogmaals waren al hun inspanningen tenietgedaan. Anders dan de consternatie in het geval-Smith zou deze storm echter nooit overwaaien. Dat wist iedereen. Het schijnt dat de schadelijke documenten waarnaar Bonzio in zijn gesprek met Andrea verwees nooit echt zijn gevonden. Het is denkbaar dat de *primario* er zelfs nooit naar heeft gezocht. Het was al zijn moeite niet meer waard: er was uit de stoffige Venetiaanse archieven voldoende materiaal over het leven van mevrouw Anna opgedoken om het lot van het verzoekschrift inzake het huwelijk te bezegelen. Het kwam niet eens bij de *avogadori* ter tafel.

'Dit is onze situatie,' vatte Andrea de zaken treurig samen. 'Zou onze wanfortuin nog groter kunnen zijn?'

---

* De juridische raad van de republiek. Hij was samengesteld uit veertig patriciërs.

Vijf

In de ochtend van 2 oktober 1758 verlieten mevrouw Anna en haar vijf kinderen, begeleid door signor Zandiri en Toinon, in twee gehuurde rijtuigen – een voor de bagage, een voor de passagiers – de vertrouwde stad Padua en namen de weg naar Vicenza, de eerste halteplaats op de lange, oncomfortabele reis dwars door Europa. Het zou hun alleen al drie tot vier dagen kosten om de grens van het Venetiaanse grondgebied te bereiken, dat zich in het westen helemaal tot de stad Brescia en nog iets verder uitstrekte. Daarna zouden ze door het hertogdom Milaan en het koninkrijk Piemonte komen, vervolgens de moeilijke oversteek over de Alpen maken, afdalen naar Lyon en ten slotte recht naar het noorden, naar Parijs rijden. Het was een angstaanjagend vooruitzicht, en niet alleen vanwege de lengte van de reis (drie tot vier weken) en de omvang van het gezelschap. Door de krappe ruimte en het luide gekletter van de wielen van het rijtuig dat zich over de onregelmatige onverharde weg voortspoedde was het reizen per koets een uitputtende ervaring. De halteplaatsen langs de weg, waar de paarden werden ververst en de passagiers hun leden konden strekken, frisse lucht konden scheppen en konden eten, waren dikwijls behoorlijk smerige plekken. Ook oponthoud was onvermijdelijk – een gewond paard, een kapot wiel, een plotselinge hoosbui. En dan was er elke dag het vervelende papierwerk: er moesten kamers worden geboekt en paarden worden gehuurd, en iedere keer dat ze een grens passeerden moesten de juiste documenten – paspoorten, vergunningen om een land te betreden en te verlaten – in orde zijn. Dit was de taak van Zandiri: mevrouw Anna, die geloofde dat het verstandiger en praktischer was in het gezelschap van een volwassen man te reizen, had hem meegevraagd en hem verzocht de reis helemaal tot Parijs te regelen.

Ineengedoken in de volle koets merkte Giustiniana niets van het fysieke ongemak. Terwijl de stadsmuren van Padua geleidelijk uit het zicht verdwenen dreef ze weg in melancholieke gedachten. Ze verliet de wereld waar ze haar hele leven had gewoond. En ze verliet de man die – als haar minnaar, haar beste vriend, haar leidende hand – zo lang het middelpunt van die wereld was geweest. Terwijl het rijtuig zich bonkend over de weg bewoog richtte ze haar gedachten op Andrea om te voorkomen dat ze zich verloren zou gaan voelen.

Toen de onderhandelingen over het huwelijkscontract op niets waren uitgelopen had mevrouw Anna besloten Venetië meteen te verlaten en voor zichzelf en haar kinderen in Londen een nieuw leven op te bouwen. Wat zou het voor zin hebben in het kielzog van het schandaal in Venetië te blijven? Giustiniana's vooruitzichten om in de Republiek een echtgenoot te vinden waren vernietigd. En het verleden van mevrouw Anna, dat deze met zo veel moeite had begraven en vergeten, was opeens, tot vernedering van de hele familie, weer aan de oppervlakte gekomen. Ze had dus haar spullen gepakt en de kinderen ontworteld met dezelfde vastbeslotenheid waarvan ze in het verleden blijk had gegeven, toen ze zware strijd had geleverd om de respectabiliteit in stand te houden die sir Richard haar bij zijn dood had nagelaten.

Ze had nu haast om voor het begin van de winter de Alpen over te steken. Doordat de oorlog was uitgebroken werd hun reis nog onzekerder dan ze anders al zou zijn geweest, omdat ze als Britse onderdanen door Frankrijk zouden komen – en Frankrijk en Groot-Brittannië waren vijanden. Mevrouw Anna rekende echter op de welgezindheid van de abbé De Bernis, de vroegere Franse ambassadeur in Venetië, die nu minister van Buitenlandse Zaken was. Zodra ze veilig in Londen zouden zijn aangekomen zou lord Holderness, de voogd van de kinderen, hen aan hun Engelse verwanten voorstellen en hen helpen zich in Engeland te vestigen. Misschien zou hij zelfs kans zien hen aan het hof te introduceren. Zeven jaar na sir Richards dood kwam zijn gezin dan eindelijk naar huis.

Tijdens hun laatste dagen in Venetië waren Andrea en Giustiniana onafscheidelijk geweest. Mevrouw Anna's vijandigheid jegens Andrea was verder weggeëbd naarmate de scheiding dichterbij kwam, en ze had hem toegestaan samen met de familie de boottocht van Venetië naar Padua te maken. In Padua, waar de Memmo's een groot landgoed bezaten, had hij, terwijl de laatste voorbereidingen voor de reis werden getroffen, Giustiniana in de stad rondgeleid. Andrea had in een sfeer van algehele verzoening zelfs zijn maaltijden bij de Wynnes gebruikt. Na zijn laatste, hartverscheurende afscheid van Giustiniana was hij voor het rijtuig uit gegaloppeerd om vanaf de brug bij de poort van Santa Sofia nog een laatste keer te kunnen zwaaien. Giustiniana had zich toen echter al in haar schulp teruggetrokken.

De Wynnes kwamen die avond heel laat in hun herberg in Vicenza aan. Giustiniana voelde zich totaal leeg en volledig gedesoriënteerd. Na een lichte maaltijd ging ze naar haar kamer en schreef Andrea over de verwarring in haar hart.

*M*on Cher Frère,
Waar ben ik, lieve Memmo? Hoe vreselijk is mijn pijn! Welk een wanhoop! O, ik houd van je, helaas; en ik kan maar niet ophouden je het te zeggen, zelfs niet in de eerste momenten van onze scheiding! Hoe diep ben ik doorgedrongen in je wezen... Hoe heb ik het gevoeld! Ach, het heeft geen zin het je te vertellen. Ik ben wanhopig... Ik had niet de kracht je terug te roepen toen je je van me losmaakte, dus ben ik je met mijn ziel gevolgd. Ik hoorde dat je gestopt was bij de brug van Santa Sofia, maar ik heb je niet gezien.

Vanaf het allereerste begin van hun nieuwe gescheiden leven richtte Giustiniana haar brieven aan 'Mon Cher Frère', mijn lieve broer – een semantische truc om enige afstand tussen hen te scheppen en de ontwarring van hun gevoelens te vergemakkelijken. Ze gaf al snel toe dat het een zwakke krijgslist was: 'Ik zal je Mon Cher Frère noemen, maar je zult nog steeds alles voor me zijn.'

In feite maskeerde deze nieuwe aanspreekvorm een meer diepgaande verandering in hun relatie, die eigenlijk al een paar weken voor haar vertrek uit Venetië had plaatsgevonden. Giustiniana bracht in haar brieven aan Andrea de zaak nooit heel openlijk of duidelijk ter sprake; ze heeft nooit een naam of een plaats of een specifieke datum genoemd. Ze heeft echter wel genoeg gezegd om elke twijfel uit te sluiten. Op een zeker moment in 1758, hetzij kort voor de onthullingen over mevrouw Anna of, wat waarschijnlijker is, erna, had ze genoeg gekregen van het eindeloze wachten. Ze had er genoeg van gekregen geïsoleerd te worden, ze had er genoeg van gekregen tussen Venetië en Padua heen en weer gesleept te worden, ze had er genoeg van gekregen weg te worden gehouden van de man van wie ze hield. Even had ze zelfs genoeg gekregen van Andrea en zijn ogenschijnlijk futiele machinaties. Ze had de volledige hopeloosheid van haar situatie aangevoeld zoals ook twee jaar daarvoor, na hun dramatische mislukking in de affaire met consul Smith, was gebeurd. En gedurende een korte periode – haar 'moment van zwakte' – had ze toegegeven aan de galanterieën van een andere man.

Voorzover we weten was dit een kortstondige affaire geweest, waarschijnlijk een kwestie van een paar weken. Haar gevoelens voor Andrea waren echter niet verdwenen, en toen haar bevlieging achter de rug was, was ze naar hem teruggegaan, verliefder dan ze in lange tijd was geweest. Andrea had pas later die zomer van het bedrog gehoord. Na de plotselinge beslissing van mevrouw Anna om het gezin naar Londen te slepen had Giustiniana Andrea haar overspel opgebiecht omdat ze de verwrongen gedachte koesterde dat ze op een of andere manier 'zijn verschrikkelijke pijn' bij hun scheiding zou verminderen door zichzelf als wispelturig en zwak af te schilderen.

Andrea had Giustiniana vergiffenis geschonken – hij is nooit een rancuneus mens geweest. Hun verhouding was na haar 'wrede en spontane bekentenis' echter niet meer dezelfde geweest. Giustiniana had toegestaan dat er iemand anders tussen hen was gekomen, en deze schaduw was blijven hangen. Er was gelogen, en daarna was er wroeging geweest. Maar zelfs nadat Andrea haar had vergeven en zelfs na hun tranenrijke afscheid in Padua bleef Giustiniana zichzelf veroordelen. 'Ik veracht mijn leven en ik veracht mezelf nog meer,' schreef ze hem die eerste nacht in Vicenza, nadenkend over 'de ongelukkige combinatie van gebeurtenissen die mij in jouw ogen heeft vernietigd'.

In weerwil van de veranderingen in hun verhouding hadden Andrea en Giustiniana elkaar nog heel vaak gezien toen de Wynnes in de herfst Venetië hadden verlaten. Ze zagen zichzelf als stel en waren van plan elkaar binnenkort weer te zien. Ze praatten nog vaak over samenleven – op een of andere manier. In feite waren ze al bezig met het beramen van een nieuw plan.

Hun eerste doel was het saboteren van mevrouw Anna's opzet om in Londen te gaan wonen. Giustiniana had met Andrea afgesproken dat ze zou proberen hun verblijf in Parijs zo lang mogelijk te rekken en, zo hoopten ze, te verhinderen dat ze ooit in Londen zouden aankomen. In Parijs zou Giustiniana haar verleidingskunsten richten op Alexandre Le Riche de La Pouplinière, een oude weduwnaar, groot muziekliefhebber en, het belangrijkste, een van de rijkste *fermiers généraux*, de fameus rijke Franse belastinginners. Het leek erg op een variant op het plan dat ze twee jaar daarvoor zonder succes op consul Smith hadden uitgeprobeerd.

Monsieur De La Pouplinière was Andrea's idee. Precies tien jaar daarvoor was de oude belastinginner het middelpunt van het beruchte *scandale de la cheminée* geweest. De hertog van Richelieu, een machtige figuur aan het hof van koning Lodewijk xv en een flamboyante vrouwenjager, had de mooie en veel jongere echtgenote van monsieur De La Pouplinière verleid. De hertog en de belastinginner waren in Parijs toevallig buren. Om de geheime ontmoetingen met zijn nieuwe minnares te vergemakkelijken had de hertog in een enorme open haard een geheime doorgang laten bouwen die direct toegang bood tot de muziekkamer van madame De La Pouplinière. De belastinginner ontdekte de list uiteindelijk en verbande zijn vrouw uit zijn huis. De gebeurtenis had destijds tot een enorm schandaal geleid – niet zozeer vanwege de affaire zelf maar omdat men algemeen vond dat La Pouplinière zijn echtgenote wel erg wreed had behandeld. De *fermier général* was tijdens het leven van zijn vrouw nooit hertrouwd, maar ze was kort daarvoor gestorven en Andrea had van zijn Venetiaanse vrienden in Parijs gehoord dat de oude man, die nu ruim in de zestig was, een nieuwe jonge vrouw zocht.

Monsieur De La Pouplinière was waarschijnlijk niet de eerste aan wie Giustiniana dacht op de dag dat ze uit Padua vertrok. Ze had echter met het idee ingestemd toen Andrea het voor haar vertrek ter sprake had gebracht. Net zoals in het begin van hun verhouding, misschien nog steeds vanwege het schuldgevoel over haar 'moment van zwakte', had ze zich weer naar zijn oordeel gevoegd. Ze beloofde absolute openheid: 'Moge God ons voor altijd scheiden als ik je niet alles vertel wat ik meemaak. En jij moet mij alles vertellen, zelfs als je me daarmee kwetst.' Ze smachtte ernaar hem terwille te zijn, want ze hoopte hem weer volledig te bezitten. 'Je zult alles weten en ik zal je liefde terugwinnen – je zult zien...'

Maar ondanks al haar voornemens, ondanks al haar heldhaftige pogingen haar gevoelens voor Andrea in te tomen had Giustiniana maar weinig verweer tegen de pure treurigheid die haar bleef belagen. Als ze van tijd tot tijd maar aan haar emoties toe kon geven... 'Je *liefde*, Memmo! O God, mag ik dit tegen je zeggen? Sta je me dit toe? Ik heb geen traan vergoten na al onze tranen samen in Padua, maar ik ben ondergedompeld in wanhoop. O God! Wat zal er met me gebeuren, en met jou, Memmo?... Ik kan je alleen van liefde spreken. Sta me toe dat ik me een paar momenten aan mijn heftige gevoelens overgeef.'

Na een slapeloze eerste nacht ver weg van Andrea voegde ze terwijl ze wachtte tot hun kleine konvooi weer zou vertrekken dit verwarde naschrift aan haar brief toe:

Ik heb [de hele nacht] geen oog dichtgedaan. Ik moest veel huilen en was ontroostbaar. Ik heb wel duizend plannen gemaakt om naar je terug te gaan als jij geen kans ziet bij je Giustiniana te komen. Wat is mijn leven toch ellendig! Je bent altijd in mijn gedachten en precies op dit moment kus ik je kleine portret. Laat ik je over mijn hartstocht spreken. Ik zal weer bij zinnen komen als ik mezelf er eenmaal van zal hebben overtuigd dat ik ver van je weg ben; maar zal ik ooit in staat zijn *niet* met je over mijn hartstocht te praten? Je hebt me toegestaan er weer over te praten, en nu voel ik hem met zo'n kracht dat ik hem niet kan begraven. Mag ik hopen, mon cher frère, de woorden 'ik houd van je' te vinden in de brief die ik in Turijn of Lyon van je zal ontvangen? Schrijf me lange brieven, wees altijd mijn vriend, houd van me zoveel je kunt. Ik ben je zoveel verschuldigd. Ik voel me dicht bij je in al die dingen waarvoor mijn ziel altijd gevoelig zal zijn. Moge God me een fortuin schenken, zodat ik weg kan lopen om te wonen waar jij bent... Vaarwel, mijn liefste. Zorg goed voor jezelf omwille van mij, zorg goed voor jezelf omwille van Giustiniana, die nu zo ongelukkig is maar die gauw weer bij je zal zijn en weer gelukkig zal zijn.'

Andrea en Giustiniana lagen al veel sneller weer in elkaars armen dan ze mogelijkerwijs verwacht konden hebben. Even buiten Vicenza brak de as van de koets waarin de Wynnes reisden en het voertuig belandde met een klap op de grond, waardoor ook het rijtuig met de bagage werd beschadigd. Alle passagiers kwamen ongeschonden, zij het een beetje beverig, uit het wrak. Toen ze weer in de herberg terug waren vertelde een ontgoochelde Zandiri de Wynnes dat de reparatie van de rijtuigen wel vier dagen zou kunnen kosten.

Giustiniana greep deze kans aan: ze liet een koerier komen en stuurde Andrea, die nog voor zaken in Padua zat, in allerijl een brief waarin ze zei dat hij haar onmiddellijk in Vicenza moest komen opzoeken. 'Mijn moeder dankt de Heilige Maagd dat ze ons heeft gered,' schertste ze. 'Ik dank haar omdat ik hier voorlopig niet weg ben.' Hij kon, voegde ze eraan toe, zijn plotselinge verschijning in Vicenza rechtvaardigen door mevrouw Anna te vertellen dat hij van het ongeluk had gehoord en zeker wilde weten dat Giustiniana en de rest van de familie niets was overkomen. 'Als het me lukt je weer te zien zal ik zeker in wonderen gaan geloven. Laat ik maar niets meer zeggen. Ik wil dat de lakei meteen naar je toe vliegt.'

Andrea kwam de volgende dag met een gepast bezorgde uitdrukking op zijn gezicht in de herberg aan en informeerde naar de Wynnes. Mevrouw Anna was juist aan het rusten en explodeerde toen ze hoorde dat Andrea beneden stond, vervloekte hem en beschuldigde hem er zelfs van het hele incident op een of andere manier in scène te hebben gezet. Zandiri, die toch al buiten zichzelf was vanwege de vertraging, sloeg zijn kamerdeur voor Andrea's neus dicht en weigerde met hem te praten. Om niet bij mevrouw Anna achter te blijven dreigde Zandiri vervolgens Andrea, die al zo verstandig was geweest zijn intrek te nemen in een herberg in de buurt, te vermoorden. Giustiniana stuurde haar minnaar een verhit verslag van wat er was gebeurd nadat hij zijn hielen had gelicht:

*E*en vuurstorm, lieve Memmo, een afgrijselijke vuurstorm. Mijn moeder is zo razend dat ze zegt dat ze de autoriteiten erbij wil halen... Ze heeft me verschrikkelijk behandeld en ik heb op duizend verschillende manieren geleden, maar toen ik zag dat het niet hielp kalm te blijven, liet ik me ook meeslepen door mijn woede...[Zandiri] zei hardop dat hij je dood wilde steken... Ik zei hem toen dat je hem binnenkort een pak ransel zou komen geven en toen zei hij dat hij jou eerst zou afranselen. Iedereen in de kamer ernaast kon elk woord horen, aangezien er nergens anders in het huis ook maar enig geluid klonk. We kunnen elkaar hier niet meer zien. Ga naar Venetië, span een proces aan en probeer, als je kunt, de zaken zo te regelen dat [Zandiri] morgen wordt gearresteerd. Hij heeft immers gedreigd je te vermoorden.

Andrea was totaal niet voorbereid op de heftige reactie die zijn verschijning teweeg had gebracht – mevrouw Anna en hij waren immers nog maar twee dagen tevoren in Padua als vrienden uit elkaar gegaan. Ze was echter altijd al een lastige vrouw geweest. Het gedrag van Zandiri had hem evenwel echt in woede doen ontsteken. Andrea zou hem een lesje leren, hem zo bang maken dat hij het nooit meer zou vergeten. Hij had de wet aan zijn kant: het bedreigen van het leven van een vooraanstaande Venetiaanse patriciër was een ernstig misdrijf, en Andrea was van plan nu eens één keer gebruik te maken van de voorrechten die zijn positie hem bood. Bovendien hadden de verbijsterde gasten in de herberg alles gehoord. Zandiri had zijn eigen lot bezegeld.

In plaats van de zaak in Venetië te laten voorkomen, waar Giustiniana op aandrong, besloot Andrea op het vasteland, op enige afstand van de roddels in de stad zijn recht te zoeken. Hij vroeg Giustiniana hem van ondertekende verklaringen van drie patriciërs te voorzien die bij de scène in de herberg aanwezig waren geweest en de vervloekingen van Zandiri aan het adres van Andrea hadden gehoord, alsmede van verklaringen onder ede van verschillende leden van het personeel, waarin werd bevestigd dat Andrea Zandiri niet had geprovoceerd – dat hij niet eens de kans had gekregen iets te zeggen. Zodra Giustiniana hem de bewijzen had gegeven nam Andrea contact op met de almachtige Venetiaanse *rappresentante* in Verona, die op zijn beurt het hoofd van de politie opdracht gaf Andrea's instructies tot op de letter op te volgen. In feite gaf de *rappresentante*, zelf een lid van de heersende oligarchie en vriend van de familie Memmo, Andrea toestemming het recht in eigen hand te nemen.

Mevrouw Anna bracht het grootste gedeelte van de volgende dag in de kerk door. Door haar afwezigheid hadden de twee geliefden ruimschoots de gelegenheid samen hun juridische offensief voor te bereiden. Overmoedig bezochten ze zelfs enkele architectonische wonderen van Vicenza, waaronder het beroemde Teatro Olimpico van Andrea Palladio. Het was een mooie dag, een van hun mooiste sinds lange tijd:

$\mathcal{Z}$elden hebben we een kans gehad zo lang en heerlijk bij elkaar te zijn als vandaag. Helaas dat dit geluk me op dit moment toevalt, waardoor de pijn van de scheiding alleen maar nog heviger zal worden! Het is mijn lot... Maar o mijn God, ik kan je niet meer vertellen, want mijn moeder roept me. Morgen ben ik bij de Due Torri [in Verona]. Ik weet zeker dat je ons zult bespioneren en ik zal alles te horen krijgen... Ik hoop dat onze tijd samen daar evenmin slecht zal zijn. Begin jij intussen onze grote coup voor te bereiden, en heb een goede reis. God! We haasten ons tegelijkertijd naar nieuwe gelukzaligheid en nieuw gevaar! Als je van me houdt, onderneem dan alles hartstochtelijk en wees voor niets bevreesd.

Het voelde aan alsof de tijd van samenzweringen weer was teruggekeerd. Geheime boodschappers bewogen zich tussen hen heen en weer terwijl ze de 'grote coup' voorbereidden: Zandiri zou worden gearresteerd en gevangengezet. Giustiniana zat Andrea achter de vodden en moedigde hem aan alle methoden te gebruiken die hij tot zijn beschikking had om hen eindelijk van die 'schooier' te verlossen.

Zodra Andrea die avond naar Verona was vertrokken werd Giustiniana echter door twijfels beslopen, want zij en haar familie dreigden nu zonder de bescherming van een man een lange en moeilijke reis te moeten maken. Opeens wist ze het niet meer zo zeker: 'Als [Zandiri] met ons meegaat zal het een hel zijn, en als hij achterblijft zullen we met duizend gevaren te maken krijgen.'

Die avond zocht een door Giustiniana op pad gestuurde boodschapper 'heel Verona af' naar Andrea, schudde bewakers wakker en dwong zelfs een loco-burgemeester op te staan om Andrea een expresbrief te overhandigen. Op de enveloppe had Giustiniana hun oude code gebruikt om het volgende te schrijven:

$\mathcal{R}$aak niet uit je doen, lach alleen maar.

Slaperig las Andrea verder:

*I*k kan niet helemaal kwaadaardig zijn. Ik heb zorgen en angsten. Mijn zucht naar wraak wordt verdrongen door mijn goede inborst, en ik wil je vragen of je uit liefde voor mij de jouwe ook wilt laten verdringen. Ik voorzie duizend problemen als je erin slaagt [Zandiri] achter de tralies te krijgen. Mijn moeder zou zo woedend zijn dat ze de familie in de steek zou kunnen laten en ons allemaal zou ruïneren. Memmo, doe het voor mij, laat je rancunes varen omwille van je Giustiniana, die je hierom smeekt. Laat me vertrekken met een hernieuwde bewondering voor je ziel.

Andrea wilde Zandiri niet voor onbeperkte tijd in een of andere godverlaten gevangenis in de Venetiaanse Republiek laten wegrotten. Hij wilde de man alleen maar bang maken. Een publieke verontschuldiging, zo stelde hij Giustiniana gerust, was het enige dat nodig was om Zandiri zijn vrijheid te laten herkrijgen. Inmiddels waren de rijtuigen in Vicenza gerepareerd en de volgende dag, 7 oktober, arriveerden de Wynnes in Verona en namen hun intrek in de Due Torri, niet ver van de plek waar Andrea verbleef.

De geliefden zagen kans nog een hele dag heimelijk samen door te brengen en zwierven door de straten en over de pleinen van de stad terwijl mevrouw Anna een reeks kerkdiensten bijwoonde en Zandiri zich met de zorg voor de reis belastte. Voordat ze zich in bed oprolde wenste Giustiniana Andrea goedenacht:

*S*laap wel, mijn hart, je zult het nodig hebben na die lange wandeling. Ik zou zoveel kunnen leren door met jou te reizen! Je hebt alles gezien, je weet alles en je bent er zo goed in dingen aan te wijzen en dingen van elkaar te onderscheiden... Ik houd van je, ja, ik houd echt van je. O God! Hoeveel is er nog meer te zeggen – meer dan ik ooit zou durven of willen zeggen... Goedenacht...

Droom van me... Houd veel van me. Zul je altijd goedvinden dat ik je vraag van me te houden?

De Wynnes gingen de volgende morgen vroeg op weg naar Brescia, de meesten onkundig van de val die Andrea en Giustiniana voor Zandiri hadden gezet in wat destijds de laatste grote stad van de Venetiaanse staat was voordat ze de grens met het hertogdom Milaan zouden passeren. Ze brachten de nacht door in het stadje Desenzano en kwamen de volgende middag in Brescia aan. De twee geliefden onderhielden tijdens de reis regelmatig contact met elkaar via korte expresbriefjes die ze vanuit de verschillende halteplaatsen verzonden. Het was belangrijk de opeenvolgende stappen op elkaar af te stemmen die zouden uitmonden in wat Giustiniana, die misschien niet helemaal begreep hoe ernstig de zaak was, nu 'de grote kwajongensstreek' noemde.

De Wynnes hadden nog maar nauwelijks in Brescia hun intrek genomen en waren bezig hun bagage uit te pakken toen er in de foyer harde geluiden klonken: er waren politiemensen in de herberg aangekomen die bevelen schreeuwden en onder de gasten grote consternatie veroorzaakten. Ze bevalen Zandiri naar beneden te komen en sleepten hem na een korte ondervraging weg.

Hoewel ze zelf aan het complot had deelgenomen werd Giustiniana opeens bang.

*A*lleen God weet wat er gaande is. Ik beef ook van angst omwille van mezelf. Mijn moeder spuwt op dit moment vuur... Als je van me houdt, Memmo, probeer dan zo voorzichtig mogelijk te zijn. Ik had nooit gedacht dat de zaak een dergelijke wending zou nemen. Ze vertellen dat [Zandiri] in de gevangenis zit!

Die middag kregen de Wynnes de bevestiging dat Zandiri ruw door de politie was ondervraagd en was opgesloten in het Castello, het intimiderende fort van Brescia in de Oude Stad. Mevrouw Anna werd witheet toen ze besefte dat haar reisgenoot die avond niet in de herberg zou terugkeren. Ze beschuldigde Andrea ervan uit rancune te handelen en zwoer hem in Venetië aan de schandpaal te zullen nagelen. Toen nam ze haar dochter te grazen.

*I*k waarschuw je: mijn moeder is furieus en geeft mij de schuld van alles. Ze zegt ook dat ze wraak op me zal nemen en ze is van plan alle brieven die ze bezit – van mij en van jou – morgenochtend per koerier hetzij naar de [Britse Resident in Venetië] hetzij naar iemand anders te sturen – ik weet het niet precies; op dit moment zweert ze dat ze me zal ruïneren. Als ze me zo blijft beledigen zal ik misschien toch de knoop moeten doorhakken... Ik kan het niet meer verdragen.

Giustiniana hoopte nog dat de zaken de volgende ochtend met een eenvoudige verontschuldiging van Zandiri zouden kunnen worden opgelost, maar ze was bang dat de combinatie van zijn eigen trots en de woede van haar moeder alles voor iedereen alleen maar erger zou maken: 'Als hij je vergiffenis vraagt en je geeft hem die meteen, zoals je van plan bent,' schreef ze Andrea voordat ze die avond naar bed ging, 'komt het allemaal vanzelf goed. Maar als hij zich als een gek gedraagt weet alleen God wat we moeten vrezen!'

Toen Giustiniana de volgende dag wakker werd was de woede van haar moeder nog steeds niet bekoeld. Ze had de belediging persoonlijk opgevat en leek vastbesloten een oorlog met hen te beginnen, ook al betekende dit dat Zandiri nog een tijd opgesloten zou blijven. 'Mijn moeder heeft gezworen ons te ruïneren,' zei ze tegen Andrea. 'Ze wil niet dat [Zandiri] zegt dat het hem spijt... Ik ben wanhopig.' Het was puur theater: mevrouw Anna zat in de ene hoek van de kamer Murray, de Britse Resident, een brief te schrijven terwijl Giustiniana in de andere hoek koortsachtig Andrea zat te schrijven over mevrouw Anna die Murray schreef. '... Ze doet het voorkomen alsof de arrestatie van [Zandiri] het gevolg is van een of andere gewelddadige handeling jouwerzijds met het doel ons hier te houden. God mag weten wat ze verder allemaal verzint.'

In openlijk verzet tegen mevrouw Anna besloot Giustiniana nu de Resident haar eigen versie van de gebeurtenissen te sturen om de brief van haar moeder te ontkrachten.

*M*eneer,

Ik zal serieus gevaar lopen als u me niet helpt en me niet uw bescherming biedt in een zaak die zo duidelijk uitsluitend in het teken van wraak, en niet van rechtvaardigheid staat. Hoort u me aan, meneer, en red me.

Toen we in Vicenza arriveerden raakten onze rijtuigen beschadigd en vertelde men ons dat de reparaties vier dagen zouden kosten. Ik stelde onmiddellijk Memmo, die in Padua door mijn moeder was uitgenodigd om bij ons te komen eten en voortdurend bij me was, op de hoogte, uitsluitend om nog een keer afscheid van hem te kunnen nemen; hij haastte zich met dezelfde hoop naar Vicenza. Mijn moeder sliep toen hij in de herberg aankwam. Hij wachtte tot ze wakker was om haar te feliciteren met het feit dat de familie bij het ongeluk niets ernstigs was overkomen. Nadat hij met eigen ogen had vastgesteld dat dit inderdaad het geval was stond hij op het punt terug te gaan – zoals hij mijn moeder had beloofd en waarvan ze zelf overtuigd leek te zijn, omdat hij geen bagage of bediende bij zich had.

Inmiddels riep ik Zandiri – de heel strenge en doorgewinterde leider van onze reis – om hem uit te leggen wat er allemaal gebeurde. Zandiri liep echter zonder [Memmo] te groeten gewoon van de ene kamer naar de volgende en sloeg zelfs de deur in diens gezicht dicht. En dat was nog niet genoeg: toen ik de trap af liep kreeg ik op de gebruikelijke manier een uitbrander van mijn moeder terwijl signor Zandiri Memmo beledigingen naar het hoofd slingerde en dreigde hem te vermoorden, ook al was Memmo toen allang weer vertrokken. Zijn beledigingen werden door drie heren en tal van bedienden gehoord. Zodra Memmo van een en ander op de hoogte werd gesteld wilde hij signor Zandiri simpelweg duidelijk maken dat een dergelijke grootspraak heel erg in zijn nadeel kon uitpakken, en in plaats van gebruik te maken van de hardvochtige methoden die hij tot zijn beschikking had, wat een belediging voor onze familie zou zijn geweest, vroeg hij de drie heren om een oprechte getuigenis en verzamelde nog meer bewijzen van het feit dat hij Zandiri niet eens had gesproken. Daarna wendde hij zich tot de [Venetiaanse] *rappresentante* om zijn recht te halen. De *rappresentante* was toevallig de stad uit en [Memmo], die ondanks zijn zachtmoedige karakter vastbesloten was [Zandiri] zijn hogere positie te laten voelen en hem te vernederen, reed voor ons uit naar Verona, waar echter bleek dat de *rappresentante* net naar Vicenza was vertrokken. Deze onverwachte wending dwong [Memmo] door te reizen naar Brescia, waar hij uiteindelijk zijn zaak kon voorleggen. Zandiri kreeg in tegenwoordigheid van de autoriteiten en tal van heren een reprimande van het Tribunaal, en werd vervolgens naar het Castello overgebracht en ter beschikking van [Memmo] gesteld.

Mijn moeder ontstak in woede toen ze van de arrestatie hoorde, gaf mij de schuld van alles en zwoer Memmo en mij te ruïneren – voor de tweede keer. Ze wil vooral niet dat [Zandiri] Memmo zijn excuses aanbiedt, ook al zou dat een einde aan alle problemen maken... We zouden dan onze reis morgen al kunnen vervolgen en Memmo zou naar Venetië terugkeren. Maar nee, ze wil haar zin doordrijven en wraak op ons nemen terwijl we niets hebben gedaan. Omdat ze u nu zit te schrijven heb ik besloten u zo snel mogelijk op de hoogte te stellen van de feiten, die alle door getuigen van hoge geboorte kunnen worden bevestigd.

Ik ben, meneer Murray, bekend met zowel uw gevoel voor rechtvaardigheid als uw behoedzaamheid. En ik weet dat u mijn moeder, na grondige afweging van de feiten, niet in haar onterechte wraakzucht zult aanmoedigen. Ik heb Memmo verlaten om volgens de orders die mijn moeder [van lord Holderness] heeft ontvangen naar Londen te gaan – hoewel niemand me hier onder de wetten van mijn land toe had kunnen dwingen als ik in andere zin had besloten.

De waarheid is mijn richtsnoer bij alles wat ik u heb verteld, en het enige dat ik u vraag is of u er goed kennis van wilt nemen. Ik heb goede redenen om bang te zijn en ik vertrouw me aan u toe om bescherming te vinden tegen iedere mogelijke vorm van geweld die me nog aangedaan kan worden. Wat u ook over me hebt gehoord, ik weet zeker dat u het juiste zult doen... Mijn karakter is niet bezoedeld. U hebt de gelegenheid gehad me te leren kennen. Inmiddels ben ik overal bang voor, en de enige verstandige handelwijze die ik kan bedenken is u om uw nuttige en ervaren bijstand vragen. Probeert u zich zo goed mogelijk een oordeel te vormen als u mijn brief leest, die ik in de grootste haast heb geschreven... Ik smeek ook om de bescherming van lady [Murray], uw echtgenote, die ik de eer heb te...'

Het was een opmerkelijke brief, in allerijl neergekrabbeld met één oog op het vel papier en het andere op mevrouw Anna, die aan de overkant van de kamer zat. Haar toon was respectvol, zelfs onderdanig, maar vertrouwelijk genoeg om de smeekbede een persoonlijk tintje te geven, dat nog persoonlijker werd doordat ze haar verzoek tevens aan de vrouw van de Resident richtte.

Het laatste dat Murray wilde was verwikkeld te raken in een ruzie in een afgelegen provinciestadje tussen een boze Engels-Venetiaanse dame met een nogal bedenkelijke reputatie en een bekend lid van een vooraanstaande Venetiaanse familie. Gelukkig werd de lont gedoofd voordat de confrontatie tot een volwaardig diplomatiek incident had kunnen uitgroeien.

Giustiniana vertelde Andrea over de twee brieven die naar Venetië op weg zouden gaan, en Andrea stelde de *rappresentante* op de hoogte. De volgende ochtend onderschepte de politie de koerier van mevrouw Anna, die opdracht had gekregen ongezien uit de stad weg te glippen. Haar brief aan Murray en de begeleidende documenten – een keuze uit de correspondentie tussen de geliefden – werden aan Andrea overhandigd, die ze in een grootmoedig gebaar ongeopend aan mevrouw Anna teruggaf. De *rappresentante* herinnerde mevrouw Anna echter aan een wezenlijk feit in de Venetiaanse Republiek: het woord van Andrea woog zwaarder dan het hare. Het had echt geen zin, voegde hij eraan toe, de zaak verder door te drijven. Ze zou alleen zichzelf en haar familie schaden.

Uiteindelijk ontving Murray geen van beide brieven (de brief van Giustiniana werd tegengehouden nadat die van mevrouw Anna was onderschept), hoewel hij waarschijnlijk wel gedetailleerd van het incident op de hoogte is gebracht. Inmiddels stuurde de *rappresentante* zijn militaire adjudant naar de gevangenis in het Castello om Zandiri te bewerken, die uiteindelijk instortte en zijn gezworen vijand een onderdanige brief met verontschuldigingen stuurde. Andrea schonk Zandiri prompt vergiffenis. Giustiniana was dolblij en stuurde Andrea een kort dweperig briefje: 'Je bent in ieder opzicht een groot man, mijn Memmo! En zulke koelbloedigheid, zulke behendigheid, zulke snelle en doortastende besluiten op momenten van grote druk! O, ik zal nooit een andere man zoals jij vinden, ook al leef ik duizend jaar.'

De volgende dag keerde een chagrijnige Zandiri naar de herberg terug. 'Niemand zei een woord,' noteerde Giustiniana. 'Hij en mijn moeder lijken tamelijk kalm... Tot dusverre geen geheime ontmoetingen en geen nieuwe brieven.' De overwinning maakte haar weer zelfbewust, zelfs overmoedig. 'Ik sterf van verlangen je te zien... Als je vanavond toevallig de neiging voelt me te komen opzoeken in dezelfde kamer als gisterennacht, weet dan dat ik me oneindig getroost zou voelen je te zien.'

De geliefden brachten samen de nacht door – de laatste voordat hun wegen zich zouden scheiden.

Op 12 oktober gingen de Wynnes op weg naar Milaan. Er waren tien dagen verstreken sinds het rijtuig beschadigd was geraakt. Andrea en Giustiniana moesten voor de zoveelste keer een pijnlijke scheiding doormaken. 'Alles wat er de laatste dagen is gebeurd heeft me het gevoel gegeven dat ik nog meer bij je hoor,' schreef Giustiniana. 'Ik voel deze scheiding heel diep... Ik heb nog nooit

zo'n pijn gevoeld, mijn Memmo – zelfs niet in Padua.' Daar hadden ze in ieder geval meer tijd gehad om afscheid van elkaar te nemen. Hun scheiding in Brescia was een haastige en hardhandige
aangelegenheid geweest. Na een lange dag op de weg waarvan ze
uitgeput en 'volledig kapot' was, begon ze de balans op te maken.
Net zoals in haar eerste brief uit Vicenza sprak ze haar minnaar
weer als haar lieve broer aan:

*M*on Cher Frère

Ik ben zo ver weg van je, mijn lieve Memmo, ik zal je niet meer
zien, en dat weet ik nu zo zeker dat ik alleen maar pijn en wanhoop voel. Het was zo moeilijk [gisteren] te vertrekken! Ze moesten me tien keer roepen omdat ik mezelf in een kamer had opgesloten en je brieven had uitgespreid en huilde en me totaal
wanhopig voelde. Maar wat heeft het voor zin? Uiteindelijk moest
ik toch vertrekken, en nu ben je zo ver weg dat ik ten slotte ben
gaan beseffen dat ik je een heel lange tijd niet zal zien. Ik moest
mezelf echter losrukken zonder zelfs maar een vaarwel, een om-
helzing, een paar vergoten tranen! O God!... O, mijn Memmo,
waarom houd ik zo van je? Je vriendschap is iets zo zeldzaams dat
ik me voor altijd aan je gebonden zou hebben gevoeld zonder andere gevoelens voor je te kunnen hebben. O, ellendige omstandigheden! En jij, Memmo, zul jij nog van me houden? Ja, dat zul je
doen, maar vertel het me niet, of alleen in de koelste bewoordingen. Ik voel dat ik extravagant zou kunnen worden: zo ver weg dat
ik geen aanspraken op je kan maken en evenmin aan mijn gevoelens kan toegeven. Ah, als je eens wist hoe verscheurd ik ben! Het
verleden, je vriendelijkheid, je vriendschap. Al die liefde die ik voor
je voel, ik schrik ervan, het vervult me volledig. Ik houd steeds meer
van je, en zie steeds meer de ellendige problemen die in het verschiet liggen... O God! Memmo, mijn Memmo, nog steeds voor
altijd de mijne, o God, heb erbarmen met me. En jij, mijn hart,
hoe zal jij je me herinneren? Vergeet het verleden; wees genereus
tegen me zoals alleen jij het kunt zijn, en beloof alleen aan me te

denken zoals ik van nu af aan zal zijn. Ik zal je alles vertellen, twijfel daar niet aan. Ik zal je op de hoogte houden van mijn gedrag, mijn kansen, mijn gevoelens, mijn voorzichtigheid. Ja, ik zal voorzichtig zijn – daar mag je niet meer aan twijfelen. Als je eens wist hoe ik nu over grillen en zwakheden denk zou je volgens mij erg tevreden zijn. Maar maak je geen zorgen: ik zal niet excessief voorzichtig zijn; mijn voorzichtigheid is verstandig, goed gefundeerd, en zal niet verdwijnen. Denk goed over me als je het nog kunt en verwacht nog beter over me te denken. Vertel me alles: blijf me je liefdevolle hulp bieden. Ik zal ervan afhankelijk zijn: ik ben de jouwe. Mijn liefste Memmo, *mon aimable frère*, je bent zo'n zeldzaam wezen. Waar moet ik je anders vinden behalve in jezelf? En zal ik niet naar je zoeken en je weer vinden? Wacht op me, waar je ook wilt.

Het was kenmerkend voor Giustiniana haar brief te richten aan haar *cher frère* en bladzijden lang door te razen, alsof het neerkrabbelen van al die woorden de pijn verdoofde en een beetje verlichting gaf. Onveranderlijk kwam er echter een einde aan haar peinzende overgave als ze Andrea – en zichzelf – eraan herinnerde dat de omstandigheden een meer gedisciplineerd gedrag vereisten. Er diende immers in Parijs het een en ander te worden gedaan, er moesten dringende zaken worden afgehandeld:

Ik zal ook veel aandacht aan La Pouplinière en mijn toekomstige staat wijden, die geheel van mezelf en mijn reputatie afhankelijk zal zijn... Met mijn goede manieren, mijn intelligentie en mijn talent de sympathie van anderen te wekken zal ik hem strikken; en dan, Memmo, zullen anderen van mij afhankelijk zijn zoals ik nu van anderen afhankelijk ben, want, geloof me, ik zal een naam en de hele rest krijgen... Vertrouw me, ik zal je alles vertellen. Ik heb je mijn heilige woord gegeven en ben vast van plan me eraan te houden. Leid me, mijn hart, en help me, maar houd bovenal altijd van me.

De Wynnes kwamen de avond van 13 oktober in Milaan aan en namen kamers in het Pozzo, een modieuze herberg niet ver van de Duomo. Het was de eerste keer dat Giustiniana het Venetiaanse grondgebied verliet sinds haar reis naar Londen na de dood van haar vader, toen ze vijftien was geweest. Nu ze zich eenmaal buiten de Republiek bevond leek de afstand tot Andrea zelfs nog groter. In gedachten reisde ze voortdurend naar hem terug om 'zijn wezen te doordringen' zoals ze graag schreef. Ze riep, zoals een verliefde tegen iedere waarschijnlijkheid in zal doen, de magische verschijning van Andrea op de meest onwaarschijnlijke plaatsen op: op straathoeken, in winkels, zelfs in de gelagkamer van de herberg waar ze logeerde. Om zich te ontdoen van de verstikkende aanwezigheid van mevrouw Anna, Zandiri, Toinon en haar vier jongere broers en zussen ging ze in het denkbeeldige gezelschap van Andrea de stad verkennen.

Ingeklemd tussen de Venetiaanse Republiek en het opkomende koninkrijk Piemonte en Sardinië was het hertogdom Milaan nog maar een schim van wat het vroeger was geweest – weinig meer dan een stadstaat aan de zuidelijke grens van het Oostenrijkse rijk, dat na de Spaanse Successieoorlog zijn gezag over het hertogdom had uitgebreid. De stad was behoorlijk welvarend, maar toch was haar moreel sinds lang door de heerschappij van de binnenvallers ondermijnd geraakt. 'Er lijkt hier overal een provinciale sfeer te hangen,' schreef Giustiniana, en klaagde dat de mensen haar aanstaarden 'alsof ze nog nooit een buitenlandse hebben gezien'.

Ze bracht een bezoek aan de Duomo, keek naar de charlatans die op het plein hun wonderdoende balsems en zalfjes verkochten, zwierf door de straten, keek bij fraaie winkels naar binnen, observeerde de kleren die de mensen droegen. Ze was verrast door het grote aantal elegante koetsjes dat zich voor een avondritje op het hoofdplein verzamelde, en ook zag ze de armoede en smerigheid en de grote aantallen bedelaars op straat. Wat de dames betrof, die altijd het object van haar speciale aandacht waren, was haar oordeel nogal vernietigend: 'Bijna allemaal lelijk, meestal onbeholpen.'

Op een of andere manier schoten de Milanese vrouwen in haar

voortdurende correspondentie met Andrea altijd tekort. 'Ik had een ander idee over Milaan,' besloot ze klagend. '... Ik trek vergelijkingen en op dit moment koester ik een buitengewone liefde voor Venetië.'

Giustiniana ging met mevrouw Anna naar het theater en vond de voorstelling zo vervelend dat ze nietsziend naar het toneel staarde tot ze door een golf heimwee werd overweldigd: 'De gedachte kwam bij me op dat ik me in een *theater* bevond en dus raakte ik in de greep van een geweldig sterke melancholie... O, wat ik me herinnerde... Herinner jij je alles wat ik me herinner? Als dat inderdaad het geval is zul je zeker medelijden met me hebben.'

De Venetiaanse Resident, Giuseppe Imberti, bood de Wynnes een plek in zijn loge in de Opera aan. De eerste avond dat ze er was klaagde Giustiniana luid dat de opera 'afgrijselijk' was. De Resident was het hiermee eens, en omdat hij Andrea goed kende luisterde hij liever naar de laatste wederwaardigheden in hun liefdessage dan naar de muziek. Mevrouw Anna, die nog moest bijkomen van de bonkende reis vanuit Brescia, arriveerde laat in de Opera, zodat Imberti ruim de tijd had om Giustiniana te plagen.

*I*k biechtte hem op dat ik van je houd, maar ik vertelde hem ook dat we nu alleen nog door vriendschap aan elkaar zijn gebonden. Hij vroeg me of ik een portret van je bij me had. Ik liet het hem zien en kuste het in zijn tegenwoordigheid... Toen wilde hij weten hoeveel ik zou willen betalen om je te zien, en ik zei: alles. En ik zei het uit de grond van mijn hart! Hij vroeg me hoeveel ik hem zou geven als hij je in minder dan vierentwintig uur zou laten komen... Uiteindelijk beloofde hij alleen maar me morgen een brief van je te laten zien. Toch hoop ik bij God dat hij het zal doen. Toen probeerde hij me wijs te maken dat je ergens in de zaal verborgen zat. Op dat moment, moet ik toegeven, begon ik te fantaseren dat je er inderdaad zou zijn, en zeer tot mijn gêne begon ik alle loges naar je af te zoeken. Je kunt je voorstellen hoe ik me voelde toen ik je niet kon vinden! Ik bleef in het theater tot de voor-

stelling vrijwel achter de rug was! Ik voel me ellendig, Memmo...
Als je van me houdt, als je mijn vriend bent, probeer dan te regelen dat je binnenkort kunt langskomen, dan zal ik je zeker komen
zoeken.

De Wynnes bleven drie hele dagen in Milaan terwijl hun rijtuigen
werden klaargemaakt voor het volgende stuk van de reis – recht
naar het westen, naar Piemonte en zijn hoofdstad Turijn. Giustiniana was niet in staat haar aanvankelijke nieuwsgierigheid naar de
stad nieuw leven in te blazen en voelde zich met de dag ellendiger.
Ze stond laat op, ging voor het middagmaal met mevrouw Anna
naar de mis en maakte ongeïnspireerde wandelingen door de buurt.
Ze had weinig belangstelling voor de mensen die ze ontmoette.
'Milaan verveelt me. In gezelschap weet mijn moeder niets te zeggen, mijn zusters zwijgen uit verlegenheid en ik moet voor iedereen het woord voeren, zodat ik bijna altijd uit noodzaak praat en
makkelijk terugval in mijn slechte bui. Alles verveelt me...'

Omdat ze niets beters te doen had ging ze nog een keer naar de
'afgrijselijke' opera in de verwachting dat Imberti er zou zijn – hij
was er inderdaad – en ze over Andrea zouden kunnen praten: 'De
Resident bracht me thuis in zijn rijtuig en ik praatte de hele weg
over jou, vertelde hem, zoals altijd, een deel van ons verhaal. Ook
in de Opera had ik over je gepraat – tijdens de eerste akte en het
deel waarin wordt gedanst. Ik vertel aan iedereen dat ik van je
houd.'

De gedienstige Resident genoot van Giustiniana's gezelschap,
om nog maar te zwijgen van het vleugje Venetiaanse intrige dat ze
had meegebracht. Hun laatste avond in de stad organiseerde hij
een diner voor de Wynnes (omdat hij wist dat ze hun koffers niet
helemaal hadden uitgepakt en niet over hun avondjurken konden
beschikken maakte hij het van een officieel diner tot een wat ongedwongener aangelegenheid – maar nog steeds 'met veel gasten').
Niettegenstaande haar melancholieke stemming was Giustiniana
een zuchtje frisse lucht in dat muffe Milanese gezelschap van ge-

pensioneerde generaals, diplomaten en krakkemikkige aristocraten. Ze was het object van eenieders nieuwsgierigheid: zelfs volslagen vreemden kwamen naar haar toe en informeerden onbeschaamd naar 'mijn al bekende hartstocht'. En als haar moeder zich niet binnen gehoorsafstand bevond gaf Giustiniana zich over aan gepraat over Andrea, wat onveranderlijk een vertrouwde combinatie van genot en pijn teweegbracht: 'De paar mensen met wie ik wil praten weten allen dat ik je aanbid.'

Het speet Imberti Giustiniana te zien vertrekken. De avond voor de geplande afreis van de Wynnes smeekte hij haar nog een paar dagen te blijven en bood zelfs aan Andrea in zijn huis te verbergen. Andrea was inderdaad voor zaken op weg naar Milaan, maar wachtte tot de Wynnes Italië verlaten zouden hebben voordat hij in de stad zou opduiken. Het was ondenkbaar dat de twee geliefden weer in dezelfde stad zouden zitten – zo kort na het incident met Zandiri en terwijl mevrouw Anna nog steeds in een staat van razernij verkeerde. 'Ik heb hem je helaas gerechtvaardigde zorgen uitgelegd, en ook welk gevaar ik dan zelf zou lopen.' Desalniettemin had Giustiniana in de Resident nu een nuttige bondgenoot, die bereid was de dagen hierna hun geheime correspondentie te verzorgen.

Het was een grijze, saaie middag toen de Wynnes op 17 oktober uit Milaan wegreden. Alvorens de herberg te verlaten krabbelde Giustiniana nog een briefje voor Andrea en drukte dit Imberti, die was gekomen om afscheid te nemen, in de handen:

*A*ls je inderdaad naar Milaan komt en niet bij de Resident logeert, ga dan in deze herberg zitten en neem de kamer die ik heb gehad... Ga naar [het Pozzo] en vraag naar de kamer van San Carlo. Er staan twee bedden, en je moet in het bed bij de muur slapen... Bedenk dat ik je vanuit dat bed een miljoen zuchten heb gestuurd, en dat ik in dat bed ook wel een paar tranen heb vergoten... Schrijf me alles over je leven... Wees voor altijd de mijne... Houd van me zoveel je kunt en zolang je kunt. Ze roepen me aan tafel en direct daarna vertrekken we. Vaarwel, mijn lieve Memmo, vaarwel.

En weg kletterden ze in de richting van de Alpen. Het kostte hun drie dagen en drie nachten om Turijn te bereiken, waar ze een paar dagen wilden uitrusten en de onvermijdelijke reparaties aan de rijtuigen wilden laten uitvoeren. De reis was bijzonder vermoeiend en oncomfortabel. 'Steeds maar regen en steeds maar die onverdraaglijke kou,' klaagde Giustiniana. Ze werden tegen het harde hout van de koets heen en weer gesmeten tot de blauwe plekken 'ondraaglijk' werden. Hun voeten waren nat, hun kleren bespat met modder:

*E*n ondanks dat alles wilde mijn moeder met alle geweld de hele tijd een raam openlaten. Ik deed alsof ik slaap om niet met de anderen te hoeven praten of bidden, maar ik was de hele tijd in een sombere stemming. Ik kan er alleen maar aan denken hoe ik weer bij je kan zijn. Ik houd van je, ik bewonder je, ik ben op duizend verschillende manieren met je verbonden. Ik heb geen andere vriend dan jij, er is niemand anders dan jij die alles weet en die ik kan vertrouwen. Ik aanbid je, je weet dat, veel meer dan je zou willen.

Haar stemming verbeterde niet. Ze brachten een nacht in het 'afschuwelijke' dorp Bussalova door. De volgende dag hielden ze halt voor een 'gruwelijke maaltijd' in Novara. Ze verlieten de vlakten van Lombardije en reden door de doorweekte rijstvelden van oostelijk Piemonte. Giustiniana keek nauwelijks uit het raam. Ze dacht maar aan één ding: de brief van Andrea die in Turijn op haar zou liggen wachten.

Je zult de mijne uit Milaan wel hebben ontvangen. Wanneer krijg ik er een van jou? Mag ik hopen er overmorgen een te ontvangen? Waar ben je? Hoeveel vragen heb ik niet voor je. Houd je nu van me? Zul je altijd van me houden?... Kom hiernaartoe, alsjeblieft. Ik maak mezelf gek: ik wil mijn Memmo helemaal. De ambassadeur heeft me een paar avonden geleden verteld dat we echt voor elkaar geschapen zijn. En dat zou zo waar zijn, als ik maar een beter mens was geweest. Hoeveel heb ik niet verloren! Maar zal ik je liefde terugkrijgen? Ik vertel iedereen dat we alleen nog maar vrienden zijn, maar meteen daarna zeg ik dan dat ik je aanbid... Ja, ik aanbid je, en met meer kracht dan me lief is.

In Vercelli kwamen de Wynnes midden in de nacht gebroken en uitgeput aan, en de volgende ochtend voor zonsopgang vertrokken ze weer. Ze stopten voor het middageten, verwisselden de paarden in het 'ellendige' gehucht Livorno Ferraris en brachten de laatste nacht in het oude grensplaatsje Chivasso door voordat ze de rechte weg door de golvende Po-vlakte zouden volgen die helemaal naar de drukke hoofdstad van Piemonte leidde.

Turijn was het middelpunt van een groeiende jonge staat onder het bekwame bewind van koning Karel Emmanuel iii. Giustiniana was er al eens geweest, op haar terugreis uit Londen zes jaar daarvoor. Ze hield van deze energieke kleine stad aan de voet van de Alpen. De lanen waren netjes en schoon, de pleinen waren mooi, de symmetrie van het stadsplan werd verzacht door de ronde vormen in de paleisgevels en kerken in de stijl van de late barok. 'De stad ziet er prachtig uit en is weliswaar klein maar buitengewoon elegant aangelegd. Heel mooie straten, heel mooie pleinen, heel mooi ontworpen en een fantastische omgeving.'

Anders dan de Venetianen had Karel Emmanuel iii zijn voordeel gedaan met de neutraliteit van zijn koninkrijk in de oorlog en zijn aandacht op binnenlandse verbeteringen en hervormingen gericht. Er vond een levendig politiek debat plaats. Intellectuelen en wetenschappelijke genootschappen schoten als paddestoelen uit de grond. Hier stond tegenover dat het maatschappelijk leven, zeker naar Venetiaanse maatstaven, een tikkeltje stijfjes was. De stad had echter niets provinciaals. Giustiniana moest wel opmerken dat Turijn in tegenstelling tot Venetië een drukke stad met een groeiend bewustzijn van haar eigen belang was.

Toen ze er vroeg in de middag van 20 oktober aankwam had ze echter weinig zin de bezienswaardigheden te bekijken. Ze wilde weten of in de Venetiaanse ambassade de brief van Andrea op haar lag te wachten en hoe ze hem zo snel mogelijk in handen kon krijgen. De Wynnes liepen bij de douane voor de stadspoort een oponthoud van enkele uren op omdat mevrouw Anna veel problemen en ruzie met de ambtenaren maakte. Giustiniana werd zo ongeduldig dat ze Zandiri overreedde vooruit te gaan en de Resident, Giannantonio Gabriel, hun komst aan te kondigen. De ironie ontging de arme man niet. 'Ik ben in Venetië nooit jullie boodschappenjongen geweest,' siste hij. 'En nu ben ik hier gedwongen er een te zijn.'

Giustiniana onderdrukte een lachje en rende 'sidderend' weg om de brief te lezen.

Het was niet wat ze had verwacht en zeker niet wat ze had gehoopt, en ze antwoordde kwaad:

*I*edere zin van de brief bracht me tot tranen! O ja, ik ben echt totaal ongelukkig. Ik heb je aanbeden, ik heb je uit zwakheid verraden, ik heb je dus bedrogen, ik heb je soms gehaat, ik heb je bewonderd en ik ben weer verliefd op je geworden en nu houd ik van je – en ik ben eerlijk tegen je en dat zal ik altijd zijn. Twijfel je nu aan mijn vriendschap? Kom, Memmo, beledig me niet; laat me niet de moed verliezen. Ik zou graag gewoon een vriendin van je zijn; ik zou graag niets anders dan zusterlijke gevoelens koesteren; maar ik houd van je – ook al begrijp ik nu dat ik je hart nooit meer zal veroveren. Wat wil je dat ik doe met je *bewondering* alleen als ik van je houd? Hoor het maar nog een keer: ik ben jaloers en ik ver-

wacht van jou nog steeds wat je mij niet zult geven – zowel uit ver-
standelijke overwegingen als uit noodzaak.

De brieven van Andrea uit deze periode zijn verloren gegaan, dus
weten we niet wat hij haar precies had geschreven, maar de reactie
van Giustiniana op zijn woorden geeft ons zeker een indruk hoe ze
op haar moeten zijn overgekomen. Hij reageerde duidelijk niet enthousiast genoeg op haar ontboezemingen. Hij gedroeg zich afstandelijk, misschien zelfs een tikkeltje dubbelzinnig. Het enige
waaraan ze kon denken was hoe ze haar brieven bij hem kon krijgen en met hem in contact kon blijven. Hij daarentegen was bij
lange na niet zo scrupuleus. Ze wist niet eens waar ze haar volgende brief heen moest sturen. Waarom noemde hij geen doorstuur-
adres? Hoe kon hij zo vergeetachtig zijn? En dan de nodeloze wreedheid haar te vertellen dat hij een jonge non had ontmoet die zeker
'zijn zinnen weer zou hebben wakker geschud' als zijn hart niet aan
Giustiniana had behoord: 'Die non! Waarom denk je dat ze je zinnen zou kunnen wakker schudden?... En dan zeg je erbij: als je hart
niet zo aan Giustiniana had behoord. O, geloof me, Memmo, iemand die denkt dat hij gevoelens heeft, heeft die gevoelens al. Het
portret dat je me van haar schetst is veel te verleidelijk.'
  Giustiniana deed haar uiterste best om rustig te blijven. Ze voelde de behoefte luidkeels en onophoudelijk haar liefde te betuigen
en eiste het recht op Andrea – nu haar *cher frère* maar toch ook de
man van wie ze meer hield dan van wie ook ter wereld – te vertellen hoe bang ze was hem helemaal kwijt te raken:

*V*ergeef me, maar je moet al mijn zwakheid begrijpen, ook al
bedank ik je voor je oprechtheid – waarom ik je om duizend redenen zal blijven smeken. Ik zoek altijd naar blijken van je liefde,
en misschien heb ik ook in de toekomst nog wel behoefte dat te
doen. Je karakter, je woorden, je nobele optreden zijn altijd van
dien aard dat wat er ook met ons zal gebeuren je altijd de groot-

ste, oprechtste belangstelling voor me zult hebben. Ik vrees echter dat je hart uiteindelijk in de greep zal raken van een veel sterker gevoel – en dat ik niet het onderwerp van dat gevoel zal zijn. Ik ben gek; ik jaag mijn eigen ellende na. Inderdaad, maar kan iemand zeggen dat het niet zo zal zijn? Dat is de enige zekerheid... Ach, Memmo, heb medelijden met me. Ik heb je advies echt nodig.

Giustiniana ging uitgeput naar bed, lag de hele nacht wakker en schreef de volgende ochtend door:

*J*e brief blijft in mijn gedachten. Ik moet gewoon blijven nadenken over onze hele geschiedenis samen. Ik ben veel kwijtgeraakt, mijn Memmo... en niets kan me nog enige troost brengen behalve de wetenschap dat mijn biecht (die waarschijnlijk geen andere vrouw had kunnen afleggen) in ieder geval de extreme pijn heeft weggenomen die jij op het moment van onze scheiding gevoeld zou hebben als je had geloofd dat je een trouwe Giustiniana kwijtraakte... Toch weet ik zeker dat ik, als ze me niet zo lang van je hadden weggehouden, je geen redenen zou hebben gegeven me van ontrouw te beschuldigen... Maar laten we er niet meer over praten.

Vanwege het slechte weer zagen de Wynnes zich gedwongen een hele week in Turijn te blijven. Door de zware herfstregens was de Dora buiten de stad gezwollen en bestond er bovendien het risico van overstromingen. De hoge bergen in het westen waren met sneeuw bedekt en Giustiniana voorzag een 'zeer zware reis' over de Alpen. Ze probeerde het beste van de situatie te maken, en met hulp van de Venetiaanse Resident, meneer Gabriel, gingen zij en haar zusters moeiteloos in het Turijnse leven op. Ze ontvingen gasten op de ambassade, grotendeels leden van de kleine Engelse gemeenschap. Ze bezochten paleizen en kerken. Nu en dan klaarde de hemel op en reden ze in een rijtuig naar het koninklijke park Valentino – 'dat eigenlijk meer een brede laan met uitzicht op de Po en de heuvels op de achtergrond is'. 's Avonds nam meneer Gabriel hen mee naar de opera.

Giustiniana vond de inwoners van Turijn 'heel sociabel, zij het dat ze zich aan een zeer rigide etiquette houden en uiterst gereserveerd zijn'. Ze werd getroffen door het feit dat 'dames niet alleen met hun bediende in hun rijtuig een ritje mochten maken'. En galanterie, voegde ze er misschien met haar oude Venetiaanse vrienden voor ogen aan toe, werd 'als slecht gezien'. De stijfheid van de society in Turijn schreef ze toe aan de invloed van het hof van Karel Emmanuel III, 'waar een buitengewoon serieuze sfeer hangt'.

Gelukkig zaten de koning en zijn familie op hun landgoed in Venaria, dus kon Giustiniana op haar gemak in het palazzo Reale rondkijken. Ze zwierf urenlang in de geweldige zalen rond, nam de tijd om 'elk appartement' te inspecteren, en hoewel ze geen bijzondere voorkeur had voor de weelderige rococo-stijl van het meubilair hield ze van het ruimtelijk effect, van het weidse perspectief, van 'de lange rijen vertrekken die zo'n prettige aanblik bieden' – een effect dat in de kleinere Venetiaanse *palazzi* moeilijker te bereiken was. Voor een koninklijk paleis had het palazzo Reale bescheiden afmetingen, geheel in overeenstemming met het sobere karakter van het Huis van Savooie, 'en toch is het zeker mooier dan [Versailles]. Dat zegt iedereen.'

Door de jaren heen had de koning een indrukwekkende verzameling tekeningen en schilderijen van Italiaanse en andere Europese meesters aangelegd. Hij was erg trots op zijn nieuwste aanwinst, *De vrouw met waterzucht*, een meesterwerk van de Vlaamse kunstenaar Gerrit Dou, waarover veel was geschreven. Nu ze plotseling oog in oog met dit beroemde schilderij stond kon Giustiniana het vergelijken met een soortgelijk werk van Dou, *Een zieke vrouw die door de dokter wordt bezocht*, dat eigendom was van consul Smith.[1] Ze vond, misschien uit loyaliteit jegens haar oude vriend, dit laatste veel beter. 'De volgende keer dat je Smith ziet,' schreef ze Andrea, 'vertel hem dan alsjeblieft dat ik zijn schilderij heb verdedigd tegen veel mensen die me wilden stenigen.'

Ver weg van Venetië zocht Giustiniana naar overeenkomsten met de meer vertrouwde wereld die ze met Andrea had gedeeld. En soms vond ze deze op de meest onverwachte plekken. Kort na haar aankomst in Turijn ontmoette ze Filiberto Ortolani, een jonge geleerde en verzamelaar en een dierbare vriend van Andrea, die in Venetië bij Lodoli had gestudeerd en in zijn ban was geraakt. Ze konden het onmiddellijk goed met elkaar vinden. 'Ik vertelde hem dat ik hem goed kende [via jou], en hij zei dat hij mij goed kende via hetzelfde kanaal, en we werden al snel de beste vrienden van de wereld. Ik ging zijn appartement, zijn kamers bekijken... Hij gaf me een paar dingen te lezen, praatte over Lodoli, praatte veel over jou... Hij is een heel goed man.' Ze kon 'heel vrijuit' met Ortolani over Andrea praten, dus zocht ze zijn gezelschap zo veel mogelijk. Als ze diep in gesprek en in herinneringen verzonken bij elkaar waren verloor ze algauw de tijd uit het oog.

Giustiniana had op zekere dag de middag met haar nieuwe vriend doorgebracht toen ze zich opeens realiseerde dat ze te laat zou komen voor de opera. Ze pikte Bettina en Tonnina op en haastte zich naar de voorstelling, met een grote muts met linten *à la française* op haar hoofd (ze droeg haar reisjurk onder haar mantel omdat het grootste deel van haar koffers nog niet was uitgepakt). De zaal zat vol toen de drie meisjes binnenkwamen (mevrouw Anna was thuisgebleven), en de voorstelling was allang begonnen. Niet dat het Turijnse publiek veel aandacht voor het zingen had: 'Met zijn drieën – mijn zusters en ik – waren we de echte voorstelling in het theater,' schepte Giustiniana op. 'Iedereen staarde naar ons.' Niet omdat ze mooier waren – ze gaf toe dat er in Turijn veel mooie vrouwen waren, 'zij het afgrijselijk uitgedost' – maar eenvoudigweg omdat ze niet uit die stad kwamen. 'Alleen het feit dat we hier vreemd zijn volstaat om ons lofprijzingen op te leveren.'

Chevalier B., kapitein van de Koninklijke Garde, staarde zo intens naar Giustiniana dat ze begon te blozen. Hij koos een plaats pal voor haar, in de loge die eigendom was van de markiezin De

Prié, een liefhebster van muziek en vooraanstaand lid van de society van Turijn, die Giustiniana enkele jaren daarvoor in Venetië vluchtig had ontmoet.

'Mademoiselle, niet bewegen,' riep de kapitein. 'U lijkt precies op de vrouw die mijn eerste grote liefde was.'

Giustiniana maakte een kniebuiging en draaide zich verder van hem af.

'Ja, ik zie precies dezelfde trekken waarvoor ik zo gevoelig ben,' zei de kapitein en vroeg de markiezin zelf ook even te kijken.

Weer maakte Giustiniana een kniebuiging, maar de man wist van geen ophouden. Dus gooide ze er uiteindelijk in haar gebrekkige Frans uit: 'Meneer, als wat u zegt waar is brengt u me in de vreemde positie dat ik hetzij uw smaak armzalig moet vinden hetzij me gevleid moet voelen door een ijdelheid die ik niet gerechtvaardigd acht.'

Opgetogen over het antwoord van Giustiniana nam de markiezin het voor haar op. 'Ah, *mon Dieu*, wat charmant! Wat een mooi antwoord! Ik had gelijk toen ik zei dat je alleen maar naar haar hoefde te kijken om te weten hoe spiritueel ze is.'

De kapitein bleef Giustiniana onverdroten met zijn eerste liefde vergelijken: 'Ik kan u verzekeren dat gravin Castelli een prachtige dame was. En hier zie ik dezelfde ogen, dezelfde expressieve trekken, die wimpers, dat silhouet, dezelfde ernstige maar toch verleidelijke blik...'

'Ze was misschien heel mooi,' viel Giustiniana, die nu van dit geïmproviseerde duet begon te genieten, hem in de rede, 'en ik zou inderdaad enige overeenkomst met haar kunnen vertonen zonder natuurlijk haar charme te hebben, monsieur. Ik ben echter verbaasd dat u zo'n volmaakte gelijkenis ziet. Ik ben van mening dat men een dergelijke gelijkenis met degenen van wie men houdt nooit ziet.'

'Welnu, mademoiselle, dan krijgt u een idee van uw macht over me als het de wil van God is dat wat ik in u zie slechts een illusie is.'

Er had zich inmiddels onder hun loges een kleine menigte verzameld. Ze applaudisseerde voor de spitse antwoorden van Giustiniana, die deed alsof ze zich ergerde en eindeloze kniebuigingen maakte. De markiezin lachte en klapte voor haar nieuwe jonge vriendin. Niemand besteedde veel aandacht aan de zangers en zangeressen op het toneel.

'Ik ken u, mademoiselle,' fluisterde de markiezin tegen Giustiniana. 'Ik had het voorrecht u in Venetië te zien, en de mensen waren vol lof over u.'

'En ik, madame, had het voorrecht u meer dan wie dan ook te bewonderen, ook al bewondert iedereen u die u ziet.' Ze draaide zich om naar de verliefde kapitein en zei: 'Hier is de mooiste dame die ik ooit heb gezien, en bovendien de meest aangename; ik wil dus een beroep doen op uw goede smaak: hoe kunt u in dergelijk verrukkelijk gezelschap over een oude liefde spreken?'

De kapitein liet zich niet uit het veld slaan en wendde zich weer tot Giustiniana: 'Mademoiselle, de triomf die u net hebt geboekt is slechts een blijk van uw charme. Hoewel ik tegenover de mooiste vrouw van het land sta, heb ik alleen maar oog voor u. Wilde God maar dat u mijn laatste hartstocht was, net zoals uw evenbeeld mijn eerste was! Ik weet zeker dat dit zou gebeuren als u [in Turijn] zou blijven.'

Giustiniana negeerde de hopeloze aanbidder en wendde zich weer tot de markiezin, die wilde weten of zij en haar familie op de terugweg naar Venetië waren.

'Nee, nee, we zijn juist vertrokken. We zijn op weg naar Londen.'

'Ik heb het begrepen,' viel de kapitein haar in de rede. 'U bent met iemand in Venetië verloofd.'

'Dat is heel goed mogelijk, monsieur.'

'Ik wist het... Die ogen zijn niet bedoeld om niet te worden gebruikt; er zit een vuur in dat onderhouden moet worden. Ah, wie is de gelukkige? Ik moet hem leren kennen, ik moet me in ieder geval nuttig maken voor hem... Mademoiselle, benoem me alstublieft tot uw persoonlijke secretaris...'

Giustiniana lachte zijn theatrale optreden weg, maar ook de markiezin wilde nu de naam van de mysterieuze man in Venetië weten.

'Madame, u kent hem heel goed, want hij heeft dikwijls de eer gehad samen met u en gravin Romilii te dineren.'*

'Ah, ja, nu weet ik het weer. Het moet monsieur Memmo zijn, de oudste...'

Wat was de markiezin vol lof over Andrea! Hoe heerlijk was het zulke woorden te horen! De opera liep echter helaas ten einde 'en we moesten een conversatie besluiten die ik net zo heerlijk was gaan vinden'.

De oorlog was zijn derde jaar ingegaan toen de Wynnes op weg naar Parijs in Turijn zaten. De politieke sfeer was hier minder gespannen dan elders in Europa, omdat het koninkrijk niet direct bij het conflict betrokken was. Toch praatten de Engelsen in de stad niet met de Fransen aangezien de twee landen met elkaar in oorlog waren. De Franse ambassadeur, monsieur De Chevelin, gedroeg zich echter heel attent jegens de Wynnes en werd vaak in hun gezelschap gezien, samen met zijn jonge secretaris, die een zwak had voor de oudste van de *demoiselles anglaises*.

Op een middag gingen de Britse zaakgelastigde, Ralph Woodford,[2] en zijn gezelschap naar het Valentino om samen met de Wynnes een wandeling in het park te maken. Giustiniana en haar zusters waren er al samen met een kleine groep Fransen, dus groetten de Engelsen hen alleen maar uit de verte en liepen door. Giustiniana vond dit niet erg: ze bracht haar tijd toch liever met de Fransen door. Verschillende malen klaagde ze tegen Andrea dat de Engelsen in Turijn 'echt niet veel voorstellen' – behalve Woodford, die naar haar mening 'de meest ontspannen Engelsman' was die ze ooit had ontmoet.

Woodford voelde zich thuis op het Europese vasteland; hij had een prettige tijd in Madrid gehad en genoot nu van zijn post in Noord-Italië. Hij miste Engeland niet en zag de dag dat hij naar

---

* Zie p. 126.

Londen zou worden teruggeroepen, waar hij, vertelde hij Giustiniana, niet veel geluk verwachtte, met vrees tegemoet. 'Hij zegt dat ik het er niet uit zal houden.' Vooral vanwege de jonge Engelse mannen. 'Zolang u in Londen blijft,' verzekerde hij haar, 'zult u uw respectabele minnaar zeker trouw blijven, want het is niet waarschijnlijk dat u onder onze jongemannen iemand zult ontmoeten die eenzelfde tederheid aan den dag kan leggen waar het zaken van het hart betreft.'

De jonge zaakgelastigde had een verfrissende spontaniteit waardoor hij heel anders was dan de rest van zijn landgenoten in Turijn. Toen meneer Gabriel in zijn huis een afscheidsdiner voor de Wynnes gaf nodigde hij het stijve Engelse contingent niet uit. De Engelsen waren allen diep gekrenkt, behalve Woodford, die welgemutst 'zichzelf uitnodigde'.

Tijdens haar week in Turijn profiteerde Giustiniana van de belangstelling die de Franse ambassadeur voor haar had om zich voorzichtig op diplomatiek terrein te wagen. De Wynnes mochten op grond van hun reispapieren maar een paar dagen in Parijs blijven, maar door haar lange gesprek met Woodford wist Giustiniana nog zekerder dat ze zo lang mogelijk in de Franse hoofdstad wilde zijn. Hun eerste zakelijke aangelegenheid in Parijs zou inhouden dat ze een formeel verzoek moesten indienen voor een verlenging van hun verblijfsvergunning, wat niet gemakkelijk zou zijn: ze waren immers Britse onderdanen, en Groot-Brittannië was met Frankrijk in oorlog. Monsieur De Chevelin had Giustiniana echter verzekerd dat hij de Franse autoriteiten van hun aankomst in Parijs op de hoogte zou stellen en de abbé De Bernis, de Franse minister van Buitenlandse Zaken, op wiens hulp in deze zaak Giustiniana al rekende, een persoonlijke aanbevelingsbrief zou schrijven.

De abbé De Bernis had de Wynnes tijdens zijn verblijf als ambassadeur in Venetië van 1753 tot 1756 leren kennen. In die jaren was hij ook met Casanova bevriend geraakt, en de twee hadden een minnares gedeeld, een zeer intrigerende en mooie non die onder

dekking van het duister uit het klooster op het eiland Murano
placht te ontsnappen om in een *casino* dat door Bernis werd gehuurd de twee mannen te ontmoeten. (Casanova beweerde later
dat de abbé niet altijd actief aan hun seksuele escapades had deelgenomen maar liever aan zijn neiging tot voyeurisme had toegegeven.) Na zijn terugkeer in Parijs had Bernis onder bescherming van
de minnares van Lodewijk xv, madame De Pompadour, al snel een
machtspositie gekregen en had een sleutelrol gespeeld in de plotselinge herschikking van de Europese bondgenootschappen die in
de zomer van 1756 tot oorlog had geleid. De levendige herinnering
aan zijn tijd in Venetië was hem tijdens zijn meteoorachtige carrière in Versailles echter bijgebleven, en hij had de contacten met
zijn oude vrienden in Venetië in stand gehouden. Hij had dus waarschijnlijk via het roddelcircuit gehoord dat de Wynnes naar Parijs
op weg waren. Gezien zijn liefde voor roddels en intriges was het
ook waarschijnlijk dat hij terdege van de gedoemde liefde tussen
Andrea en Giustiniana op de hoogte was. Een introductie van de
Franse ambassadeur in Turijn was niet echt nodig – dat besefte Giustiniana zeker. Ze moet echter ook het gevoel hebben gehad dat
een aanbevelingsbrief een nuttige herinnering aan hun komende
aankomst zou zijn in een tijd dat Bernis zeker zijn hoofd bij ernstige staatszaken zou hebben. Hoe het ook zij, ze betuigde de be-
hulpzame monsieur De Chevelin haar diepe erkentelijkheid toen
ze hem de vooravond van haar vertrek in het theater zag. 'Hij kwam
ons in onze loge opzoeken, en in weerwil van de aanwezigheid van
de Engelse zaakgelastigde prees hij me zeer en verzekerde me dat
hij Bernis had geschreven.'

Uiteindelijk vertrokken de Wynnes. De route waartoe Zandiri had
besloten hield in dat ze in noordwestelijke richting naar het stadje
Susa zouden reizen, dan scherp naar het westen en vervolgens over
de pas van Mont Cenis, op 7000 voet hoogte. Daarna zou het gezelschap de steile weg afdalen die naar het dal van de Are voerde,
langs de rivier naar Modane, en daarna naar het westen, naar de
plaats waar de Are in de Isère uitkomt, een paar mijl ten noorden

van Chambéry. Vandaar zou het een tamelijk makkelijke rit zijn naar Lyon.

Giustiniana voelde zich op hun vertrekdag niet goed – voornamelijk aanvallen van misselijkheid en een beginnende verkoudheid. Het weer was niet veelbelovend en ze voelde zich onbehaaglijk over de overtocht over de Alpen, was zelfs een beetje bang. 'Ik zal je uit Lyon schrijven,' berichtte ze Andrea gehaast terwijl het rijtuig werd geladen. 'Vergeet niet me alles even nauwkeurig te vertellen als ik het jou doe... Lieve Memmo, ben ik nog steeds je kleintje?'

Giustiniana's verkoudheid werd steeds erger, terwijl ze de stijgende weg naar Mont Cenis volgden, en tegen de tijd dat ze bij de rotsige pas aankwamen had de ziekte haar borstkas bereikt. De rit omlaag, Frankrijk in, was zelfs nog ellendiger. De wind joeg via kieren en openingen voortdurend sneeuw de koets in en terwijl ze de ongemakkelijke afdaling maakten werd ze geteisterd door een hevige hoest.

*D*e kou was zo extreem dat ik mijn benen, voeten en handen niet meer kon gebruiken. Ik verkeerde een hele dag in deze toestand en tegen de tijd dat we in [Lanslebourg] aankwamen kon ik niet meer staan. Ik werd samen met andere reizigers bij de haard gezet en voelde al snel koorts opkomen. We moesten er twee hele dagen blijven omdat onze bagage nog niet was gearriveerd, en die hele tijd verkeerde ik in een buitengewoon dramatische toestand. Mijn neus bloedde overvloedig. Ik was mijn stem kwijt. En ik had een verschrikkelijke pijn in mijn borst, naast al dat hoesten en die koorts. Toch wilde ik daar niet lang blijven, want de artsen van Savooie joegen me nog meer angst aan dan de ondraaglijke bergen daar.

Op het hoogtepunt van haar koortsdelirium, terwijl de sneeuw op het kleine bergdorp neerdaalde, droomde ze van Venetië en Andrea:

*I*k wachtte op je bij de steiger [bij het Ca' Memmo], en na een hele tijd stapte je in mijn boot. Ik verweet je dat je zo weinig van me hield, en vol hartstocht vertelde ik je duizend en één dingen. Je verontschuldigde je, mijn Memmo; je vergoot hete tranen en hield me stevig in je armen. Je zei geen woord maar je had die zeldzame uitdrukking op je gezicht die ik ook had gezien toen je in Vicenza aankwam. Wat een moment! Mijn tranen vloeiden samen met de jouwe, en ik werd wakker. Als dit de prijs is die ik moet betalen zou ik wel voortdurend ziek willen zijn... Je zou zo teder tegen me zijn, zo vol liefde. O Memmo, Memmo.

Het rijtuig met hun bagage bereikte hen eindelijk ook in Lanslebourg, en de Wynnes vervolgden hun reis via Modane en Chambéry naar Lyon. De hemel klaarde geleidelijk op. Giustiniana's gezondheid werd iedere dag beter en terwijl ze meer kleur kreeg weken de angstaanjagende bergen achter haar terug tot ze weinig meer dan een onaangename herinnering waren. 'Bergen en nog meer bergen. Verschrikkelijke bedden en afgrijselijk eten... Wat een leven!' riep ze uit. Maar ten slotte waren ze dan toch in Frankrijk. Lyon, waar ze een paar dagen wilden blijven, stond bekend om zijn theater, zijn winkels, en vooral zijn prachtige zijde. En voorbij Lyon lag Parijs, nog maar tien tot twaalf dagen met een gewone koets.

Giustiniana miste Andrea verschrikkelijk, en het was een teleurstelling toen ze ontdekte dat de brief die ze in Lyon hoopte te vinden in Genève was blijven steken omdat hij er niet genoeg postzegels op had geplakt. (Ze liet geld naar Genève sturen om hem naar Parijs te laten zenden.) 'Je kunt je de pijn voorstellen... Ik kwam in Lyon aan, vol verlangen naar een brief van jou, vol verlangen te horen of de arme Giustiniana nog steeds je hart beheerst zoals jij het hare... Ah, mijn Memmo, wat voer je in je schild? Waar ben je?... Had ik maar een kompas dat me kon vertellen waar je bent.'

Niettemin klonk er in haar toon een luchthartigheid door die er lang niet te horen was geweest. Ze klonk minder koortsachtig, haar

gevoelens waren minder verward. Het was alsof de fysieke hindernis, die na de doortocht over de Alpen concreet en meedogenloos
tussen hen in was komen te liggen, het haar gemakkelijker maakte haar aandacht te richten op de weg die voor haar lag.

'Hier praten de mensen alleen maar over stoffen,' schertste ze na
haar eerste tochtje door de stad. Ze kocht twee jurken: een defti-
ge met een herfstmotief van gele bladeren en met groene fluwelen
linten, en een eenvoudigere van gestreepte satijn met bloemen, 'die
het uitstekend zal doen als *déshabillé*.'

Ze was al helemaal in Parijs.

Zes

'Ik heb mijn haar laten doen,' kondigde Giustiniana in haar eerste brief vanuit de Franse hoofdstad vol trots aan.

Ze was nog niet eens klaar met uitpakken of ze had de kapper en zijn kleine leger stilistes al ontboden. 'Lach niet: de kapper heeft me van tien uur 's morgens tot zes uur 's avonds onder handen genomen, zonder zelfs maar een lunchpauze.' Hij had tot ongeveer twaalf uur staan knippen en corrigeren en vormgeven. Daarna hadden zijn drie assistentes 'minstens vierhonderd krulpapiertjes' in haar haar gezet. 's Middags, toen de krullen er goed in zaten, had de kapper de papiertjes er weer uit gehaald en het haar van Giustiniana zorgvuldig gekamd en getoupeerd terwijl zijn vrouw de zalfjes voor een extra grote wrong had klaargemaakt: 'Ze mengde acht ons crème met evenveel poeder. Ik houd je niet voor de gek. Het is echt waar. Ze wrijven het mengsel in je haar, en dankzij het poeder groeit het tot een enorme massa uit.' Giustiniana was opgewonden over het resultaat: 'Geen enkel kapsel heeft me ooit zo goed gestaan. Een deel van het haar was getoupeerd. Het andere deel bestond uit twee lagen krullen die als een visgraat in model waren gebracht.' In Venetië had ze haar donkere krullen altijd op natuurlijke wijze om haar gezicht laten vallen. Nu wilde ze met nieuwe stijlen experimenteren, 'en mijn kapper heeft me gezegd dat hij iedere keer dat hij me onder handen neemt een nieuwe stijl zal proberen'.

Helaas was de Parijse society officieel nog steeds in de rouw vanwege de dood van de hertog van Luynes,[1] de vroegere gouverneur van Parijs en een belangrijk lid van de hofhouding in Versailles, en mocht ze buiten hun hotel niet met haar nieuwe kapsel pronken.

Na hun aankomst in Parijs had mevrouw Anna gemeubileerde kamers gehuurd in het Hôtel d'Anjou, een comfortabel huis aan de rue Dauphine, in het hart van Faubourg Saint-Germain. Naar rechts leidde hun straat naar de Seine, en vandaar naar het paleis van de Tuilerieën aan de overkant van de rivier. Naar links kronkelde de rue Dauphine langs de drukke markt en naar de oude kerk van Saint-Germain-des-Prés. De Wynnes bewoonden een groot appartement op de begane grond. Ze hadden een zitkamer en een eetkamer en werden bediend door personeel 'met livreien, tressen en zilveren knopen'.

Op weg naar Parijs had Giustiniana altijd met Bettina of Tonnina, en soms met allebei, een kamer gedeeld. Nu leverde ze een zware strijd – en met succes – om een eigen kamer te krijgen. Ze kreeg een klein 'kabinetje' met net genoeg ruimte voor een bed en een schrijftafel. Het had het nadeel dat het meteen naast het boudoir van mevrouw Anna lag, maar bood wel een aardig uitzicht op de binnenhof en de tuin. Belangrijker was dat ze er eindelijk een beetje privacy kreeg nadat ze sinds hun vertrek uit Venetië voortdurend zo dicht op de rest van de familie had gezeten.

De herbergierster woonde op de eerste verdieping met haar drie dochters, die naar het eerste oordeel van Giustiniana 'behoorlijk koket en helemaal niet lelijk' waren. Ze nodigden hun gasten regelmatig voor een maaltijd of een muziekuitvoering uit. Onder de andere huurders vielen vorst Dolgorouki en nog een Russische aristocraat, die Giustiniana geheimzinnig als 'de Moskoviet' aanduidde, onmiddellijk op: ze kleedden zich met flair, praatten luid in hun moedertaal en gaven de sfeer in het hotel een vleugje kosmopolitische zwier. Giustiniana merkte ook een Franse officier op, een koninklijke *mousquetaire*. Ze vond hem erg intrigerend en bovendien lang niet lelijk. In tegenstelling tot de lawaaierige Russen zei hij weinig en bleef hij meestal op zichzelf.

De aankomst van de meisjes Wynne in het Hôtel d'Anjou bleef natuurlijk niet onopgemerkt. Ze gedroegen zich de eerste dagen in Parijs echter discreet, zowel vanwege hun onzekere status in Frankrijk als vanwege de officiële rouw. Ze voelden geen diepe loyaliteit met Groot-Brittannië – zeker Giustiniana trok in haar brieven aan Andrea nooit partij. Niettemin waren ze vreemdelingen in het land van de vijand en wilden ze graag een verlenging van hun verblijfstitel alvorens zich in het uitgaansleven te wagen. De Venetiaanse ambassadeur, Niccolò Erizzo, werd geacht de procedure een beetje te bespoedigen, maar hij ontving de Wynnes niet met veel enthousiasme. Hij beloofde vaag dat hij hen binnenkort voor het diner zou uitnodigen en een onderhoud zou hebben met Bernis, de minister van Buitenlandse Zaken op wie ze hun hoop hadden gevestigd voor een vergunning om de hele winter te blijven. Giustiniana had echter duidelijk de indruk dat Erizzo niet echt van plan was zich ten behoeve van hen erg in te spannen. 'Tot dusverre heeft hij me geen reden gegeven tevreden over hem te zijn,' klaagde ze tegen Andrea, de ene hooghartigheid met de andere vergeldend. 'Zijn oppervlakkige en neerbuigende toon bevalt me geenszins.' Erizzo's gedrag prikkelde haar zo, voegde ze hieraan toe, dat ze in de verleiding kwam hem te zeggen dat hij zich helemaal niet meer met hun papieren bezig hoefde te houden. Bernis was in Venetië altijd hoffelijk tegen hen geweest en zou hun zeker de 'kleine gunst' bewijzen waarom ze vroegen, zelfs zonder tussenkomst van Erizzo. Uiteindelijk zag ze hier echter van af omdat ze net als iedere hooghartige Venetiaan geloofde dat een officiële stap van hun ambassadeur 'toch wel iets betekent'.

In weerwil van de 'avondklok' verspilde Giustiniana weinig tijd bij haar voorbereidingen op haar eerste verschijning op het Parijse toneel. Na het bezoek van de kapper was de kleermaker aan de beurt. Ze kocht wintermantels en sjaals, voorzag zichzelf van tal van 'opsmuk' en schafte een nieuw ochtend-*déshabillé* aan van batavia, een delicate stof die ze in Lyon had gekocht. Om warm te blijven voegde ze er een mof en een stola in bijpassend leer bij, met een modieus motief van 'vogels van het meer van Genève'. In de beslotenheid van haar kleine kamer probeerde Giustiniana haar nieuwe kleren uit.

Ook bracht ze voor de eerste keer rouge op haar wangen aan.

Het einde van de herfst van 1758 was een van de vreemdste seizoenen die Parijs ooit had meegemaakt. De oorlog, die nu ruim in zijn derde jaar was, verliep voor Frankrijk niet goed. De Grande Armée had tegen de Pruisen de ene nederlaag na de andere geleden. In Amerika verloren de Fransen hun koloniën aan de Britten. Ook in India werden ze door de Union Jack verjaagd. Als gevolg van deze eindeloze militaire campagnes verkeerden de openbare financiën in een staat van ontreddering. Frankrijk balanceerde op de rand van het bankroet en de regering perste ondraaglijke belastingen uit de bevolking. Lodewijk xv had van een korte opwelling van sympathie onder de bevolking geprofiteerd na de moordaaanslag op hem een jaar daarvoor, toen een gestoorde met de naam Robert François Damiens uit een menigte was gestapt en hem had neergestoken. Dit respijt was nu achter de rug en zijn populariteit was weer tanende. Madame De Pompadour, die nog steeds de grootste invloed aan het hof uitoefende, was in toenemende mate het object van minachting van het publiek. Op geheimzinnige manier verschenen er overal in de stad affiches waarop zij en de koning over de hekel werden gehaald. De politie ging meedogenloos tekeer tegen de bevolking. Je kon worden opgehangen als je iets verkeerds zei.

In Versailles leefde de versleten aristocratie op een dieet van gefluister en geruchten over de vraag wie bij het hof in de gunst stond en klampte zich vast aan de dagelijkse rituelen die door de koninklijke etiquette werden voorgeschreven. In de stad ging, schitterender dan het lange tijd was geweest, het societyleven echter door alsof het onheil dat zich van de slagvelden verspreidde met enorm vertoon van pracht moest worden uitgebannen. Iedere avond vonden er weelderige diners plaats, de theaters waren vol en de openbare *bals de l'Opéra* werden zo druk bezocht dat ze dikwijls in flonkerende massabijeenkomsten veranderden.

Giustiniana kon niet erg lang weerstand bieden aan de aantrekkingskracht van dit alles. Toen de rouwperiode een week na hun aankomst in Parijs eindigde was ze al *à la française* gekleed en gekapt en stond ze te trappelen om een snelle blik om zich heen te werpen en een beetje de show te stelen. Nadat ze met Bettina en Tonnina in de kerk van Saint-Sulpice de zondagsmis had bijgewoond gingen ze met zijn drieën de ronde maken in het park van de Tuilerieën. Ondanks de bittere kou paradeerde er een stoet rijtuigen over het terrein. Later, toen Giustiniana naar het hotel terugkeerde, hing de sfeer van opwinding nog steeds in haar hoofd. 'We hebben maar twee keer een rondje gemaakt in ons *déshabillé*, en toch werd er veel naar ons gekeken en hoorden we dat we er de mooiste en knapste vrouwen waren,' meldde ze trots. Ze vond haar rivales niet indrukwekkend: 'Geen enkele schoonheid, veel heel gewoontjes ogende vrouwen en een oneindig aantal lelijke.' Ze was echter geschokt door de gedurfdheid van hun *décolletés*: 'Ze lopen allemaal naakt rond... met alleen een *petit collier* om hun nek, bedekt door een *tour de gorge*.'

Ze was maar een paar uur buiten geweest, maar ze had de omgeving met het oog van een journalist bekeken en gezien dat de fijne zijden sjaals altijd bij de jurken pasten. Er waren minder hoepelrokken dan toen ze zes jaar daarvoor in Parijs was geweest, en ze waren minder wijd dan toen. 'En alle dames dragen een mof die bedekt is met de veren van een kapoen en die ook bij de kleur van hun jurk past.' Ze was beslist opgelucht dat ze in Lyon inkopen had gedaan en zich niet in haar oude en nogal gedateerde Venetiaanse jurken hoefde te vertonen.

Ze gaf zich over aan deze beschrijvingen omdat ze, afgezien van haar eigen liefde voor mooie stoffen en kleren, wist hoe geïnteresseerd Andrea was in de laatste Parijse mode. 'De mannen zien er schitterend uit,' verzekerde ze hem. 'Hun tweekleurige fluwelen pakken zijn met rijk borduurwerk versierd. De meesten dragen zwart fluweel met een gouden of zilveren vest en geen kant. De mannen die echt de laatste mode dragen zijn gekleed in een *pensée*-pak, afgezet met de zachte zwarte wol van pasgeboren babylammeren die direct uit de baarmoeder van de moeder worden gehaald. De moffen zijn afgezet met het haar van de Siberische wolf, dat heel lang, wit en stug is.' Ze hield Andrea ook op de hoogte van de laatste mode in mannenkapsels: een grote pruik gekamd *à la cabriolet* – 'golvend, zonder veel krullen, halverwege het oor eindigend in een *frisé* en met een kleine metalen speld op het achterhoofd vastgezet'. En als Andrea werkelijk indruk wilde maken op zijn vrienden bij de Listone moest hij overwegen de hakken van zijn zwarte schoenen met gespen felrood te laten schilderen – een klein detail dat ze geweldig chic vond.

De prachtige kleren, de stijlvolle kapsels, de pure weelde en het uiterlijk vertoon dat ze buiten het hotel had gezien deden Giustiniana duizelen. Zelfs de rijtuigen vond ze 'werkelijk schitterend, het zijn net tabaksdozen', zo mooi zwart en goud gelakt, met 'geschilderde boeketten bloemen die er wel op lijken te zijn geborduurd'. Kon ze dat schitterende decor maar met Andrea delen. Samen zouden ze de Parijse society betoveren met hun jeugdige en knappe uiterlijk en hun levendige conversatie. 'Waarom ben je niet bij me?' vroeg ze vanuit de stilte van haar kamer in Parijs.

Op momenten dat ze lucider – en melancholieker – was zag Giustiniana duidelijk in dat de grote afstand die hen nu van elkaar scheidde 'ons verlangen naar elkaar des te lachwekkender' maakte. Vanuit haar nieuwe uitkijkpost kreeg ze een vollediger beeld van wat Andrea voor haar had betekend: 'Je hebt me alle mysteriën van het leven onthuld... Je hebt mijn ziel laten donderen... Je hebt mijn geest delicaat en nobel gemaakt... Je bent in alles mijn gids geweest, mijn Memmo, altijd een geweldige aanwezigheid in me.' Haar eigen 'dwaasheid' dat ze hem ooit had bedrogen achtervolgde haar nog steeds. Er waren momenten dat ze terugverlangde naar 'de onschuld toen ik veertien was en je me voor het eerst zag'. Ondanks haar 'verachtelijke' gedrag van de zomer daarvoor durfde ze echter nog steeds 'aanspraak te maken op de gevoelens die je in een andere tijd voor me koesterde'. Ze was niet van plan hem op te geven, hoe irrationeel haar hardnekkige liefde haar soms ook toescheen. En zo stond ze voor de taak de verwarring in haar hart het hoofd te bieden: 'Ik houd van je; ik ben bang; ik ben boos op mezelf; ik doe een beroep op de Filosofie om me te helpen, en toch veracht ik haar ook; en zo is mijn ziel verscheurd.'

Aanvankelijk duurde het een hele tijd voordat de brieven van Giustiniana Andrea vanuit Parijs bereikten omdat hij nog niet in Venetië terug was en ze nooit helemaal zeker wist waar ze ze heen moest sturen. Na hun definitieve afscheid in Brescia was hij op het vasteland blijven hangen, had vrienden bezocht en contacten gelegd. De afgelopen jaren had hij zijn politieke loopbaan zo verwaarloosd dat zijn jongere broer Bernardo al in dienst van de regering was getreden terwijl Andrea zelf nog steeds geen officieel ambt had. Nu leek zijn eerste benoeming door de regering ophanden – het gerucht ging dat hij benoemd zou worden tot *savio agli ordini*, een lagere functionaris met verantwoordelijkheid voor maritieme zaken (deze positie werd ook wel gebruikt om veelbelovende jonge patriciërs in de kunst van het besturen op te leiden). Hij moest zijn energie voortaan gaan richten op de plichten en verantwoordelijkheden die een jonger lid van de heersende klasse betaamden. Geheel in overeenstemming met zijn karakter liet hij zich tijdens zijn rondreis over het Venetiaanse grondgebied op het vasteland ook datgene aanleunen wat Giustiniana plagend zijn 'vermaak en afleiding' noemde. Als de rijzende ster van een oude en prestigieuze familie werd hij overal waar hij kwam gefêteerd, en onvermijdelijk ook aan jonge vrouwen voorgesteld die naar een huwelijkspartner op zoek waren – hoewel hij Giustiniana braaf verzekerde dat geen van deze dames haar plaats in zijn hart kon innemen.

Weggedoken in haar kabinet in het Hôtel d'Anjou las Giustiniana met een mengeling van opgetogenheid en vrees Andrea's verslagen van zijn 'reisjes'. Al die jongedames van wie hij in zijn brieven zelfingenomen melding maakte... Was het echt waar dat haar plaats in zijn hart nog niet was ingenomen? En wat moest ze denken van die mooie en geheimzinnige 'non' over wie hij soms schreef? Giustiniana had nachtmerries over haar. 'Je hebt in haar armen gelegen... Ja, ik hoorde je zelfs je geluk uitschreeuwen... Je was het klooster binnengedrongen en met veel moeite door de ijzeren tralies gekomen... En ten slotte was daar die mooie non... Ah, nu zie ik je met haar... Ik wilde alleen maar een eind maken aan je verrukking, je genot verstoren; ik viel echter plotseling flauw en raakte totaal bewusteloos. Toen werd ik gedrenkt in tranen en zweet wakker.'

Niettemin deed ze haar best een luchtige toon aan te slaan als ze Andrea's verhoudingen met andere vrouwen ter sprake bracht. Zeuren zou niet helpen. Ze wist uit ervaring hoeveel ze kon verliezen door een excessief jaloerse indruk te maken. Toch werden zelfs haar moedigste pogingen te doen alsof er niets aan de hand was gekenmerkt door de angst dat ze van de troon zou worden gestoten:

*W*aarom blijf je daar toch in de provincie? Soms doorzie ik je niet, en wat je me vertelt is niet voldoende om mijn argwanende ziel te kalmeren... Ik weet dat je op het vasteland, misschien wel meer dan in Venetië, indruk zult maken. Je zult de toon zetten, je zult de mode dicteren en zo zul je onvermijdelijk de heer van alle dames zijn. Je vertelt me dat dit alles je niet raakt. Maar kan een jongeman met zo'n goed humeur, die zo levendig is en zo voor nieuwe mogelijkheden openstaat als jij, lang weerstand bieden aan de verleiding...? Spreek me niet over wat onmogelijk is, Memmo. Wees oprecht tegen me. Ik zie je nu al voor me *en petit Sultan*, aanpappend met alle dames, kennersblikken om je heen werpend en behendig onderhandelend om de gunsten die je zeker in de wacht zult slepen. Niets zou vermakelijker kunnen zijn en ik hoop oprecht dat je je werkelijk zo zult gedragen. Het is in mijn belang dat je je als een *petit-maître* [dandy] gedraagt... Ik zie je liever losbandig dan somber of zelfs melancholiek. Ik geef je hoofd permissie te spelen zoveel je wilt; maar je hart... O God! Je hart... Ik weet dat het nog onbedorven is en dat je het voor mij bewaart, ook al besef je dit misschien niet. Ik heb gemerkt dat je met alle vrouwen gelukkig bent en om deze reden geen besluit kunt nemen... Maar eigenlijk ben je alleen maar zelfvoldaan en is eigenliefde het enige waarin je bent geïnteresseerd. Ik geloof dat je nu meer dan één vrouw hebt, en ik zal verklaringen waarin je het tegendeel beweert niet serieus nemen... Je zegt dat je die levendige met die mooie ogen graag mag en dat ze wel wil maar dat jij geen vinger uitsteekt? Ah, Memmo! Windt ze je niet op? Hoe is dat mogelijk – je geeft toe dat je haar mag? In laatste instantie wil ik de waarheid niet uit je wringen, en nog minder wil ik ruziemaken. Zul je mijn vriend zijn? Helaas, misschien is het wel het enige dat je ooit voor mij zult zijn... Ah, het zou zoveel beter zijn als je wispelturig en verleidelijk en ijdel en gek bleef.

Giustiniana's toekomst leek zo onzeker dat het idee naar Venetië terug te gaan om dicht bij Andrea te zijn nooit helemaal uit haar gedachten was. Zou ze, zodra haar broers zich in Engeland hadden gevestigd, niet in staat zijn terug te gaan, ongehuwd en misschien onhuwbaar, en daarom bevrijd van de last die haar had gedwongen Venetië te verlaten? 'Ik zal daar gaan wonen, in welke omstandigheden ook,' schreef ze. 'Uiteindelijk heb ik maar weinig nodig en geef ik sterk de voorkeur aan vrede en een rustig leven boven alle moeite die ik zou moeten doen om iets aan mijn situatie te veranderen; trouwens, tot welk goeds zou ik in staat zijn als ik niet bij je was?'

De fantasieën verdwenen even snel als ze waren gekomen. Ze hoefde maar van het vel papier waarop ze schreef op te kijken om weer te weten dat ze met een missie in Parijs zat. Hoewel haar hart niet helemaal stond naar het vergezochte plan La Pouplinière, de oude *fermier général*, te verleiden, hoefde Andrea zich geen zorgen te maken: ze was het niet vergeten. 'Ik zal me aan de afspraak houden omdat ik het je heb beloofd. Ik zal over hem gaan nadenken zodra ik naar buiten mag. Maar terugkeren om bij jou te zijn zal – vergeef me – altijd mijn eerste doel blijven.'

Hun *démarche* bij Bernis om een verblijfsvergunning te krijgen zag er echter niet veelbelovend uit. 'We wachten gespannen op een antwoord van Bernis, maar het zou moeilijk kunnen blijken een verblijfsvergunning te krijgen.' Er was zelfs sprake van 'een nieuw edict tegen de Engelsen'. (In september was er een legermacht van tienduizend Britse soldaten in Bretagne aan land gegaan, en ze hadden de Fransen behoorlijk nerveus gemaakt voordat ze in zee waren teruggedreven.) Opgesloten in het Hôtel d'Anjou leefden Giustiniana en haar familie met de angst dat ze opeens het land uitgezet zouden worden. Er heersten grote spanningen, en zoals gewoonlijk reageerde mevrouw Anna deze af op iedereen, met inbegrip van de trouwe Zandiri. 'Ze is ondraaglijk geworden... Zelfs Giacomo kan ze niet meer uitstaan. Ze kwelt hem zo dat ik langzaam aan medelijden met hem krijg.'

Het gevoel van isolement nam met de dag toe. Het leven van de Wynnes speelde zich uitsluitend binnen het hotel af. De uitnodiging voor het diner bij ambassadeur Erizzo kwam maar niet binnen, ook al zaten ze nu al bijna een maand in Parijs. Om het allemaal nog erger te maken was Giustiniana een pak aanbevelingsbrieven kwijt die Andrea voor haar vertrek uit Venetië voor haar had geschreven – en ze vermoedde dat haar moeder ze in beslag had genomen. Zelfs degene van wie ze zeker had geweten dat hij haar meteen zou komen opzoeken – de jonge Chavannes, haar voormalige aanbidder – kwam maar niet opdagen. 'Misschien is hij nog steeds ontdaan dat we hem niet meer hebben geschreven sinds hij ons had verteld dat hij geen graaf was,' schreef ze voorzichtig. 'Maar dat kan me eigenlijk helemaal niet zoveel schelen...'

In december liet Bernis eindelijk iets van zich horen. Hij smeekte 'in heel elegante bewoordingen' om vergiffenis dat hij pas zo laat reageerde. Helaas kon hij hun een verblijf van nog maar twee weken, maximaal drie, in Parijs toestaan. Het was deprimerend nieuws. Wat de Wynnes zich niet meteen realiseerden was dat Bernis zelf nog korter in Parijs zou blijven.

Zoals ambassadeur Erizzo de Wynnes uitlegde was Bernis een 'creatuur' van madame De Pompadour. Hij had zijn machtspositie in hoge mate te danken aan het feit dat hij bereid was geweest zich in dienst te stellen van haar nieuwe beleid van vriendschap met Oostenrijk ten koste van Pruisen, de traditionele bondgenoot van Frankrijk. Deze belangrijke verandering van bondgenootschap had de weg bereid voor het bloedige conflict dat nu in Europa, Noord-Amerika en het Indische subcontinent woedde. Bernis was echter nooit een enthousiast voorstander van de oorlog tegen Pruisen en Engeland geweest, die buitengewoon kostbaar bleek te zijn. Hij leed erg onder de Franse verliezen en was op zoek naar methoden om een eervolle vrede te sluiten. Madame De Pompadour was, gesteund door Lodewijk xv, van mening dat het onmogelijk was vanuit een positie van zwakte een overeenkomst te bereiken. De oorlogsinspanning moest doorgaan – in ieder geval tot de onderhandelingspositie van Frankrijk verbeterd zou zijn. Alleen al de aanblik van het sombere gezicht van Bernis in Versailles was voor de koning en zijn minnares ondraaglijk geworden. Hij moest vertrekken. Lodewijk xv regelde dat hij door paus Clemens xiii tot kardinaal werd benoemd en ontsloeg hem toen uit zijn betrekking. 'Vanwege zijn gezondheidstoestand, die al enige tijd niet goed is, kan kardinaal Bernis het ambt van minister van Buitenlandse Zaken niet blijven vervullen,' zo werd in de officiële *Gazette de France* door de autoriteiten bekendgemaakt.[2] Een paar dagen later, op 13 december, verbande de koning de nieuwe kardinaal naar zijn landgoed bij Vic-sur-Aisne, in de buurt van Soissons, een hele dagreis ten noorden van Parijs. Zijn ondergang was zelfs nog sneller in zijn werk gegaan dan de toch al snelle verwerving van zijn machtspositie drie jaar daarvoor.

'Goed, alles is voor niets geweest,' merkte Giustiniana melancholiek op. 'Wat is het nut geweest dat ik al zijn werk uit mijn hoofd heb geleerd om zoals hij te leren denken en de juiste dingen te zeggen toen we elkaar ontmoetten?' Van de ene dag op de andere zeiden de mensen geen woord meer over Bernis, behalve om de draak met hem te steken. 'Het *bon mot* dat op het ogenblik de ronde doet,' vertelde ze Andrea, 'is dat hij een kardinaalshoed heeft gekregen om beter te kunnen buigen.'

Het verzoekschrift van de Wynnes werd doorgegeven aan de nieuwe minister van Buitenlandse Zaken, de hertog van Choiseuil. Giustiniana kon die koude december weinig anders doen dan afwachten en profiteren van de afleiding die het huis bood. 'Ik zit hier met een hele menigte vreselijk ondraaglijke aanbidders,' schreef ze Andrea, misschien in de hoop hem jaloers te maken. 'Ik lach met ze, maar geef ze geen enkele hoop. Ik maak ze wanhopig, daar amuseer ik me mee.'

De hoofdrolspelers in dit amoureuze beleg waren de twee Russische aristocraten, vorst Dolgorouki en de Moskoviet. Ze waren verre neven van elkaar en hadden voortdurend ruzie, belasterden elkaar zodra er zich maar een gelegenheid voordeed. Ze waren allebei vrienden van prinses Galitzine, de rijke echtgenote van de Russische ambassadeur, die niet ver van de rue Dauphine woonde, omringd door een kring in Parijs wonende Russen die regelmatig in het Hôtel d'Anjou langskwamen en een sfeer van Russische exuberantie meebrachten. De Franse *mousquetaire* hield zich nog steeds op de achtergrond, hoewel het Giustiniana was gelukt hem een beetje uit zijn schulp te lokken. 'Het is geen kwade kerel,' schreef ze Andrea. 'Hij praat dikwijls met me, maar als de Moskoviet in de buurt komt trekt hij zich terug en hij heeft me nooit zijn liefde verklaard.' Mindere types 'kwelden' haar eveneens, onder wie 'een nogal omvangrijk heerschap, wiens 'eindeloze zuchten' ze werkelijk niet kon verdragen, en 'een buitenlander die hier met zijn vrouw zit. Stel je toch eens voor...'

Van dit bonte gezelschap *innamorati* had Giustiniana een duidelijke voorkeur voor de Moskoviet: een lange, knappe man van zevenentwintig, 'schitterend gekleed en een echte heer'. Hij zei dat hij familie was van prinses Galatzine maar legde, misschien om zijn minder opdringerige rivaal Dolgorouki de pas af te snijden, uit 'dat hij zijn eigen titel niet wil gebruiken omdat hij het een lachwekkende aanstellerij vindt waaraan sommige Russische aristocraten zich overgeven, vooral hier in Parijs'. Giustiniana wist maar weinig van hem, behalve dat hij tien maanden daarvoor in Parijs was aangekomen, al een vermogen had uitgegeven en de harten van tal van Franse dames had veroverd. Haar frequente berichten uit het Hôtel d'Anjou maakten Andrea duidelijk dat zij zelf ook niet ongevoelig was voor zijn charmes.

*G*isterenavond vroegen de dochters van de herbergierster ons in hun appartement langs te komen omdat een vrouw *chansons poissardes* zou zingen, liedjes over de Pont Neuf die ik heel leuk vind. We gingen er dus heen en er bleek een groot gezelschap te zitten. De Moskoviet kwam naar me toe en bedolf me onder liefdesverklaringen. Ik was in een goede stemming, stak de draak met wat hij zei en vertelde dat zijn kleine toespraak heel ouderwets klonk en dat zijn bloedende hart en de rest volkomen uit de mode waren. Ik moet zeggen dat hij inderdaad gevoel voor humor heeft en zich keurig gedraagt.

Een paar dagen later zag ze nog steeds naar de knappe Rus uit:

*I*k lag vanochtend in bed toen ik in de tuin een paar schoten hoorde. De Moskoviet schoot met een Fransman op een roos. Ik ging naar beneden, samen met de dochters van de herbergierster. Ik schoot zelf ook een paar keer en won de ronde. Toen herinnerde ik me die dag in Padua toen ik een pistool probeerde en bijna per ongeluk jou doodschoot. Weet je dat nog?

Na een paar weken verlevendigde de Moskoviet duidelijk haar eenzame opsluiting:

*H*ij brengt het grootste deel van de dag hier in het hotel door, hij verlaat de voorstellingen vroeg om zo snel mogelijk terug te zijn. Hij is gelukkig als hij me gezelschap kan houden... Iedere morgen als ik wakker word zie ik hem hetzij in de tuin hetzij voor zijn raam aan de overkant van de tuin; hij wacht tot ik mijn raam opendoe en komt zodra ik opsta naar me toe.

Toen bedierf hij alles door zijn zelfbeheersing te verliezen:

*I*k was de hele dag in huis gebleven. Gisterenavond, toen ik uit het appartement van de herbergierster kwam, pakte de Moskoviet in een smalle doorgang mijn hand en trok met stevig tegen zich aan. Hij gebruikte zijn kracht, zijn gebeden en al zijn verleidingswapens om zich vrijheden met me te veroorloven; hij beroerde mijn borst en drukte me tegen de muur. Ik hield hem echter ondanks zijn aandringen – en de natuurlijke verleiding die een man bij een vrouw teweeg kan brengen – van me af, tot ik zag dat hij echt buiten zinnen was, trillend en verliefd tegelijk. Het lukte me weg te rennen, maar niet zonder zijn mouw te hebben gescheurd en zijn handen te hebben gekrabd.

De volgende dag meed Giustiniana de Moskoviet zo veel mogelijk. 'Ik heb hem alleen de kans gegeven duizend verontschuldigingen aan te bieden en alles aan de liefde te wijten, zoals jullie mannen altijd doen.' Het Hôtel d'Anjou was echter klein, en tenzij ze zichzelf in haar kamer opsloot was het onwaarschijnlijk dat ze de Moskoviet lange tijd op veilige afstand kon houden, vooral omdat deze uit alles liet blijken dat hij graag weer in actie zou komen. Het had er inderdaad de schijn van dat na zijn onhandige aanval voor het appartement van de herbergierster zijn Russische hart sneller bonkte dan ooit. Hij zocht Giustiniana op de gangen van het hotel en fluisterde haar 'duizend dingen' toe.

Terwijl hij haar verslagen las moet Andrea zich hebben afge-vraagd hoeveel langer ze nog aan de avances van de knappe Rus weerstand zou kunnen bieden. Had ze niet terloops melding ge-maakt van de verleiding die ze tijdens haar schermutseling met de Moskoviet had gevoeld? Hij kende haar echter goed genoeg om te begrijpen dat ze probeerde hem de zorgen betaald te zetten die hij met zijn achteloze gepraat over die mooie non bij haar had gewekt.

Op een nacht had Giustiniana al een paar uur geslapen toen ze op-eens wakker werd van een krabbelend geluid aan het voeteneinde van het bed. In het donker besefte ze niet meteen dat ze volledig onbedekt in haar nachthemd lag omdat haar dekens in een hoop bij haar voeten lagen. 'Ik verroerde me niet,' schreef ze Andrea la-ter. 'Ik haalde geen adem. Even later hoorde ik het geluid van voet-stappen – iemand die wegliep en zich via het raam in de tuin liet zakken. Ik was geschokt. Ik trok mijn dekens op, kroop eronder en dacht: de Moskoviet moet door de tuin naar mijn raam zijn ge-lopen, hebben gezien dat er een ruit bij het voeteneinde van het bed kapot was, van buitenaf de dekens hebben gepakt en ze naar zich toe hebben getrokken, om me een poets te bakken.'

Giustiniana ging weer slapen met het voornemen hem de vol-gende ochtend de mantel uit te vegen. Vijftien minuten later voel-de ze dat de dekens weer werden weggetrokken en dat het bed be-gon te schudden.

'Wie is daar?' schreeuwde ze.

'Geeft u geen kik, mademoiselle, komt u alleen maar naar het raam en luister wat ik u te zeggen heb.' Tot haar verbijstering her-kende ze de stem van de *mousquetaire*.

'Hoe verwacht u dat ik op dit late tijdstip nog naar u luister? Gaat u onmiddellijk weg.'

'Ik ben gekomen om u te zeggen dat ik u aanbid, en het is mijn bedoeling het u te bewijzen.'

'U bent gek, monsieur. Uw hersenen werken niet goed meer. Gaat u dus meteen weg bij dat raam en valt u me niet meer lastig, want anders zal ik u als het grootste uitschot beschouwen.'

De *mousquetaire* drong aan dat ze naar het raam zou komen tot hij zich realiseerde dat de sleutel van de tuindeur naast het raam nog aan de buitenkant in het slot zat. Hij liet zichzelf binnen 'en wierp zich ogenblikkelijk op het bed'.

'Jij schurk, wat denk je te winnen met dit geweld?' haalde Giustiniana uit. 'Ik walg van je. Ga meteen weg!'

Hij trok zijn kamerjas uit en kroop bij haar in bed.

'Ik voelde alleen maar woede en minachting,' vertelde ze Andrea. 'Ik verdedigde me met al mijn kracht, gebruikte mijn nagels en mijn mantel, die ik gelukkig als deken over me heen had getrokken. Geleidelijk liet zijn kracht het afweten en probeerde hij het met vriendelijke woorden. Hij kermde en smeekte. Verachtelijke man!... Ik haat geweld en ik haatte hem, maar hoe kon ik hem kwijtraken? Als ik schreeuwde zou mijn moeder, die in de kamer ernaast sliep, komen binnenstormen en God weet wat er gebeurd zou zijn als ze me met die man had gevonden.' Ze worstelde en bad en bedolf hem onder zoveel scheldwoorden dat de *mousquetaire* na een tijdje 'de onmogelijkheid van succes' begon in te zien. Hij stond op, smeekte haar geen woord over zijn mislukte inbraak te zeggen en verliet schaapachtig de kamer.

Giustiniana rende naar de deur, deed hem op slot, ging terug naar bed en lag tot de ochtend wakker, zich afvragend hoe ze deze episode het best kon hanteren. Wat als de *mousquetaire* 'zijn eigen versie van het verhaal' onder de andere gasten in het hotel zou verspreiden, en de feiten zo zou weergeven dat het klonk alsof zijn pathetische aanval met succes was bekroond? Na haar terugkeer van de mis de volgende dag trof ze de Moskoviet, die samen met de kapper, die een nieuwe wrong bij haar kwam maken, bij het hotel op haar stond te wachten. In een opwelling nam ze de Moskoviet apart en vertelde hem wat er was gebeurd 'om een getuige aan mijn kant te hebben'. Deze was maar licht verbaasd, want het bleek dat de *mousquetaire* hem van tevoren op de hoogte had gesteld dat hij een nachtelijk bezoek in de zin had. Denkend dat het maar praatjes waren had de Moskoviet niet de moeite genomen Giustiniana te waarschuwen. Hij adviseerde haar nu 'lucht te geven aan al haar verontwaardiging' door de *mousquetaire* voor schut te zetten en de zaak daarna te laten rusten.

Zodra ze afscheid van hem had genomen om met de kapper mee te gaan rende de Moskoviet weg om iedereen het verhaal te vertellen. De *mousquetaire* was zo gegeneerd dat hij bijna een week lang zijn gezicht niet liet zien. Giustiniana beweerde onaangenaam getroffen te zijn door de indiscretie van de Moskoviet, maar besloot dat haar belager genoeg was gestraft en vergat de hele zaak verder.

De Moskoviet verloor zijn belangstelling voor haar. 'Hij is te veel een man van de wereld om na deze gebeurtenis zijn tijd aan me te verspillen,' merkte Giustiniana sarcastisch op. Maar hoe konden deze komediefiguren, deze voor niets deugende halve mannen ook maar in de verste verte met haar Memmo worden vergeleken? Haar gevoelens voor hem waren nog even sterk, en hoewel ze haar treurig stemden boden ze haar ook troost als ze zich neerslachtig voelde. 'Ik houd van je, mijn Memmo. Ja, ik houd zoveel van je. Meer dan goed voor mij is en misschien ook voor jou, want als je weet dat jouw gevoelens voor mij niet zo sterk zijn als de mijne voor jou, dan zal mijn liefde zeker een zware last zijn.' Maar als hij nog steeds van haar hield hoefde hij zich geen zorgen te maken: 'Ik ben wel zo fatsoenlijk als jij zou kunnen wensen... En ik ben mijn financier niet vergeten. Als we wellicht toch [in Parijs] mogen blijven zal ik een ontmoeting met hem regelen en als ik genoeg tijd krijg zal ik met hem doen wat je wilt.'

De week voor Kerstmis, toen de hoop op een gunstig antwoord van de Franse autoriteiten was vervlogen en de termijn van hun verblijfsvergunning bijna was verstreken, liet Choiseuil de Wynnes weten dat ze de hele winter en misschien zelfs langer zouden mogen blijven. Giustiniana was enorm opgelucht. Ze hadden de vergunning aan vorst Dolgorouki te danken: hij had de zaak onder de aandacht gebracht van de machtige generaal van de Grande Armée, de prins van Clairmont, onder wie hij aan het begin van de Zevenjarige Oorlog had gevochten. Al haar vrienden in het Hôtel d'Anjou namen opgetogen kennis van het nieuws, vooral vorst Dolgorouki, die Giustiniana serieuzer het hof was gaan maken sinds de Moskoviet zich van het slagveld had teruggetrokken.

Het gebaar van Choiseuil gaf de Wynnes onmiddellijk een meer respectabele status, en de felbegeerde uitnodiging voor het diner in de ambtswoning van de Venetiaanse ambassadeur kwam na verloop van tijd inderdaad binnen. Het was weliswaar niet de meest schitterende gelegenheid – de enige andere gasten waren Tommaso Farsetti, een saaie Venetiaanse dichter die destijds in Parijs woonde, en signor Pizzoni, eerste secretaris van de ambassade – maar Giustiniana haalde het uiterste uit de bescheiden Venetiaanse soirée door Farsetti, die beweerde monsieur De La Pouplinière heel goed te kennen, veel aandacht te geven. 'Ik liet heel behendig doorschemeren dat ik La Pouplinière graag zou ontmoeten,' pochte ze tegen Andrea.

Terwijl ze wachtte tot Farsetti iets van zich zou laten horen vatte ze haar oude liefde voor het theater weer op, hoewel het eerste dat ze tot haar gêne ontdekte was dat het in Parijs, anders dan in Venetië, niet 'als *bon ton* werd beschouwd te laat in het theater binnen te komen'. In het algemeen waren de Parijzenaars net zo bezeten van toneel als de Venetianen. De Comédie Française en de Comédie Italienne, de twee populairste theaters, zaten iedere avond stampvol. Veel toeschouwers hadden oprecht belangstelling voor de voorstelling, maar veel anderen gingen erheen om te zien en gezien te worden. In hun flamboyante uitmonstering en met hun elegante kapsels vormden ze zo'n kleurig en levendig decor dat het soms moeilijk was het toneel van het publiek te onderscheiden.

De hit van het seizoen 1758-1759 was een tragedie in verzen, *Hypermnestre*, van een jonge schrijver, Lemierre, die financieel gesteund werd door de *Mercure de France*, het in brede kringen gelezen maandblad over cultuur en actuele zaken. Giustiniana zorgde ervoor dat haar Russische vrienden haar meenamen naar de première. 'Heel Parijs was er,' schreef ze Andrea, die heel graag het laatste nieuws over het Franse theater hoorde, ook al was zijn eigen project nooit verwezenlijkt. 'Het was een goddelijke tragedie, en het applaus hield maar niet op. Ik was erg ontroerd en huilde. Het hele theater was ontroerd. Wat kunnen die Fransen toch goed acteren!' De ster van de avond was mademoiselle Clairon, de meest gevierde, ambitieuze, getalenteerde en verwende prima donna van haar tijd. Giustiniana had in Venetië al van haar gehoord en was blij te kunnen melden dat de grote actrice inderdaad 'een echt wonder' was.

Giustiniana wilde de stad dolgraag serieus verkennen. Twee maanden nadat ze in Parijs was aangekomen was haar wereld nog steeds niet groter dan het Hôtel d'Anjou. Mevrouw Anna moedigde haar dochters niet aan hun vriendenkring uit te breiden en hield voortdurend de teugels strak. Als Giustiniana met haar zusters uitging gebeurde dit dus gewoonlijk in het gezelschap van hun Russische vrienden.

Prinses Galitzine was de belangrijkste organisatrice van hun avonden in het theater. Het was een publiek geheim dat ze ernstig verliefd was op mademoiselle Clairon. 'De mensen zeggen dat ze met tedere hartstocht van haar houdt,' schreef Giustiniana. 'Ze begint te beven als ze haar ziet, ze wordt bleek, ze raakt buiten zichzelf... Ze nodigt haar altijd uit voor het diner... Men zegt dat ze al meer dan honderdduizend franc aan deze *comédienne* heeft gespendeerd.' De prinses gaf Charles Van Loo, de eerste schilder van de koning, opdracht een portret van mademoiselle Clairon te maken. Hij schilderde haar als Medea op een strijdwagen met een druipende dolk in haar hand, haar twee dode kinderen aan haar voeten en het gezicht van Jason vertrokken van verschrikkelijke woede. De onthulling van het schilderij in het atelier van de kunstenaar in het Louvre werd een gebeurtenis op zich. 'Een menigte bewonderaars heeft het meesterwerk van Van Loo gezien en nog nooit is een schilderij zo unaniem geprezen,' schreef de kunstcriticus van de *Mercure de France* gloedvol, volledig betoverd door Jasons 'vurige ogen' en de afgeslachte lichamen van de twee kinderen 'die nog voor onze ogen stuiptrekken'.[3] Giustiniana ging met de prinses en haar enorme gevolg van babbelende Russen het schilderij bekijken en was helemaal niet zo onder de indruk. 'Het heeft zesduizend franc gekost,' merkte ze op. 'De kleuren zijn mooi, de karakters hebben inhoud, maar toch heeft het wel degelijk tekortkomingen.'

Ondanks haar kritiek en zelfs ondanks de voorgewende ergernis

die regelmatig in de beschrijvingen van haar vrienden doorsche-
merde begon het plezier dat ze zich eindelijk met Parijs verbonden
voelde in haar wekelijkse verslagen aan Andrea door te sijpelen. Het
was waar dat ze er nu en dan genoeg van kreeg met die Russen in
de stad rond te rennen. Ze wilde schitteren in de beroemde literaire *salons* en aan de elegante diners waar ze steeds van hoorde. 'Ik
reis niet zoals ik zou willen. Ik zou graag intelligente dames en heren willen leren kennen, zowel schrijvers als mensen van het Hof.
Ik zou graag in de goede huizen van Parijs worden ontvangen. Maar
met mijn moeder hier, en twee zusters op sleeptouw, is dat onmogelijk... Ah, konden we maar samen reizen, jij en ik, wat een verschil zou dat maken! Maar wie weet? Die dag komt misschien nog
wel.' In afwachting van de dag dat zij en Andrea in de salon van
iemand als madame Du Deffand met Diderot en de Encyclope-
disten zouden converseren of zich onder de *crème de la crème* van
de Franse aristocratie zouden kunnen vertonen kon Giustiniana
zich toch troosten met de gedachte dat ze toneelstukken zag waarover iedereen praatte, de nieuwe boeken las en de laatste roddels
over Versailles kende. De betrouwbare *Mercure de France* hield haar
op de hoogte van de grote debatten van die tijd, of ze nu gingen
over de beroemde polemiek tussen Rousseau en d'Alembert over
de verderfelijke invloed van het theater, het omstreden vaccin tegen pokken of zelfs de komende verschijning van de komeet van
de heer Halley aan de oostelijke hemel. En bij wijze van pure afleiding kon ze altijd rekenen op de laatste aflevering van de eindeloze komedie die zich in het Hôtel d'Anjou afspeelde.

Rond Kerstmis kregen vorst Dolgorouki en de Moskoviet ernstig ruzie over Giustiniana, en namen de gebeurtenissen een serieuze wending. Ze was in alle staten – en misschien ook wel een
tikkeltje opgewonden – 'Ik beefde bij de gedachte dat ik binnenkort het onderwerp van ieder gesprek in Parijs ben'.

De ruzie explodeerde korte tijd na de *mousquetaire*-episode. Dolgorouki was tien jaar ouder dan de Moskoviet en bezat noch diens
elegantie noch zijn knappe uiterlijk. Hij boekte weinig vooruitgang
in zijn jacht op Giustiniana. Ze vond dat hij geen enkele charme

had, zich overal mee bemoeide en excessief opvliegend was – bij tijd en wijle een werkelijke bron van ergernis. Dolgorouki had – niet geheel ten onrechte – de indruk dat hij zo weinig vorderingen maakte omdat Giustiniana zich nog steeds tot de Moskoviet aangetrokken voelde. Hij vertelde haar dus dat hij had gehoord hoe de Moskoviet haar publiekelijk belasterde en dat hij zich gedwongen had gevoeld haar te verdedigen. Giustiniana vertelde dit snel door aan de Moskoviet: 'Hij tierde en raakte buiten zichzelf, betuigde zijn onschuld op duizend verschillende manieren en beweerde dat [Dolgorouki] uitsluitend uit jaloezie handelde... Hij stormde razend weg.'

Na het diner die avond vertelde een droefgeestige Dolgorouki haar dat hij en de Moskoviet een duel zouden houden. Hij voegde hier op nogal macabere toon aan toe dat hij er 'blij om was'. Giustiniana smeekte hem een dergelijk waanzinnig idee te laten varen. Hij en de Moskoviet waren buitengewoon goede vrienden geweest; ze waren zelfs familie van elkaar. Had hij er bovendien niet over nagedacht welke gevolgen dit voor haar reputatie kon hebben? Ze riep de hulp van de herbergierster en de andere hotelgasten in, maar Dolgorouki bleef doof voor hun smeekbeden. Ze ging dus naar de Moskoviet en smeekte hem 'met tranen in mijn ogen' het gevecht niet aan te gaan. Na veel bezweringen en pluimstrijkerijen harerzijds was hij bereid Dolgorouki vier of vijf dagen te ontlopen om te zien of zijn rivaal zou kalmeren en de episode vergeten kon worden. Dit werkte niet. Op kerstdag schreef Giustiniana Andrea een buitengewoon geagiteerde brief. De Moskoviet had geprobeerd bij Dolgorouki uit de buurt blijven, maar deze laatste was in een 'beest' veranderd. Hij had de Moskoviet bij iedere gelegenheid geprovoceerd en aangevallen. Hij had hem er ten overstaan van de andere gasten van beschuldigd 'wispelturig en onnadenkend' te zijn en 'onwaardig' haar het hof te maken – en dit nog wel op een moment dat de Moskoviet al een einde had gemaakt aan zijn onverhoede handtastelijkheden in donkere hoekjes van het hotel.

Op een avond raakten de twee Russen slaags in de zitkamer van het appartement van de herbergierster. Er moest politie aan te pas komen en beide mannen werden in hechtenis genomen. Onder druk van de Russische ambassade wilden Dolgorouki en de Moskoviet wel een document tekenen waarin ze verklaarden van het duel af te zien. Hier was de zaak echter niet mee afgelopen. Duelleren was in Frankrijk weliswaar verboden, maar veel mensen beschouwden het nog steeds als de enige respectabele manier om een dergelijk conflict op te lossen. 'Ze zullen ofwel vechten ofwel zich te schande maken voor de hele natie,' schreef Giustiniana bezorgd. 'Ze zullen in ieder geval het respect van hun regiment verliezen als ze het niet doen.' De Russen zeiden er niets over, maar het gerucht ging dat het duel eenvoudigweg was uitgesteld. Ze zouden in het geheim naar Vlaanderen gaan om het uit te vechten, en als dat onmogelijk was zouden ze tot de lente wachten en het na hun terugkeer in Rusland doen. En zo werd de dramatische *dénouement* net op tijd uitgesteld voor het nieuwjaarsbezoek aan Versailles.

Het hof had aangekondigd dat de koning op 1 januari aan acht nieuwe leden van de Orde van de Heilige Geest de prestigieuze Cordon Bleu zou toekennen. De Wynnes waren van plan de plechtigheid samen met ambassadeur Erizzo bij te wonen en tot de avond in Versailles te blijven om getuige te zijn van het *dîner du Roi*. Op de afgesproken dag vertrokken mevrouw Anna en haar drie dochters (de jongens bleven met Toinon in Parijs), gekleed in hun mooiste jurken en met prachtige kapsels uit het Hôtel d'Anjou. De rit nam ongeveer een uur in beslag. Eenmaal in Versailles aangekomen hielden ze halt bij een herberg om zich te verfrissen en ambassadeur Erizzo op te pikken alvorens naar het paleis te gaan. De ambassadeur was laat, zodat ze pas halverwege de mis arriveerden. De menigte was zo compact dat ze de binnenkapel niet konden bereiken. Maar zelfs uit de verte zag de jeugdige, achtenveertig jaar oude koning er prachtig uit. 'Het is een heel knappe man... heel groots en majesteitelijk,' schreef Giustiniana. Ondanks de grote afstand tussen hen wist ze zeker dat hij 'een heel elegante en niet-geaffecteerde blik' op haar en haar zusters had geworpen.

De Wynnes en de ambassadeur keerden naar de herberg in het stadje Versailles terug om de volgende plechtigheid af te wachten.

Ze kregen hier gezelschap van het Russische contingent minus de Moskoviet, die nog steeds probeerde Dolgorouki te ontlopen. Een prins Galitzine, neef van de prinses, was in zijn plaats gekomen, maar viel direct na zijn aankomst in slaap en snurkte gedurende de hele maaltijd, die Giustiniana zoals te verwachten viel 'slecht, lang en heel vervelend' vond. 'Niemand had iets vermakelijks te zeggen. Iedereen zat te gapen of sliep.' Ten slotte gingen ze terug naar het paleis en liepen in een rijtje de Antichambre du Grand Couvert binnen, waar de koning en de koningin met hun rug naar de haard met hun naaste familie zaten te dineren terwijl een menigte toeschouwers traag voorbijschuifelde. 'De zaal is tamelijk klein, niet erg goed verlicht en nogal onopvallend,' schreef ze Andrea later. 'Er waren zoveel mensen dat we niet direct in het blikveld van de koning konden komen; toch zag hij ons en bekeek ons aandachtig... Hij heeft heel mooie ogen en kijkt je zo doordringend aan dat je zijn blik niet erg lang kunt verdragen.'

Om ongeveer elf uur, terwijl de menigte nog in het paleis rondwandelde, ging Giustiniana even uitrusten in het rijtuig. Het was een lange dag geweest en ze was moe. Terwijl ze in het donker op de anderen wachtte zwierven haar gedachten terug naar de knappe koning en de manier waarop hij naar haar had gekeken. 'Toen sloot ik mijn ogen en sliep tot we weer in Parijs waren.'

Kort na dit nieuwjaar zat Giustiniana met haar moeder in de Comédie Italienne toen ze in een loge vlak bij de hunne een luid gejuich hoorde. Het was haar oude vriend Casanova, 'die op een prachtige manier zijn opwachting maakte'. Ze maakte mevrouw Anna attent op hem, en deze glimlachte en gebaarde met haar waaier. Mevrouw Anna had hem niet meer gezien sinds hij achter haar zestien jaar oude dochter had aangezeten. Vijf jaar later en zo ver van Venetië vond ze het niet onplezierig hem weer te zien. Bovendien was hij nu een beroemdheid. Iedereen wilde hem ontmoeten.

In november 1756, zestien maanden nadat hij dankzij de moeder van Andrea in de gevangenis was gegooid, was Casanova op spectaculaire wijze ontsnapt. Met behulp van een provisorische lans had hij een gat in het plafond van zijn cel gemaakt, was op het dak van het hertogelijk paleis geklommen, had zich in een boot in een aangrenzend kanaal laten zakken en was onder dekking van het donker uit Venetië verdwenen. Hij had dagenlang dwars door het Venetiaanse grondgebied op het vasteland gelopen en politiepatrouilles omzeild die waren uitgestuurd om hem weer te pakken. Nadat hij meer dan driehonderd kilometer had afgelegd had hij uitgehongerd en uitgeput uiteindelijk de noordelijke stad Bolzano bereikt, waar hij een week had uitgerust. Daarna was hij bij de Brennerpas de Alpen overgestoken, naar München gereisd en vandaar doorgegaan naar Parijs – deze laatste etappe in heel comfortabele omstandigheden omdat hij een transportmiddel en aangenaam gezelschap had gevonden. Hij was op 5 januari 1757 – precies de dag van de moordaanslag op de koning – in Parijs aangekomen.

De eerste die hij was gaan opzoeken was zijn oude 'wapenbroeder', de abbé De Bernis, die toen op het toppunt van zijn macht verkeerde. De minister van Buitenlandse Zaken heette hem warm welkom, vulde zijn zak met een rol louis d'or, en stuurde hem later dat jaar naar Duinkerken op een missie om inlichtingen te verzamelen. Na zijn terugkeer overtuigde Casanova de om contanten springende Franse regering een nationale loterij op te zetten, waarvoor hij samen met Giovanni Calzabigi, een financieel genie dat vanuit het koninkrijk van de Twee Siciliën voor de ambassadeur werkte, de plannen had ontworpen. Dit project was een succes, en Casanova ontving een regelmatig inkomen uit de verkoop van de loten.

Het jaar hierop vertrouwde de regering, die wanhopige pogingen in het werk stelde de inzakkende prijs van Franse obligaties op te krikken en een financiële ineenstorting af te wenden, hem een zeer gevoelige missie toe. Het idee was voor een waarde van twintig miljoen franc van deze snel in waarde dalende obligaties tegen een beperkt verlies op de Amsterdamse markt te verkopen en het geld te gebruiken om obligaties aan te schaffen van een land dat kredietwaardiger was. Na ettelijke weken onderhandelen met Hol-

landse handelaren en koortsachtige contacten met de Franse regering boekte Casanova succes door zijn gesprekspartners ervan te
overtuigen dat er een vredesverdrag tussen de grote mogendheden
ophanden was en dat het daarom verstandig was met een korting
Franse obligaties te kopen. Hij sleepte voor Frankrijk een geweldig
bedrag in contanten binnen en hielp in het voorbijgaan de Franse
obligatiemarkt weer overeind.

Hij keerde als held uit Holland terug. Tijdens zijn afwezigheid
was Bernis echter uit zijn ambt gezet. Casanova ging hem de dag
van zijn terugkeer in Parijs opzoeken. 'U hebt wonderen verricht,'
zei zijn oude vriend. 'Ga nu en laat je bewonderen.'[4] Diezelfde
avond zag Casanova, toen hij zich in de Comédie Italienne liet toe-
juichen, mevrouw Anna en Giustiniana naar hem wuiven. Verrast
door hun warme begroeting ging hij 'meteen' naar hun loge en beloofde de volgende dag in hun hotel langs te komen. De aanblik
van Giustiniana, die inmiddels een volwassen vrouw was en stond
te stralen in de lichten in het theater, maakte zijn oude hunkering
wakker. 'Ze leek een goddelijke verschijning,' schreef hij tientallen
jaren later, als oude man in het kasteel van Dux over zijn bureau
gebogen. 'Na een slaap van vijf jaar [ontwaakte] mijn liefde weer,
met een kracht die in dezelfde periode in dezelfde mate was gegroeid als de persoon die ik voor me zag.'[5]

Begin januari verlieten de Wynnes het Hôtel d'Anjou. Mevrouw
Anna vond dat het 'te lawaaierig en druk' was geworden. Bovendien stond de manier waarop de herbergierster probeerde zich, met
haar indiscrete vragen en ongevraagde raadgevingen, met hun familiezaken te bemoeien haar niet aan. Ze verhuisden naar het Hôtel de Hollande, vlak om de hoek in de rue Saint-André-des-Arts.
Casanova was een van de eersten die hen in hun nieuwe onderkomen opzocht, en hij maakte er al snel een gewoonte van af en toe
langs te komen. 'Hij is iedere dag bij ons, ook al vind ik zijn gezelschap niet prettig, maar dat vindt hij onbelangrijk,' klaagde
Giustiniana tegen Andrea. 'Hij heeft een rijtuig en lakeien en is
prachtig gekleed. Hij heeft twee schitterende diamanten ringen,
twee uitstekende, met goud ingelegde snuifdozen en hij draagt al-

tijd kant. Hij heeft toegang gekregen, ik weet niet hoe, tot de hoogste kringen van Parijs. Hij zegt dat hij een groot aandeel heeft in een loterij in Parijs én pocht dat dit hem een riant inkomen oplevert... Bovendien, zo is mij verteld, laat hij zich onderhouden door een oude steenrijke dame. Hij is behoorlijk met zichzelf ingenomen en erg hoogmoedig. Hij is, in één woord, ondraaglijk. Behalve wanneer hij het over zijn ontsnapping heeft; daarover vertelt hij schitterende verhalen.'

Ambassadeur Erizzo keurde deze bezoeken sterk af – Casanova was immers een uit Venetië ontsnapte gevangene. Nog afgezien van zijn ambtelijke standpunten koesterde de ambassadeur een diepe aversie en een nog dieper wantrouwen jegens de man. Hij waarschuwde mevrouw Anna voor de corrumperende invloed die Casanova op haar dochters en zoons zou hebben. Mevrouw Anna luisterde naar Erizzo en haar oude argwaan stak geleidelijk weer de kop op, maar Casanova was zo opdringerig dat het moeilijk was hem op een afstand te houden. De andere Venetiaan in hun kring, de dichter Farsetti, koesterde eveneens een hevige antipathie tegen Casanova. Zijn gevoelens voor Giustiniana waren echter sterker, dus gebruikte hij zijn *merenda* (late lunch) elke dag met de Wynnes in het Hôtel de Hollande, ook al betekende dit dat hij de voorstellingen van Casanova moest uitzitten.

De twee mannen irriteerden elkaar onzegbaar. Casanova flirtte onophoudelijk en stal de show met uitgebreide verhalen over zijn avonturen waarnaar iedereen betoverd zat te luisteren – vooral de twee jongens, Richard en William, die hem jaloers en met groeiende bewondering aanstaarden.* Farsetti dronk onderwijl met klei-

---

* Richard en William, veertien en dertien jaar oud, glipten vaak het hotel uit om zelf aan Parijs te kunnen ruiken. Vooral Richard deed hier zijn eerste seksuele ervaringen op en riep regelmatig de hulp van Casanova in om uit de problemen te komen. 'Hij liet me een sjanker zien,' vertelt Casanova, 'een heel lelijke, die hij had opgelopen door op zijn eigen houtje naar een huis van slechte faam te gaan. Hij vroeg me met zijn moeder te praten en haar te overreden hem te laten behandelen, waarbij hij klaagde dat signor Farsetti hem vier louis had geweigerd en verder niets met de zaak te maken wilde hebben. Ik deed wat hij vroeg, maar toen ik zijn moeder vertelde wat het probleem was zei ze dat het beter was niets aan

ne slokjes van zijn chocolade en keek afkeurend toe. 'Ik geloof dat Farsetti een beetje verliefd op me is,' biechtte Giustiniana Andrea op en smeekte hem er niet met hun vrienden in Venetië over te roddelen. 'Hij wordt bleek als hij me ziet, hij beeft als we alleen zijn, maar de eerste keer dat hij me aan het lachen maakt moet nog komen.' Farsetti hield haar aandacht gevangen door haar elke dag te verzekeren dat de uitnodiging van monsieur De La Pouplinière, die hij had beloofd te zullen verzorgen, nu echt verwacht kon worden. Hij bracht, in de hoop Giustiniana gunstig te stemmen, ook altijd zijn 'kleine gedichten en toneelstukken' mee. 'Maar ik vertel hem niet of ik ze goed of slecht vind... en als hij zijn belofte niet waarmaakt zal ik hem erg hardvochtig behandelen.'

Een paar dagen later werd haar geduld met Farsetti beloond. 'Het is dan toch eindelijk geregeld,' schreef ze haar minnaar en medeplichtige. 'Vanavond ga ik met de rest van de familie naar La Pouplinière.'

De oude *fermier général* was inderdaad, zoals Andrea Giustiniana had verzekerd, een van de rijkste mannen van Parijs, die met het innen van belastingen voor de koning miljoenen francs bij elkaar had geharkt. Hij woonde in een schitterend huis aan de rue de Richelieu en bezat een landgoed in Passy, vlak buiten Parijs. Kamermuziek was zijn hartstocht geworden, en de exquisiete concerten waar hij elke zaterdag als gastheer optrad waren favoriete ontmoetingsplaatsen van de Parijse society. De toneelschrijver Jean-François Marmontel, die er regelmatig kwam, schreef later dat het huis altijd met muziek was gevuld: 'De musici woonden er. Overdag repeteerden ze in prachtige harmonie de symfonieën die ze 's avonds uitvoerden. En de beste acteurs en vocalisten en danseressen van de Opera waren er om de diners luister bij te zetten.'[6]

La Pouplinière, die nu zesenzestig jaar oud en half gepensioneerd

---

die sjanker te doen; het was immers al de derde keer, en ze wist zeker dat hij, als hij ervan genezen was, prompt een volgende zou oplopen. Ik liet hem op mijn kosten behandelen, maar zijn moeder had gelijk. Al op veertienjarige leeftijd kende zijn losbandigheid geen grenzen.'[6]

was en die nog steeds herstelde van een ziekte die twee jaar daarvoor bijna zijn dood was geworden, had veel van zijn levensvreugde verloren. Er waren tien jaar verstreken sinds hij zijn mooie vrouw in de nasleep van het weerzinwekkende *scandale de la cheminée* het huis uit had gezet. Toch was hij haar nooit vergeten en zij hem duidelijk evenmin. Toen hij ziek was geworden was ze naar Parijs teruggekeerd om hem te verzorgen, ook al was ze zelf al door kanker verwoest. Uiteindelijk was hij in leven gebleven en zij niet. Een jaar na haar dood ging hij nog steeds gebukt onder de last van dit verlies.

Tijdens de jaren dat zijn vrouw verbannen was had La Pouplinière een reeks minnaressen gehad. Als hij genoeg van ze had stuurde hij ze met een geldbedrag weg, nam ze in huis, huwelijkte ze uit of verzon een combinatie van deze oplossingen. Monsieur De Maisonneuve, die half secretaris half pooier was, had de taak voor de regelingen te zorgen. Inmiddels was deze wonderlijke combinatie van promiscuïteit en generositeit er de oorzaak van dat het grote huis aan de rue de Richelieu zich tot een wel heel wonderlijk huishouden had ontwikkeld, waar musici, minnaressen uit het verleden en het heden, en leden van de familie allen in een nogal vergiftigde sfeer bij elkaar woonden.

De stamoudste van de minnaressen van La Pouplinière was madame De Saint Aubin, een gewezen zangeres en muzikante, die het huishouden 'als een oude sultane', zoals Giustiniana het formuleerde, bestierde. La Pouplinière hield al heel lang niet meer van haar, maar hij beschikte niet over de kracht deze geslepen en nogal dominante vrouw weg te sturen. Ze was een volmaakt gastvrouw geworden, had zichzelf geleerd hoe ze een goed concert en een elegant diner moest organiseren, en de oude man was van haar afhankelijk voor het beheer van zijn drukke huishouden. Als ze een scène maakte – wat ze vaak deed – verhoogde hij simpelweg haar inkomen.

De belangrijkste vijanden van madame De Saint Aubin in het huis waren monsieur en madame De Courcelles, de zwager van La Pouplinière en zijn mooie jonge echtgenote, die met hun dochter, Alexandrine, een groot appartement in het huis bewoonden. De

Courcelles waren in een bondgenootschap verenigd met de Zimmermans – hij een gepensioneerd lid van de Zwitserse Garde, zij de vroegere Sophie Mocet, de laatste minnares van De La Pouplinière – en hadden de steun van de tot complotteren geneigde neven van La Pouplinière. Monsieur De Maisonneuve daarentegen bevond zich in het kamp van madame De Saint Aubin, samen met de debutant in het huishouden, Emmanuel-Jean de La Coste, een onguur ogende gewezen celestijnse monnik, die enkele jaren daarvoor uit zijn klooster was ontsnapt en met een meisje en een zak gestolen diamanten naar Holland was gevlucht. Hij was naar Frankrijk teruggekeerd en voorzag in zijn levensonderhoud door het verrichten van kleine spionageklusjes voor de regering. In Parijs had zijn pad dat van Casanova gekruist en had hij geprobeerd deze voor een bedrag van duizend ecu aan loten afhandig te maken. Toen dit was mislukt had hij kans gezien zich in het huishouden van La Pouplinière binnen te wurmen en was door middel van vleierij en gunsten diens belangrijkste adviseur geworden.

De uitdaging een rijke oude man te verleiden die hardnekkig weigerde te hertrouwen en om wie zoveel Parijse vrouwen vochten, appelleerde aan Giustiniana's ijdelheid. Ze had haar huiswerk gedaan en wist dat ze haar opwachting maakte op een verraderlijk toneel. Ze kende echter ook haar kracht – haar charme, haar levendigheid, haar jeugd – en een deel van haar was erop gespitst deze kracht buiten de gebruikelijke kring Russische en Venetiaanse vrienden te beproeven. 'Wie weet?' schreef ze Andrea speels. 'Als puntje bij paaltje komt zou ik, om jou een gunst te bewijzen, hem wel eens meer kunnen raken dan al die andere vrouwen is gelukt.'

De langverbeide uitnodiging stemde haar ook diep bevreesd. Het was immers niet alleen een spelletje; het was een opzet die haar leven voor altijd kon veranderen. Ze kende zichzelf goed genoeg om te voorzien dat ze, zodra ze eenmaal was begonnen, het spel waarschijnlijk tot het einde zou uitspelen. De verleiding van consul Smith had eenzelfde opzet gehad, maar toen was ze nog door Andrea gesteund. Nu was ze alleen, op onbekend terrein, en stond ze tegenover een gezelschap volslagen onbekenden.

Bovendien was ze nu drie jaar ouder – wijzer, misschien, maar ook iets meer terneergedrukt door het gevoel dat de tijd snel verstreek:

*A*h, Memmo, vertel me waar die gelukkige uren zijn gebleven? Waar ben je, mijn ware hart?... Wanneer zullen je hoofd en hart met de mijne verenigd worden? Wist je maar hoeveel ik van je houd en hoe ongelukkig ik ben! Er beweegt niets meer in mijn hart, tenzij ik aan jou denk. Binnenkort word ik tweeëntwintig, en je weet wat het voor een vrouw betekent om tweeëntwintig te zijn... De helft van mijn leven, of in ieder geval de helft van het beste deel van mijn leven, is voorbij. Hoe heb ik geleefd?... Alleen jij weet alles van mijn leven, en ik zou zo gelukkig zijn als het met jou kon eindigen. Adieu, mijn Memmo. Ik zal nooit gelukkig zijn als ik me niet ergens, hoe dan ook, bij je kan voegen. Houd van me zoveel je kunt en vergeet je beste en zeer ongelukkige vriendin niet. Adieu, ik omhels je duizendmaal.

Het kostte Giustiniana nog geen maand om La Pouplinière te strikken. Dit is het verslag dat ze Andrea van haar succes uitbracht:

Parijs, 22 januari

*M*on Cher Frère,

... ik ben maandag naar La Pouplinière geweest... Er waren heel wat mensen, en de heer des huizes was erg aardig tegen ons. Het concert dat hij gaf was ter ere van ons, en ik moet zeggen dat het het beste orkest ter wereld was. Ik heb nog nooit zo een zuivere cello of hobo gehoord. De *hautbois des forêts* en de klarinetten – blaasinstrumenten die je bij ons niet hoort – zijn prachtig. Ik prees ze oprecht, ik hoop dat ik ze ook met enige elegantie heb geprezen. Ik keek hem met veel zelfbeheersing aan en heb geen moment te veel gepraat, hoewel ik veel meer had kunnen zeggen. Hij op zijn beurt prees de precisie waarmee ik beoordeelde wat ik hoorde en zag; men heeft me verteld dat hij een dergelijk compliment nooit maakt. Heel hoffelijk nodigde hij ons uit voor het reguliere zaterdagconcert. Hoe vind je zo'n begin? Maar genoeg hierover... Het is te vroeg om onze hoop te rechtvaardigen... Farsetti kwam ons dinsdag opzoeken en bleef de hele dag. Hij had een boek met Franse arietta's voor me meegenomen... Ik ben behoorlijk lang bezig geweest om er een paar goed te leren: als ik bij de oude man in de smaak wil vallen zal ik ervoor moeten zorgen dat hij me vraagt een paar Franse liederen te neuriën.

Parijs, 29 januari

*M*on Cher Frère,

... zaterdag ben ik naar het grote concert bij La Pouplinière geweest, en er waren een heleboel mensen van beide geslachten. Hij was tegen iedereen onbeleefd maar tegen mij bijzonder verfijnd en nodigde me uit voor het diner op woensdag. Laat me maar mijn gang gaan; je moet echter geduld hebben... Je zou niet geloven hoeveel complimenten ik zaterdag bij La Pouplinière heb gekregen. Twee dames hebben de ambassadeur van Napels hierheen gestuurd om me van alles en nog wat te vertellen... Ik zal hier op je wachten: we zullen gaan leven hoe we willen. Heb je daar de moed toe?... Kom hier met me lachen om al die rare mensen... En blijf van me houden, mijn hart.

Parijs, 12 februari

*M*on Cher Frère,

Luister: ik heb je veel te vertellen. Ik zie mijn geluk naderen, maar aangezien ik hier op jouw aandringen zit wil ik dat ook jouw advies meetelt. Mijn beste vriend, mijn hart en mijn ziel zijn altijd bij je... Ik ben thuisgebleven tot woensdag, toen ik bij La Pouplinière ging dineren. Daar merkte ik op dat mijn onschuldige pogingen zijn hart hadden geraakt, want hij bewees me attenties die veelzeggend waren... Vrijdag is hij bij ons op bezoek geweest, een gunst die hij nooit iemand bewijst, en zaterdag zijn we met een enorme hoeveelheid mensen naar Passy geweest. Het is een groot huis, heel mooi en vol met al het comfort dat in Italië zo schaars is en waarop jij zo dol bent. Het is onderverdeeld in kleine appartementen en heeft een prachtige *salon*. We wandelden in de tuin, die nog mooier is dan het huis, maar met weinig groen. We vertrokken weer uit Passy, een uur later lunchten we in zijn huis in Parijs. Wat een attenties!... Kortom: hij zei me dat hij niet wilde dat ik, hoe dan ook, naar Londen ging, dat hij zou sterven bij de gedachte dat ik hem zou verlaten; hij vroeg me in zijn huis te blijven, gesteld dat ik bereid was met zijn schoonzuster hier in Parijs te wonen, en beloofde dat hij me gelukkig zou maken. Je kunt je indenken wat ik van zijn voorstel vond, maar we moeten maar zien waar het allemaal toe leidt... Je moet nu eenmaal de inzet verhogen en bereid zijn met de helft van de winst genoegen te nemen. Ik bracht dus een paar problemen ter sprake, maar zei niet nee... Hij is een uiterst genereus man... Waar ik echter bang voor ben is zijn voorliefde voor het bekokstoven van huwelijken. Hij heeft een neef, die eruitziet als een *chaise*drager... Ik zou nog liever met de oude man zelf trouwen. Wat vind jij ervan? Kwijt ik me eervol van je project? Genoeg: je kunt me vertrouwen... De volgende dag kwam zijn secretaris bij me langs, die me na een lange inleiding zei dat hij zeker wist dat zijn baas me een jaargeld van tussen de acht en tienduizend franc en zijn huis zou aanbieden als ik in Parijs zou blijven. Je kunt je mijn verbazing voorstellen! En mijn antwoord! Ik deed alsof ik niet geloofde dat dit voorstel van zijn baas afkomstig was, wiens gevoelige denkwijze ik voortdurend bleef prijzen, ook al wist ik heel goed dat het voorstel inderdaad van hem afkomstig was. Ik wees hem er uiterst omzichtig op dat hij misschien niet besefte wat voor iemand ik was of welke positie ik in het leven innam, en hiermee liet ik het onderwerp verder rusten, hoewel ik en passant wel opmerkte dat, als ik wilde trouwen zoals een oprecht meisje als ik hoorde te trouwen, ik hoopte dat er in het land van mijn vader me genoeg goede en edele aanzoeken gedaan zouden worden. We zullen zien welke uitwerking deze woorden zullen hebben... Inmiddels ben ik behoorlijk tevreden over mezelf en hoop dat voor jou hetzelfde geldt... Ik hoop dat ik ondanks de haast waarmee ik je schrijf duidelijk ben, maar aangezien je mijn hart kent weet ik zeker dat je me helemaal begrijpt... Adieu, houd van me. Alle knappe mannen die ik hier zie kunnen zich nog niet meten met jouw pink.

Parijs, 26 februari

Mon Cher Frère,

Ik heb je vorige week niet geschreven, mijn beste vriend... maar dat was niet mijn schuld. Afgelopen maandag wilde ik me net aan mijn brief zetten toen monsieur De La Pouplinière me kwam opzoeken – voor de derde maal. Nadat we de grootste hoffelijkheden hadden uitgewisseld en ik enkele woorden had gezegd waarvan ik dacht dat hij ze op prijs zou stellen, vroeg hij me mee te gaan naar de nieuwe Opéra Comique. Hoe kon ik weigeren? Je zult echter verrast zijn de rest te horen... Niet alleen is La Pouplinière verliefd op me geworden: hij zal met me trouwen. Dat zei hij tenminste, en hij beloofde dat hij me een inkomen zou geven dat in overeenstemming is met zijn reputatie. Wie had ooit kunnen denken dat een man van in de zestig zelfs maar zou overwegen met een buitenlandse in het huwelijk te treden, wier karakter en maatschappelijke positie hij, om het zo maar te zeggen, nauwelijks kent? En toch is het zo, mijn Memmo. Je gebeden, je advies, mijn eigen gezond verstand... en vooral de wens je project, waarom we zo gelachen hebben, te zien slagen – dit alles is de oorzaak van mijn goede fortuin.

Alles viel keurig op zijn plaats, leek het, maar de zaak was nog niet beklonken. De hieropvolgende weken, zelfs tot de huwelijksplechtigheid zelf, wendde Giustiniana al haar charmes en manipulatieve vermogens aan om het huwelijk te laten plaatsvinden, ook al begon er een scherpe ongerustheid aan haar te knagen. Haar eerste zet was geweest de steun van madame De Saint Aubin te zoeken. Ze had 'haar bewerkt' tot ze haar 'volledig' aan haar kant had, vertelde ze Andrea tamelijk naïef. De waarheid was dat de oude minnares haar eigen spelletje speelde: ze beschouwde Giustiniana als een nuttige zij het tijdelijke bondgenote in haar voortdurende strijd tegen de andere dames van het huis en was maar al te zeer bereid haar duidelijk te maken hoe ze het best 'de sultan kon behagen'. Meer instructies kwamen van de onbetrouwbare ex-monnik La Coste, die 'vanwege zijn slimme optreden' een vriend van Giustiniana werd. Inmiddels bleven de Courcelles en de Zimmermans hogelijk achterdochtig en behandelden haar bewust koel. Ze begonnen een heimelijke roddelcampagne tegen haar. Er begonnen anonieme brieven te circuleren waarin ze van 'uiterst infaam gedrag' werd beschuldigd. Ze ontving bedreigingen en werd voortdurend door duistere types gevolgd.

La Pouplinière, die zich er zeer van bewust was dat leden van zijn eigen huishouding Giustiniana in diskrediet probeerden te brengen, zette zijn bezeten hofmakerij niettemin voort. Hij nam haar bijna iedere avond mee naar het theater, en na de voorstelling mee naar zijn huis voor het diner. Dit was gewoonlijk een relatief intieme aangelegenheid – vijftien tot twintig mensen, voor het merendeel leden van de huishouding. Madame De Saint Aubin zorgde ervoor dat zelfs dergelijke kleine 'familiebijeenkomsten' smaakvol werden georganiseerd en dat de muziek van superieur niveau was. 'Als het tijd is voor het nagerecht,' schreef Giustiniana Andrea, 'vermengen de hoorns en klarinetten zich met andere, meer zachtmoedige blaasinstrumenten en brengen de zoetste symfonie ten gehore.' De hemelse klanken hielpen haar de spanningen van die avonden te verdragen, gedurende welke ze 'als een koningin werd behandeld' maar openlijk werd geminacht. Het was een echt vreugdeloos huis. 'Door de treurigheid die uit het gezicht van de oude man spreekt wordt de opgewektheid van de jongere leden van de huishouding des te onechter. Iedereen lacht om *hem* aan het lachen te krijgen. Het huis doet me denken aan de ruimte achter het toneel in de Opera, waar je opeens alle luiken en touwen ziet.'

Hoe somberder haar eigen stemming werd, des te sterker voelde De La Pouplinière zich echter tot haar aangetrokken. Hij zag hen beiden als zielsverwanten. 'Welke interessante melancholie huist er in je ziel?' vroeg hij haar op een avond toen ze buitengewoon neerslachtig was. 'Want melancholie roert zich ook in de mijne, ik voel de steken... Mijn hele geluk is ervan afhankelijk of ik *jou* gelukkig kan maken. Je zult in mijn karakter eerlijkheid en openhartigheid vinden. Je zult zien: ik zal erin slagen je respect te verdienen, en dat is echt alles waarop ik hoop.' Giustiniana was ontroerd door deze vriendelijke woorden van de oude man, en dit gaf ze Andrea ook toe: 'Zijn ogen waren befloerst met tranen toen hij dit allemaal tegen me zei; hij huilde en was niet bang me al zijn liefde te tonen... Hij ontroerde me werkelijk. Ik vertelde hem dat ik vervuld was van gevoelens van dankbaarheid jegens hem. Hij zag dat ik het meende en kreeg een gelukkige uitdrukking op zijn gezicht... Hij gaf me zijn hand en zei me te zweren dat ik de zijne zou worden.'

Madame De Saint Aubin maakte plannen voor een surpriseparty ter gelegenheid van La Pouplinières naamdag. Ze stelde Giustiniana van dit plan op de hoogte zodat deze niet zou vergeten een cadeau mee te nemen, en liet madame De Courcelles en madame Zimmerman bewust in onwetendheid. De 'oude sultane' organiseerde de gebeurtenis met zeer veel smaak. Toen alle gasten waren gearriveerd stonden er opeens twee zangers op, die hadden gedaan alsof ze aan een van de kleine tafeltjes in de eerste salon zaten te schaken, en zetten een schitterend duet ter ere van La Pouplinière in. Zodra ze klaar waren begon in de volgende salon 'de meest paradijselijke' symfonie en liepen de gasten door. In het midden van het vertrek gaf madame De Saint Aubin in eigen persoon op het klavecimbel een virtuoze uitvoering van een stuk dat ze voor deze gelegenheid had geschreven. Toen de laatste noten van haar compositie waren vervlogen werden de gasten aangelokt door levendige klanken verderop in de rij schitterende vertrekken, waar een groep vocalisten scènes vertolkte met een thema dat op La Pouplinière betrekking had – zijn rijkdom, zijn generositeit, zijn liefde voor de kunsten. Het programma eindigde met madame De Saint Aubin, die een muzikaal gedicht ter ere van de heer des huizes ten gehore bracht terwijl ze zichzelf bekwaam op haar harp begeleidde.

'La Pouplinière was zo ontroerd dat hij de hele avond huilde,' meldde Giustiniana. 'En uiteindelijk huilde ik ook, hoewel ik niet weet waarom.' Het succes van de soirée herinnerde haar ook aan de belangrijke rol en de macht van madame De Saint Aubin in het huis. 'Alles was door deze vrouw op touw gezet, en ze werd geprezen door iedereen, behalve door de andere dames van het huis, aan wie niets was verteld.' Toen het muzikale gedeelte achter de rug was gaf Giustiniana La Pouplinière zijn cadeau, waarbij ze met een vleugje acteertalent het moment enigszins opfleurde. Speels trok ze de oude man terzijde. 'Kom,' zei ze. 'Nu moet ik je ook iets geven.' Ze droeg een zwarte gevlochten ketting om haar nek waaraan een klein gouden hartje hing dat 'zachtjes op mijn borst rustte'. Ze pakte een klein schaartje, en met een enkele resolute beweging knipte ze het hartje los. 'Dit is voor jou, het zal je aan het mijne doen denken,' zei ze tegen de oude man, en Andrea schreef ze: 'Wat was hij blij! Hij aanbidt me...'

La Pouplinière kreeg nu haast. Hij besefte dat de verbitterde leden van zijn uitgebreide familie alles zouden doen om zijn huwelijk met Giustiniana te saboteren met inbegrip van madame De Saint Aubin, die nooit serieus had gedacht dat hij haar jonge beschermelinge werkelijk als echtgenote zou nemen. Hij handelde snel en in het geheim. Voor het einde van februari gaf hij zijn advocaat, Brunet, opdracht aan Giustiniana's naturalisatiepapieren te gaan werken. Hij liet haar 'iedere ochtend tot twee uur 's middags' voor het portret voor de bruidegom poseren. Hij drong er bij de Wynnes op aan onmiddellijk bij het Venetiaanse aartsdiocees toestemming voor het huwelijk te vragen (een officieel, door de aartsbisschop ondertekend document waarin werd verklaard dat Giustiniana geen andere banden had en vrij was om te trouwen). Ten slotte deed hij Giustiniana een verlovingsring cadeau – twee ele-

gant verstrengelde hartjes – en beloofde hij haar een genereus inkomen. 'Ik geloof dat hem iets in de geest van veertigduizend franc
voor ogen staat,' vertelde ze Andrea. 'Dat zou neerkomen op tienduizend zilveren dukaten per jaar. Wat vind je daarvan?'

Het was bijna tweemaal zoveel als het inkomen van de hele familie Memmo.

Andrea was uiteindelijk in Venetië teruggekeerd, en te oordelen
naar wat we uit de brieven van Giustiniana kunnen afleiden volgde hij de ontwikkelingen op de voet. Zonder zijn brieven kunnen
we onmogelijk weten wat hij echt van de hele situatie vond. Toch
was het plan van meet af aan zijn idee geweest, en voorzover we
kunnen zien lijkt hij heel erg in de details van alle regelingen geïnteresseerd te zijn geweest. Hij heeft zeker weinig moeite gedaan om
haar af te raden het huwelijk door te zetten. Toen het verzoek van
de Wynnes om toestemming van het aartsdiocees in Venetië aankwam bood Andrea meteen zijn hulp aan en trok zelfs aan een paar
touwtjes om de zaak te bespoedigen.

Giustiniana daarentegen maakte begin maart een ernstige crisis
door: het vooruitzicht de rest van haar leven in dat extravagante en
vergiftigde huishouden door te brengen stemde haar zeer bezorgd.
Het was onmogelijk te voorspellen hoe Andrea ooit in een dergelijke regeling zou kunnen passen zolang de oude man nog leefde.
En als La Pouplinière overleden zou zijn, wat dan? Het waar-
schijnlijkste resultaat zou een totale oorlog tussen haar en de minnaressen, de verwanten en de verschillende aangetrouwde leden
zijn. Het was allerminst lastig de materiële voordelen te zien die
het huwelijk haar zou opleveren. Lastiger was echter zich voor te
stellen hoe ze als *maîtresse de maison* een gelukkig bestaan aan de
rue de Richelieu zou kunnen leiden. 'Hoe belangrijk kunnen die
voordelen zijn als je ze tegen je geluk moet afwegen?' vroeg ze Andrea. 'Hoe rijk hij me ook zou maken, het zal nooit evenveel waard
zijn als wat ik hem geef. Mijn geluk in ruil voor geld! Maar heeft
mijn geluk een prijs? Het is allemaal zo heel anders dan we ooit
dachten te kunnen leven, altijd vrij, altijd samen in grenzeloos geluk... Ik spreek je van dingen die me echt treurig stemmen en vraag

me af of je wat ik zeg even sterk voelt als ik het voel wanneer ik het zeg.'

Giustiniana had nog tijd om te voorkomen dat het plan in allerijl zou worden doorgezet. Hoe moeilijk het ook was en hoeveel druk De La Pouplinière ook uitoefende, ze kon nog nee zeggen en haar reputatie – en haar toekomst – redden. Ze voelde dikwijls 'de geweldige aanvechting het grootste fortuin af te wijzen dat me ooit is aangeboden'. Ondanks haar aarzelingen liet ze de zaken echter hun loop nemen en doordrong zichzelf weer van de logica achter dit onwaarschijnlijke huwelijk: het zou haar en Andrea weer tot elkaar brengen. 'Je komt binnenkort naar Parijs, nietwaar?' vroeg ze Andrea ongemakkelijk. 'Wat ik je ook maar zou kunnen geven zal ik je geven, en ik zou je evenzeer verachten als ik je heb bewonderd als je een vals voorwendsel zou gebruiken bij mij... Ik wil dat je de beste vriend van mijn echtgenoot wordt en ik wil dat hij in al je behoeften voorziet. Laat het maar aan mij over.'

Op 6 maart schreef ze: 'Mijn goede fortuin boekt nog steeds gestaag vooruitgang. De oude heer wil over een maand met me trouwen.' De gebeurtenissen volgden elkaar nu in snel tempo op. De week hierna schreef ze: 'Ik heb geen minuut voor mezelf... Mijn leven is een pure opoffering. De man kan heel grof zijn... Hij heeft met zijn onbeschoftheid een nicht het huis uit gepest omdat ze het beste appartement bewoonde – dat met ingang van vandaag voor mij wordt ingericht.'

Onvermijdelijk begonnen er verhalen over het naderende huwelijk uit te lekken. Tegen het einde van maart lag het verhaal hoe de jonge en mooie Venetiaanse een van de rijkste mannen van Parijs aan de haak had geslagen op ieders lippen. Madame De Pompadour zelf volgde, misschien uit verlangen naar enige afleiding van de sombere oorlogsbulletins, vanuit haar vertrekken in Versailles het verhaal geamuseerd, zo werd althans verteld. In het Hôtel de Hollande heerste een feestelijke stemming. De Wynnes waren opgewonden over de vangst die Giustiniana had gedaan. Vooral mevrouw Anna kon niet geloven dat haar dochter zo gelukkig was geweest en correspondeerde als een razende met de kerkelijke autoriteiten in Venetië. Alle Russen kwamen hun vriendin gelukwensen. Vorst Dolgorouki en de Moskoviet werden zo door de algemene opwinding meegesleept dat ze niet eens meer over hun duel praatten.

De bruiloft zou half april plaatsvinden, op de eerste zondag na Pasen. De Venetianen waren bijzonder trots. Op 1 april informeerde ambassadeur Erizzo zijn vrienden in Venetië over het 'spectaculaire geluk' van Giustiniana.[8] Farsetti, de afgewezen aanbidder, vulde zijn dagen nu met boodschappen doen en optreden als secretaris van Giustiniana in het Hôtel de Hollande. Hij troostte zichzelf met het idee dat hij bij de aanloop naar dit uitstekende huwelijk een wezenlijke rol had gespeeld. 'Uwe Excellentie moet zeker weten,' schreef hij Andrea, 'dat signora Giustiniana Wynne op het punt staat een zeer gunstig huwelijk aan te gaan, ook al is haar aanstaande echtgenoot niet jong. Wat me erg veel genoegen doet is dat ik haar in dat huis heb geïntroduceerd en haar aan de betreffende heb voorgesteld.'[9]

Op verzoek van Giustiniana voegde hij hieraan toe dat het leuk zou zijn als Andrea bij deze 'schitterende gelegenheid' zou kunnen overkomen.

Zeven

Op 4 april, in alle vroegte, terwijl er in Parijs een nieuwe dag aanbrak, glipte Giustiniana gehuld in een mantel en met de kap over haar hoofd getrokken het Hôtel de Hollande uit. Ze nam een koetsje naar een kerk in de buurt, betaalde de koetsier, stapte in een tweede koetsje en liet zich naar een volgende kerk rijden. Vandaar nam ze een derde koetsje en reed via de oostelijke Porte Saint-Antoine de stad uit; ze getrooste zich al deze moeite om eventuele achtervolgers op een dwaalspoor te brengen. In volle galop bracht de koetsier haar naar een benedictijnenklooster in het dorpje Conflans, ongeveer twee mijl buiten de stadsgrenzen.[1]

De abdis, Henriette de Mérinville, verwachtte Giustiniana. Ze nam haar op onder het pseudoniem mademoiselle De la Marne en wees haar een kleine kamer in haar eigen vertrekken toe. De laatste paar weken waren buitengewoon zwaar geweest, en Giustiniana voelde zich onmiddellijk opgelucht in het gezelschap van deze warme, genereuze vrouw, die onder de religieuze naam Moeder Eustachia door het leven ging. Het was er zo vredig. Vanuit haar raam keek Giustiniana uit op het dal waar de Marne in de Seine uitkwam. Hemelse gezangen stegen op uit de kapel en dreven haar onderkomen binnen. Alles om haar heen, zelfs de kraakheldere properheid van haar eenvoudige kamer, had een kalmerende uitwerking op haar strak gespannen zenuwen. Eindelijk voelde ze zich veilig – achter de dikke muren van het klooster.

De spanning was al geruime tijd voor de voorbereidingen op het huwelijk begonnen. Toen Giustiniana in september 1758 Venetië had verlaten had ze een geheim gehad dat ze met niemand had gedeeld – zelfs niet met Andrea. Ze was het dag in dag uit blijven verbergen, in eenzaamheid, en had haar groeiende wanhoop verborgen achter haar aanstekelijke charme. Ze had tijdens de lange reis naar Frankrijk stilzwijgend het hoofd geboden aan hevige aanvallen van misselijkheid. In Parijs had ze zich door regelmatige perioden van slaperigheid gedwongen gezien haar toevlucht te zoeken tot de beslotenheid van haar kleine kamer. Niettemin stortte ze zich met alle energie die ze kon opbrengen in het sociale gewoel en baande ze zich met het soort roekeloosheid dat het resultaat was van pure wanhoop een weg naar het hart van La Pouplinière. Ze kon haar toestand echter niet eindeloos blijven verbergen: tegen het einde van januari was ze al vijf maanden zwanger. Ze besloot haar geheim toe te vertrouwen aan de enige die haar een zedenpreek zou besparen en haar zou helpen bij het vinden van een praktische uitweg uit haar problemen.

Na zijn triomfantelijke terugkeer uit Holland was Casanova verhuisd naar Petite Pologne, een kleine gemeente ten noordwesten van Parijs, vlak buiten de stadsmuren. Hij leefde in stijl: hij had een groot huis, Cracovie en Bel Air, gehuurd, met twee tuinen, stallen, verschillende baden, een goede wijnkelder en een uitstekende kokkin, madame De Saint Jean, die 'La Perle' werd genoemd. Hij hield twee rijtuigen en vijf heel snelle *enragés*, de pittige paarden die in de stallen van de koning werden gefokt en bekendstonden om hun razende snelheid – een van zijn grootste genoegens, zo vertelt hij ons in zijn memoires, was 'hard door de straten van Parijs rijden'.[2]

Aanvankelijk had Giustiniana zich enigszins achteloos over Casanova uitgelaten. Ze had hem in het Hôtel de Hollande uitgenodigd maar zijn avances niet aangemoedigd. Als ze Andrea schreef kon ze in haar beschrijving van zijn gedrag vaak zelfs erg bijtend zijn. Heel snel was ze echter meer sympathie voor hem gaan voelen – en maakte ze in haar brieven geen melding meer van hem. Op een avond eind januari was ze met een zwarte domino die haar gezicht geheel bedekte naar het *bal de l'Opéra* gegaan. Ze had zich van de rest van het gezelschap – ambassadeur Erizzo, Farsetti, de Russen, haar zusters – losgemaakt en Casanova opgezocht. Deze was natuurlijk opgewonden geweest door haar aandacht, en toen ze uiteindelijk kans hadden gezien elkaar onder vier ogen in een loge te spreken had hij haar bedolven onder verklaringen van zijn onsterfelijke liefde. De volgende dag was hij bedekt met sneeuwvlokken voor het diner in het Hôtel de Hollande verschenen. Giustiniana had in bed een brief liggen schrijven en hem in haar kleine kamer ontvangen. Ze hadden zitten praten tot het diner was aangekondigd. Omdat ze geen honger had gehad was ze in bed gebleven. Glimlachend om de prettige intimiteit die er tussen hen groeide had Casanova afscheid van haar genomen en was naar beneden gegaan om met de rest van de familie te eten.

Twee dagen later was er een jonge bediende naar Cracovie en Bel Air gegaan en had Casanova een enveloppe van Giustiniana overhandigd. Deze bevatte een hoogst ongewone brief, in grote haast geschreven, van de hak op de tak springend, verward en vervuld van wanhoop. Omwille van de geheimhouding was de brief niet ondertekend en droeg hij geen datering:

U wilt dat ik spreek, dat ik u de reden van mijn treurigheid vertel. Welnu, ik ben hiertoe bereid. Ik leg mijn leven, mijn reputatie, mijn hele wezen in uw handen en hoop via u mijn verlossing te vinden. Ik smeek u een ongelukkige ziel bij te staan die als ze geen oplossing voor haar situatie kan vinden geen andere uitweg zal weten dan haar eigen dood te zoeken. Welaan, beste Casanova: ik ben zwanger en ik zal mezelf om het leven brengen als men het ontdekt. Het is nu vijf maanden geleden dat mijn zwakte en het bedrog van iemand anders me hebben gedwongen het ongelukkige bewijs van mijn onwetendheid en zorgeloosheid in mijn gemoed te verbergen. Niemand weet hier iets van en zelfs de veroorzaker van mijn ellende verkeert in het ongewisse. Ik ben erin geslaagd mijn geheim tot dusverre te verbergen, maar ik zal niet in staat zijn de wereld nog veel langer om de tuin te leiden... Men zal het binnenkort aan mijn buik kunnen zien... En mijn moeder, zo trots en onredelijk, wat zal zij met me doen als ze de waarheid ontdekt? U denkt als een filosoof, u bent een eerlijk man... Red me als het nog mogelijk is en als u weet hoe. Mijn hele wezen, en alles wat ik bezit, zal van u zijn als u me helpt. Ik zal zo dankbaar zijn... Als ik tot mijn oorspronkelijke staat terugkeer is mijn fortuin verzekerd. Ik zal u alles vertellen: La Popinière [sic] biedt me zijn huis aan, hij houdt van me en zal op een of andere manier voor me zorgen, mits ik kan voorkomen dat het hele kaartenhuis instort. Ook Farsetti biedt me zijn hand, maar ik weet zeker dat ik van de eerste alles kan krijgen wat ik wil als ik me tenminste weet te ontdoen van de last die me onteert. Beste Casanova, doet u alstublieft uw best een chirurg, een arts, te vinden, praat over deze zaak met een vrouw die u kunt vertrouwen, die me uit deze ellende zal bevrijden door me van mijn last te verlossen, met welke methode dan ook en zo nodig zelfs met geweld... Ik ben niet bang voor pijn, en wat de betaling betreft, beloof [de chirurg] alles wat u wilt. Ik zal diamanten verkopen, hij zal ruimschoots worden beloond. Ik vertrouw u, ik heb alleen u in de hele wereld. U zult mijn Verlosser zijn. Ah Casanova, als u eens wist hoe ik heb gehuild!... Ik heb nooit iemand gehad in wie ik mijn vertrouwen kon stellen, en u bent nu mijn reddende engel. Gaat u naar een paar theatermeisjes, en vraag hun of ze het nooit nodig hebben gehad zich van een last te ontdoen zoals ik het nu wil... Ik heb niet de moed kunnen opbrengen u hier persoonlijk over aan te spreken. O God, als u eens wist wat ik doormaak! Laten we al het mogelijke doen zodat ik kan leven... Vaarwel... Red me. Ik vertrouw u.*

---

* Deze ongehoorde brief van Giustiniana aan Casanova werd op 12 oktober 1999 bij Maison Drouot in Parijs geveild. Ik werd door de aartsvader van de Casanovaspecialisten, Hel-

Verbijsterd door Giustiniana's onthulling haastte Casanova zich naar het Hôtel de Hollande. Hij was verbaasd dat ze al vijf maanden zwanger was: ze was 'slank' en haar figuur 'deed niets vermoeden'.[3] Ze zei dat ze zo spoedig mogelijk de abortus wilde doorzetten. Hij waarschuwde haar dat haar leven gevaar kon lopen; bovendien ging het om een misdaad. Giustiniana herhaalde dat ze liever stierf dan haar moeder de waarheid te vertellen. 'Ik heb het gif klaar,'[4] gooide ze eruit. Casanova kreeg medelijden met haar en was tegen beter weten in bereid haar mee te nemen naar een vroedvrouw die misschien een remedie kon voorstellen. Ze spraken af elkaar op het volgende Operabal te ontmoeten en samen het theater uit te glippen.

Het eerstvolgende bal werd half februari, op het hoogtepunt van het carnaval, gehouden. Giustiniana en Casanova arriveerden afzonderlijk. Beiden droegen een zwarte domino, maar Giustiniana kon Casanova gemakkelijk identificeren omdat hij een wit Venetiaans masker met een kleine geschilderde roos onder zijn linkeroog droeg. Na middernacht, toen de menigte op haar dichtst was, maakten ze zich uit de voeten, vonden een huurkoetsje en reden over de Seine terug naar de linkeroever, waar ze in een sjofel klein appartement in de rue des Cordeliers, bij de kerk van Saint-Sulpice, door een vroedvrouw werden verwacht.

Reine Demay, een louche, slonzige vrouw van in de dertig, liet hen binnen. Haar nachtelijke bezoekers, in hun volledige carnavalsuitmonstering, maakten indruk op haar. Vooral Giustiniana trof haar als 'een jonge en mooie vrouw, schitterend gekleed, gehuld in een mantel van grijze zijde, afgezet met sabelbont; de huid van haar gezicht was heel wit, haar haar en wenkbrauwen donkerbruin; ze was niet lang en evenmin klein... sprak moeizaam Frans'.[5] Verder merkte ze op dat Giustiniana, gezien het feit dat ze op dat moment in de zesde maand was, 'heel mager' was.

Volgens Casanova zei Reine Demay dat ze een drankje zou klaar-

---

mut Watzlawick, op de verkoop geattendeerd. De huidige eigenaar van de brief, die me heeft gevraagd anoniem te mogen blijven, is zo vriendelijk geweest me toestemming te geven de inhoud af te drukken.

maken dat zeker een miskraam zou veroorzaken en voegde eraan toe dat het hun het aanzienlijke bedrag van vijftig louis zou kosten – de helft van de huur die hij jaarlijks voor Cracovie en Bel Air betaalde. En mocht het toevallig niet werken dan zou ze hun een gegarandeerde methode aan de hand doen om de foetus te doden. Het gesprek nam een ongemakkelijke wending. Abortus was een ernstige misdaad, die met de dood kon worden bestraft. Casanova besefte dat hij omzichtiger te werk had moeten gaan. Het was zeker niet verstandig geweest Giustiniana in het holst van de nacht naar deze duistere vroedvrouw mee te nemen. Plotseling kreeg hij haast te vertrekken. Hij liet twee louis op de schoorsteenmantel achter. Onhandig trok hij de twee geladen pistolen die hij had meegenomen. Probeerde hij de vroedvrouw te bedreigen? Probeerde hij Giustiniana gerust te stellen? Wat hij ook in de zin had – het is ook mogelijk dat hij ze alleen maar trok om zijn jas aan te kunnen doen – de aanblik van de pistolen deed een huivering langs de ruggengraat van Giustiniana trekken. 'Doe die wapens weg,' zei ze. 'Ik word er bang van.'[6]

Het was over drieën in de ochtend toen ze weer buiten stonden. Giustiniana klaagde dat ze het koud had. Ze besloten naar Petite Pologne te rijden, zich bij het vuur te warmen en snel iets te eten alvorens naar het Operabal terug te gaan. De straten waren verlaten. In een huurkoets vlogen ze door Parijs. Het duurde niet langer dan vijftien minuten voordat ze in Cracovie en Bel Air waren. Casanova stak de haard aan, trok een fles champagne open en vroeg La Perle, die brommerig en met slaap in haar ogen was opgestaan, een omelet te maken. De vieze nasmaak van hun bezoek aan de rue des Cordeliers vervaagde snel, en de gastheer was nu in een zeer hoffelijke stemming. Terwijl ze bij de haard zaten te praten en champagne dronken leek ook Giustiniana haar zwijgzaamheid te verliezen, alsof ze even de reden wilde vergeten waarom ze bij elkaar waren. Casanova greep de gelegenheid met beide handen aan. 'Zodra de fles leeg was, stonden we op en met wat hartstocht en wat zoet geweld liet ik mij op bed vallen terwijl ik haar met me meetrok. Zij weerde me echter af, eerst met zoete woorden, toen onder luider beklag en op het laatst wees ze me volledig af. Dat was het einde. Alleen het idee al haar geweld aan te doen stond me tegen,' zo beschrijft hij de scène.[7]

Casanova bracht Giustiniana terug naar het Operabal en verloor haar in de menigte al snel uit het oog. Ze vond haar vrienden, die haar vroegen waar ze zo lang was geweest. Ze zwaaide mysterieus naar hen en begaf zich naar de dansvloer. Ze danste energiek tot zes uur in de ochtend terwijl duizend kaarsen langzaam opbrandden in de zaal. De menigte dunde geleidelijk uit. In de rokerige nevel vlak voor zonsopgang vroeg ze zich af of haar bewegingen heftig genoeg waren geweest om het kind dat in haar groeide te beschadigen.

In haar brief aan Casanova had Giustiniana niet onthuld wie de vader van het kind was. Het kan Andrea zijn geweest: als ze bij haar bezoek aan Reine Demay in haar zesde maand was betekent dit dat het kind in de laatste dagen van augustus of de eerste dagen van september was verwekt – met andere woorden: tijdens de periode van ongeveer een maand voor het vertrek van de Wynnes uit Venetië. En als Andrea de vader was moeten we aannemen dat ze had besloten hem in onwetendheid te laten om hem te beschermen. Het is echter even geloofwaardig dat haar zwangerschap het gevolg was van haar kortstondige en zeer betreurde affaire met haar anonieme minnaar. Het beeld dat we ons van Giustiniana's laatste paar maanden in Venetië kunnen vormen is te vaag om een definitief antwoord op te leveren. Zo vaag zelfs dat er zich nog een andere mogelijkheid voordoet: de dag dat het kind was verwekt kan zo dicht in de buurt van de verzoening tussen Giustiniana en Andrea hebben gelegen dat het heel goed denkbaar is dat ze zelf niet helemaal zeker wist wiens kind het was. Hoe het ook moge zijn, Giustiniana, die scherp doordrongen was van de prijs die haar moeder had moeten betalen toen ze haar kind in het geheim had gekregen, was vastbesloten de baby niet te houden.

Casanova had gelijk gehad dat het verkeerd was geweest Giustiniana naar Reine Demay mee te nemen. Het verhaal over hun bezoek verspreidde zich al snel rond de *foire* in Saint-Germain-des-Prés. Op 26 februari, minder dan twee weken na hun onplezierige ontmoeting met de vroedvrouw, verscheen er een man op de stoep voor het huis van monsieur De La Pouplinière, die beweerde zeer belastende informatie te hebben over de jonge Engelse vrouw die regelmatig in zijn huis kwam.

Louis de Castelbajac was een verarmde markies en een beruchte schurk. Hij was lang, broodmager en had een ietwat sinister uiterlijk met duivelse ogen en een pokdalig gezicht. Hij was van zijn landgoed in de buurt van Toulouse naar Parijs verhuisd en voorzag met afpersing en diefstal in zijn onderhoud. Terwijl hij op de *foire* aan het werk was had hij informatie over het nachtelijke bezoek aan de vroedvrouw opgevangen en besloten er zijn voordeel mee te doen. Hij smeedde een complot met Reine Demay en ging bij La Pouplinière langs – misschien wel met medeweten van enkele verbitterde verwanten van de *fermier général.* Hij vertelde hem dat een jonge vrouw die hij als Giustiniana identificeerde twee weken daarvoor bij Reine Demay was gezien. De vroedvrouw had haar onderzocht, zei hij, en had geconcludeerd dat ze in een gevorderde staat van zwangerschap verkeerde. De jonge vrouw had om een abortus gevraagd, wat door de vroedvrouw was geweigerd. La Pouplinière wees Castelbajac de deur met de opmerking dat de persoon in kwestie Giustiniana niet geweest kon zijn. Op weg naar buiten zei Castelbajac dat hij de vroedvrouw zou sturen, die het verhaal zou bevestigen. En inderdaad maakte Reine Demay later die dag haar opwachting bij La Pouplinière en herhaalde wat Castelbajac had gezegd. Ook zij werd meteen weggebonjourd.

Een paar dagen later gaf La Pouplinière zijn vertrouweling, secretaris Maisonneuve, opdracht om bij Giustiniana langs te gaan, voor alle zekerheid. Er hadden sinds La Pouplinière naar haar hand was gaan dingen voortdurend geruchten over haar zwangerschap de ronde gedaan. Er waren verschillende anonieme brieven opgedoken, waarvan er een – kennelijk geschreven door de onbetrouwbare abbé De La Coste – de beschuldiging bevatte dat Gius-

tiniana in Venetië al twee kinderen had gebaard en bovendien zwanger was geweest van een derde. La Pouplinière had al verwacht dat
zijn familie iedere mogelijkheid zou aangrijpen om de positie van
Giustiniana te ondermijnen. Om deze reden maakte hij zo veel mogelijk haast met het huwelijk. Hij was echter niet van plan elke
voorzichtigheid uit het oog te verliezen.

De dag na het vreemde bezoek van Castelbajac en Reine Demay
meldde Maisonneuve zich bij het Hôtel de Hollande. Hier was niets
ongewoons aan, omdat hij er namens La Pouplinière dikwijls langsging, hetzij om te praten over iets wat met het huwelijk te maken
had hetzij om eenvoudigweg een cadeau te brengen: kaartjes voor
het theater, een sieraad, een mand fruit voor de familie, verse vis
op vrijdag. Ditmaal beperkte hij de beleefdheden echter tot een mi-
nimum en begaf zich rechtstreeks naar Giustiniana's kamer. 'Hij
vertelde over de laster die er over me werd rondgestrooid,' schreef
ze Andrea. 'Een beetje lacherig en zo beleefd mogelijk vroeg hij me
of ik hem wilde toestaan zijn hand op mijn buik te leggen. Ik was
hem graag van dienst en hij smeekte me wel duizend keer om vergiffenis en vervloekte de lasteraars.'

Giustiniana vertelde in haar brieven aan Andrea maar heel weinig van wat er zich achter de schermen afspeelde. Ze had het over
de dreigementen, de lasterlijke aanvallen, maar ze liet zich nooit
erg specifiek uit: zoals zij het uitlegde klonk het allemaal als een
deel van een vaag en geheimzinnig complot dat door de verwanten van La Pouplinière tegen haar op touw werd gezet. Ze vertelde Andrea echter wel over de bizarre episode met Maisonneuve –
ze vertelde het zelfs andere mensen, alsof ze er een bijzonder belang bij had zowel het motief voor als het resultaat van zijn bezoek
van de daken te schreeuwen. Hoe kon ze immers in een gevorderde staat van zwangerschap hebben verkeerd, leek ze te willen zeggen, als zelfs de secretaris van La Pouplinière zijn hand op haar buik
had gelegd en te kennen had gegeven dat deze plat was? Waarschijnlijk was het echter een oppervlakkiger onderzoek geweest dan
ze toegaf, want zelfs als haar zwangerschap niet erg zichtbaar was
geweest kan men zich maar moeilijk voorstellen dat Maisonneuve

goed had gekeken en afscheid had genomen in de overtuiging dat alles normaal was.

Welk doel Castelbajac ook voor ogen mag hebben gestaan – betaling als betuiging van dankbaarheid van La Pouplinières familie, zwijggeld van La Pouplinière zelf, een bedrag na afpersing van Casanova of misschien wel alledrie – zijn infame plan keerde zich al snel tegen hem. Nadat hij en Reine Demay wegens een verzoek om abortus een formele aanklacht tegen Casanova en Giustiniana hadden ingediend liet La Pouplinière Castelbajac schaduwen en kwam er al spoedig achter dat deze inderdaad met zijn familieleden samenzwoer. De *fermier général* diende onmiddellijk een tegenaanklacht tegen de markies en de vroedvrouw in. Castelbajac, Demay, La Pouplinière, Casanova – allen behalve Giustiniana – legden tijdens de juridische procedure in maart, terwijl de voorbereidingen voor de bruiloft in volle gang waren, tegenover de politie een verklaring onder ede af. De drie functionarissen die met het onderzoek waren belast waren geneigd te geloven dat afpersing inderdaad het belangrijkste motief was achter de aanklachten die aanvankelijk door Castelbajac en Demay waren ingediend. 'Bedreigingen, anonieme brieven, betaalde agenten: niets werd nagelaten om [La Pouplinière] de slechtst mogelijke indruk van me te geven. Goddank is het mislukt en zijn al hun complotten blootgelegd,' stelde Giustiniana Andrea gerust, die de situatie steeds verwarrender begon te vinden.

De zaak tegen Casanova en Giustiniana werd echter niet gesloten. Als voorzorgsmaatregel gaf La Pouplinière zijn nieuwe vertrouwensman, abbé De La Coste, opdracht een memorandum 'over de hele affaire-juffrouw Wynne' te schrijven,[8] waarvan een kopie naar Choiseuil werd gestuurd, de steeds machtiger minister van Buitenlandse Zaken, die de Wynnes een verlenging van hun verblijf had toegestaan. De roddels over de zwangerschap van Giustiniana deden nog steeds de ronde, en La Pouplinière wilde kennelijk schoon schip maken om haar naturalisatieaanvraag niet in gevaar te brengen.

De directe dreiging van een proces was afgewend, maar voor

Giustiniana was er weinig vooruitzicht op een oplossing voor haar toestand. Tegen het einde van maart bereikte ze de achtste maand van haar zwangerschap. De kwakzalversmiddeltjes die Casanova haar in het geheim toediende hadden geen effect. En hoewel ze nog steeds ongewoon mager was werd de dagelijkse taak haar toestand te verbergen steeds ingewikkelder. Ze moest alleen zijn als ze zich aan- en uitkleedde. Ze moest voorzichtig zijn geen argwaan te wekken met haar geheimzinnige gedrag. Ze moest met zorg de kleren kiezen die zich er het meest voor leenden haar uitdijende silhouet te camoufleren. Het zwaarst van alles was de voortdurende, verschroeiende angst dat haar moeder, die kennelijk niet op de hoogte was van het gerucht, het toch zou horen. Giustiniana werd door al haar pogingen zich van het kind te ontdoen zo radeloos dat ze niet terugdeinsde toen Casanova haar met een wel heel vreemd voorstel benaderde.

Casanova's belangrijkste weldoenster in die periode was de markiezin D'Urfé, een rijke Parijse dame die werd geobsedeerd door het occulte. Hij had kans gezien haar ervan te overtuigen dat hij bijzondere voorspellende gaven bezat – hij kon getallen lezen, stond in contact met fundamentele krachten, kende de geheimen van de kabbala. Hij dineerde regelmatig samen met de markiezin en gebruikte haar lichtgelovigheid tot zijn materiële voordeel. Er werd verteld dat ze in elk geval gedeeltelijk verantwoordelijk was voor zijn weelderige levensstijl in Petite Pologne. Op een avond vroeg hij madame D'Urfé in haar schemerige salon of ze op de hoogte was van de alchemistische formule om een abortus op te wekken. Ze antwoordde dat het *aroma philosophorum* van Paracelsus, dat bij zijn aanhangers beter bekend was als 'aroph', een onfeilbare remedie was.

Aroph was onder de alchemisten van de zestiende en zeventiende eeuw inderdaad een bekend medicament, en men vindt in hun geschriften verschillende formules voor deze drank. Het basisingrediënt was tot poeder gemalen saffraan, waarvan men geloofde dat het de menstruatie opwekte, en gewoonlijk werd het vermengd met een pasta van honing en mirre. Casanova las bij Paracelsus en in de *Elementa Chemiae* van de Hollandse natuurkundige Herman Boerhaave alles wat hij over aroph kon vinden. Het speciale brouwsel, zo kwam hij te weten, werd niet alleen geacht de menstruatie op te wekken maar ook de buitenwand van de baarmoeder los te maken en zo de afdrijving van de foetus te vergemakkelijken. De vrouw die wilde aborteren diende dit brouwsel met een tamelijk grote cylinder in de vagina in te brengen, waardoor het ronde vlezige onderdeel dat zich binnen in het genitale apparatus bevond, in beweging zou komen en waardoor de cylinder ook het kanaal dat naar de gesloten deur leidde van het nauwe onderkomen waarin de kleine vijand zich verborg, een stukje zou opschuiven.[9] Dit diende een week lang drie of vier keer per dag te gebeuren. Casanova barstte in lachen uit toen hij deze gedetailleerde instructies las.

Hij ging naar het Hôtel de Hollande en vertelde Giustiniana over zijn laatste ontdekking. Als typisch Casanoviaans gebaar voegde hij nog een eigen aanwijzing aan de lijst instructies toe: om het brouwsel effectiever te maken was het nodig het met vers geëjaculeerd zaad te mengen. Giustiniana wierp hem een schuinse blik toe en vroeg of hij soms een grapje maakte. Integendeel: hij zou haar de manuscripten laten zien. Ze zei hem dat hij zich die moeite kon besparen – ze was nauwelijks in de stemming de esoterische theorieën te lezen van een stel alchemisten van wie ze nog nooit had gehoord.

Casanova schrijft dat Giustiniana 'heel intelligent was [maar] de openhartigheid van haar ziel verhinderde haar te vermoeden dat er bedrog in het spel was'.[10] Het lijkt waarschijnlijker dat ze aan het einde van haar Latijn was. Ze spraken af elkaar op de zolderkamer van het Hôtel de Hollande in het geheim te ontmoeten als de rest van de gasten naar bed was gegaan. Onderwijl schakelde Casanova de keukenjongen en Giustiniana's kamermeisje Magdeleine in (hij had ontdekt dat dezen de zolderkamer voor hun eigen vermaak gebruikten en ze zo gechanteerd dat ze bereid waren als medeplichtigen op te treden). Er werd een matras naar boven gebracht, en verder dekens en kussens. De afgesproken nacht betrad Casanova

via een achterdeur het hotel en beklom met zijn alchemistenpara-
fernalia de trap naar de provisorische slaapkamer. Even na elven
voegde Giustiniana zich boven bij hem. Er was geen sprake van inleidende beleefdheden. De stemming was erg zakelijk: 'We waren
doodserieus als een chirurg die een operatie uit gaat voeren en de
patiënt die het ondergaat. Ze zette het open doosje aan haar rech-
terkant, ging op haar rug liggen, trok haar knieën op zodat haar
bekken zich verbreedde, boog haar rug en bij het licht van de kaars
die ik vasthield in mijn linkerhand bracht ze tegelijk een mutsje
aroph aan op het hoofd van de persoon die het naar de opening
zou brengen. Het verbazingwekkende was dat we niet lachten en
dat we niet eens zin hadden om te lachen, zo groot was onze toewijding. Uiteindelijk was het personage in kwestie geheel geïntroduceerd waar het geïntroduceerd moest zijn en het verlegen meisje doofde de kaars.'[11]

Onnodig te zeggen dat het magische brouwsel niet werkte, die
nacht niet en evenmin de paar volgende dat ze op de zolderkamer
afspraken. In feite experimenteerde Casanova helemaal niet met
aroph: volledig buiten medeweten van Giustiniana bracht hij voor
zijn nachtelijke exercities alle huismiddeltjes mee die hij in Cracovie en Bel Air kon vinden – in de regel alleen maar gewone honing. Geconfronteerd met de zoveelste mislukking gaf Giustiniana
ten slotte het idee op dat ze ooit van de foetus af zou komen en
richtte haar aandacht op het probleem een geschikte plaats te vinden waar ze het kind clandestien ter wereld zou kunnen brengen.
Dit was een veelvoorkomende gang van zaken. Ze had gehoord dat
er kloosters waren waar jonge zwangere vrouwen heen konden. Het
was zaak een vriendelijke plek te vinden waar ze zich op haar gemak zou voelen en haar geheim veilig zou zijn.

Eind maart was ze koortsachtig op zoek. De druk van La Pouplinière begon ondraaglijk te worden. Giustiniana's naturalisatiepapieren waren, ondertekend door Lodewijk xv, uit Versailles aangekomen.[12] De Venetiaanse documenten waren ook klaar en op
weg naar Parijs. Niets kon meer verhinderen dat het huwelijk volgens plan half april zou plaatsvinden. Zelfs het officiële portret was

bijna voltooid. En de ongeduldige *fermier général* bleef Giustiniana vragen een afspraak met zijn kleermakers te maken – wat haar een nachtmerrieachtig visioen bezorgde van een drukke groep naaisters die met hun tastende handen overal aan haar zaten.

Ditmaal kon Casanova haar wel helpen. Hij wendde zich voor advies tot de gravin Du Rumain, een Parijse *grande dame* met goede contacten. 'Behalve dat deze vriendelijk was, was ze mooi en geliefd bij vrienden door haar openheid en zorgzaamheid.'[13] De gravin werd geïntrigeerd door Casanova's vermogen de toekomst te voorspellen (later werd ook zij een aanhangster van de 'duistere wetenschappen'), maar ze was ook een praktische vrouw en vond het heerlijk haar invloed te gebruiken om anderen te helpen.

Casanova vertelde gravin Du Rumain het hele verhaal. Ten slotte vroeg hij haar of ze een veilig toevluchtsoord wist waar Giustiniana zou kunnen bevallen. De gravin liet er geen gras over groeien. Ze nam contact op met een vriendin, madame De Mérinville, die kennelijk veel ervaring had met dergelijke aangelegenheden, en smeekte haar Giustiniana zo snel mogelijk te ontvangen omdat haar zwangerschap al zo ver was gevorderd. De financiële en praktische regelingen werden verder uitgewerkt door de gravin, madame De Mérinville en Casanova, die beweerde dat hij Giustiniana vijftig louis had gegeven als betaling voor het vervoer en de kosten gedurende haar verblijf in het klooster. Binnen enkele dagen was alles geregeld. La Pouplinières kleermakers bezochten Giustiniana op 3 april in het Hôtel de Hollande en bespraken verschillende ideeën voor haar trouwjurk. Het was een korte, oriënterende bijeenkomst – geen tastende handen. De volgende morgen vroeg vluchtte ze naar het klooster in Conflans.

Giustiniana liet twee brieven achter – een voor haar moeder en een voor La Pouplinière. Beiden schreef ze dat ze werd gedwongen zich te verschuilen vanwege de voortdurende bedreigingen van mensen die tegen het huwelijk waren. Het probleem was niet alleen dat haar reputatie door het slijk werd gehaald – ze vreesde voor haar leven. In deze omstandigheden kon ze de huwelijksplannen onmogelijk doorzetten, en ze zou pas onthullen waar ze ondergedoken zat als het huwelijk was afgelast. Om de politie op een dwaalspoor te brengen zei ze dat ze binnen de stadsgrenzen van Parijs verbleef.

Terwijl Giustiniana haar kamer in het klooster betrok, heersten er in het Hôtel de Hollande angst en verwarring. Toen mevrouw Anna Giustiniana's brief had gelezen rees bij haar onmiddellijk de verdenking dat Casanova haar dochter had ontvoerd. Ambassadeur Erizzo, die de Wynnes had gewaarschuwd zich niet met Casanova in te laten, was ook van diens betrokkenheid overtuigd. Casanova veinsde natuurlijk volledige onwetendheid aangaande Giustiniana's verblijfplaats. Hij maakte zelfs precies op de dag van haar verdwijning zijn opwachting bij het diner in het Hôtel de Hollande en vroeg met een stalen gezicht waarom iedereen zo somber keek en of Giustiniana boven op haar kamer was. De volgende dag reed mevrouw Anna met Farsetti naar Petite Pologne en smeekte Casanova haar te vertellen waar haar dochter was. Weer verzekerde hij haar dat hij geen idee had en beloofde dat hij al het mogelijke zou doen om haar te helpen vinden. Een paar dagen later spande mevrouw Anna met de volledige zegen van ambassadeur Erizzo een proces tegen Casanova aan vanwege een samenzwering om haar dochter te ontvoeren.

Al korte tijd later kon Giustiniana haar familie geruststellen. Ze sloot vriendschap met de oom van het kamermeisje van Moeder Eustachia, die in het klooster werkte, en betaalde hem om haar brieven naar de stad te brengen en ze af te leveren bij een volgende tussenpersoon, een man die ze als 'de Savooier' aanduidde, die de verzegelde enveloppes in verschillende postbussen in Parijs deponeerde. Giustiniana verzekerde mevrouw Anna en haar familieleden dat ze het goed maakte, maar zei nadrukkelijk dat ze pas zou onthullen waar ze zich schuilhield als ze zeker wist dat ze niet met La Pouplinière in het huwelijk zou hoeven treden. De communicatie met Casanova verliep gemakkelijker: ze stuurde haar brieven voor hem via Moeder Eustachia direct naar gravin Du Rumain. Ze was hem en zijn vriendin buitengewoon dankbaar, schreef ze. Ze had in het klooster rust gevonden en de abdis was erg vriendelijk. Ze kon er boeken lezen en had een overvloed aan tijd om uit te rusten, hoewel ze klaagde dat het totale isolement dat haar door Moeder Eustachia werd opgelegd haar af en toe terneerdrukte.

In Parijs ging inmiddels het onderzoek naar het fatale uitstapje naar Reine Demay langzaam voort. Antoine Raymond de Sartine, een rijzende ster in het justitiële apparaat van Parijs die korte tijd later door Lodewijk XV tot hoofd van de politie zou worden benoemd, ontbood Casanova voor een informeel gesprek bij zich thuis. Hij vertelde Casanova dat deze zou moeten reageren op de zeer ernstige aanklacht dat hij Reine Demay ertoe zou hebben aangezet bij Giustiniana een abortus uit te voeren. Mocht hij echter onschuldig zijn dan diende hij hem de hele waarheid te vertellen – waarom Giustiniana was verdwenen en waarheen – waarna de hele zaak snel zou worden afgehandeld. Casanova verzekerde Sartine dat de aanklachten vals waren. 'Helaas, monsieur, is er geen sprake van een abortus; andere redenen weerhouden haar ervan naar haar familie terug te keren. Ik kan u echter niet meer vertellen zonder de toestemming van een bepaalde persoon, die ik zal proberen te krijgen.'[14]

Casanova besefte dat zijn vage verklaringen de magistraten niet hadden overtuigd en dat hij binnenkort grote problemen zou krijgen, tenzij hij hem naar waarheid vertelde waarom Giustiniana was weggelopen. Hiervoor had hij echter de toestemming van gravin Du Rumain nodig. Hij ging de volgende dag naar haar toe en pragmatisch als ze was nam ze contact met Sartine op en vertelde hem het hele verhaal zelf. Giustiniana was inderdaad zwanger, legde ze uit, maar er was geen abortus uitgevoerd; ze zat nu in een klooster bij Parijs op de bevalling te wachten en zou na de geboorte van de baby naar haar moeder teruggaan.

Sartine was een man met veel begrip: hij wist hoe het in de wereld toeging. Hij luisterde zorgvuldig naar wat de gravin zei. Meer hoefde hij niet te weten; ze konden op zijn discretie rekenen. Een paar dagen later kreeg Casanova een oproep om voor de rechter, die niemand anders was dan Sartine zelf, een officiële verklaring af te leggen. Hij gaf toe dat hij op de avond die in de aanklacht werd genoemd met een zwarte domino naar het Operabal was geweest maar ontkende dat hij ooit een bezoek aan Reine Demay had gebracht. Wat Giustiniana betrof, zei hij, 'dat noch ik, noch een van haar familieleden ooit het vermoeden hadden gehad dat ze zwanger zou zijn'.[15]

Sartine bespaarde Casanova een arrestatiebevel maar adviseerde hem Parijs niet te verlaten voordat de zaak gesloten was. Voor alle zekerheid deponeerde Casanova een fraaie omkoopsom van driehonderd louis in de schoot van de griffier. Kort na zijn optreden als getuige benaderde Castelbajac Casanova voorzichtig met een aanbod: Demay zou in ruil voor honderd louis bereid zijn haar beschuldiging in te trekken – ze zou beweren dat ze zich in de persoon had vergist. De vroedvrouw verscheen een paar dagen later in het gezelschap van een ingewijde getuige bij zijn huis in Petite Pologne en zei, na een blik op Casanova te hebben geworpen, met luide stem dat hij niet de man was die ze zocht: 'Ik heb een vergissing gemaakt.'[16] Ze was niet de enige die probeerde een slaatje uit deze smerige episode te slaan. De advocaat van mevrouw Anna, monsieur Vauversin, betrad ook het strijdgewoel door Casanova in het geheim van advies te dienen hoe hij de aanklacht van zijn cliënte tegen hem kon pareren.

Opgetogen over de kans die zijn vijanden hem boden stuurde Casanova Sartine een gedetailleerd rapport over alle financiële knoeierij. Niet veel later werd Reine Demay vanwege poging tot afpersing gearresteerd en in de Grand Châtelet gevangengezet; Castelbajac werd vanwege zijn aandeel in de affaire naar de Bicêtre, een gevangenis net ten zuiden van Parijs, gestuurd en monsieur Vauversin werd tijdelijk geschorst, tot grote schande van mevrouw Anna.

Casanova kon opgelucht ademhalen, maar in weerwil van de arrestatie van twee van de klagers was zijn naam nog steeds niet gezuiverd en bleven de twee zaken die tegen hem waren ingebracht aanhangig. Giustiniana's verdwijning bleef de hele lente van 1759 een onderwerp van roddels in Parijs. 'U zou, meneer, niet geloven hoeveel stof deze affaire hier heeft doen opwaaien,' schreef een van Andrea's correspondenten. Ettelijke weken na haar ontsnapping 'is ze nog steeds het nieuws van de dag in een land dat gewoonlijk uitsluitend op nieuwtjes drijft. Als de arme juffrouw Wynne had gewild dat de mensen wisten dat ze in de stad was, kan ik u verzekeren dat ze erg tevreden zou zijn geweest, want ik kan me niet herinneren dat er ooit over iemand zoveel is gepraat.'[17]

Voor de rechtbank had Casanova getuigd dat zwangerschap niet de oorzaak van Giustiniana's verdwijning was. Buiten de rechtbank ging natuurlijk echter het verhaal dat ze wel degelijk een kind verwachtte. Hoe kon men anders haar plotselinge vlucht en, sterker nog, haar weigering uit haar schuilplaats te komen verklaren? Haar eigen verklaring – dat ze was gevlucht voor bedreigingen en een huwelijk dat ze niet wilde – sneed simpelweg geen hout. De inhoud van de verklaringen van Castelbajac en Reine Demay werd al spoedig gemeengoed. Er circuleerde een anoniem en heel vernederend pamflet over Giustiniana. Andrea's naam dook vaak in gesprekken in de stad op; hij werd verondersteld de vader van het kind te zijn. En La Pouplinière sloeg natuurlijk een volstrekt lachwekkend figuur.

Onvermijdelijk bereikten de geruchten over de oorzaken van Giustiniana's verdwijning ook Venetië. Andrea wist niet goed wat hij moest geloven. Nadat ze was ondergedoken had hij geen brieven meer van haar ontvangen. Zijn vrienden vroegen of wat ze hoorden waar was. Hij wist niet wat hij moest zeggen. Door haar geheimzinnige gedrag stond hij weerloos tegenover de meest verraderlijke aanvallen. Volkomen in de war zag hij zich gedwongen fragmenten uit enkele vroegere brieven van Giustiniana voor te lezen om iedereen aan te tonen dat ze een slecht voorgevoel over het huwelijk had gehad en heel goed uit pure paniek op de vlucht kon zijn geslagen. Maar afgezien van het verdedigen van Giustiniana's eer, wat moest hij geloven? Kon het zijn dat ze werkelijk zwanger was? En zo ja, wie was dan de vader?

Andrea's pogingen betrouwbare informatie van zijn vrienden in Parijs te krijgen werden zeer bemoeilijkt. 'Je moet me voor eens en voor altijd precies laten weten wat er aan de hand is,' schreef hij Casanova dringend, maar tevergeefs. Farsetti was evenmin erg behulpzaam. Hij schreef Andrea over Giustiniana's 'vijanden' maar gaf geen enkele maal een overtuigend beeld van wat er werkelijk gaande was, waarschijnlijk omdat hij zelf niets wist. Farsetti leek er meer in geïnteresseerd Casanova bij iedere gelegenheid zwart te maken: 'Als ze die man nooit had ontmoet of als ze hem had weggestuurd, zoals ik haar heb gezegd, zou ze nu getrouwd zijn.'[18]

Nog verontrustender dan Casanova's uitvluchten en Farsetti's klagende brieven was het korte briefje dat ambassadeur Erizzo Andrea in antwoord op zijn paniekerige vragen stuurde. Erizzo was een gerespecteerd staatsman, een belangrijk lid van de Venetiaanse heersende klasse. Ook al maakte Andrea deel uit van een jongere generatie, de ambassadeur sprak hem altijd aan als een leeftijdsgenoot. Zijn hardvochtige woorden moeten zwaar op Andrea's gemoed hebben gedrukt.

*Hoog*geachte vriend,

Ik had de eer twee brieven te ontvangen waarin u erop aandringt dat ik u vertel wat er is gebeurd met uw mooie juffrouw Wynne, die u vele dagen niet heeft geschreven en over wie tot uw verbazing zo langzamerhand op erg dubbelzinnige manier wordt gepraat, en u zou dus graag willen dat ik u nauwkeurig verslag uitbreng van wat er allemaal is voorgevallen. Ik zou erg graag willen dat ik in staat was aan uw verzoek te voldoen, maar er is sprake van talloze anekdoten, die ook nog eens van dien aard zijn dat ik uren zou moeten schrijven – en nog wel nu ik net met een lange brief klaar ben. Laat het voldoende zijn te zeggen dat haar gedrag extreem lachwekkend en onverstandig was, en als ze verstandige mensen om raad had gevraagd zouden alle problemen allang uit de wereld zijn geholpen. Ik geloof dat het volstrekt overbodig is meer te zeggen, aangezien het er, als wat me verteld is juist is, de schijn van heeft dat u in een betere positie verkeert om mij te informeren dan omgekeerd. Men gelooft onder meer dat ze naar Venetië is gevlucht of naar welke andere plaats dan ook waar u haar hebt gezegd heen te gaan. Vergeeft u me alstublieft.[19]

April ging over in mei. De dagen werden langer en warmer. Het platteland in de omgeving van Conflans ziedde van nieuw leven. Lenteregen spoelde over de weelderige groene heuvels en de lucht rook zoet naar seringen. In het klooster wachtte Giustiniana in vrede op de geboorte van haar kind. Ze stond op heel intieme voet met Moeder Eustachia, ondanks het leeftijdsverschil: de abdis was bijna dertig jaar ouder dan zij. Gedurende hun lange gesprekken had ze als met een oudere zuster gepraat over haar liefde voor Andrea, de ontberingen die ze samen hadden doorgemaakt, haar onzekerheid over de toekomst. Beetje bij beetje was Giustiniana onder de invloed van de spirituele sfeer van haar omgeving gekomen. Ze voelde zich meer op haar gemak, ondanks een begrijpelijke vrees nu de bevalling naderbij kwam. Vele uren gingen heen met bidden, en de beminnelijke Vader Jollivet nam haar regelmatig de biecht af. Het was een moeilijke periode, maar door Moeder Eustachia en Vader Jollivet voelde ze zich iets minder alleen.

Eind mei informeerde Moeder Eustachia gravin Du Rumain en Casanova dat Giustiniana een zoon had gekregen. De bevalling had geen speciale problemen opgeleverd en de moeder verkeerde in goede gezondheid. Er is geen officieel geboortebewijs bewaard gebleven. Wat er van de jongen is geworden blijft een mysterie. Zelfs zijn naam is onbekend. Moeder Eustachia regelde dat het kind 'naar een plek werd gestuurd waar goed voor hem kon worden gezorgd'[20] – misschien een plaatselijke boerenfamilie of anders een weeshuis, zoals in dergelijke gevallen de gewoonte was. Giustiniana heeft in haar correspondentie nooit melding van hem gemaakt. Ze heeft zeker nooit met Andrea over hem gesproken. Slechts een handjevol mensen wist wat er in Conflans was gebeurd en het geheim zou met hen zijn begraven als Casanova het niet ongeveer dertig jaar later in zijn memoires had prijsgegeven.

Giustiniana kon nu onthullen waar ze verbleef en na een korte

periode van herstel naar haar familie terugkeren. Over haar terugkeer moest echter even bekwaam en vasthoudend worden onder-
handeld als met de organisatie van haar verdwijning was gebeurd.
Zodra ze weer in staat was zich in het openbaar te vertonen – zij
het slechts achter een tralievenster in de ontvangstruimte van het
klooster – schreef ze haar moeder en vertelde haar waar ze was.
Moeder Eustachia nam ook contact op met mevrouw Anna en legde haar uit dat ze nog maar pas had ontdekt wie Giustiniana werkelijk was. De brief, die de datum 27 mei draagt, is een waar staal-
tje van geraffineerd bedrog:

*M*ademoiselle Justiniana Wynne heeft me gisterenavond dan
toch eindelijk de waarheid verteld. Ze heeft me gezegd, madame,
dat u op dit moment in het Hôtel de Hollande aan de rue Saint-
André-des-Arts woont. Als ik dit eerder had geweten had ik u veel
zorgen kunnen besparen. Ze heeft hier sinds 4 april bij ons gezeten. U moet me maar niet kwalijk nemen dat ik haar heb opgenomen. Ik durfde een jonge vrouw van haar leeftijd en in haar positie niet bloot te stellen aan de gevaren die ze zou lopen als ze alleen
rond zou zwerven op zoek naar andere gemeenschappen, en was er
zeker van dat er wel snel iemand zou komen om haar op te halen.
Maar er kwam niemand naar haar vragen... Ze heeft niemand in
de ontvangstruimte gezien en heeft geen brieven gekregen. Ze heeft
zich hier heel vroom gedragen. Ze heeft een charmant karakter. Ik
houd met heel mijn hart van haar en zou haar niet dan met de
grootste spijt teruggeven als ik niet wist dat ze hier gelukkiger door
zou worden. Het zou me een grote vreugde zijn, madame, u elk
gewenst moment een blijk van mijn respect te doen toekomen, en
ik heb de eer uw zeer nederige en zeer gehoorzame dienares te zijn.
Zuster de Mérinville, abdis van Conflans[21]

De brieven lokten een stroom mensen naar Conflans. Mevrouw
Anna arriveerde al de volgende dag bij het klooster. Ze was in het

gezelschap van monsieur De La Pouplinière, die zijn persoonlijke gevolg bij zich had: monsieur De Maisonneuve; zijn vertrouweling, de abbé De La Coste, en zijn notaris, Maître Fortier, die was meegekomen om Moeder Eustachia een verklaring onder ede af te nemen om de precieze datum van Giustiniana's aankomst in het klooster en de duur van haar verblijf vast te leggen. Vader Jollivet getuigde ook dat hij Giustiniana 'vele malen de biecht had afgenomen'.[22] In deze algemene verwarring adviseerde La Pouplinière mevrouw Anna zodra ze in Parijs terug zou zijn een notaris kopieën van de brief van Moeder Eustachia aan haar en van de verklaring van Vader Jollivet te laten maken. Het was belangrijk, zo legde hij uit, Giustiniana's reputatie met officiële documenten te beschermen.

Zodra de formaliteiten waren afgehandeld verzamelde de groep zich bij het tralievenster, waarachter Giustiniana zedig zat te glimlachen. Er vond een heel emotioneel gesprek plaats. Giustiniana veinsde verbazing over wat er in haar afwezigheid in Parijs over haar was gezegd. Ze deed alsof ze verbijsterd was toen ze te horen kreeg dat er namens haar een aanklacht tegen Casanova was ingediend. La Pouplinière had de leiding van het gesprek, en Giustiniana werd getroffen door 'de gelaatsuitdrukking en tranen van de oude man, die buitengewoon veel van me houdt'. Haar wonderbaarlijke herverschijning – de aanblik die ze bood terwijl ze daar achter de tralies zat, 'nog mooier dan daarvoor'[23] – zette de *fermier général* zo in vuur en vlam dat hij geen enkele reden zag waarom het huwelijk niet door zou kunnen gaan. Mevrouw Anna kondigde aan dat ze haar aanklacht tegen Casanova introk nu haar dochter weer boven water was en de zaak was opgehelderd (dit was echter niet genoeg voor Casanova, die een geschreven verontschuldiging verlangde, die hij vervolgens door een notaris liet bekrachtigen). De andere, serieuzere aanklacht wegens een poging tot abortus bleef echter overeind, en het aanstaande proces was natuurlijk een probleem. La Pouplinière was echter van mening dat het, nu de waarheid boven tafel was gekomen, veel eenvoudiger was Giustiniana's naam publiekelijk te zuiveren. Het huwelijk, verklaarde hij toen hij afscheid nam om naar Parijs terug te keren, zou plaatsvinden 'zodra het proces is afgehandeld'.[24]

Toen haar bezoekers waren verdwenen trok Giustiniana zich in haar kamer terug om samen met Moeder Eustachia de hele situatie nog eens door te nemen. Het was een turbulente en verwarrende dag geweest. Ze was verbijsterd over het plan van La Pouplinière het huwelijk door te zetten. Ook al was ze niet meer zwanger en was er geen sprake meer van een praktische hindernis, ze had tijdens haar lange periode van isolement meer dan genoeg tijd gehad om na te denken over de vraag of deze hele onderneming wel zo verstandig was. Het idee weer in de klauwen van de inhalige familieleden van La Pouplinière te belanden joeg haar doodsangst aan. Nog belangrijker was misschien wel dat haar verblijf in Conflans haar had veranderd: de bizarre gedachte met de oude *fermier général* in het huwelijk te treden leek iets uit een ander leven te zijn.

Giustiniana en Moeder Eustachia waren het erover eens dat er geen enkele noodzaak bestond in alle haast naar Parijs terug te keren. Bovendien: als ze het klooster verliet zou ze heel goed als getuige kunnen worden opgeroepen bij de juridische procedure die nog steeds tegen Casanova werd gevoerd. Nog beroerder was de mogelijkheid dat Reine Demay – die na drie weken in de gevangenis was vrijgelaten – gevraagd zou kunnen worden Giustiniana te identificeren als de vrouw die haar die vreselijke avond van het Operabal in gezelschap van Casanova in de rue des Cordeliers had bezocht. Het was beter om La Pouplinière rustig de tijd te geven om met de functionarissen van de rechtbank tot overeenstemming te komen en pas terug te gaan als de procedure was stopgezet.

De hieropvolgende weken kreeg Giustiniana geleidelijk haar monterheid en ook haar slanke figuur terug. Ze mocht het klooster uit om in de tuinen korte wandelingen te maken en kreeg bij het tralievenster regelmatig bezoek van een adorerende La Pouplinière en eveneens van alle luidruchtige leden van haar familie en haar vele vrienden. Tegen het einde van juni maakten haar bezoekers plannen voor een *fête* buiten het klooster ter ere van Moeder Eustachia en de benedictijner nonnen, die zo goed voor Giustiniana hadden gezorgd.

Andrea was nog steeds hevig in de war. Giustiniana vatte haastig haar correspondentie met hem weer op om hem gerust te stellen. Als gebaar van goede wil overhandigde mevrouw Anna Giustiniana de brieven van Andrea die ze de weken daarvoor had onderschept – waarvan ze de meeste toch al had geopend en gelezen. Ze verbood haar dochter echter Andrea te schrijven omdat ze hem er nog steeds van verdacht de hand in haar verdwijning te hebben gehad. Farsetti, die doodsbang was zich de woede van mevrouw Anna op de hals te halen, verzette zich aanvankelijk tegen Giustiniana's smeekbeden als haar geheime postbode op te treden. Pas eind juni, tijdens haar laatste dagen in Conflans, was hij eindelijk bereid haar eerste brief aan Andrea sinds ze bijna drie maanden daarvoor uit het Hôtel de Hollande was weggeglipt op de post te doen.

*M*on Cher Frère,

Mijn lieve Memmo, vergeef me. Ik weet dat je me uiteindelijk zult vergeven. Maar toch begin ik met de vraag of je me wilt vergeven; om het je gemakkelijker te maken mijn brief in een welgezinde stemming te lezen zal ik eerst een deel van de schuld op me nemen. De enige misdaad die ik heb begaan is echter dat ik je zo lang niet heb geschreven, en als ik je bewijs, mijn beste vriend, dat het me eerder onmogelijk was, denk ik dat je me wel zult willen vergeven. Ik houd van je, ik ben je vriendin; mijn Memmo zal altijd hetzelfde voor me betekenen, en je brief, die Farsetti me gisteren heeft laten zien en die me het gevoel geeft dat je ondanks de geslepenheid van mijn vijanden, ondanks alles wat er over me is verteld, me altijd als onschuldig hebt beschouwd, ook al suggereerde mijn zwijgen tegenover jou dat ik misschien wel schuldig was, zou me meer dan ooit van je uitnemende karakter hebben overtuigd – als ik daar al nog meer van overtuigd had moeten worden. Je bent het heel erg waard dat ik het verbod je te schrijven overtreed. Ik hoop dat ik me het hernieuwde blijk van respect en vriendschap dat ik van mijn Memmo mag ontvangen waardig zal betonen, ook

al zou dit betekenen dat alles kapotgaat. Ik heb Farsetti zo hartstochtelijk gesmeekt dat hij me heeft beloofd je mijn brief toe te
sturen, en zo schrijf ik je stiekem, ook al word ik in de gaten gehouden, en ik wil je mijn hele verhaal vertellen.

Hier was dan eindelijk de brief waarnaar Andrea zo had verlangd.
Natuurlijk was Giustiniana's verhaal slim in elkaar gezet en stond
het vol verzinsels. Ze vertelde hem dat de waarschuwingen en bedreigingen die ze van anonieme briefschrijvers had ontvangen haar
hadden gedwongen onder te duiken. 'Alle noodzakelijke voorbereidingen voor uw ondergang zijn getroffen,' citeerde ze uit haar
geheugen. 'Verberg u zo snel mogelijk. Dit is een ernstige zaak.'
Het was zover gegaan dat ze 'overal vergif' zag. La Pouplinière had
haar zelf verteld dat hun vijanden 'tot alles in staat waren'. Ze had
geen keus gehad dan zich ergens te verstoppen. 'De dag voor mijn
vertrek,' voegde ze eraan toe, en ze herschikte de gebeurtenissen zo
dat haar verhaal geloofwaardiger werd, 'kwamen de kleermakers
van de oude heer langs om me de maat te nemen, en het was goed
dat ze kwamen omdat het de argwaan die hij na mijn vlucht had
opgevat iets temperde.' Ze beschreef haar tocht naar Conflans en
haar kennismaking met de 'hoogstaande en heel beminnelijke'
Moeder Eustachia – die, zei ze erbij, geparenteerd was aan een van
de meest vooraanstaande huizen in Frankrijk. Aanvankelijk had de
abdis haar niet op willen nemen, vertelde Giustiniana Andrea, in
tegenspraak met Casanova's versie van de feiten, maar ze was ontroerd geraakt door de aanblik van zo'n 'mooi geklede jonge vrouw
met juwelen'. Moeder Eustachia had haar de eerste paar dagen in-
tensief ondervraagd en zich uiteindelijk laten vermurwen. 'Ze zag
dat ik nog steeds bang was, en aangezien ze zich om me bekom-
merde, maakte ze een einde aan de ondervraging om me niet nog
meer van streek te maken.' Haar identiteit zou geheim zijn gebleven, beweerde Giustiniana, als ze Vader Jollivet niet op 23 mei iets
had horen zeggen wat haar had gedwongen te onthullen wie ze was:

*O*p die dag kwam de biechtvader naar de kamer van de abdis en begon haar nietsvermoedend het verhaal te vertellen dat ik als het mijne herkende – ik was er toevallig bij omdat ik de abdis gezelschap hield – alsof hij de laatste roddels uit Parijs vertelde. Hij praatte over de vlucht van een meisje vlak voor haar huwelijk met een rijke financier, hij maakte melding van alle dubbelzinnige dingen die over haar werden verteld, inclusief het feit dat ze was gevlucht om een kind te baren en dat monsieur De La Pouplinière hiervan overtuigd was. Ik was zo verrast en verward dat ik zonder ook maar te beseffen wat ik zei eruit gooide: 'Dat is niet waar. Juffrouw Wynne is een dame en ze behoort tot een van de oudste en meest vooraanstaande families. Juffrouw Wynne is een eerzame jonge vrouw. Ik ben die jonge vrouw...' Je kunt je hun verbazing wel voorstellen. Beiden probeerden ze me uit te leggen hoe onverstandig het van me was geweest dat ik niet eerder had verteld wie ik was, en ze overreedden me mijn moeder te schrijven. Wat ik deed.

La Pouplinière kwam nu regelmatig naar het klooster, zo vervolgde de brief. Hij deed erg zijn best de gerechtelijke procedure tegen Casanova stop te zetten. 'God alleen weet hoe ik bij dit alles betrokken ben geraakt... omdat ik geen idee heb wat Casanova van plan is,' verzekerde ze hem. Op dit front zagen de zaken er echter veelbelovend uit. 'Ik geloof dat mijn naam op korte termijn zal worden gezuiverd.' Natuurlijk was er weer al dat gepraat over het huwelijk, schreef ze aan het eind. 'De oude heer wacht tot alles achter de rug is voordat hij met me trouwt, maar ik ben nog niet zeker van mezelf (en gun me alsjeblieft de vrijheid hier zelf over te beslissen). Ik reken er niet zo op als anderen, hoe dichtbij het ook lijkt te komen.'

In feite was het bij lange na niet zo dichtbij als ze dacht.

Giustiniana verliet het klooster ergens tussen eind juni en begin juli. Haar terugkeer in Parijs volgde pal op wekenlange onderhandelingen achter de schermen tussen La Pouplinière, leden van zijn familie en het kantoor van Choiseuil in Versailles. De affaire-Wyn-

ne, zoals de gebeurtenissen bekendstonden, had in de Parijse society zoveel stof doen opwaaien dat de regering Giustiniana niet
langer welgezind was, en haar positie werd er niet beter op toen de
Britten de Fransen in Le Havre een stevig pak slaag gaven. Lodewijk xv had haar naturalisatiepapieren pas drie maanden daarvoor
ondertekend. Ze waren echter bedoeld geweest om de weg voor
haar huwelijk met La Pouplinière vrij te maken, voordat het schandaal was ontstaan. Nu, na haar verdwijning en het drama dat erop
was gevolgd, om nog maar te zwijgen van het feit dat ze nog steeds
als medeverdachte in het proces tegen Casanova kon worden ge-
dagvaard, was haar positie ingrijpend veranderd. De familie van La
Pouplinière deed haar voordeel met deze nieuwe ongeduldige stemming aan het hof. Ze gebruikte haar sterke banden met het kamp
van Choiseuil om niets minder dan de verbanning van Giustiniana uit het land te bewerkstelligen. Een dramatische aankondiging
hiervan was niet nodig: de Wynnes kregen eenvoudigweg bericht
dat hun papieren, die toch al binnenkort zouden verlopen, niet verlengd zouden worden. Technisch gesproken was Giustiniana nu natuurlijk een genaturaliseerd staatsburger. Het had echter weinig zin
de machtige Choiseuil uit te dagen. Het moment om hun reis naar
Engeland voort te zetten was duidelijk aangebroken.

Choiseuils kantoor kreeg een recalcitrante La Pouplinière zover
met deze beslissing in te stemmen door voor te stellen dat Giustiniana een tijdje naar het buitenland zou gaan, mogelijkerwijs niet
verder dan Brussel, en daarna, zodra de druk van de ketel was, naar
Parijs zou terugkeren. Voor veel mensen was het duidelijk dat de
oude man voor de gek was gehouden. 'Monsieur De La Pouplinière vleit zichzelf met de gedachte dat al het rumoer zal verstom-
men zodra ze het koninkrijk heeft verlaten en dat hij dan de zaak
gemakkelijker zal kunnen regelen,' schreef een waarnemer Andrea.
'Ik zou niet graag willen dat hij verrast wordt en zich nietsvermoedend van juffrouw Wynne laat beroven.'[25]

Giustiniana werd van de dag dat ze het klooster verliet tot haar vertrek naar Brussel, dat aanvankelijk op 14 juli was bepaald, in het

Hôtel de Hollande opgesloten. 'Het is een idee van mijn moeder, en je weet dat ze toch altijd haar zin krijgt,' vertelde ze Andrea. Mevrouw Anna zei nauwelijks een woord tegen haar dochter. Nog maar vier maanden eerder was er sprake geweest van een uitzonderlijk huwelijk en nu moest de familie de vernedering slikken vanwege Giustiniana het land uit te worden gezet. De sfeer in hun appartement was gespannen. En door de zomerse hitte werd het inpakken van hun hutkoffers des te onaangenamer.

*M*on Cher Frère,
We vertrekken naar Brussel omdat we door de minister het land uit zijn gezet, waarschijnlijk op instigatie van de familie van de oude heer, die het geen moeite zal hebben gekost de autoriteiten ervan te overtuigen dat het onjuist zou zijn als een dergelijk fortuin in de handen van een Engelse vrouw terechtkomt – vooral in tijden als deze. Bij wijze van smoes werd ons verteld dat onze papieren verlopen waren en dat de winter al een hele tijd achter ons ligt... Ik kan je niet vertellen hoe ik walg van dit land en van die familie [van La Pouplinière]... O, waarom ben je niet hier om me raad te geven? Lieve Memmo, wat een ellende heb ik meegemaakt, wat een angst, wat een laster! Deze hele geschiedenis past zo weinig bij me. Het geeft niet... je zult alles te weten komen... Je bent altijd mijn beste vriend geweest en zult het altijd zijn. Ik houd nog steeds van je, Memmo. Dat weet je. Ik vraag me steeds af of ik mijn Memmo ooit zal terugvinden. Stil nu, ik weet dat het op een dag zal gebeuren... Ik zal je iedere week schrijven... Hoewel ik waardering heb voor je bedoelingen toen je mijn vroegere brieven aan veel van je vrienden voorlas zodat ze konden zien dat wat er over me verteld werd heel onwaarschijnlijk was, moet ik bekennen dat ik me niet prettig voel over het feit dat datgene wat ik je privé en alleen voor jou heb geschreven door anderen wordt beoordeeld. Vaarwel, mijn Memmo; houd van me en stuur me lange brieven.

De druk op Giustiniana om bij het proces tegen Casanova te getuigen viel weg zodra eenmaal duidelijk was dat ze de stad zou verlaten. La Pouplinière zei nadrukkelijk dat het 'onfatsoenlijk' zou zijn haar te dagvaarden, dat het een belediging voor haar *en* voor hem zou zijn, omdat hij immers nog steeds van plan was met haar te trouwen. Zijn verbitterde verwanten zagen in dat het geen enkele zin had het gevecht voort te zetten. Choiseuil heeft waarschijnlijk zelf laten weten dat hij erg graag zou zien dat de affaire-Wynne snel tot een einde zou worden gebracht. Ten slotte werd Giustiniana een vernederende tocht naar de rechtbank bespaard en werd haar naam officieel gezuiverd. 'Het vonnis waarbij mijn onschuld wordt vastgesteld is alles wat ik echt [wilde],' schreef ze Andrea erg opgelucht.

Er vond nog een laatste, pathetische scène in het Hôtel de Hollande plaats. Enkele dagen voor haar vertrek naar Brussel stuurde Giustiniana La Pouplinière een briefje waarin ze hem bedankte voor alles wat hij had gedaan om een einde aan haar problemen met justitie te maken. Ze schreef hem bovendien, en met een duidelijkheid waarmee ze zich nooit tegen hem had uitgelaten, dat het dwaas was om nog op het moment dat ze haar koffers pakte over een huwelijk te blijven praten. Aangezien hij echter met alle geweld deze illusie in stand wilde houden voelde ze zich nu gedwongen zijn aanzoek af te wijzen. Het was een sterke brief en nu eens niet dubbelzinnig. 'Als ik meer tijd had zou ik hem voor je overschrijven, maar stel je een goed doordacht, goed gecomponeerd werkstuk voor,' schreef ze Andrea trots.

De brief had niet het beoogde effect. 'De oude kwam halsoverkop naar me toe, en zijn tranen waren het enige antwoord dat ik van hem kreeg.' Allerminst berustend stuurde La Pouplinière abbé De La Coste en madame De Saint Aubin om het allemaal nog eens met Giustiniana en haar moeder te bespreken. Het was echter te laat. Zelfs mevrouw Anna, die toch zo'n voorstandster van het huwelijk van haar dochter met de *fermier général* was geweest, doorzag dit duistere, berekenende stel. Ze veegde hun 'buitengewoon stevig de mantel uit' en beschuldigde hen ervan de oude man te eigen bate aan het lijntje te houden. 'Ze behandelde hen zozeer als een stel schurken dat ze zich uit de voeten maakten met de woorden "Madame wil niet naar rede luisteren... Het is onmogelijk overeenstemming met haar te bereiken."'

De Wynnes vertrokken ongeveer half juli vanuit Parijs naar Brussel. Ze hadden sinds hun aankomst uit Lyon negen maanden daarvoor zeker indruk gemaakt, en Giustiniana was gedurende een groot deel van hun verblijf natuurlijk hét onderwerp van gesprek geweest. Nu waren ze vijanden op de vlucht – een in ongenade gevallen Engelse familie die in de verstikkende zomerse hitte via de achterdeur het land uit vluchtte. Giustiniana was blij dat ze weg kon, alles achter zich kon laten – de ontgoocheling, de intriges, de leugens, al het vreselijke dat ze had doorgemaakt. Wat haar betrof behoorde het al tot het verleden. 'Ik bezie deze hele geschiedenis zo onverschillig dat ik het gevoel heb dat het nooit is gebeurd,' schreef ze Andrea, die kennelijk nog steeds enigszins 'ontdaan' was over de verspeelde kans op een prachtig huwelijk. Zij daarentegen zag al verlangend uit naar hun korte verblijf in Brussel en hun nieuwe leven in Londen. Na alles wat ze had meegemaakt, voegde ze hier enigszins sarcastisch aan toe, zou het toch niet al te moeilijk kunnen zijn 'een Engelse hertog aan de haak te slaan'.

In haar brieven maakte ze natuurlijk geen gewag van de baby die ze achterliet. Had ze hem voor haar vertrek ooit opgezocht? Bleef ze in contact staan met de mensen aan wie hij was toevertrouwd? In haar correspondentie zoekt men tevergeefs naar een antwoord: er is geen sprake van ook maar de geringste aanwijzing wat ze als gevolg van deze scheiding doormaakte. Hoe intens haar moederlijke gevoelens jegens het kind ook mogen zijn geweest, ze dwong zichzelf ze te verzwijgen. Nu Andrea zo ver weg was, had ze geen uitlaatklep voor haar verdriet. Casanova, met wie ze in korte tijd zo vertrouwd was geraakt, was al geleidelijk uit haar leven verdwenen toen ze uit Parijs vertrok. In zijn memoires maakt hij geen melding van een laatste afscheid. Hij was gewoon aan zijn volgende avontuur begonnen.

Inmiddels was het oorspronkelijke reisgezelschap twee van zijn leden kwijtgeraakt. Zandiri was naar Venetië teruggekeerd en Toinon, die voorbestemd had geleken voor een leven als oude vrijster, kondigde tot ieders verbazing aan dat ze in Parijs bleef omdat ze op het punt stond zich te verloven. Er zou dus toch een bruiloft komen. 'Hoe nietszeggend ze ook is, ze heeft toch kans gezien een aanbidder te vinden die met haar zal trouwen zolang ze haar maagdelijkheid te verliezen heeft,' schreef een welingelichte vriend van de familie aan Andrea. 'Ze beweert dat ze in dat opzicht ongeschonden is, en dus zal deze blije bruiloft binnenkort plaatsvinden.'[26]

De Wynnes bleven uiteindelijk langer dan een maand in Brussel. Ze namen kamers in het elegante Hôtel de l'Impératrice en wachtten daar op instructies van lord Holderness. Giustiniana was vastbesloten het beste van hun verblijf te maken. 'Ik heb besloten me te vermaken... en naar mijn temperament te leven,' schreef ze, geurend met haar broze nieuwe vrolijkheid. 'Ik zal mijn tijd zo goed mogelijk besteden; ik lach om alles en ook vaak om mezelf.' Brussel was de ideale stad om plezier te maken. Er hing de zorgeloze sfeer van een provinciale hoofdstad, die door een wijze en populaire landvoogd, prins Karel van Lotharingen, werd geregeerd. Giustiniana, Bettina en Tonnina waren algauw vaste bezoeksters van het theater en de opera. Ze kleedden zich fraai, ze dansten, ze flirtten. 'We zijn de schoonheden van het land,' meldde ze met een vrolijkheid die Andrea in geen maanden van haar had gehoord.

De vervelende Farsetti kwam al snel de pret bederven. Hij was nog steeds bezeten van Giustiniana en was de Wynnes naar Brussel gevolgd in de overtuiging dat zijn tijd nu eindelijk was gekomen. Hij had haar in moeilijke momenten bijgestaan, hij had haar geld geleend, hij had haar liefdesbrieven afgeleverd, hij had geprobeerd haar tegen andere aanbidders – en ook tegen haar eigen onvoorzichtigheid – te beschermen. Het moment was nu aangebroken om Giustiniana voor zichzelf op te eisen. Giustiniana had echter meer dan genoeg van Farsetti's bemoeizucht en zelfingenomen manieren.

Haar rancune jegens hem, die ze uit eigenbelang lange tijd had on-derdrukt, stond op het punt door de oppervlakte te breken.

'Farsetti kwam me hier kort na mijn aankomst opzoeken en be-gon zich onmiddellijk aan te stellen,' klaagde ze tegen Andrea. 'Een en al eisen, een en al jaloezie... Ik heb hem wel duizend keer weg-gestuurd, zodat hij naar Parijs zou teruggaan, en een paar keer ben ik behoorlijk scherp tegen hem uitgevallen... Ik ben hem veel ver-schuldigd omdat hij me [in het verleden] tal van diensten heeft be-wezen, maar zijn hardleersheid kan ik hem niet vergeven.' De ar-me man was totaal overdonderd. Volkomen verbijsterd verliet hij Brussel de dag na zijn aankomst. Wat Giustiniana betreft: ze had zelfs na zijn vertrek nog last van rancuneuze aanvallen: 'Ah, Mem-mo, die signor Farsetti was dodelijk... Al die jaloezie, al die plan-nen... Geen enkele man heeft me ooit erger gekwetst... Heel Parijs wist dat hij met me wilde trouwen en dat ik hem voortdurend moest afwijzen... [Ambassadeur Erizzo] heeft altijd beweerd dat Farsetti degene is geweest die de regeling met de oude heer heeft verknoeid. Het enige dat ik weet is dat hij waarschijnlijk vaak heeft betreurd dat hij me aan hem heeft voorgesteld.'

Na het vertrek van Farsetti stortte Giustiniana zich nog ener-gieker in het Brusselse uitgaansleven. Prins Karel, de aantrekkelij-ke en beminnelijke landvoogd, merkte haar al snel op. 'Hij kijkt naar me, hij lacht met me, hij maakt me duizend complimenten,' meldde ze. Ze was gevleid door de aandacht van de prins, maar ze wist dat een man van zo'n familie altijd buiten haar bereik zou lig-gen. In plaats van op hem raakte ze verkikkerd op de beste vriend van Karel, de graaf De Lanoy – 'knap, met brede schouders en heel geestig'. De aantrekkingskracht was wederzijds. Algauw maakte de jonge graaf haar openlijk het hof. Ze ontmoedigde hem niet. De kokette kant van haar persoonlijkheid was helemaal terug en ze ge-noot er opnieuw van door een onstuimige jongeman aanbeden te worden.

'Er is hier iemand van wie ik geloof dat ik hem erg aardig zou gaan vinden als ik langer in Brussel zou blijven,' bekende ze An-drea. 'Hij is altijd met de prins samen, maar hij doet zijn best me zo veel mogelijk te zien. En ik moet zeggen dat ik hem erg leuk vind.' De graaf volgde haar overal. In het theater zat hij altijd in de loge naast de hare, vanwaar 'hij voortdurend naar me kijkt'. Ze had hem aangelokt met haar nieuwe levendigheid en de 'houding van *petite maîtresse* die ze zich had aangemeten 'om me te vermaken'. Waarom Giustiniana zich tot hem aangetrokken voelde was makkelijk te verklaren: 'Ik zag in hem iets wat me aan mijn Memmo deed denken, en ik vond hem aardig.'

Na veel om elkaar heen te hebben gedraaid ontmoetten zij en de graaf elkaar in de vrolijke verwarring van een bal masqué: 'Ik ging erheen, hield mijn masker voor mijn gezicht terwijl ik op hem afliep, deed alsof ik hem niet kende, pakte zijn hand, sprak hem aan met een of andere Engelse naam en vroeg hem zijn masker af te zetten. Hij lachte om wat hij voor een vergissing aanzag, liep overal achter me aan en plaagde me voortdurend. Hij zei me dat hij van me hield en deed intussen voortdurend alsof hij een Engelsman was. Toen kwam prins Karel naar me toe, en met zijn drieën begonnen we een gesprek dat al heel gauw erg levendig werd omdat ik veinsde de prins niet te herkennen achter zijn masker en een heleboel dwaze dingen zei.'

Die avond droeg de graaf een steek met een witte veer en een masker in de Venetiaanse stijl. Van zijn gelijkenis met Andrea liepen Giustiniana de rillingen over de rug: 'O God, Memmo... Hij is precies even lang als jij en beweegt zijn hoofd precies zoals jij... Hij maakt allerlei bewegingen die jij ook maakt... En, als ik het mag zeggen, zelfs zijn gevatheid is wat toon betreft dezelfde als de jouwe.' Ondanks het aandringen van de graaf nodigde Giustiniana hem echter nooit in hun hotel uit. 'Wat zeg je van mijn succes? Het heeft me wel iets gekost, dat is waar, maar ik wilde mezelf op de proef stellen, en heb nu ontdekt dat ik alles aankan.'

Terwijl hun verblijf in Brussel ten einde liep maakte de aangename maar enigszins futiele flirt met graaf De Lanoy plaats voor diepergaande dromerijen over Andrea. Ze was, besefte ze nu, het slachtoffer van een bekend raadsel van het hart: aangetrokken tot mannen die haar aan haar ware liefde deden denken schoof ze hen onvermijdelijk terzijde omdat ze hem niet waren. 'Ah, liefste Memmo, waar ben je? Eigenlijk heb ik weinig reden je dankbaar te zijn: je hebt me beroofd van iedere kans die ik had kunnen krijgen om van iemand anders te houden... Ik houd van niemand, en, bij God, ik heb na mijn Memmo van niemand meer gehouden. En wat nog beter is – en voor hen erger – is dat ik tegen al mijn bewonderaars zeg: nee, ik zal na mijn Memmo van niemand meer houden. Je kunt maar eens in je leven van iemand houden.'

Vreemd genoeg klinkt er in deze brieven aan Andrea geen diepe treurigheid door. Het is alsof Giustiniana juist kracht begon te ontlenen aan het idee dat ze nooit meer van iemand zou houden zoals ze van hem had gehouden en nog steeds van hem hield. De duurzaamheid van haar gevoelens gaf haar een gewaarwording van veiligheid, zelfs van welbehagen. Dit was niet helemaal paradoxaal, want ze koesterde nog steeds de droom van een leven samen, schijnbaar niet te onderdrukken. 'O, liefste Memmo, zul je ooit de lange reis naar Londen kunnen ondernemen? In dat geval: adieu voor al onze geliefden, adieu voor onze vrienden, adieu voor de hele wereld... Denk je ook niet? Ik weet het: je hebt geen geld. Maar maak je geen zorgen, de dag zal komen dat we allebei wel een beetje geld hebben.'

Giustiniana was erg optimistisch gestemd toen de Wynnes half september naar Londen vertrokken. Afgezien van de overtocht over het onrustige Kanaal zag de familie verlangend uit naar het einde van een heel lange en tumultueuze reis. Lord Holderness had een tijdelijk huis in een prettig deel van Londen voor hen geregeld. Hij had ook een Franse huisleraar, monsieur Verdun, naar Brussel gestuurd om kennis te maken met Giustiniana's jongere broertjes. Lord Holderness wilde Richard en William, die nu vijftien en veertien waren, naar Cambridge sturen zodat ze een goede opleiding zouden krijgen. Mevrouw Anna dacht hier heel anders over, maar dit was geen moment om te kibbelen. Wat de 'Drie Gratiën' betrof – Giustiniana, Bettina en Tonnina – lord Holderness was al op zoek naar passende kandidaten. 'Een onderkoning voor mij, of misschien een gouverneur in Amerika,' schertste Giustiniana. 'Lach niet, heb geduld. Giustiniana is geboren om iemand te worden, je zult het zien.'

Haar verblijf van bijna twee maanden in Brussel had haar inderdaad nieuwe krachten gegeven. Nog maar een paar dagen voordat zij en haar familie vertrokken werd de Parijse nachtmerrie echter plotseling weer tot leven gewekt door het schokkende nieuws dat La Pouplinière tijdens een haastige plechtigheid in Parijs met een jonge en knappe vrouw, Thérèse de Mondran, in het huwelijk was getreden. Giustiniana had haar nooit ontmoet, maar het bleek dat abbé De La Coste en madame De Saint Aubin nog terwijl ze in het Hôtel de Hollande hadden geprobeerd Giustiniana alsnog over te halen dit huwelijk al aan het bekokstoven waren geweest. Giustiniana, die ongetwijfeld zeer pijnlijk was getroffen, behield niettemin haar gevoel voor humor: 'Ik hoorde, tot mijn verbazing moet ik bekennen, van het huwelijk dat met de snelheid van een bliksemflits voor hem geregeld is... Toen herinnerde ik me opeens dat die andere oude man, Smith, hetzelfde had gedaan... Ik heb geen geluk met die oude mannen.'

Acht

De oversteek van Calais naar Dover duurde slechts een paar uur, maar de zee was ruw en de tocht leek eindeloos. Giustiniana was geweldig opgelucht toen ze aan land stapte en de vaste grond onder haar voeten voelde. Ze had met de rest van de familie onderdeks gezeten en was 'doodziek' geweest terwijl de boot stampend en bonkend het grauwe water van het Kanaal had genomen. Nu, terwijl ze veilig op de steiger in het volle zicht van de kalkwitte kliffen stond, ebden de duizeligheid en misselijkheid weg en keerde haar natuurlijke gelaatskleur terug. Het was een vreemd gevoel terug te zijn in Engeland – het 'andere' thuis van de Wynnes. Het was echter ook een goed gevoel. Er waren zeven jaar verstreken sinds ze voor het laatst in het land van haar vader was geweest. Ze was toen een jong meisje geweest, en sir Richard was slechts een paar maanden daarvoor overleden. Ditmaal was het anders: ze was hier om een echtgenoot te vinden. Ze was hier om er te blijven.

Een rijtuig van de regering, dat door lord Holderness was gestuurd, kwam hen in Canterbury afhalen. De familie reisde zeer comfortabel naar Londen. Ze werden afgezet bij 'een van de mooiste huizen' in de buurt van Saint James's Park, dat als tijdelijk onderkomen zou dienen. De Wynnes waren dergelijke luxe niet gewend. 'We hadden Londen niet door een betere deur kunnen betreden!' riep Giustiniana stralend uit. Holderness had meteen zijn particuliere secretaris gestuurd om hen te helpen er hun intrek te nemen, en die avond maakte hij zelf zijn opwachting bij het huis.

Het was geen erg knappe man. Hij had een grote neus, een hangende kaak en op een groot gedeelte van zijn gezicht een huidaandoening waardoor zijn uiterlijk in de ogen van pietluttige mensen ietwat 'afstotelijk' werd.[1] Hij gedroeg zich zo serieus dat hij een beetje pompeus overkwam. Niettemin verwelkomde hij Giustiniana en haar zussen en broers 'als een vader' (jegens mevrouw Anna gedroeg hij zich koeler) en kondigde aan dat zijn vrouw, lady Mary, de volgende maand terug zou zijn uit hun buitenhuis en hen in de society zou introduceren. Hij zou er persoonlijk zorg voor dragen dat ze ook aan het hof zouden worden voorgesteld. Tot dan zou het gepast zijn als Giustiniana, Bettina en Tonnina het grootste deel van de tijd thuis zouden doorbrengen.

Holderness' opdracht moet op deze kosmopolitische meisjes, die in Parijs en Brussel tot in de vroege ochtend hadden gedanst, buitengewoon rigide zijn overgekomen, maar het was niet het moment om tegen te sputteren: hun lot berustte geheel in zijn handen. Bovendien had hij verteld dat hij hun deze tijdelijke beperking voor hun eigen bestwil oplegde. De eerste avond ging Giustiniana uitgeput maar gerustgesteld – zelfs gevleid – door de voorkomendheid van deze belangrijke man naar bed.

Robert d'Arcy, vierde graaf van Holderness, had inderdaad, tot grote verbazing van sommige van zijn tijdgenoten, een positie bereikt waarin hij aanzienlijke macht en invloed had. Nadat hij halverwege de jaren veertig van zijn diplomatieke post in Venetië naar Londen was teruggekeerd was hij lid van het Genootschap van Dilettanten en een drukbezette vrijgezel in de society en artistieke kringen van Londen geworden – hij cultiveerde een hartstocht voor opera en maskerades, die hij in Venetië had opgedaan. In 1749 was hij benoemd tot ambassadeur in Den Haag. Daar was hij getrouwd met Mary Doublet de Groeneveldt, de dochter van een vooraanstaand Hollands zakenman. Hij had voorbestemd geleken voor een eervolle zij het niet bijzonder briljante diplomatieke loopbaan in dienst van Zijne Majesteit. De hertog van Newcastle, destijds eerste minister, had hem echter in 1751 van zijn post in Den Haag 'afgehaald',[2] en op eenendertigjarige leeftijd was Holderness naast William Pitt senior tot staatssecretaris benoemd.

Velen schudden ongelovig het hoofd over zijn meteoorachtige opkomst. Pitt zelf beschouwde Holderness als een 'onbetekenende'[3] jongeman. Horace Walpole beschreef hem als een lichtgewicht en een 'babbelkous' – hoewel hij op zure toon erkende dat de jonge staatssecretaris 'zichzelf en zijn beschermheren in ieder geval recht deed, want hij leek zich te schamen dat men zo'n aanzienlijk man van hem had gemaakt om geen enkele andere reden dan dat hij zo onaanzienlijk was'.[4]

Holderness was bekwaam genoeg om vast te houden wat hem was gegeven en bleef het grootste deel van die tien jaar een loyale beschermeling van de hertog van Newcastle. Tegen het einde van 1759, na drie jaar oorlog, begon hij echter over de schouder van zijn mentor heen naar de groeiende 'vredespartij' te lonken die in Leicester House bijeenkwam rond de graaf van Bute, de opkomende ster in het parlement (en toekomstige eerste minister onder George III).

Bute wist alles van de Wynnes via zijn schoonmoeder, lady Mary Wortley Montagu, die nog in Venetië woonde. Ze had haar dochter een waarschuwing met betrekking tot mevrouw Anna en haar kinderen gestuurd op het moment dat dezen de voorgaande oktober aan hun reis door Europa waren begonnen:

*M*ijn lieve kind,

Ik sta voor een soort noodzaak je met een impertinente brief lastig te vallen. Drie fraaie dames (ik moet eigenlijk vier zeggen als ik de Signora Madre meetel) zijn een paar dagen geleden op weg gegaan naar Londen... Aangezien ze daar geen kennissen hebben acht ik het (hun zelfvertrouwen kennende) heel wel mogelijk dat enkelen van hen misschien zullen proberen mensen te leren kennen door jou te bezoeken, misschien wel uit mijn naam. Ik bezweer je dat ik ze nooit ofte nimmer heb gezien, behalve in het openbaar en bij de Resident, die een van hun talloze hartstochtelijke bewonderaars is en zijn vrouw heeft gedwongen hen te ontvangen... Ik heb nu wel genoeg gezegd om te voorkomen dat je door hen bedrogen zult worden, maar had veel meer moeten zeggen als je de tijd had gehad om romans te lezen. Het verhaal is de pen van mijn geliefde Smollett waardig.[5]

Tegen de tijd dat de Wynnes uitcindelijk in Londen aankwamen, al geruime tijd vantevoren door deze weinig vleiende introductie voorafgegaan, was Holderness in drukke politieke manoeuvres verwikkeld die ten doel hadden hem bij het kamp-Bute populair te maken. Hij wilde zijn beschermheerschap duidelijk geen inbreuk laten maken op de belangrijker doelen in zijn leven. Sinds hun vertrek uit Venetië hadden de Wynnes een beetje de reputatie van een reizend circus gekregen, en de laatste roddels uit Parijs over Giustiniana's avonturen daar had hun reputatie er bepaald niet beter op gemaakt. Hoewel Holderness zich gedwongen voelde hun introductie bij het hof te verzorgen, al was het alleen maar om de nagedachtenis van Richard Wynne te eren, vond hij het ook belangrijk dat dit behoedzaam gebeurde. Het laatste dat hij wilde was dat zijn Venetiaanse beschermelingen in Londen zouden rondrennen zonder dat hij ze onder controle had.

Aanvankelijk namen de kinderen Wynne de bevelen van Holderness voor lief. Hun tijdelijke opsluiting gaf hun immers een beetje extra tijd om zich op hun verschijning in de beste Londense huizen voor te bereiden. Giustiniana zag verlangend uit naar de lectuur: 'Intussen las ik al die nieuwe Engelse boeken om me op mijn land te kunnen oriënteren en niet al te zeer een vreemdeling te lijken'. De schelmenromans van lady Montagu's 'geliefde' Tobias Smollett deden haar waarschijnlijk een beetje ouderwets aan. Na de droge teksten van de Franse *philosophes* wilde ze zich echter graag op de Engelse romans storten waarover ze al zoveel had gehoord. Henry Fielding en Samuel Richardson hadden in de tien jaar daarvoor hun grote werken al geschreven. Nu was Laurence Sterne de nieuwe schrijver over wie iedereen in Londen sprak – de eerste twee delen van *Tristram Shandy* waren nog maar een paar maanden voor de aankomst van de Wynnes verschenen.

Het lezen van boeken was echter niet voldoende om de familie rustig bezig te houden. Al na een paar weken strak regime van Holderness begon de hele familie knorrig te worden. 'We vervelen ons allemaal verschrikkelijk in Londen omdat we niet uit mogen en niemand mogen zien,' klaagde Giustiniana. 'We mogen niet eens naar het park... Zijne Hoogheid houdt ons in een staat van eeuwige slavernij.'

Holderness was wel tot één concessie bereid: de Wynnes kregen toestemming een bezoek aan de Venetiaanse ambassadeur en zijn vrouw aan Soho Square te brengen. Dit voorrecht verlevendigde hun sociale bestaan nauwelijks. Graaf en gravin Colombo waren 'een charmant stel', maar veel plezier kon je niet met ze hebben. De gravin was 'altijd beminnelijk [en] ook vrijwel altijd ziek... en altijd alleen'. Giustiniana ging voornamelijk naar de ambassade om haar post op te halen en met de ambassadeur over Andrea te praten. Net zoals andere diplomaten voor hem raakte hij zo geprikkeld door hun verhaal dat hij aanbood hun geheime boodschappenjongen te worden.

De Wynnes kregen ook toestemming thuis een selecte groep bezoekers te ontvangen, maar Giustiniana vond de gasten die in hun kleine salon bijeenkwamen nog saaier dan de ambassadeur en zijn vrouw. Het waren hetzij oude kennissen van haar moeder van hun vorige reis naar Londen hetzij druppels van het gestage stroompje non-descripte leden van de familie Wynne, die uit nieuwsgierigheid hun Italiaanse verwanten kwamen bezoeken. Geen van hen had de eer in Giustiniana's brieven individueel te worden vermeld. 'Ik vermaak me niet met deze mensen,' klaagde ze. 'We staan altijd te kijk. En iedereen staart naar ons en praat over ons alsof we de mooiste vrouwen in het hele koninkrijk zijn.'

De sfeer in Londen was heel anders dan die in Parijs. Engeland was de oorlog aan het winnen: op het moment dat de Wynnes in de stad arriveerden namen de soldaten van Zijne Majesteit juist Quebec in en verjoegen de Fransen uit Canada. Er heerste een stemming van groot zelfvertrouwen, en een groeiend gevoel van predestinatie gaf het conflict een doel, iets wat de Fransen steeds minder schenen te hebben. Kranten en tijdschriften leidden de patriottische fanfare:

> *Come on ye brave Britons, let no one complain*
> *Britannia, Britannia, once more rules the main.*[6]

Het bleek 'het glorieuze jaar 59' te worden, om een uitdrukking te gebruiken die dat seizoen in de mode was.

Na drie lange jaren daalde er echter een sfeer van vermoeidheid over het land neer, ook al bleven de berichten van de slagvelden gunstig. Terwijl de Parijzenaars zich, naar gelang het laatste oorlogsbulletin, heen en weer bewogen tussen diepe somberheid en wilde feestelijkheden, leken de reacties van de Britten veel ingehoudener. 'Je moet niet denken dat overwinningen hier met luid gejuich worden begroet,' legde Giustiniana Andrea, die graag zo veel mogelijk over de oorlog wilde horen, uit. 'Je ziet hoogstens een paar brandende kaarsen in de huizen... Er wordt nauwelijks over de oorlog gepraat... In Venetië is er meer belangstelling voor dan hier, waar het er toch werkelijk toe doet. Misschien praten de Engelsen er wel onderling over. Misschien zijn ze ook gewoon moe.'

Toegegeven: Giustiniana ving alleen maar af en toe een glimp van Londen op, maar het weinige dat ze zag was niet inspirerend. De dames kleedden zich niet goed. Hun kapsels waren uit de mode. De gesprekken gingen zelden verder dan beleefdheden. Er viel geen opwindend intellectueel debat te volgen – er gebeurde niets wat vergelijkbaar was met de in de pers afgedrukte ideeënstrijd tussen Rousseau en D'Alembert of de polemieken waarmee de publicatie van elk nieuw deel van de *Encyclopédie* gepaard ging. Integendeel: afgezien van lange verslagen over de oorlog en aanmoedigende oproepen tot de overwinning leken de tijdschriften zich voornamelijk met

banale onderwerpen als de laatste ontwikkelingen van het weefge-
touw of de nieuwste methoden van belastinginning bezig te houden. Er waren maar weinig openbare feestelijkheden en totaal geen
bals masqués, omdat de anglicaanse bisschoppen er kort daarvoor
in waren geslaagd ze te laten verbieden.

Het is niet verbazingwekkend dat de interessantste figuur die
door dit grauwe landschap paradeerde in Giustiniana's ogen de
flamboyante Kitty Fisher was, buitengewoon courtisane, die erin
was geslaagd haar bestaan behoorlijk extravagant in te richten: 'Ze
leeft in de grootst mogelijke pracht, geeft twaalfduizend pond per
jaar uit en is de eerste van haar maatschappelijke klasse die bedienden in livrei heeft – zelfs de dragers van haar draagstoel. Overal zijn
prenten van haar te koop. Ze is klein en ik vind haar niet mooi,
maar de Engelsen wel en daar gaat het om.'

De beroemde rivaliteit tussen Kitty Fisher en lady Coventry, de
vroegere Mary Gunning, was een favoriet onderwerp voor roddel-
praatjes. 'Een paar dagen geleden liepen ze elkaar te paard in het
park tegen het lijf,' schreef Giustiniana Andrea in een poging hem
met wat couleur locale te vermaken, 'en vroeg lady Coventry Kitty naar de naam van de kleermaker die haar jurk had gemaakt. [Kit-
ty Fisher] antwoordde dat ze dat beter aan lord Coventry kon vragen, aangezien hij haar de jurk cadeau had gedaan. Lady Coventry
noemde haar een ongemanierde vrouw; de ander antwoordde dat
het feit dat ze met een waanzinnige edelman was getrouwd zoveel
maatschappelijk verschil tussen hen schiep dat ze die belediging wel
aankon. Ze zou er echter voor zorgen zelf een edelman te trouwen,
al was het alleen maar om haar in de toekomst van repliek te dienen en zo de pas af te snijden.'

Giustiniana was in het begin van de herfst in Londen aangekomen
met het vaste voornemen zich met haar charmes een weg naar de
meest vooraanstaande huizen te banen. In november begon haar
enthousiasme al te tanen. Er gebeurde zo weinig in haar leven dat
ze haar brieven aan Andrea met anekdotes uit de tweede hand moest
kruiden. Terwijl ze wachtte tot lady Holderness van het platteland

zou terugkeren en haar zou redden raakte ze in de greep van het gevoel dat haar leven niets voorstelde. Ze werd introspectiever. Haar leven was nu zo van zijn ankers geslagen, zo onzeker: dat ze Andrea miste was een van haar weinige zekerheden. Ze voelde de leegte elke dag. Korte uitstapjes om bij de Venetiaanse ambassade zijn brieven op te halen waren haar enige vreugde. Elk van deze uitstapjes leidde echter tot meer verwarring. 'Je bent nog steeds kostbaarder voor me dan wat ook ter wereld, en dat zul je altijd zijn,' schreef ze teder. '... Maar ik ben zo onzeker over alles. En weet je hoe dat komt? Omdat ik nog steeds zo afgrijselijk veel van je houd.'

Het vooruitzicht van een volgende ronde in de jacht op een echtgenoot was opeens erg ontmoedigend. Gedurende die lange, regenachtige herfstdagen vroeg ze zich voor het eerst af of ze eigenlijk wel een echtgenoot nodig had. Hoe 'geschikt' kon een 'verstandshuwelijk' eigenlijk zijn? Kon ze niet een betere manier vinden om te leven? Misschien had het met haar karakter te maken, peinsde ze, misschien ook met haar wijze van leven tot dan toe maar de gedachte kwam bij haar op dat ze haar onafhankelijkheid meer op prijs was gaan stellen dan de geborgenheid die het resultaat van een goed huwelijk kon zijn. Een eigen inkomen, hoe klein ook, zou haar zeker de vrijheid geven die ze nodig had om haar bestaan vorm te geven. 'Je wilt dat ik een hertog of een graaf vind,' klaagde ze tegen Andrea. '... Ik geloof dat ik zoiets helemaal niet wil... Een echtgenoot is iets verschrikkelijks.'

Opgesloten in het gastenverblijf van Holderness onderzocht Giustiniana alternatieven voor het huwelijk. Een ervan was het beleggen van de kleine erfenis die ze van haar vader had gekregen – vijftienhonderd pond – om een inkomen te genereren in plaats van dat bedrag als bruidsschat te gebruiken. Ze gaf toe dat een dergelijke regeling haar misschien zou dwingen bescheidener te leven dan ze eigenlijk prettig vond: 'Ik haat middelmatigheid... en ik ben niet deugdzaam genoeg om in een ander milieu prettig te leven.' Ze zou zich dan echter niet meer gegijzeld voelen door de dwang een 'goed' huwelijk te sluiten. Ze twijfelde er geen moment aan dat haar toekomst minder ongewis zou zijn. In die zin zou ze zeker 'haar positie verbeteren'.

Ze stelde zich voor hoe Andrea zijn wenkbrauwen optrok terwijl hij in de beslotenheid van zijn kamer in het Ca' Memmo haar brief zat te lezen. Protesten, zo waarschuwde ze hem, zouden haar hier niet van weerhouden. 'Je zult me de mantel uitvegen, natuurlijk, maar ik heb al naar Parijs geschreven om informatie in te winnen. Ik heb begrepen dat de rente daar veel hoger is. Ik zal voorlopig hier wonen en als ik ervoor kies lang genoeg te wachten zal ik mijn stoel aan het hof krijgen. En als ik me begin te vervelen ga ik weer naar Frankrijk, tenzij jij me – als je hart vrij is – natuurlijk zou vragen op een holletje naar Venetië terug te komen.'

Misschien liep ze een beetje op de gebeurtenissen vooruit, gaf ze toe. Het waren weinig meer dan 'nauwelijks omlijnde en tamelijk verwarde ideeën'. Andrea hoefde zich geen zorgen te maken: ze zou dat plan om die Engelse hertog 'te strikken' niet opgeven. In ieder geval nog niet. Ze was echter 'ontgoocheld' over de hooggeplaatste lieden en hun omgeving en het was haar ernst dat ze haar leven zelf in de hand wilde nemen. Ze moest haar hoofd helder houden, haar mogelijkheden realistischer tegen elkaar afwegen. Ook al babbelden de vriendinnen van mevrouw Anna er beneden op los wat een uitstekende echtgenoot ze zou vinden, ze wist dat naarmate er meer tijd verstreek het moeilijker zou worden een partner te vinden die haar zou bevallen. En hoe meer ze erover nadacht zichzelf van dat geobsedeerde denken over een huwelijk te bevrijden, hoe prettiger ze het gevoel ging vinden. 'Als ik op deze manier blijf nadenken zullen deze ideeën misschien vroeg of laat werkelijk gestalte krijgen.'

Er waren ook fysieke veranderingen waarmee ze rekening diende te houden. Giustiniana was nog steeds een heel mooie jonge vrouw – 'iedereen zegt dat ik het meest belle van de belles ben,' zoals ze Andrea zei, maar wel met een afnemend gevoel dat ze recht had op die titel. Nu haar Parijse experimenten met kapsels achter de rug waren vielen haar zwarte krullen weer ongehinderd langs haar lieftallige, levendige gezicht, en haar donkere, prachtige ogen waren nog even doordringend als vroeger. Toch had de jeugdige schittering die in Venetië en Parijs en Brussel zoveel harten had verwarmd iets van haar sprankeling verloren. Door het moederschap was ze bovendien iets ronder geworden. 'Ik word een beetje een vrouw,' merkte ze bij de nadering van haar verjaardag ietwat treurig op. 'Ik ben bijna drieëntwintig. Het beste deel van mijn jeugd ligt achter me... Het beetje schoonheid dat ik had zal waarschijnlijk gaan verwelken.'

Haar zuster Bettina was vier jaar jonger en kwam opeens volledig tot bloei. Het was nu haar beurt. Zij zou degene zijn die alle aandacht trok als de gezusters Wynne in de society zouden worden geïntroduceerd. 'Ze is nu een schoonheid, en ze is aardig en geestig zonder zich ooit aan te stellen,' merkte Giustiniana trots op. 'Iedereen zegt dat lady Coventry de wanhoop nabij zal zijn als ze haar ziet. We zullen zien hoe ze wordt ontvangen als we ons deze winter in het uitgaansleven wagen. Haar figuur zou in Italië of Frankrijk zeker niet als slank worden beschouwd, maar hier stelt men dat zeer op prijs.' Meteen na Bettina kwam Tonnina, die weldra achttien zou worden. De jongste van de drie zussen was veel rijper geworden sinds de tijd dat ze passief in de armen van Alvise Renier had gestaan. Giustiniana verzekerde Andrea dat hij haar nauwelijks zou herkennen: 'Ze is nog nooit mooier of charmanter geweest... Als ze niet dikker wordt zal ze heel erg in de smaak vallen. Als je haar boezem nu zou kunnen zien, haar armen, haar handen, haar natuurlijke blankheid en de zelfverzekerdheid die ze zich eigen heeft gemaakt met hulp van een paar elegante manieren die ze in Frankrijk heeft geleerd.'

De ongetrouwde oudste zus was kennelijk gaarne bereid plaats te maken op het middelpunt van het toneel: 'Ik word niet langer in de verzoeking gebracht iedereen maar te behagen, en ik wil eigenlijk niet meer al die moeite doen om een man daar te krijgen waar ik hem hebben wil. Ik heb zo genoeg van al die grillige liefde, en toch voel ik dat ik het soort gevoeligheid kwijt ben die me ertoe in staat stelt... Ach, je kent me goed genoeg. Je weet dat ik voorbestemd ben voor een ongelukkig leven. Het idee van een huwelijk jaagt me steeds meer angst aan. Ik zou nooit met een man trouwen die ik bewonderde, om hem niet ongelukkig te maken. En ik zou nooit trouwen met een man die ik veracht, om niet ons beiden ongelukkig te maken.'

Dit was Giustiniana's leven in Londen zoals zij het afschilderde – een solitair bestaan van lezen en schrijven, een bestaan waarin 'nooit een enkele man' binnendwaalde. En Andrea? Hij ging naar het theater. Hij nam deel aan onderhoudende diners in de paleizen van hun vrienden aan het Canal Grande. En hij gaf zelf toe dat hij genoot van een nieuw seizoen van galanterieën. Terwijl zij een kluizenaarsbestaan leidde, klaagde ze, 'bedrijf jij vrolijk de liefde met de dames'. Haar toon was er dikwijls een van zelfspot, en we krijgen het gevoel dat ze ondanks al het geklaag werkelijk plezier had in het schrijven van haar brieven aan Andrea. Haar brieven aan hem werden meer en meer een uitlaatklep voor haar observatievermogen, haar gevoel voor ironie en haar humor.

Andrea plaagde Giustiniana met zijn flirts in Venetië – hadden ze na het schandaal in Parijs niet hun gelofte hernieuwd 'elkaar alles te vertellen'? Hij biechtte haar nu op dat er één jonge vrouw in het bijzonder was die haar best deed zijn *favorita* te worden. Het probleem, legde hij uit, was dat de dame in kwestie heel jaloers op Giustiniana was en er niet tegen kon dat haar portret nog zo prominent in Andrea's verzameling portretten en miniaturen hing. Ze had zelfs geëist dat hij het meteen verwijderde. Schaapachtig gaf hij toe dat hij haar verzoek had ingewilligd. Giustiniana nagelde hem voor deze daad van verraad aan de schandpaal met een komische beschrijving die gegeven de omstandigheden des te bewonderenswaardiger was:

Stel je toch voor dat iemand zo'n eis stelt! En nog erger: dat hij wordt ingewilligd! Ik ben er woedend over. Het is te verschrikkelijk! Te afgrijselijk! Mijn hart is vervuld van woede... Wat krijgen we nu? Mijn portret is niet meer het middelpunt van al die plaatjes van verrukkelijke sultanes die dat buitengewone kabinet opsmukten?... Mijn glorie is verpletterd, en nu ben ik op de chaotische vuilnishoop van je oude minnaressen gesmeten!... O, ongelukkig portret! Je bewind is afgelopen... En nu bungel je daar aan de zegevierende strijdwagen van een rivale... Mijn lieve Memmo, zoals je ziet... Het lot van mijn verbannen portret ligt me na aan het hart. En de gevolgen van deze smadelijke verwijdering bezorgen me een huivering, want ik heb wel enig idee van de macht van degene die je bezet houdt, althans te oordelen naar de kwaliteit van het offer dat je hebt gebracht (je zult me mijn ijdelheid wel vergeven).

Giustiniana waagde een gokje. 'Vlug: vertel me hoe ze heet,' vroeg ze nerveus. 'Geef maar toe dat de *belle coquette* M.C. is.' En het bleek inderdaad Marietta Corner te zijn, de jonge vrouw die haar in de eerste tijd van haar verhouding met Andrea zoveel verdriet had gedaan. Ditmaal zou Giustiniana zich niet door steken van jaloezie laten verscheuren. Ze probeerde erom te lachen, probeerde het gedartel van Andrea met Marietta als een luchtige komedie te zien: ze wilde zichzelf bewijzen dat ze haar emoties onder controle had. 'Ik krijg nog medelijden met je, mijn lieve Memmo,' vervolgde ze, 'want je hebt te maken met iemand die alleen haar schoonheid te bieden heeft, en ze zal je zeker vlug gaan vervelen. Ik ken je goed... Ik wil wedden dat ze je zachtmoedig zal mishandelen door je te vragen mijn brieven voor te lezen om haar angst te sussen, of deze nu echt of voorgewend is... Welnu, als dat gebeurt word ik erg gemeen en vertel ik je dat ik met de grootst mogelijke intensiteit van je houd... Ik zal je ook onomwonden vertellen dat ik zeker weet dat ik nooit door mijn Memmo vergeten zal worden.'

Haar humoristische toon maskeerde haar treurigheid niet helemaal. Er was een heel jaar verstreken sinds ze Andrea voor het laatst had gezien. Er was in hun beider levens zoveel gebeurd, en toch stond hij nog in het middelpunt van het hare. Ze hield van hem – 'afgrijselijk' was het woord dat ze had gebruikt – en was niet bereid zich door een andere vrouw naar de achtergrond te laten drukken. Voelde ze zich serieus door Marietta bedreigd? Waarschijnlijk niet. Ze kende Andrea te goed om bang te zijn dat hij zich misschien aan een vrouw zou binden die, zoals zij het formuleerde, 'alleen haar schoonheid te bieden had'. Zijn luchthartige gepraat over het schuiven met portretten was echter kwetsend. Hoe virtuoos ze de pijn ook verborg, hij schemerde op erg ontroerende manier toch door haar persiflage heen. Ze kon uitgebreid de draak steken met haar rivale, sarcastische opmerkingen maken, de hele affaire op de hak nemen, en dan, vrijwel in dezelfde ademtocht, begon ze weer over hen beiden te schrijven. Ze zou binnenkort bij het hof worden geïntroduceerd. In welke kleding zou hij haar graag zien? Welke kleuren zag hij voor zich? 'Ik dacht *pensée* of geel te dragen, de kleur die donkerharige vrouwen in Frankrijk dragen. Het zou een satijnen jurk kunnen zijn, afgezet met marterbont – ik heb een paar heel mooie... Maar zeg me eens hoe jij me graag zou zien... Zie je nu, ik maak me druk over deze kleinigheden alsof ik nog daar bij jou ben. Zeg me daarom wat je mooi lijkt.'

De afstand tussen hen was echter reëel, en vanwege de oorlog verplaatste nieuws zich nog grilliger dan anders. Het kon altijd gebeuren dat vertraagde informatie tot grote verwarring in hun leven leidde. Het was het eind van de herfst – Giustiniana was drie maanden daarvoor uit Parijs vertrokken – toen Andrea voor het eerst van het smerige pamflet over haar hoorde, dat ten tijde van de affaire-Castelbajac-Demay kennelijk in de Franse hoofdstad de ronde had gedaan. Andrea heeft de 'brochure' met de beschuldigingen overigens nooit zelf gelezen, maar uit wat men hem vertelde begreep hij dat ze een beschrijving van Giustiniana's gedrag bevatte die op zeer gespannen voet stond met wat ze hem in juni had verteld. Het waren natuurlijk uitsluitend roddels, maar Andrea werd weer helemaal opnieuw door onaangename twijfels besprongen. Hij confronteerde Giustiniana met de geruchten die hem ter ore waren gekomen. Op koude toon vroeg hij of hij haar überhaupt nog moest schrijven.

Giustiniana was ontdaan. Waarom wroette Andrea zo zinloos in het verleden en wierp hij haar het treurige puin van haar debacle in Parijs voor de voeten? Zijn wreedheid kwetste haar: 'Je vriendschap is zo onvoorspelbaar, je hecht zo gemakkelijk geloof aan de meest afgrijselijke dingen... Ik zal je alleen dit zeggen: een dergelijke brochure over me bestaat niet en de slecht geïnformeerde lieden die dit verhaal verspreiden om mij kwaad te doen misleiden jou. Geloof in je Giustiniana, die zichzelf nooit zo heeft verlaagd dat ze de waarheid voor je zou verbergen. Ze zegt je dat ze geen weet heeft van alle vreselijke dingen waarvan ze wordt beschuldigd... Ik zal je dwingen mijn vriend te zijn, ondanks jezelf en je minnaressen... Je hart ben ik kwijt, maar de rest heb ik niet verdiend.'

Er kwam bijna een maand geen antwoord, en deze stilte brak haar nog meer op dan de beschuldigingen. Toen vond ze op een dag in de Venetiaanse ambassade een bundeltje van drie brieven van Andrea die op haar lagen te wachten. Ze was dol van blijdschap:

*Z*oveel rijkdommen om me vreugde te brengen! Je herinnert je me nog, en ik merk dat je nog steeds mijn vriend bent, en misschien nog wel iets meer? Mijn arme Memmo, dan ben je nog steeds de mijne! Wat zijn we toch veel kwijtgeraakt, wij beiden, door onszelf van onze hoop en onze dromen te beroven! Je schijnt je bedrevenheid in verfijnde genoegens te hebben verloren; ik heb geen echte vreugde meer over; ik kan geen man vinden die ik even graag mag als jou, en ik zal hem ook nooit vinden. In de hartstocht die ik vroeger voor je voelde, was je een combinatie van duizend eigenschappen die mijn geest en mijn ziel in een voortdurende staat van opwinding hielden. O, ik hield zo van je! En mijn God, ik heb niet het gevoel dat mijn hart al die hartstocht nu opeens kwijt is. Ik wil deze weddenschap sluiten: mocht ik ooit dicht bij je in de buurt komen, dan zal ik nog eens waanzinnig van je houden, als je het me tenminste wilt toestaan.

Half november verhuisden de Wynnes naar een kleiner huis, aan Dean Street, in de buurt van Soho Square. Het was 'elegant gemeubileerd' door de vorige bewoonster, de geliefde van 'een van de rijkste mannen van Engeland'. Ze vonden hun nieuwe onderkomen echter nogal krap, iets wat de sfeer in huis waarschijnlijk niet erg ten goede kwam. Dean Street zelf was een drukke winkelstraat. Het was een respectabele buurt, maar niet meer zo gewild als vroeger – nu en dan ving je zelfs de geurtjes op van de drukke herbergen en louche badhuizen aan Drury Lane, een paar straten verderop. Wat als 'het beschaafde deel van de stad' bekendstond verschoof al sinds enige tijd naar een gebied ten westen van Soho, naar Grosvenor Square en Cavendish Square.

De twee jongens, Richard en William, woonden nog thuis. Holderness had geregeld dat ze kort na hun aankomst in Londen naar Cambridge zouden gaan, maar mevrouw Anna had zich hiertegen verzet omdat ze hoopte de jongens een katholieke opleiding te kunnen geven (hierin werd ze gesteund door een Ierse priester die ze tijdens haar eerste verblijf in Londen had leren kennen en die nu weer in hun leven was opgedoken). Holderness wilde hier natuurlijk niets van horen. Mevrouw Anna maakte hysterische scènes en dreigde zelfs de jongens naar Cambridge te volgen. De sfeer in huis was voortdurend zeer gespannen. Holderness, die meer en meer door zijn politieke plannetjes in beslag werd genomen, kwam steeds minder vaak langs. 'Ik vrees dat Zijne Edele binnenkort zijn buik meer dan vol heeft van mijn moeder,' schreef Giustiniana bezorgd. 'Ze is onvoorstelbaar waanzinnig.'

Het ongenoegen tussen Holderness en mevrouw Anna werd nog verhevigd door de problemen waarmee hij werd geconfronteerd in zijn pogingen de papieren voor de officiële introductie van de Wynnes aan het hof in de wacht te slepen. Alweer was mevrouw Anna's herkomst een probleem; haar adellijke titel leek in Londen even dubieus als hij in Venetië was geweest. Er was meer papierwerk vereist; er moesten door het door oorlog verscheurde Europa berichten naar en van Venetië heen en weer worden gestuurd. Het kostte allemaal verschrikkelijk veel tijd. Weer schakelde Giustiniana

Andrea in om de zaken te bespoedigen. 'Zie het maar als een van je vele projecten,' moedigde ze hem aan, en zei erbij dat haar moeder hem bijzonder 'dankbaar' was. 'Ik moet je de groeten doen, en ze smeekt je ons te blijven helpen... Hoe anders dan ze vroeger was! Had ze je toen maar leren kennen zoals ze je nu kent, wat had ze zichzelf, en ons, dan een ellende kunnen besparen.'

De Venetiaanse autoriteiten hebben misschien ook wel geaarzeld om de adellijke titel van mevrouw Anna te waarmerken; Andrea en Giustiniana zouden immers wel eens van dit stempel van goedkeuring kunnen profiteren en hun huwelijksplannen weer uit de kast kunnen halen. Giustiniana achtte het van wezenlijk belang de autoriteiten op dit punt gerust te stellen: 'Ze moeten er absoluut zeker van zijn dat we niet alleen niet van plan zijn naar Venetië terug te keren... maar dat we zelfs met geen mogelijkheid kunnen overwegen te trouwen omdat we nu inzien welke schade we onszelf daarmee zouden berokkenen... We zullen nooit trouwen, zelfs niet als jij naar Londen zou komen. Bovendien heb ik zo'n afkeer van het idee van een huwelijk dat ik er niet eens over wil nadenken.'

Hun subtiele diplomatie leidde niet tot resultaten. Er was korte tijd sprake van een mogelijke introductie in de toekomst. 'Op dit moment zijn alle plaatsen aan het hof bezet, en misschien zou er pas met het huwelijk van de prins van Wales ruimte voor me komen.'* Deze vage hoop vervloog echter snel. De Wynnes mochten Londen dan 'door de hoofdingang' betreden hebben, zoals Giustiniana het zo enthousiast had uitgedrukt, anderhalve maand na hun aankomst leidden ze nog steeds een kwijnend bestaan in de marge van de Londense society.

Gedeeltelijk om de spanningen in het huis te verlichten ging mevrouw Anna in op de uitnodiging van een vriend van de familie om een paar dagen buiten door te brengen. Het was nauwelijks het soort avontuur waarvan Giustiniana op kon monteren: ze verlang-

---

* De prins van Wales trouwde pas op 8 september 1761 met Charlotte Sophia van Mecklenburg. Op die datum was hij zijn grootvader al als George III opgevolgd.

de niet bijzonder naar het platteland en had er meer dan genoeg van beleefd met het saaie groepje rond mevrouw Anna te converseren. 'Het zijn natuurlijk heel brave mensen, zo vriendelijk als maar mogelijk is, en zo door ons betoverd dat ze alles voor ons zouden doen wat we willen... Maar in tegenstelling tot wat je zou denken zijn ze niet mijn smaak.' Ongetwijfeld zou Giustiniana liever thuis zijn gebleven dan met de rest van de familie de moeizame reis naar het platteland te ondernemen. Uiteindelijk was ze bereid 'Moeder blij te maken' en hoopte ze 'de verveling te verlichten' door nog een paar van die 'nieuwe Engelse boeken' te lezen waarover ze Andrea had verteld.

Het vijfdaagse bezoek aan het platteland bleek nog verschrikkelijker te zijn dan ze al had gevreesd: 'Ik heb me doodverveeld. Stel je voor: een hele troep gewichtige adviseurs en zelfingenomen Engelse juristen. Afgrijselijk!' Het eten was gruwelijk en het gezelschap onzegbaar saai. Ze was gedwongen zo vaak haar toevlucht in de tuin te zoeken dat ze haar eerste Engelse verkoudheid opliep.

Eind november kwam, tot onmetelijke opluchting van de drie zusjes Wynne, lady Holderness eindelijk naar de stad terug. Ze nodigde hen onmiddellijk uit om de jonge Venetiaanse meisjes die haar man aan haar zorgen had toevertrouwd eens goed in ogenschouw te nemen. Daarna volgde er een officiëlere uitnodiging voor haar eerste 'bijeenkomst' van het seizoen.

Lady Holderness was een aantrekkelijke vrouw van ongeveer veertig met prettige manieren en een warme glimlach. Giustiniana was ontroerd door 'de goedheid van Hare Edele'. Ze vond haar 'nog steeds mooi en erg charmant' – het soort vrouw 'van wie alleen een pietlut of anders een echtgenoot ooit genoeg zou kunnen krijgen'. Er school een voordeel in, zo legde ze Andrea uit, door zo'n aanzienlijke dame in de society te worden geïntroduceerd. 'Ik heb gehoord dat men vol ongeduld naar Bettina uitziet, en er wordt van ons verwacht dat we een charmante indruk maken.' Ze hadden al te lang thuis gezeten, maar werden hier nu in enige mate voor beloond door het bericht dat 'het land uiterst nieuwsgierig naar ons is, met inbegrip van de prinsessen, die naar ons hebben gevraagd'.

De wens was hier in hoge mate de vader van de gedachte. De Londense society was vreselijk kleingeestig en exclusief – veel meer dan de Parijse – en peinsde er niet over voor de meisjes Wynne de deur wijdopen te zwaaien. Gezegd moet worden dat men wel enigszins nieuwsgierig naar ze was, vooral naar Giustiniana. 'Er is een juffrouw Wynne in aantocht, die mooier zou zijn dan mijn lady Coventry,' schreef Horace Walpole vol verwachting aan een vriend. Het was echter het soort nieuwsgierigheid dat men voor het vermakelijke en vaag exotische reserveerde. Zelfs Walpole was ervan doordrongen dat lady Coventry aan het eind van elke zomer wel door weer een andere jonge schoonheid werd bedreigd 'en die is dan tegen de winter onveranderlijk weggekwijnd'.[7]

Er was een jaar verstreken sinds lady Montagu haar dochter, lady Bute, wier invloed in de society gelijkelijk groeide met die van haar man in de politiek, dat giftige briefje had geschreven. Nu was de beurt aan lady Bute om haar moeder op weing vleiende verslagen over de Wynnes in actie te onthalen. En lady Montagu, die in haar gehuurde palazzo in Venetië zat, leek gewoon niet op de volgende aflevering van haar favoriete feuilleton te kunnen wachten: 'Ik vermaak me erg met de avonturen van de Drie Gratiën die onlangs in Londen zijn gearriveerd... Ik vind het heel jammer dat hun moeder niet voldoende opleiding heeft om haar memoires te schrijven.'[8]

Giustiniana's aanvankelijke opwinding bij het vooruitzicht de wereld te betreden zakte al snel in toen ze een reeks 'vervelende diners' en 'ondraaglijke bijeenkomsten' te verwerken kreeg. Ze bespaarde Andrea de details van deze saaie avonden omdat ze vreesde 'mijn weerzin op jou over te dragen'. Met één duidelijke uitzondering: haar avond ten huize van lady Northumberland, de meest gevierde gastvrouw van Londen. Dankzij lady Holderness hadden de zusjes Wynne de felbegeerde uitnodiging gekregen. Ditmaal was Giustiniana naar behoren onder de indruk van de grandeur van de omgeving. 'Het is een heel groot huis, schitterend, weelderig verlicht, en je ziet er de prachtigste schilderijen,' gaf ze toe. Ze vervolgde echter met een beschrijving hoe ze in een vermoeide en ongeïnspireerde menigte rondzwierf. Er waren die avond minstens duizend mensen in Northumberland House: 'Sommigen speelden kaart, uitsluitend uit plichtsgevoel, anderen liepen afwezig rond, en iedereen verveelde zich. Ik hoorde zeker bij deze laatste groep... Wat had het voor zin mensen te horen zeggen hoe mooi we waren of in hun handen te zien klappen voor een kniebuiging die alleen maar ietsje minder onhandig was dan wat je hier gewoonlijk ziet?'

De enige gebeurtenis die vermeldenswaard was vond plaats in de schilderijengalerij, toen ze opeens tegenover een beroemd schilderij van Titiaan stond, een portret van een illustere Venetiaanse familie.* Het bracht een soort schok bij haar teweeg. Het contrast tussen de vage vertrouwdheid van het tafereel op het grote doek en de onvriendelijke omgeving bezorgde haar een hevige aanval van heimwee naar de wereld die ze achter zich had gelaten. Toch was zelfs een prachtig schilderij niet voldoende om een hele avond te vullen. 'Helaas kon ik pas om middernacht een rijtuig krijgen.'

Giustiniana begon uitnodigingen af te slaan, iets wat ze hiervoor maar zelden had gedaan, of het nu in Londen, Parijs of Venetië was geweest. 'Ik vertoon me heel weinig in het openbaar, zodat de toejuichingen voor mijn zusjes gereserveerd blijven,' schertste ze. Zoals ze al had voorspeld ging 'het meeste applaus' naar Bettina, die nu de meest bewonderde van de drie zusters was. Lady Montagu, die nauwelijks een fan van de Wynnes genoemd kon worden, had zelfs nog voordat ze uit Venetië waren vertrokken toegegeven dat Bettina waarschijnlijk tot een toonbeeld van Hannoveriaanse schoonheid zou opbloeien. Ze was lang, zei ze, 'en even rood en wit als welke levende Duitser ook. Als ze genoeg gezond verstand

---

* Giustiniana schreef Andrea dat ze in Northumberland House 'een beroemd schilderij van een familie Cornaro van de hand van Titiaan' had gezien. In die tijd werd de familie inderdaad zo aangeduid. Recent onderzoek heeft echter uitgewezen dat het een portret van de familie Vendramin is.

heeft om goede adviezen op te volgen zal ze onweerstaanbaar worden.'9

Nu en dan woonde Giustiniana een *conversazione* bij – een tamelijk grote bijeenkomst waar overigens maar heel weinig werd geconverseerd, en wat er zich aan conversatie afspeelde had niets gemeen met de geestige gevatheden die men in een Parijse salon hoorde. Wel honderd dames kwamen dan in een van de betere huizen van Londen bijeen, onder het wakend oog van soms drie heren, die onveranderlijk 'oud, blind of luidruchtig' waren. Giustiniana had hier meer bewegingsvrijheid dan bij andere formele gelegenheden, maar zelfs deze bijeenkomsten vond ze saai en verstikkend. Slechts enkele dames waren geïnteresseerd in een gesprek met haar, en degenen die zich verwaardigden het woord tot haar te richten waren niet bijzonder vriendelijk. 'Uiteindelijk praat je alleen nog met de mensen die je kent, en de mensen die je kent brengen hun tijd in het algemeen aan de speeltafels door, zoals vrijwel alle anderen.' Giustiniana voelde zich steeds geïsoleerder: 'Je gaat je zo eenzaam voelen in deze plechtstatige society. Wat een bestaan!' Ze was vooral teleurgesteld door het gebrek aan warmte en solidariteit tussen vrouwen. 'Je kunt je niet voorstellen hoe kwaadaardig [ze] zijn. Vriendschap bestaat niet tussen hen... De meest hechte vriendschappen zie je alleen tussen vrouwen van lagere afkomst. Ik zou van niemand van hen ooit een vriendin kunnen worden, en dus behandel ik iedereen fatsoenlijk en deel ik veel complimenten uit.'

In haar brieven gaf ze zich alle mogelijke moeite haar leven in Londen als saai en een verspilling van tijd voor te stellen: 'Ik ga niet naar het park, om niet van de kou om te komen... ik lees... ik eet... ik slaap veel.' Het had geen zin zich druk te maken welke jurk ze aan het hof zou moeten dragen, mopperde ze, want Holderness had bevestigd dat er nog steeds geen plaatsen voor hen beschikbaar waren. Het vochtige Londense weer droeg weinig aan haar humeur bij: de helft van de tijd lag ze in bed met verkoudheden waaraan maar geen einde scheen te komen: 'Mijn hoofd zit zo verstopt dat ik het niet meer uithoud... Dit verdomde klimaat is slecht voor mijn gezondheid... Het is nog onvoorspelbaarder dan Giustiniana zelf.' Het had echter geen zin de regen de schuld te geven, voegde ze hier weemoedig aan toe. De ennui die haar energie wegzoog 'heeft meer met mijn karakter dan met het klimaat te maken'.

Eerlijk gezegd was Giustiniana niet helemaal oprecht als ze zichzelf als een gedeprimeerde huismus voorstelde die voortdurend in bed haar lang verloren minnaar in Venetië lag te schrijven en smachtend op zijn antwoorden wachtte. Ze had via de Holdernessen een knappe jongeman leren kennen die haar in Dean Street kwam opzoeken, en ontdekte tot haar eigen verbazing dat ze vanwege zijn prettige manieren en zijn gevoelige karakter warme gevoelens voor hem begon te koesteren.

Giustiniana's nieuwe bewonderaar was baron Dodo Knyphausen, een briljante, dertig jaar oude, Pruisische diplomaat – even oud als Andrea.* George Townshend heeft een paar schetsen van hem gemaakt die nu in de National Gallery hangen; hij komt eruit naar voren als een goedgeklede jongeman met magere benen, een spitse neus, een breed voorhoofd en achterovergekamd lang krullend haar.

Knyphausen zat nog maar nauwelijks een jaar in Londen, maar had al meteen een behoorlijk centrale positie ingenomen en kreeg gemakkelijk toegang tot zowel de hoogste regeringskringen als de meest elegante huizen. Frederik de Grote had een hoge dunk van hem: hij had Knyphausen toen deze nog pas vierentwintig was tot Pruisisch ambassadeur in Parijs benoemd. In Frankrijk had Knyphausen zich buitengewoon bekwaam betoond in het gecompliceerde diplomatieke spel dat aan het uitbreken van de Zevenjarige Oorlog vooraf was gegaan, en zijn berichten waren van wezenlijk belang geweest toen het erom was gegaan de weg te bereiden voor het bondgenootschap tussen Pruisen en Groot-Brittannië. Toen de oorlog uitbrak zag Frederik hem als de ideale man om de relatie

---

* Giustiniana schreef dat Knyphausen achtentwintig was toen ze hem leerde kennen, maar volgens de *Allgemeine Deutsche Biografie* is hij op 3 augustus 1729 geboren en was toen dus twee jaar ouder.

met zijn Britse bondgenoot verder uit te bouwen. De baron was in 1758 als Frederiks speciale gezant in Londen gearriveerd en had met William Pitt, de belangrijkste pleitbezorger van de oorlog, een nauw samenwerkingsverband opgebouwd. Tegen de tijd dat hij de Wynnes leerde kennen had hij al de onderhandelingen over drie contracten ten behoeve van Britse oorlogssubsidies aan Pruisen afgerond.

Giustiniana voelde zich gevleid door de bezoeken van een zo gewilde jongeman. 'Alle dames zitten achter hem aan,' verzekerde ze Andrea toen ze hem over Knyphausen vertelde. 'Hij is de enige man in Engeland die met de mode meegaat.' Ze voelde zich niet alleen tot hem aangetrokken omdat ze deze plotselinge aandacht vleiend vond. Ze werd geïntrigeerd door deze bedachtzame, introspectieve man, met wie ze gesprekken kon voeren die verder gingen dan beleefd gebabbel over koetjes en kalfjes. Terwijl de weken verstreken betrapte ze zich erop dat ze steeds vaker aan hem dacht: dat ze wachtte tot hij zou komen opdagen om haar dag wat meer kleur te geven. Hij deed haar bovendien aan Andrea denken, zij het in diepere zin dan de graaf De Lanoy in Brussel het eind van die zomer: 'Ik merk dat ik vaak denk aan een man die niet alleen fysiek op je lijkt maar eenzelfde karakter heeft... Daarom vind ik hem zo bijzonder en mag ik hem zo graag... Zul je me deze nieuwe vriendschap vergeven? O, wist je maar hoezeer hij het waard is.'

Giustiniana worstelde met deze nieuwe gevoelens zonder precies te weten wat ze ervan moest denken. Dit was iets heel anders dan het doelbewust verleiden van een oude man; ook iets heel anders dan een vrolijke flirt achter een carnavalsmasker. Hier was geen ruimte voor koketterie. Een deel van haar wilde toegeven aan de nieuwe beroering die ze voelde, maar na alles wat ze in Venetië en daarna in Parijs had doorgemaakt was ze op haar hoede voor nieuwe emotionele spanningen. Ze was ook in de war: 'Ik weet niet meer of ik liefde of respect voor hem voel... Ik huiver bij het idee me aan hartstocht over te geven. Ik ben bang voor hartstocht. Ik probeer mezelf ervan te overtuigen dat ik altijd de wil van de rede moet respecteren. Ik maak me nu al zorgen over de toekomst, en ik ben wankel en gespannen.'

Terwijl ze zich voorzichtig op deze nieuwe reis waagde besefte ze dat ze wilde dat Andrea aan haar kant stond. Ze zou hem haar gevoelens beschrijven. Ze zou hem stap voor stap meenemen. 'Verwijt me deze nieuwe dwaasheid niet,' smeekte ze. 'In hemelsnaam, wees lankmoedig en sta vol erbarmen tegenover een zwakte die in de eerste plaats vanwege jou is ontstaan.'

Algauw kwam Knyphausen 'iedere avond op het tijdstip van de *conversazione* bij de Wynnes langs. Hij betoonde Giustiniana 'duizend égards, duizend attenties, hij is vriendelijk maar laat niet duidelijk zijn voorkeur voor mij blijken'. Ze werd betoverd door zijn voortdurende aandacht, zozeer dat ze zelfs een keer vergat haar wekelijkse brief aan Andrea op de post te doen. 'Ik weet dat mijn Memmo me zal vergeven,' schreef ze de week erop verontschuldigend, 'dat ik ongewild een zonde heb begaan. De dag van de post is heengegaan met mijn nieuwe Memmo, van wie ik denk dat hij oprecht van me houdt en die me geen reden geeft om te klagen of iets beters te wensen... Als datgene wat me zo bezighoudt alleen maar een voorbijgaande gril is, zou ik bij God wensen dat al mijn voorgaande grillen een even respectabele basis zouden hebben gehad. Elke dag merk ik dat deze man mijn achting weer iets meer waard is. Ik koester voor hem hetzelfde respect als ik tot nu toe alleen maar voor jou heb gevoeld.'

Niet lang daarna zagen Giustiniana en Knyphausen elkaar ook 'in het geheim, een-, twee-, driemaal per week'. Ze praatten urenlang, namen elkaar in vertrouwen, stelden elkaar op de proef, verlegden de grenzen van hun nieuwe vriendschap. Ze werden meer door de vanzelfsprekendheid, door de ingehouden vreugde die ze in elkaars gezelschap voelden dan door fysieke factoren tot elkaar aangetrokken. 'Respect en mededogen, daarop is onze vriendschap gebaseerd,' vertelde ze Andrea.

Knyphausen was nog maar kort daarvoor van zijn eigen pijnlijke liefdesaffaire hersteld. Hij was vele jaren heimelijk verliefd geweest op een jonge en mooie dame wier reputatie door 'duizend zwakheden' – en vooral door een ernstige gokverslaving – werd bezoedeld. Toen was er een jonge landjonker op het toneel verschenen die haar zijn hand had geboden, en ze had deze aanvaard zonder hem over haar speelschulden te vertellen. Hoewel Knyphausen niet rijk was, had hij aangeboden ze te betalen en zo haar reputatie te redden. Hij had, aangezien de jonker zijn erfenis nog niet had geïncasseerd, bovendien de bruiloft betaald, zonder iets van zijn verdriet te laten blijken. 'Hij huilt nog steeds, is nog steeds wanhopig, maar die vrouw ziet hij niet meer.'

Giustiniana zag Knyphausen als een zielsverwant. Hij was nieuwsgierig naar haar leven zonder oordelen te vellen. Hij was begripvol, hij was gevoelig, en vooral: hij luisterde. En zij was dankbaar dat ze iemand had om mee te praten zonder bang te hoeven zijn dat er iets doorverteld zou worden. Eindelijk had ze dan toch een toevlucht gevonden in het ijzige landschap van de Londense society. Knyphausen stelde haar op haar gemak en maakte haar aan het lachen. Ze vertelde hem alles over haar leven in Venetië, haar grote reis door Europa, haar avonturen in Parijs. Andrea hing als een slagschaduw over hun lange gesprekken. Hij was de liefde van haar leven geweest, vertelde ze Knyphausen. En nu, stelde ze hem gerust, was hij een heel goede vriend, haar *cher ami*.

Ze zetten hun clandestiene ontmoetingen voort. De enige die ook weet had van hun relatie was Andrea zelf, de zwijgende partner die, voorzover we kunnen gissen, eerder nieuwsgierig dan jaloers schijnt te zijn geweest. 'Niemand weet iets van mijn engagement,' verzekerde Giustiniana hem. '... Hier thuis heeft men nauwelijks een vermoeden.' Zij en Knyphausen hadden geen dwingende reden zich zo heimelijk te gedragen. Ze waren geen van beiden getrouwd, hadden geen van beiden een serieuze relatie. Ondanks alle intimiteit draaiden ze echter voortdurend vol aarzelingen om elkaar heen, nog steeds onzeker, zowel van zichzelf als van de ander. Geheimhouding, zo lijkt het, kwam hun beiden goed uit.

Giustiniana viel vanzelf op enkele van haar oude Venetiaanse trucs terug om haar moeder te misleiden en Knyphausen stiekem te ontmoeten. Ze vertelde Andrea over haar frequente escapades, zodat ze de opwinding in zekere zin met haar oude medeplichtige kon delen. Ze schepte bijvoorbeeld op over de keer dat ze een lunch-uitnodiging ten huize van vrienden enkele kilometers buiten Londen had losgepraat. Zodra ze er was aangekomen had ze zich prompt weer bij de gastheer en gastvrouw geëxcuseerd en gezegd dat ze voor een dringende aangelegenheid naar de stad terug moest. In plaats van naar Dean Street was ze echter rechtstreeks naar Knyphausen gegaan, die een paar straten verderop woonde. 'Hij was met een minister in gesprek, van wie hij meteen afscheid nam. Hij trok een jas aan en verliet te voet zijn huis. Ik liep op enige afstand achter hem aan tot we bij een klein huis kwamen waarover hij kon beschikken, en we gingen naar binnen. We lunchten, en een fles champagne bracht ons in zo'n vertrouwelijke stemming dat we onze geheimen deelden en met elkaar meeleefden tot we allebei zaten te huilen. Wat zou het heerlijk zijn geweest als dat wederzijdse vertrouwen, die vertrouwelijkheid, langer had geduurd! Maar hij vertrouwt me niet helemaal, en ik hem evenmin.'

In de loop van de winter losten Giustiniana's twijfels over Knyphausen geleidelijk op. 'Ik ben nog steeds betoverd door mijn man,' schreef ze half februari. 'Hij is de charmantste en fatsoenlijkste man die er is. We zien elkaar; we vertellen elkaar allerlei lieve dingen. Maar zijn we wel helemaal zeker van onszelf?' In maart was ze al hoopvoller gestemd: 'Ik zou gelukkig kunnen zijn met deze man, lieve Memmo, als mijn angstige ziel, verveeld door alles en altijd onrustig, me vrijuit zou laten genieten zonder voorbehoud... Hij gelooft in me; ik ben het punt dicht genaderd dat ik in hem geloof. Hij voelt met me mee, en ik respecteer hem. Zijn ziel is zo zuiver! O, laat me je dit zeggen: hij is net als jij, en God weet dat dit de waarheid is. En jullie lijken ook uiterlijk erg op elkaar, hoewel ik je verzeker – ik lieg niet – dat jij knapper bent.' Aan het begin van de lente was Giustiniana zekerder van haar gevoelens voor Knyphausen dan ooit en moet Andrea hebben verondersteld dat ze een verhouding hadden: 'Mijn liefdeleven gaat door, en het ziet er-naar uit dat we echt van elkaar houden. Verder kan ik er niets over zeggen, behalve dat we onze momenten van afkeer, onze aanvallen van jaloezie, onze problemen en onze verzoeningen hebben; de gebruikelijke dingen, en niet erg van belang... Denk je dat ik van de baron houd? Ik geloof het zeker.'

Hoe ver kon ze gaan? Hoe ver wilde Andrea dat ze ging? 'Geef me je advies, help me een beetje wantrouwen te blijven koesteren; vertel me dat zijn hart niet zo goed is als het lijkt. Je bent mijn enige vriend, en dat zul je blijven zolang je leeft... O, kon ik je nu maar zien!'

Voor Andrea klonk dit nadrukkelijk geuite verlangen naar hem, zelfs nu ze in het geheim haar nieuwe minnaar ontmoette, onoprecht. Hij veegde haar de mantel uit en sprak het vermoeden uit dat ze hem, als hij plotseling in Londen zou opduiken, met veel minder liefde zou ontvangen dan ze in haar brieven suggereerde. Giustiniana was door dit sarcasme gekwetst: 'O God, je kunt zo onrechtvaardig zijn. Kom hierheen en zie zelf wat ik voor je voel. Dan kun je pas oordelen. Ik ben uit noodzaak harder geworden, maar ik ben je liefhebbende vriendin gebleven.'

Hierin was Giustiniana oprecht. Ze kon Andrea niet loslaten – wilde hem niet loslaten. En haar brieven, die toch grotendeels over haar nieuwe minnaar gingen, stonden nog steeds vol dubbelzinnige verwijzingen naar hun eigen relatie. Ja, ze hield van Knyphausen, 'maar niet zoals ik ooit van jou heb gehouden. O, wat een verschil! O, gelukkige vervoering! Hoe vaak heb ik niet om je gehuild!' En weer: 'Je weet dat je van mij altijd de tederste extase kunt verwachten.'

In een fantasiewereld, zei ze, zou ze van beide mannen hebben gehouden. Als Andrea haar in Londen was komen opzoeken, als geldgebrek geen hindernis was geweest, 'zou ik je meteen hebben voorgesteld aan de man die ik na jou meer dan wie ook respecteer, en die me zo dierbaar is'. Ze zouden dan samen zijn geweest, met zijn drieën, in een vreemde en gelukkige harmonie. 'Dan zou ik geen onderscheid meer tussen mijn minnaars hebben aangebracht en zouden jullie beiden vrienden van me zijn geweest. Wat een geluk! Wat een vreugde zou ik hebben gevoeld tussen deze twee dierbare mensen te staan! Ik zou geen voorkeur hebben gevoeld, want ik zou alles hebben verwijderd wat tot een voorkeur had kunnen leiden. O God! Waarom ben je nu niet hier om me van dit zuivere en volmaakte geluk te laten genieten?'

In de werkelijke wereld was Andrea echter ver weg en was het allerminst waarschijnlijk dat hij de reis naar Londen zou ondernemen. Giustiniana kon uit zijn brieven, hoe liefdevol ze ook waren, opmaken dat hij in Venetië zijn eigen leven opbouwde, andere vrouwen het hof maakte, aan zijn politieke loopbaan werkte. In Londen was Knyphausen degene die haar hart verwarmde en haar geest bezighield. Ze merkte dat haar dagelijkse leven nu minder saai leek. Hij schonk haar nieuwe levensvreugde. 'Ik ga bijna elke avond uit,' noteerde ze tot haar eigen verbazing.

Tegen het einde van de winter was Knyphausen vaak aan haar zijde te vinden, zelfs in het openbaar. Officieel was hun verhouding nog steeds 'geheim'. De geruchten hadden echter zoals gewoonlijk de ronde gedaan, grotendeels dankzij de indiscretie van de Venetiaanse ambassadeur. Tot haar afschuw ontdekte Giustiniana dat de 'charmante' graaf Colombo haar brieven aan Andrea had gelezen. Met inbegrip, ziedde ze, 'van de een na laatste brief waarin ik je gedetailleerd verslag van mijn liefdeleven heb gedaan'. Als wraakneming schreef ze Andrea onmiddellijk een 'korte maar felle' brief, waarin ze Colombo vanwege zijn 'schandelijke handelwijze' vernietigend aanpakte. Ze wist dat deze uitlatingen in Venetië bekend zouden worden en dat de ambassadeur erdoor onteerd zou worden. 'Bij God, als hij nieuwsgierig is geweest, zal hij krijgen wat hij verdient,' zei ze hatelijk.

Een van de gevolgen van de 'schandelijke nieuwsgierigheid' van Colombo was dat het nu geen zin meer had al die moeite te doen om haar vriendschap met Knyphausen geheim te houden. Ze gingen dus samen naar de opera om de Italiaanse zangers en zangeressen te horen en ze bezochten de Londense gokhuizen – die altijd wemelden van de waanzinnige verslaafden – om het publiek te bekijken en te becommentariëren. Giustiniana was nog niet door de ziekte aangetast: 'Ik ben in een andere Ridotto geweest. Mijn hele plezier is gelegen in opmerkingen maken, kritiek leveren, me vermaken... altijd in het gelschap van de baron,' schreef ze Andrea, terwijl ze hem herinnerde aan hun opwindende avonden in de Ridotto in Venetië. De diners en bijeenkomsten waren 'ondraaglijk' als altijd, maar ze had nu iemand om mee te lachen tijdens die stijve aangelegenheden. Ze fluisterden elkaar gevatte opmerkingen toe en glimlachten zuur geamuseerd. Hun favoriete spelletje was 'een karikatuur te ontdekken in alle mensen die we tegenkomen'.

Giustiniana had een prettige tijd met Knyphausen, maar ging zich niet meer op haar gemak voelen met de Engelse aristocratie. Integendeel, ze voelde zich steeds onbehaaglijker tussen de mensen die ze had moeten verblinden. Ze was haar natuurlijke vrolijkheid kwijt, klaagde ze. Ze gedroeg zich onecht en kreeg met ennui te kampen. Als ze het af en toe leuk vond om uit te gaan kwam dit uitsluitend doordat Knyphausen, net als zij een buitenstaander, het spelletje meespeelde. Giustiniana was oprecht dol op hem. Ze koesterde zijn gezelschap en zijn camaraderie, hoewel ze nooit in hoopvolle bewoordingen over hun relatie sprak, in elk geval niet in haar brieven aan Andrea. Over een huwelijk werd kennelijk nooit serieus gepraat. Als Knyphausen de mogelijkheid al overwoog zette hij zeker geen beslissende stap in deze richting. Er waren de gebruikelijke obstakels: het verschil in godsdienst (hij was protestants), het verschil in maatschappelijke positie. Bovendien had hij dringende zaken aan zijn hoofd: hij zat midden in intensieve onderhandelingen met Pitt – een frustrerende en uiteindelijk mislukte poging hem te overreden een Britse vloot naar de Baltische Zee te sturen om de kust van Pruisen te beschermen. Wat Giustiniana betrof: in haar brieven aan Andrea hield ze consequent staande dat een huwelijk iets was wat ze niet meer wilde. Haar afkeer van het idee überhaupt te trouwen, met wie dan ook, verhardde die winter zelfs, ondanks haar gevoelens voor Knyphausen. Als ze het onderwerp al ter sprake bracht was het in de frivole context hoe ze de best denkbare vrouw voor Knyphausen kon vinden: 'Ik heb me voorgenomen hem aan een vrouw te helpen, en ik heb mijn keus al gemaakt; het zal echter lastig worden, want het persoontje in kwestie is uiterst geslepen... Als ze niet verliefd op hem wordt zal het mijn schuld zijn, en het is volstrekt lachwekkend hoeveel moeite ik doe om hem bij haar in de smaak te laten vallen.'

Ook al voelde Giustiniana dat ze langzaamaan begon te verwelken, ze was vastbesloten haar onafhankelijkheid te behouden en schoof de kwestie van een huwelijk bewust naar de achtergrond.

Begin maart stuurde Andrea Giustiniana bericht dat hun oude vriend generaal Graeme naar Londen op weg was en zich meteen na aankomst bij haar zou melden. Het nieuws vervulde haar van blijdschap. Het was alsof er opeens een warme, vertrouwde bries de stad in waaide, die herinneringen terugbracht en oude verlangens tot nieuw leven wekte. Graeme moest vanwege Venetiës neutraliteit de oorlog passief uitzitten. Hoewel hij al zeventig was hunkerde de energieke generaal nog steeds naar actie. Hij hoopte zelfs dat zijn bezoek aan Londen hem zou helpen een commando in Noord-Amerika te krijgen.

Graeme, een vooraanstaand lid van de Engelse gemeenschap in Venetië, was, voordat ze waren vertrokken, een goede vriend van de Wynnes en vooral van Giustiniana geweest. Als opperbevelhebber van het leger stond hij bovendien in nauw contact met alle families die de Republiek bestuurden en was hij in alle aanzienlijke Venetiaanse huizen een veelgevraagd lunch- en dinergast. Hij was erg dol geworden op Andrea, en in weerwil van het leeftijdsverschil had hun vriendschap zich tijdens Giustiniana's afwezigheid verdiept.

In alle omstandigheden zou de komst van deze oude vriend uit Venetië reden tot feestelijkheid zijn geweest. Giustiniana voelde zich in haar Londense omgeving echter nog steeds zo weinig op haar plaats dat het bericht haar met een schok in een staat van koortsachtige opwinding bracht. Ze keek naar hem uit als een schildwacht bij de poort. Eind maart hoorde ze dat Graeme eindelijk in de stad was aangekomen. Net toen ze aanstalten maakte bij hem langs te gaan dook de oude militair plotseling bij de Wynnes op, en ze stortte zich in zijn armen: 'Het voelde echt aan alsof ik in hem een deel van mezelf terugzag, want ik wist dat hij ergens vandaan kwam waar jij was... Ik rende op hem af om hem te omhelzen en toen zoende ik hem omwille van jou, en nu lijkt het wel of ik hem niet genoeg kan zien... Ik heb het voortdurend over je... Ik ging hem met zoveel vragen tegelijk te lijf! Mijn Memmo herinnert zich me dus nog, en dat hoor ik van iemand die hem ziet en bijna iedere dag met hem samen is... Graeme maakte me aan het lachen met zijn verzekering dat je nog steeds van alle dames houdt; wat betekent dat je geen enkele echt liefhebt. Giustiniana mag nog steeds hopen dat ze je dierbaar is.'

Zij en de generaal zagen elkaar de avond hierna bij Knyphausen thuis en brachten al hun tijd samen door terwijl hij haar van de laatste roddels uit Venetië op de hoogte bracht. Ze konden bij Knyphausen niet vrijuit praten, vooral niet over Andrea. De volgende ochtend, paaszondag, ging de generaal weer bij de Wynnes langs. Giustiniana ging zo op in hun gesprek dat ze vergat naar de paasmis te gaan, waar haar moeder al was. 'Hij bleef van elf uur tot na tweeën bij me... Wat een goede ziel! Op dit moment is hij de enige man van wie ik houd... Ik zou toch zo gelukkig zijn als ik hem vanavond mee zou kunnen nemen naar het theater. En al deze vervoering komt doordat ik over jou praat. Want ik doe niets anders dan aan jou denken. Ik ben buiten mezelf, bij God, ik houd nog steeds te veel van je.'

Haar geagiteerde, chaotische gesprekken met Graeme hadden de gedachte aan Andrea in zulke levendige kleuren bij haar teruggebracht dat Knyphausen daar schril bij afstak. 'Ik vrees dat ik me zal gaan vervelen met de baron,' vertrouwde ze Andrea toe. 'Ik houd van hem en hij houdt van mij. We zien elkaar in alle rust. Onze genoegens zijn altijd kalm. Maar hoewel ik zorgen verzin en kleine ruzies en meningsverschillen veroorzaak en achterdochtig doe om onze omgang een beetje te verlevendigen vrees ik dat we onszelf een rad voor ogen draaien.'

De generaal bleef maar een paar weken, genoeg om wat familiezaken af te handelen en te beseffen dat hij, zeer tot zijn teleurstelling, waarschijnlijk geen actieve rol in de oorlog meer zou spelen. De invloed van zijn korte bezoek op Giustiniana was echter aanzienlijk. Het ontketende een stortvloed van emoties die vroeg of laat met een klap in de stille wateren van haar vredige romance met Knyphausen zou belanden.

Hun 'kalme genoegen' duurde die hele lente. Ze gingen samen naar nog meer diners, nog meer bijeenkomsten, nog meer *conversazioni*. 'Het ontbreekt me zeker niet aan uitnodigingen,' zei Giustiniana met nauw verholen misprijzen. Ze zagen elkaar nog steeds discreet om de hoek in het kleine bijgebouwtje bij het huis van Knyphausen 'vanwege zijn vele bedienden'. Het weer verbeterde en bracht nieuwe vormen van afleiding. Een bokswedstrijd tussen de kampioen van Ierland en die van Engeland hield de tongen dagenlang in beweging. De militaire operaties aan het Europese front en in Noord-Amerika werden na de winterstop voortgezet en resulteerden in meer overwinningen voor de Engels-Pruisische coalitie en meer oproepen om vrede te sluiten. Lord Bute verstevigde, gesteund door de prins van Wales, zijn positie ten koste van Pitt. Holderness had, hoewel hij nog steeds staatssecretaris was, zijn lot aan dat van de opkomende nieuwe leider verbonden, wat Pitt het sarcastische commentaar ontlokte dat deze waarschijnlijk 'de kern'[10] van een toekomstige regering-Bute zou worden. Knyphausen realiseerde zich daarentegen wellicht dat zijn ster al samen met die van het Grote Kamerlid begon te verbleken.

Giustiniana volgde deze ontwikkelingen ongetwijfeld doordat ze zoveel van de betrokkenen kende. Toch beschreef ze Andrea de politieke gang van zaken maar zelden, ook al zou hij er zeker in geïnteresseerd zijn geweest. Ze had niet zoveel op met politiek. Haar kracht was meer gelegen in het observeren van mensen. In de lente van 1760 apelleerde niets zo aan haar fantasie als het proces tegen Laurence Shirley, vierde graaf van Ferrers.

In januari van dat jaar had lord Ferrers, een excentrieke oude man die geïsoleerd op zijn geweldige landgoed in Leicestershire woonde, zijn trouwe rentmeester Johnson bij zich ontboden, met het voorwendsel dat hij een klacht over bepaalde afrekeningen had. Toen de rentmeester in de salon stond had lord Ferrers de deur achter hem op slot gedaan, de arme man onder dreiging van een pistool gelast te knielen en hem gezegd 'vrede te sluiten met God, want hij zou voor de Herrijzenis niet meer opstaan'. Johnson had tegengeworpen dat alle afrekeningen in orde waren. Lord Ferrers had hierop geantwoord dat 'hij geen twijfel over de afrekeningen had, maar dat Johnson zich als een tiran had gedragen en dat hij vastbesloten was hem te straffen', waarna hij van dichtbij zijn pistool op hem had leeggeschoten.[11]

Lord Ferrers was naar Londen overgebracht, in de Tower gevangengezet en door zijn gelijken in het Hogerhuis voor moord berecht. Giustiniana werd door de zaak gefascineerd. Alle belangrijke kranten en tijdschriften brachten gedetailleerde verslagen van het gerechtelijk onderzoek en lange artikelen over de erfelijke krankzinnigheid die door deze illustere familie liep. Lord Ferrers smeekte om genade op grond van krankzinnigheid, geen onredelijke argumentatie voor een man die volgens *Gentleman's Magazine* 'in de greep verkeerde van hartstochten zonder enige aanleiding, ... gejaagd en met gebalde vuisten door de zaal liep, grijnzend, op zijn lippen bijtend en in zichzelf pratend, ... dikwijls afwezig [was] als het woord tot hem werd gericht en gezichten trok in de spiegel'.[12]

Niettemin werd hij schuldig bevonden in de loop van een driedaags proces, de plechtigste en prachtigste ceremonie waarbij 'heel Londen' van de partij was, zoals Giustiniana het tegenover Andrea formuleerde. Ze zag kans twee van de drukbezochte zittingen te bezoeken en kwam ervandaan met de misselijkmakende indruk dat ze eerder naar de zoveelste elegante bijeenkomst dan naar een proces wegens moord was geweest. 'De dames waren gekleed als voor een galavoorstelling, en de zaal waar het proces plaatsvond was heel groot, helemaal met rode draperieën bekleed en stampvol mensen. Ik heb nog nooit een dergelijk grandioos schouwspel gezien. De beproeving waaraan de man werd onderworpen was verschrikkelijk, maar de pure pracht en de afwisseling in het gebodene waren van dien aard dat de dood van die arme man wel het laatste was waaraan het publiek dacht.'

Lord Ferrers, het laatste lid van het Hogerhuis dat door zijn collega's werd berecht, werd op de ochtend van 5 mei terechtgesteld. Het verhaal ging dat er, uit eerbied voor zijn rang, een zijden strop was gebruikt.

Nu de zomer naderde werden de avonden warmer en werd Giustiniana regelmatig voor het diner uitgenodigd in Vauxhall, het fraaie park aan de overkant van de Theems. Giustiniana zag altijd erg tegen dit uitstapje op. Ze hield er niet van aan boord van die wankele veerbootjes de rivier over te steken. De Theems was op de betreffende plek niet erg breed – 'niet breder dan het Giudecca-kanaal', legde ze Andrea uit met een verwijzing naar de waterweg die het eigenlijke Venetië van de Giudecca scheidde. Toch was ze bang. 'Gisterenavond... de geringe afmetingen van het bootje, het feit dat de schuitenvoerder maar één arm had en werd bijgestaan door zijn tienjarige zoon, ik denk dat al deze dingen samen mijn angst verergerden. Hoe dan ook, wat de reden ook was, iedereen amuseerde zich uitstekend ten koste van mij.'

Knyphausen was in dergelijke omstandigheden een geruststellende factor. Hij was altijd teder, altijd vol consideratie tegen haar. Er was echter geen sprake van een echte vonk, van een sterke lichamelijke aantrekkingskracht tussen hen. Er was ook nooit sprake van geweest. En hoe Giustiniana zichzelf ook inprentte wat een aardige man hij was, hoe dol ze echt op hem was, ze kon haar gevoelens voor Andrea niet begraven. Ze bleven naar de oppervlakte komen, zogen de energie op die ze nodig had om te voorkomen dat haar verhouding met Knyphausen in het slop zou raken.

Op een warme ochtend begin juni zat Giustiniana, nog in haar nachthemd, thuis haar wekelijkse brief aan Andrea te schrijven. Het was een volmaakt onschuldige brief. Ze beschreef een diner in Vauxhall, zei dat ze blij was dat een gerucht dat Voltaire was overleden onjuist bleek te zijn en beloofde duidelijk geërgerd dat ze de humeurige Marietta Corner een Engelse mantel zou sturen als ze die werkelijk zo graag wilde hebben. 'Ik moet haar echter waarschuwen dat de mantels hier niets bijzonders zijn. Sterker nog: iedereen hier lijkt de Italiaanse juist heel mooi te vinden.' Pas tegen het einde van de brief werd haar toon persoonlijker toen ze het heikele onderwerp 'huwelijk' weer aanstipte. O, ze zou ongetwijfeld een echtgenoot vinden als ze zich er eens op concentreerde. 'Iedereen voorspelt dat ik er wel een zal vinden als ik hier blijf.' Ze wilde echter niet veel langer in Londen blijven, althans zolang haar maatschappelijke positie nog zo onzeker was. Wat had het voor zin? Ze had niet die hele reis naar Egeland gemaakt om met een saaie advocaat te trouwen. Een huwelijk, beweerde ze, was niet meer een noodzakelijk aspect van haar plannen. 'Het liefst zou ik een woonplaats kiezen die ik prettig vind en waar ik me vrij voel. Als het me lukt een inkomen van zes- tot achthonderd pond sterling per jaar te krijgen, wat ik, naar ik hoor, inderdaad zou kunnen krijgen, dan kan ik overal comfortabel wonen. Zodra ik me van dat bedrag heb verzekerd zal ik je van mijn plannen op de hoogte brengen en je om advies vragen. Je weet dat ik van je houd en altijd erg tegen je heb opgezien.'

Net op het moment dat ze de brief voltooide werd Knyphausen aangekondigd. Giustiniana rende naar de aangrenzende kamer om een paar kleren aan te schieten, 'en in mijn gebruikelijke achteloosheid liet ik de brief op tafel liggen'. Knyphausen kwam de kamer binnen en zag hem liggen. De verleiding was te sterk: hij pakte hem op en las hem, en toen Giustiniana in de salon terugkwam maakte hij een 'afschuwelijke' scène. Ze was een 'verdorven' vrouw, schreeuwde hij tegen haar, en 'gedachteloos' en 'onbetrouwbaar'. Hij kon zich niet meer beheersen. 'Twee uur lang moest ik me teweerstellen tegen de aanval van een man die toch maar heel zelden boos wordt.' Ze had hem nog nooit zo zien exploderen.

Later die dag ging de storm uiteindelijk liggen, en sloten Giustiniana en Knyphausen weer vrede. Ze zette zich schrap en zei nadrukkelijk dat ze haar correspondentie met Andrea niet zou opgeven. 'Je bent mijn ware viend, zoals hij trouwens zelf ook heeft aanvaard.' De baron formuleerde op zijn beurt zijn voorwaarden: voortaan moest Giustiniana hem al hun brieven laten zien – zowel haar brieven aan Andrea als die van Andrea aan haar. 'Wat kan ik doen, lieve Memmo? Zul je me dit ook vergeven? Hij is zo'n op-recht man, en ik ben hem zoveel verschuldigd dat ik hem zijn zin wel moest geven. Weerhoud je er dus alsjeblieft van over hem te schrijven. Laat hem niet merken dat je iets van ons weet... Hij zou het me nooit vergeven als hij wist dat ik je dit geheim heb ver-klapt... Houd onze vriendschap levend, want op meer mogen we niet rekenen, en vergeef me mijn zwak voor een man die echt res-pect verdient.'

Ze voelde, nog terwijl ze deze woorden schreef, dat haar ver-houding met Knyphausen hol begon te worden.

Negen

G iustiniana lag een groot deel van de zomer in bed. De lucht was warm en klam. De moerassen rond de stad wemelden van kwaadaardige insecten, en ziekten verspreidden zich gemakkelijk. Aanvallen van hoge koorts dwongen haar op haar kamer te blijven. Buiten was de drukte in Dean Street afgenomen. Het 'beschaafde deel' van Londen was grotendeels verlaten: de bewoners waren na de verjaardag van de koning in juni naar hun buitens vertrokken. Lady Holderness was eveneens de stad uit. Het gerucht ging dat alleen de arme lady Coventry nog thuis was, langzaam stervend aan loodvergiftiging omdat ze te veel wit poeder op haar delicate huid had gebruikt.

Het was een vreemde tijd. Tegen het einde van de winter had ook het einde van de oorlog zo nabij geleken. Toen was in het begin van de lente het bericht binnengekomen dat de inleidende vredesbesprekingen in Den Haag waren mislukt. William Pitt, die nog steeds belast was met het regeringsbeleid, was vastbesloten de Franse vloot te verpletteren en de Franse overzeese gebiedsdelen te ontmantelen. De oorlog moest dus doorgaan: op zee, in Noord-Amerika en op de slagvelden op het Europese vasteland, waar het uitgeputte Pruisische leger gesteund door de Britse schatkist een hevige strijd met Frankrijk, Oostenrijk en Rusland leverde. In Londen bleef de stemming zeer pro-Duits. De bestseller van het sei-

zoen was een bundel gedichten van Frederik de Grote. 'Grotendeels odes en een gedicht over de kunst van het oorlog voeren,'
schreef Giustiniana vermoeid. 'Ze lezen het hier alsof het om een
relikwieënschrijn gaat.'

Op sommige dagen was ze uitgeput van de koorts en lag ze onrustig onder stapels klamme, gekreukte lakens te woelen. Op andere dagen voelde ze zich opeens wat beter en genoot ze van de lange uren die ze voor zichzelf had. Tegen een stapel kussens geleund
las, schreef en sliep ze. Tijdens die lange, zinderend hete dagen voelde ze dat haar broze banden met Londen oplosten als haar geest
dromerig terugzwierf naar Venetië. Ze stelde zich Andrea's leven
voor aan de hand van wat hij in zijn brieven schreef. Ze zag zichzelf in zijn armen terugzweven. De gedachte aan een terugkeer naar
Italië kwam vaak bij haar op, en ze verzette zich er niet tegen.

Knyphausen was voortdurend bij haar in de buurt, altijd ge-
dienstig. 'Hij houdt zeker van me,' vertelde ze Andrea, alsof ze een
volstrekt evident feit registreerde; ze voegde er echter weinig over
haar eigen gevoelens aan toe. Het ergerde haar dat hij erop stond
haar correspondentie te lezen en ze deinsde er niet voor terug een
paar nepbrieven te schrijven om hem te misleiden. Evenmin stelde ze hem alles ter hand wat ze schreef. In een brief die duidelijk
niet voor Knyphausens ogen bedoeld was biechtte ze Andrea op:
'Ik kan je, tot je meerdere eer en glorie, evengoed vertellen dat ik
steeds minder houd van de man van wie ik steeds meer zou moeten houden.'

Half juli werd ze ruw uit haar koortsige dromerijen opgeschrikt.
Andrea schreef nu al weken op de achteloze toon waarom ze hem
had gevraagd om Knyphausens argwaan niet te wekken. Overigens
was hij zo bedreven geraakt in het spelen van de rol van oude vriend
– waarbij hij zichzelf niet de geringste fout toestond – dat zijn koel-
heid Giustiniana vaak onbehaaglijk stemde. De brief die ze ditmaal
ontving was veel onthutsender dan alles wat hij haar tot dan toe
had geschreven.

Andrea bekende dat hij genoeg had van 'die gemakkelijke, alledaagse galanterieën'. Zijn korte affaire met Marietta was achter de rug. Hij wilde zijn liefdeleven efficiënter organiseren en zich misschien settelen met een minnares die 'tijdens de pauzes' ook goed gezelschap zou zijn. Een vrouw met wie hij kon praten. Een vrouw van wie hij kon genieten en die hij tegelijkertijd kon respecteren. Hij ging maar door, vulde de hele bladzijde met allerlei rechtvaardigingen.

Giustiniana begeep waar deze onaangename brief eigenlijk over ging. Ze kende de Venetiaanse society goed genoeg om in te zien dat Andrea zich aan de plaatselijke gebruiken aanpaste. Hij diende zich op zijn politieke loopbaan te richten, en zijn liefdeleven, dat hem hiervan afleidde, begon een hindernis te worden. Het was onder jonge Venetiaanse patriciërs een tamelijk gebruikelijke praktijk een stabiele relatie met een getrouwde dame na te streven. Andrea was kort daarvoor eenendertig geworden en nog steeds vrijgezel. Hij vond dat het op dit moment in zijn leven zin had naar een 'officiële' minnares op zoek te gaan.

Giustiniana moet half en half hebben verwacht dat dit op zekere dag toch wel zou gebeuren, maar de abrupte wijze waarop Andrea een en ander aankondigde was de echte schok – om nog maar te zwijgen van zijn manipulatieve wens haar bij de hele gang van zaken te betrekken. Aan het einde van zijn brief meldde hij haar dat hij de lijst kandidates al tot drie namen had gereduceerd: M., C. en B. Ze waren alledrie getrouwd, voegde hij eraan toe, en ze waren allen min of meer beschikbaar. Giustiniana kreeg een hevige angstaanval toen ze het lachwekkende karakter van Andrea's verzoek tot zich liet doordringen: hij wilde dat ze hem hielp beslissen welke van de drie dames het geschiktst voor hem was. In haar antwoord beschuldigde ze hem ervan al zijn 'vervloekte behendigheid' te gebruiken om zich aan zijn eigen verantwoordelijkheid voor haar 'eeuwige val' te onttrekken.

Knyphausen begon luid te lachen toen ze hem vertelde voor welke beproeving Andrea stond. Hij lachte evenzeer van opluchting als van vermaak. 'Hij was bovenal blij,' merkte ze bitter op, 'dat hij uit je brief kon opmaken dat er tussen ons geen banden meer bestaan die hem reden tot jaloezie zouden kunnen geven.' Er waren momenten dat ze dacht achter het masker van het idiote voorstel van Andrea de grijns van de door de wol geverfde zieke grappenmaker te zien. Maar nadat ze zijn brief ettelijke malen had gelezen was ze er toch 'behoorlijk zeker' van dat zijn plan 'die drie dames te verleiden allerminst een smakeloze grap was'.

Ze was gekwetst, en de geniepige manier waarop hij het deed klinken 'alsof dit het grootste bewijs van je vriendschap is' maakte het nog pijnlijker. 'Ik begrijp je nog steeds niet,' bekende ze in een volgende brief, die duidelijk achter Knyphausens rug om was geschreven. 'Ben je op zoek naar wraak? Wil je me op de proef stellen?... Hoe is het mogelijk dat je me zelfs op die afstand nog zo uit mijn evenwicht kunt brengen? Zelfs als ik bereid ben van iemand anders te houden? Het is mijn noodlot dat je nu de enige in mijn hart bent. En ik heb het gevoel dat je wilt dat ik voor altijd afstand doe van mijn aanspraken.'

Bij Andrea was iets veranderd. Hij keek verder dan haar, hij zocht naar een verbintenis die bij zijn bestaan in Venetië zou passen. Giustiniana begreep dat allemaal, maar toch had ze ook het gevoel dat ze haar plaats in zijn hart niet helemaal kwijt was. Ze zou ervoor vechten, in de zekere wetenschap dat ze, wilde ze een kans maken, zijn 'vervloekte behendigheid' met de hare zou moeten evenaren. 'Bovendien,' besloot ze droogjes, 'loop ik, als ik jou de keus laat, het risico dat je er een kiest die ik niet mag.'

Tandenknarsend zette ze haar aanbeveling op papier:

*J*e wilt je leven dus openlijk leiden, je wilt ze thuis kunnen bezoeken, je wilt in hun gezelschap gezien kunnen worden omdat je genoeg hebt van alle ongemakken van de heimelijke liefde, en je wilt dat je hart er tot op zekere hoogte bij betrokken is, maar ook dat je geestelijk wordt bevredigd. In dat geval vrees ik dat C. je niet zal geven wat je wilt. Ze is mooi, waarschijnlijk de mooiste van de drie; maar als ik me goed herinner was je niet zo zeker van haar geest. Afgezien daarvan heeft ze toevallig een ondraaglijke echtgenoot, die ook nog eens met haar samenwoont, en zijn de kringen waarin ze verkeert niet de meest geschikte voor iemand met jouw intelligentie. B., van wie toch echt niet gezegd kan worden dat ze mooi is, maar die meer waard is dan een paar mooie vrouwen bij elkaar en die waarschijnlijk je ijdelheid zou strelen en je geest meer zou prikkelen dan die andere, leidt een te beschut bestaan om in jouw nieuwe levensstijl te passen. Bovendien weet ik niet of ze wel eens iemand ziet, of ze in haar gezin de vrijheid heeft om te leven zoals ze wil, of ze naar eigen inzicht kan komen en gaan; ik weet toevallig dat haar ouders je zouden vervloeken en dat haar echtgenoot allerminst inschikkelijk is en je zeker niet zomaar je gang zou laten gaan. Zoals je ziet ben ik geneigd te geloven dat zowel C. als B. beter bij je oude levensstijl zouden passen dan bij die welke je ambieert. Wat M. betreft heb ik andere bedenkingen. Het schijnt me toe dat je met een koud hart wilt beminnen, maar ik kan je verzekeren dat je, als je ooit de liefde met haar zou bedrijven, ten prooi zou vallen aan een zeer heftige en zeer ongelegen hartstocht. Ze is te mooi, te bruisend, te elegant... te veel duivelse trucs om je niet beetje bij beetje in te palmen. De vriendschap voor C., de bloedstollende passie die ze had, waardoor ze diep in haar hart misschien nog wordt gevoed door één bepaalde man, vormt een ander obstakel... Toch kan ik niet de moed opbrengen haar te bekritiseren en ben ik geneigd haar kandidatuur te steunen. Kies uit deze drie adviezen het advies dat je het meest aanspreekt. Als je de eerste of tweede kiest denk ik dat ik me kan vleien met de gedachte dat ik je niet voor altijd zal kwijtraken. Als je de laatste kiest zal ik mijn hoop moeten stellen op de hevige bezwaren die je op je weg zult vinden... Ik heb goede redenen om te geloven dat M. niet de best denkbare indruk van je heeft. Jij wordt echter tweemaal zo sterk als je je koppig in een idee vastbijt. En als je er inderdaad in slaagt haar voor je te laten bezwijken zul je een dubbele overwinning hebben geboekt. Ik geloof eigenlijk, door het portret dat je van haar en van haar omstandigheden schildert, dat je al tot haar neigde voordat je mij vroeg te kiezen... Maar doe wat je wilt, want ik moet je bekennen dat ik het niet kan opbrengen er nog meer over te zeggen.

Giustiniana voelde zich zo met Andrea verbonden en kende hem zo goed dat ze dit genereuze impulsieve gebaar jegens hem niet kon onderdrukken, ook al was de hele zaak voor haar nog zo pijnlijk. Bovendien wist ze dat ze niet het recht had van Andrea te eisen dat hij haar trouw bleef – zeker niet zolang ze in Londen woonde en Knyphausen op de achtergrond op de loer lag. In zekere zin gaf ze dit toe door stoïcijns het advies over de drie jongedames te geven waarom hij had gevraagd. Toch bedacht ze ook dat de omstandigheden ingrijpend zouden kunnen veranderen, en dat het vanuit puur rationeel gezichtspunt geredeneerd een vergissing zou kunnen zijn Andrea de indruk te geven dat ze actief met zijn plan instemde. Londen was op een behoorlijke teleurstelling uitgedraaid, en het begon ernaar uit te zien dat ze toch niet veel langer zouden blijven. Hield hij dan helemaal geen rekening met de mogelijkheid dat ze over niet al te lange tijd weer bij elkaar zouden zijn? 'Het is waar dat ik nu al enige tijd geen tederheid meer van je verwacht, maar als ik op zekere dag naar Venetië zou terugkeren – wat niet uitgesloten is – dan zal ik naar je toe komen als een nieuw mens, zowel in mijn gedrag als uiterlijk veranderd, en in dat geval kan ik wel weer iets van die oude tederheid verwachten. Wie weet?'

Het was de eerste keer dat Giustiniana Andrea meldde dat het niet ondenkbaar was dat ze binnenkort naar Venetië zou kunnen terugkomen. De twee voorgaande jaren had ze hem vaak op het hart gedrukt haar te komen opzoeken – in Parijs, in Brussel, en onlangs zelfs nog in Londen – maar dat was weinig meer dan door verlangen ingegeven scherts geweest. Ze wist dat hij de reis niet kon betalen en dat hij te trots was om geld van anderen aan te nemen. Hoe dan ook, ze had zich altijd voorgesteld dat Andrea naar haar toe kwam – waar ze op dat moment dan ook was. Nu zei ze dat ze misschien naar hem zou terugkomen. Dit was niet alleen maar een krijgslist om hem van zijn jacht op M., C. en B. af te houden: ze was volkomen oprecht.

Aan het einde van de herfst, toen de weerzin van Holderness jegens de Wynnes een kritiek punt had bereikt en de hoop op een introductie bij het hof zo goed als vervlogen was, had mevrouw Anna via ambassadeur Colombo discreet contact opgenomen met de Venetiaanse autoriteiten en toestemming gevraagd met haar kinderen naar Venetië terug te keren. Ze voelde zich niet thuis in Londen en kreeg steeds meer heimwee naar haar vertrouwde bestaan in Venetië. Zodra de financiële kwesties met betrekking tot de erfenis van de kinderen waren afgehandeld (en het was kennelijk allemaal geregeld, ook al geeft Giustiniana geen details) had het gezin wat haar betrof geen dringende reden meer in Londen te blijven. In het algemeen gesproken waren de kinderen het hier wel mee eens. De meisjes werden het beu in een sociaal voorgeborchte te leven en de jongens, die na een korte proefperiode in Cambridge voor de zomervakantie naar Dean Street waren teruggekeerd, hingen zonder veel te doen te hebben in de hitte in huis rond. Eigenlijk misten ze Italië allemaal.

Dat Giustiniana de mogelijkheid van haar terugkeer niet eerder met Andrea had besproken kwam gedeeltelijk doordat ze er allerminst zeker van was dat het verzoek van haar moeder aan de Venetiaanse autoriteiten zou worden ingewilligd. Het tumult rond de Wynnes was in Venetië niet vergeten, en bovendien waren de autoriteiten in Venetië voortdurend bestookt met weinig vleiend nieuws over Giustiniana's avonturen in Parijs lang nadat ze uit die stad was vertrokken. Toch wilden de Wynnes niet terug om Giustiniana met Andrea te laten trouwen – zoveel was wel duidelijk. Het was dus niet onredelijk te hopen dat de Republiek zich coulant zou betonen tegenover een familie die Venetië altijd als haar thuis had beschouwd en wier connecties nog steeds iets voorstelden. Giustiniana zal er waarschijnlijk de voorkeur aan hebben gegeven niets over het onderwerp te zeggen zolang de papieren tussen Londen en Venetië heen en weer werden gestuurd, maar Andrea's brief had haar zo geschokt dat ze het onderwerp van haar terugkeer aansneed om te zien hoe hij reageerde en misschien ook wel om zijn plan een nieuwe minnares te verleiden te vertragen.

Hoewel de zomer vorderde verbeterde Giustiniana's gezondheid niet. Ze had strikt order gekregen zich niet te veel te vermoeien met haar brievenschrijverij, maar dit was niet het moment om hun correspondentie te onderbreken. 'Hoewel me gezegd is het niet te doen kan ik geen weerstand bieden aan de aanvechting je vanuit mijn bed liefdevol te groeten. Ik blijf overvloedig zweten, wat een goed teken is. Mijn God! Als je hier bij me was om me gezelschap te houden zou ik me helemaal niet ziek voelen. In feite zou ik, als je hier kon zijn, met alle liefde ziek zijn. Maar het is het beste dat ik nu afscheid van je neem in de hoop dat ik je binnenkort een beter bericht over mijn gezondheidstoestand kan sturen.'

Een week later gaf ze Andrea een gedetailleerdere beschrijving van haar toestand:

*I*k schrijf je in bed, waaraan ik de afgelopen zes weken gekluisterd ben geweest. Mijn ziekte begon met hevige koorts, waarvoor ik ettelijke malen aderlatingen heb ondergaan. Toen veranderde het in roodvonk, en mijn huid was bedekt met rode vlekken en karbonkels. Toen dat achter de rug was kreeg ik de derdendaagse koorts, met zulke aanvallen dat ik voor het eerst voor mijn leven vreesde. Denk je eens in: ik voelde mijn hart bevriezen, en daarna verhuisde dezelfde gewaarwording naar mijn botten. Ik kreeg steeds meer ademnood, mijn ledematen waren heet als steenkool en mijn trillende lichaam was bedekt met grote druppels zweet. Deze aanvallen vinden 's avonds plaats en duren vaak langer dan twee uur. Al die tijd denk ik dat ik doodga, want zo moet het voelen als het zover is... Als ik opsta word ik onmiddellijk door de ziekte aangegrepen, wat de artsen van grote vrees vervult. Wat mezelf betreft kan ik zeggen dat het de afschuwelijkste ziekte is die ooit mijn deel is geweest, en elke keer dat ik een aanval krijg wil ik niet alleen de dokter maar ook een biechtvader laten roepen. Gisteravond kreeg ik een aanval die de hele nacht heeft geduurd. Ik ben, terwijl ik dit schrijf, nog steeds niet hersteld, en de diepe kilte in me is nog niet weggetrokken. Ik weet niet wat er zal gebeuren.

Terwijl Giustiniana vocht tegen haar koorts kwam er uit Venetië het slechtst denkbare nieuws – het was onvoorstelbaar dat de post op zo'n beroerd moment bezorgd kon worden. Opeens werd duidelijk dat haar terugkeer Andrea er niet van zou weerhouden zijn plan uit te voeren. Hij had zijn keus al bepaald: hij zou M. het hof gaan maken, precies degene die Giustiniana hem in weerwil van haar bange voorgevoelens had aangeraden. Nu had ze er toch wel spijt van dat ze het spelletje had meegespeeld. Andrea maakte het haar niet gemakkelijker door te benadrukken dat hij alleen maar haar suggestie volgde. 'Ik ben, zoals je zegt, de belangrijkste oorzaak van je huidige band, en ik kan er niet over klagen,' aanvaardde Giustiniana de gang van zaken met tegenzin. 'Maar ik zou je liever met alle dames de liefde zien bedrijven, zoals het vroeger ging... Wie weet of de jaloezie me van mijn vriend berooft. Ik zou er sterk de voorkeur aan geven dat je geen vaste verbintenis aanging, ook al zou dit betekenen dat je je ook niet aan mij bond... O, wat zou ik wensen dat de brief waarin ik je minnares heb uitgekozen was zoekgeraakt.'

Half augustus berichtte de Venetiaanse ambassade de Wynnes dat ze toestemming hadden gekregen naar Venetië terug te keren. De vergunning gold voor maar achttien maanden, maar mevrouw Anna hoopte dat ze kon worden verlengd als ze er eenmaal zaten. Het plan was in september af te reizen, zodat ze de ergste zomerhitte konden vermijden. Ze zouden dezelfde route nemen die ze op de heenweg naar Engeland hadden genomen: Calais, Brussel, Parijs, Lyon, dan naar het oosten, naar Savooie, waar ze hoopten voor het invallen van de kou de Alpen te kunnen oversteken en ergens in oktober in Noord-Italië aan te komen. Dan zouden de kinderen acht tot tien dagen in Padua blijven terwijl mevrouw Anna alleen naar Venetië ging om een geschikt huis voor het gezin te zoeken. Giustiniana voegde hier, stomverbaasd dat Andrea zo bij mevrouw Anna in de gunst was gebleven, aan toe dat haar moeder wilde weten of hij via zijn familieconnecties in Padua misschien een tijdelijk onderkomen in die stad voor hen zou kunnen regelen.

Na maanden van lethargie kwam het huishouden weer tot leven. Mevrouw Anna nam de leiding van de operatie op zich en deelde aan de kinderen en het personeel opdrachten uit. Er werd een overtocht per boot naar Frankrijk besproken. Kleren en linnengoed werden ingepakt. Verwanten en vrienden werden van het aanstaande vertrek op de hoogte gesteld. Er werden wat laatste regelingen getroffen met Holderness, die niet bijzonder treurig leek hen te zien vertrekken. Terwijl de rest van de stad verder doezelde in de augustushitte gonsde het huis aan Dean Street van de activiteit.

Ook de jongens gingen naar Venetië terug. Richard en William hadden in de lente een paar weken in Cambridge gezeten, en Holderness had het prettig gevonden als ze in de herfst zouden terugkomen, maar mevrouw Anna zag kans haar zin door te drijven. Er zou een huisleraar naar Italië meereizen om ervoor te zorgen dat hun opleiding zou worden voortgezet; hij kreeg een stipendium van tweehonderd pond per jaar plus kost en inwoning, allemaal gefinancierd uit de nalatenschap van Wynne. 'Ik kan je met geen mogelijkheid duidelijk maken,' luidde Giustiniana's bewonderende commentaar, 'hoe goed moeder alles voor elkaar heeft gekregen.'

Terwijl de rest van het huis bezig was met de voorbereidingen bleef Giustiniana onder medisch toezicht staan, zodat haar slechte gezondheid de reisplannen niet in gevaar kon brengen. 'Ze zijn nu zover dat ze bijna het precieze aantal woorden voorschrijven dat ik op papier mag zetten,' mokte ze. Na de alles doordrenkende zweetaanvallen leek het ergste achter de rug te zijn. Op 19 augustus kwam ze voor het eerst sinds bijna twee maanden haar bed uit. Ze voelde zich heel zwak en had last van ademnood: 'Niets is erger dan niet kunnen ademen: je voelt dan precies hoe het is om dood te gaan.' Toch was ze vol vertrouwen dat ze op tijd voor de reis hersteld zou zijn. 'Lichaamsbeweging en een beetje frisse lucht zullen verlichting brengen,' voorspelde ze. Alleen al het vooruitzicht naar Italië terug te keren was goed voor haar moreel.

Andrea schrok van de snelheid waarmee de plannen in Londen veranderden. Gedurende de twee jaar dat ze van elkaar gescheiden waren geweest hadden ze hun verhouding in hun brieven voortgezet. Knyphausen was jaloers geweest omdat hij terecht had gevoeld dat het tussen hen niet helemaal afgelopen was. Ook al hadden ze ieder hun eigen leven geleid, Andrea en Giustiniana waren elkaar meer als geliefden dan als vrienden blijven schrijven. Niettemin was, zoals in alle verhoudingen op afstand, ook een groot deel van de hunne denkbeeldig geworden – een droomwereld die los was komen te staan van de werkelijkheid. De plotselinge terugkeer van Giustiniana leek Andrea slecht uit te komen. Het was hem niet duidelijk wat ze van hem verwachtte en hij maakte zich zorgen welke gevolgen Giustiniana's aanwezigheid in Venetië voor zijn nieuwe relatie met M. zou hebben. Besefte ze niet dat iedereen weer over hen zou praten? Hoe moesten ze zich in het openbaar gedragen?

Giustiniana schrok van Andrea's nerveuze aarzelingen. Ze probeerde hem gerust te stellen. Hij hoefde zich geen zorgen te maken dat ze weer samen in Venetië zouden zitten: het was niet haar bedoeling er te gaan wonen. De oogverblindende stad van haar jeugd – het Venetië dat ze samen met hem had gekend – was een deel van haar verleden. De herinneringen waren er natuurlijk nog: het waren de mooiste die ze had. Ze wilde dit echter allemaal achter zich laten. De roddels, de intriges, de kleinsteedsheid: het was allemaal te vermoeiend, te verstikkend, te storend. Wat haar betrof was het feit dat mevrouw Anna er een huis zou huren zuiver toeval. 'Ik kom terug naar Venetië, maar Venetië is niets meer voor mij... Als ik had gedacht dat ik in Venetië zou moeten wonen zou ik niet zijn meegegaan... Laat dat nu voldoende zijn en praat er met geen enkele andere levende ziel over.'

Wat voerde ze in haar schild? 'Ik heb een plan, en ik zal je er alles over vertellen,' zei ze. 'Maar op dit moment kan ik niets zeggen... Sta me toe er nog even het zwijgen toe te doen... Ik zal het je persoonlijk vertellen.' Ze heeft nooit duidelijk gemaakt wat haar geheimzinnige plan inhield. Te oordelen naar wat ze Andrea de voorgaande maanden had verteld over haar verlangen naar onafhankelijkheid en een inkomen dat groot genoeg was om van te kunnen leven kunnen we aannemen dat ze een eigen huishouden wilde inrichten, wilde omgaan met de mensen die ze mocht en naar believen wilde blijven reizen. Waar zou ze uiteindelijk gaan wonen? Niet in Venetië, als het aan haar lag. Er waren op het vasteland van het Venetiaanse grondgebied tal van kleine steden waar ze in het gezelschap van interessante, inspirerende vrienden een prettig leven kon leiden: Padua natuurlijk, en Vicenza, Treviso en veel andere steden.

Een deel van het probleem zich een dergelijke toekomst voor te stellen was het gevolg van het feit dat ze zich op nogal onbekend terrein waagde. Er waren wel meer vrouwen van haar maatschappelijke klasse in de Republiek die met een dergelijke levensstijl pionierden, maar deze waren rijk, gescheiden of beide. Voor Giustiniana met haar kleine inkomen zou het aanzienlijk moeilijker zijn. Men krijgt ook het gevoel dat ze zich bewust vaag over haar plannen uitliet omdat ze wilde dat Andrea er op een of andere manier in zou passen. Als minnaar? Als vriend? Als haar *cher frère?* Die vragen liet ze onbeantwoord.

Even vaag was Giustiniana over haar verhouding met Knyphausen, die ze voor mevrouw Anna geheim had weten te houden. Andrea vroeg hoe zijn 'rivaal' het nieuws over haar plotselinge vertrek uit Londen opvatte – een weinig subtiele manier om een deel van de schuld op Giustiniana af te schuiven door haar eraan te herinneren dat ook zij een relatie te onderhouden had. In dit opzicht schonk ze hem weinig voldoening. 'Hij houdt van me,' schreef ze gehaast, 'dat weet ik zeker. Je zult na mijn aankomst alles horen.' Geen woord over haar eigen gevoelens.

De vertrekdatum was vastgesteld voor de tweede week van september. Algauw begon het een drukte van belang te worden: 'Ik heb geen moment vrij omdat we zoveel bezoek krijgen en mijn verplichtingen de laatste dagen hier al mijn tijd opslokken.' Haar brieven werden steeds gejaagder en verwarder. Opdrachten die ze hem nog op het laatste moment gaf werden afgewisseld door aanvallen van ongerustheid. Ze vroeg Andrea bij consul Smith langs te gaan om hem te vertellen dat ze in aantocht waren – ze was nooit vergeten dat 'hij altijd een vriend voor me is geweest' – en ook bij haar dierbare tante Fiorina, voor wie ze beloofde een jurk te zullen kopen als ze even in Parijs zouden zijn; en verder bij 'iedereen die het verdient door mij als vriend te worden gezien'. De oversteek van het Kanaal was voortdurend in haar gedachten: 'Hoe zal ik me voelen op zee? Je kunt je niet voorstellen hoe bang ik ervoor ben en hoe ziek ik me ervan voel.' Kon hij er ook aan denken het huis in Padua voor ze te regelen? 'We moeten proberen [mijn moeder] gunstig te stemmen, want welbeschouwd is ze nog steeds dezelfde als vroeger. Ik geloof nu echter dat ze een zuivere en fatsoenlijke vriendschap [tussen ons] niet in de weg kan staan, en dat ze dit ook niet wil. Niet na al je blijken van vriendschap jegens mij.'

Giustiniana wist dat de problemen in haar relatie met Andrea nu niet meer door haar moeder zouden worden veroorzaakt, maar door wat ze duidelijk geërgerd als zijn nieuwe 'levensstijl' aanduidde. 'Ik heb meer en meer spijt van mijn advies een verhouding met signora M. aan te gaan,' biechtte ze op, 'omdat ik haar te veel respecteer en ze als enige in staat is me een vriend af te nemen... Maar daarover hebben we het nog wel.' Andrea was nooit erg duidelijk geweest over zijn gevoelens voor M. Hield hij van haar? Giustiniana trok zich heel demonstratief terug en verzekerde Andrea dat ze, althans, zo voelde ze het, geen aanspraken meer op hem kon maken: 'Ik wil alleen vriendschap en goede adviezen van je, en ik denk daar wel recht op te hebben.' In stilte hoopte ze echter op veel meer dan dat, en Andrea's lauwe reactie op het bericht dat ze terugkwam maakte haar vertrek des te hectischer: 'Ben je eigenlijk wel blij me te zien? Zul je nog steeds vol liefde de vrouw bezien die je als zuster en vriendin hebt behandeld?' In haar laatste brief aan Andrea vanuit Londen, gedateerd op 5 september, schreef ze: 'Je zult zien hoeveel ik ben aangekomen. Maar zelfs als ik mooier was geworden, had het enig verschil gemaakt?... Ik wil heel graag weten of je blij zult zijn met mijn terugkeer. Ik ben je vriendin, dat weet je, en ik zou zo teleurgesteld zijn als je, gezien de geringe verwachtingen die ik toch al heb, koel of weinig tevreden zou zijn... Ik hoop dat je mij een huis kunt verschaffen tot we er een in Venetië hebben. Ik heb geen moment vrij omdat mijn verplichtingen en bezoeken al mijn tijd opslokken. Inmiddels kun je je vriendinnen geruststellen dat ik niet in een positie verkeer om gevreesd te worden. Vaarwel.'

De Wynne-karavaan vertrok half september uit Dean Street. Mevrouw Anna perste zich met haar vijf kinderen in het rijtuig. De huisleraar die door lord Holderness in dienst was genomen zou zich later in Italië bij hen voegen. Ze hadden echter een nieuwe reisgenote, juffrouw Tabitha Mendez, een ongetrouwde dame die ze kort na hun aankomst in Londen hadden leren kennen en die een vriendin van de familie was geworden. Ze wilde een jaar in Italië gaan reizen en was blij met de Wynnes te kunnen meegaan. 'Ze is tweeëndertig, lelijk, komt uit een christelijke familie en heeft een kapitaal van twintigduizend lire,' merkte Giustiniana tamelijk onvriendelijk op. Ze was nogal een plakker 'maar is erg belezen en behoorlijk geestig', en het zou leuk zijn als Andrea 'enige aandacht aan haar zou kunnen besteden, maar zonder dat het je zou afhouden van je dagelijkse bezigheden', omdat ze van plan was een maand in Venetië te blijven.

Als gevolg van verwarring bij de reserveringen werd de overtocht naar Frankrijk enkele dagen vertraagd. Er werd uiteindelijk toch een schip gevonden, en ditmaal verliep de overtocht rustig, ondanks Giustiniana's angst voor de zee. Op 22 september kwamen ze in Calais aan. '*Le plus dangereux est achevé*,' schreef ze Andrea; zodra ze op Franse bodem stond ging ze Frans schrijven. 'Het ergste is achter de rug.' Ze schakelde ook over op de beleefde aanspreekvorm, *vous*, alsof aan het begin van de reis die hen zou herenigen een vreemd nieuw voorbehoud haar dwong enige afstand tussen hen aan te brengen.

Het oorspronkelijke plan had ingehouden dat ze eerst naar Brussel zouden gaan, maar de Wynnes verlegden hun route om de verloren tijd in te halen en gingen rechtstreeks op weg naar Parijs. Giustiniana was bang dat ze door deze wijziging een paar kostbare brieven van Andrea zou mislopen. 'Ik heb naar Brussel geschreven met het verzoek ze naar Parijs door te sturen – voor het geval je me er, zoals ik je heb gevraagd, een paar hebt gestuurd.'

Er was precies een jaar verstreken sinds de Wynnes met stille trom uit Parijs waren vertrokken. Oppervlakkig gezien was er niet veel veranderd. Frankrijk was de oorlog nog steeds aan het verliezen. De koning werd steeds impopulairder. Madame De Pompadour boette aan macht en gezondheid in. Er was sprake van toenemende ontreddering in Versailles, maar de geweldige hoofdstad was rusteloos en druk als tevoren. Na vier jaar oorlog was ze nog steeds het centrum van vermaak en mode.

Voor Giustiniana was Parijs echter sterk veranderd. Ze voelde dat ze het contact kwijt was – een indringster in een vertrouwde omgeving. Ambassadeur Erizzo was naar Venetië teruggegaan. Casanova zat in Genua na het grootste deel van het jaar in Duitsland te hebben doorgebracht. Farsetti was nog in de stad, maar Giustiniana had niet veel zin hem te zien. Ze wist natuurlijk dat La Pouplinière getrouwd was. Ze hoorde nu dat zijn nieuwe jonge echtgenote, Thérèse de Mondran, de 'oude sultane', madame De Saint Aubin, en het grootste deel van de uitgebreide familie van haar man het huis uit had gezet. Abbé De La Coste had een geldbedrag gekregen en was ook weggestuurd. Van alle betrokkenen die in de onverkwikkelijke affaire-Wynne verwikkeld waren geweest was hij waarschijnlijk degene voor wie het het slechtst was afgelopen. In januari van dat jaar was hij vanwege vervalsing van loten in de Bastille gevangengezet en tot 'levenslange gevangenisstraf' veroordeeld. Een van de neven van La Pouplinière zag La Coste 'geketend op openbare pleinen, met een ijzeren band om zijn nek en een bord voor zijn buik waarop hij als vervalser werd gebrandmerkt; voor hem op de grond stond zijn hoed, waar voorbijgangers een muntje in konden gooien'.[1]

De Wynnes zaten een week in Parijs. Ze hadden net genoeg tijd om de lange reis naar Italië te organiseren en een paar inkopen te doen. Giustiniana was er niet best aan toe. Ze was nog niet helemaal hersteld van haar ziekte van die zomer. Bovendien had ze last van de spoken uit haar recente verleden, die nog steeds in de stad rondwaarden. Ze probeerde zichzelf afleiding te bezorgen door korte wandelingen te maken en een beetje te winkelen. Ze kocht de jurk voor Fiorina en zocht ook, tevergeefs, naar een speciale lange mof die Andrea haar had gevraagd te kopen, die in Venetië nog in de mode waren maar in Parijs al niet meer. 'Geef [de Fransen] de schuld maar,' schreef ze geïrriteerd. 'Zij hebben gedecreteerd dat dergelijke moffen niet meer *à la mode* zijn en nu zijn ze hier onvindbaar.'

Kort voor hun vertrek uit Parijs kreeg Giustiniana een brief waarin Andrea verklaarde dat hij gewoon niet kon wachten haar te zien. Hij bood aan haar tegemoet te reizen, misschien ergens in Noord-Italië. Een steek van spanning schoot door haar heen. Het was zo onverwacht. En wat betekende het echt? Ze voelde de verzoeking hem een gedetailleerd reisplan op te sturen. 'Ik zal je de route precies duidelijk maken en je vertellen hoe lang het zal duren voordat we elkaar weer kunnen zien,' schreef ze, plotseling opgewonden. Tegen de tijd dat de Wynnes uit Parijs vertrokken had ze het idee echter laten varen. Ze was bang bij zichzelf al te hoge verwachtingen te wekken. De details van hun route heeft ze hem nooit gestuurd.

De fantasie dat Andrea met een lieve glimlach en verlangend gespreide armen langs de weg zou opduiken bleef Giustiniana de hele, dagenlange reis naar Lyon bij. Haar hart was vol van hem toen ze in de stad aankwam. Ze ging tijdens hun korte oponthoud weer op zoek naar een mof, en ditmaal vond ze er een. Ze pakte hem in haar koffer met het idee er als ze eenmaal in Italië zouden zijn een mooie cadeaudoos bij te kopen. Terwijl ze hem opborg werd ze getroffen door de vreemde omstandigheid dat ze iets vasthield wat binnenkort van hem zou zijn. 'Ik hoop dat je er blij mee zult zijn,' schreef ze.

Haar verlangen naar Andrea werd nu overweldigend. Tijdens de lange, moeilijke tocht over de Alpen droomde ze dat hij in Turijn op haar zou wachten. Ze zouden samen wandelingen maken in het Valentinopark. Ze zouden de schilderijen in het Palazzo Reale gaan bekijken. Ze zouden samen naar het theater gaan. Het theater! Wist hij het nog, die heerlijke uren die ze samen in hun lievelingstheaters in Venetië hadden doorgebracht?

Andrea was niet in Turijn; hoe had hij ook kunnen weten wanneer ze er zou zijn? Giustiniana hoopte dat hij in Milaan zou zijn, waar ze eind oktober aankwamen. In plaats van hem vond ze twee brieven, die ten huize van de Resident op haar wachtten. In de ene vertelde Andrea dat hij in Padua een huis voor hen had gevonden. Het was eigendom van de familie van Niccolò Erizzo, de voegere ambassadeur van Venetië in Parijs. Ze zouden er kunnen wonen terwijl hun moeder een huis in Venetië zocht. Hij bood aan mevrouw Anna te helpen zoeken zodra ze er zou zijn. In de tweede brief bood hij zijn verontschuldigingen aan dat hij niet in Milaan was. Ze had hem echter, in tegenstelling tot wat ze had beloofd, niet de gedetailleerde route van hun reis gegeven. Hij begreep niet waarom ze zo mysterieus had gedaan. Had ze misschien gedacht dat hij in de herbergen in Piemonte en Lombardije in het wilde weg naar haar zou gaan zoeken? Bovendien smulden de roddelaars al van het nieuws van haar terugkeer.

Giustiniana verborg haar teleurstelling niet. Ze schreef hem nu in het Italiaans, maar gebruikte nog steeds de formele aanspreekvorm *voi*:

Ik heb u niet vanuit Parijs of Turijn geschreven omdat ik zonder het te beseffen in de greep was geraakt van een fantasie dat u naar me toe zou komen. Vergeeft u me dat ik dit heb gedacht; ik ben er sindsdien van doordrongen geraakt dat u niet zo dwaas te werk bent gegaan... Ik dank u voor uw aardige gedachten en uw vriendschap; ik ben echter bang voor u, en wil niet zo'n zwakke indruk maken. Laat de mensen in Venetië over me zeggen wat ze willen: ik moet of wil niet in Venetië wonen. Het plezier waarmee ik er ooit heb gewoond voel ik in het geheel niet meer, en ik weet dat ik het ook nooit meer zal terugkrijgen. De tijd die ik er zal doorbrengen zal ik waarschijnlijk een teruggetrokken leven leiden. Ik probeer alleen enige gemoedsrust te vinden, en ik weet zeker dat u me het leven niet zult bemoeilijken. Ik wil dat u weet dat ik, hoewel ik altijd dankbaar zal zijn voor uw gezelschap, vastbesloten ben u niet te vaak te zien, ook niet als u aandringt. Ik respecteer uw nieuwe banden. U hebt me doen geloven dat ik hiervoor verantwoordelijk ben, omdat ik degene was die ze heeft aanbevolen. Nu zeg ik u dat u deze banden zelfs mag verstevigen, aangezien ik er in volle tevredenheid mee zal moeten leven. Ik bind u zelfs op het hart dit te doen, want zonder deze banden weet alleen God waar we aan blootgesteld zouden worden. Ik vertrek morgenochtend. Ik zal over hooguit zes dagen in Padua zijn en verwacht niet u daar te zien... Vaarwel. Komt u me er niet opzoeken; ik verbied het u. We zullen elkaar uiteindelijk wel zien, en ik zal u omhelzen, en ik zal altijd uw vriendin zijn. Zult u hiermee niet tevreden zijn? Had u ooit iets anders verwacht – of zult u ooit iets anders verwachten? Laat u me mijn rust en vrede, en laat dat mijn grootste schuld aan u zijn... Nogmaals vaarwel.

Toen Giustiniana in Italië aankwam was haar droom over een leven met Andrea nog steeds intact, maar de signalen uit Venetië waren niet waarop ze had gehoopt. Ze voorvoelde het gevaar dat haar wachtte en probeerde zichzelf te beschermen. Als het einde van hun liefdesgeschiedenis inderdaad aanstaande was zou ze behoefte hebben aan 'rust en vrede' om haar emoties waardig in de hand te kunnen houden. Maar zelfs op het moment dat ze zich erop voorbereidde hem te laten gaan kon ze niet iedere hoop doven.

De volgende ochtend verlieten de Wynnes Milaan en gingen op weg naar Padua. In Brescia hielden ze halt. Ze brachten twee dagen in Verona door, waar ze een bezoek brachten aan de Venetiaanse *rappresentante*, Alvise Contarini, 'die ons buitengewoon vriendelijk behandelde'. Giustiniana profiteerde van hun verblijf in deze stad om een elegante doos voor Andrea's Franse mof te kopen. Ze zetten hun reis voort naar Vicenza, en het landschap werd steeds vertrouwder. De Wynnes hadden dezelfde weg twee jaar daarvoor in precies hetzelfde jaargetijde afgelegd. Terwijl ze langs dezelfde velden reden, door dezelfde dorpen kwamen en halthielden bij dezelfde herbergen kreeg Giustiniana het gevoel dat haar leven terugliep in de tijd. De herinneringen kwamen als een vloedgolf op haar af terwijl het rijtuig voortjakkerde langs de weg. Haar verlangen naar Andrea werd intenser.

Giustiniana had hem met zoveel woorden gevraagd niet naar Padua te komen. '*Ve'l proibisco*,' had ze gelast. 'Ik verbied het u.' Toch moet ze gehoopt hebben dat hij niet naar haar zou luisteren en haar woorden naar hun werkelijke betekenis zou opvatten.

Het bestofte rijtuig reed op 5 november rond het middagmaal kletterend de binnenplaats van het Ca' Erizzo op. De bedienden kwamen verbaasd naar buiten. Het bleek dat ze toch niet over de aankomst van de Wynnes waren geïnformeerd. Giustiniana liet de brief zien waarin Andrea haar vertelde dat chevalier Erizzo hun toestond in het huis te verblijven. Toen ze verzekerden dat er een brief van de heer des huizes onderweg was liet de huisbewaarder hen met tegenzin binnen. De zes Wynnes plus juffrouw Mendez stapten een voor een uit het rijtuig, de paarden werden gedrenkt, het personeel ging op een holletje het huis in orde maken. In de algemene verwarring probeerde Giustiniana zich de treurigheid van het lijf te houden die haar anders, wist ze, volledig zou overweldigen.

Binnen wachtte haar een brief van Andrea. Ze rukte hem open. Hij stuurde haar zijn groeten. Hij hoopte dat de reis goed was verlopen en dat het huis beviel. Verder klaagde hij over Giustiniana's 'schrijfstijl'. Waarom stuurde ze hem zulke verwarrende berichten? Waarom verbood ze hem naar Padua te komen?

De pijn schroeide. Nog diezelfde avond schreef ze hem.

Waarom, liefste Memmo, vernedert u me zo terwijl ik hier nog maar nauwelijks ben? Waarom komt u niet even langs voordat u me veroordeelt? Weet u waarom ik u heb verboden me te komen opzoeken? Omdat ik nog steeds bang ben voor mijn moeder; omdat ze de ene dag het ene ziet en de volgende iets anders... U be-

treurt mijn 'stijl'? Maar mijn liefste Memmo, zou u me hebben ge-
hoorzaamd als ik u op liefdevollere toon had geschreven? Vergeef
me. Kom langs, wanneer u maar wilt. Maar maak het me niet moeilijk. Mijn enige wens is uw vriendin te zijn. Help me me aan mijn
besluit te houden... Vaarwel, lieve Memmo. Vergeef me dat ik zo
kort van stof ben. Ik verlang ernaar u te zien. U bent mijn beste
vriend en zult het altijd zijn. Ik blijf hier een paar dagen: bepaal
rustig uw positie. Probeer te begrijpen wat ik tegen u zeg. Ken mijn
hart. Denkt u nu echt dat ik ook maar iets anders kan zijn dan wat
ik ben? O god, ik heb u zoveel te vertellen!... Zegt u signora M.
alsjeblieft dat ik haar eerbiedig groet... Vaarwel.

Ze hoopte dat Andrea de volgende of de daaropvolgende dag zou
komen – het was vanuit Venetië maar een halve dag reizen. Maar
hij kwam niet. Evenmin stuurde hij ook maar een woord ter verklaring. Inmiddels verkeerde mevrouw Anna in een van haar
kwaadaardige stemmingen. Ze was moe, zei ze, en het gezin was
zo'n last. Ze dreigde in Padua te blijven in plaats van naar Venetië
te gaan om een huis te vinden. Aan het einde van een moeizame
dag stuurde Giustiniana Andrea een bitter briefje – weer in het
Frans:

*M*on cher frère,
Ik hoopte vandaag bericht van u te krijgen, maar u hebt me niet
geschreven. Ik vind het verrukkelijk dat u iets verkeerd doet! Ik
hoop dat u het met me eens bent dat we nu quitte staan... Ik zal
u niet schrijven... Ik zal daar een kleine prijs voor betalen, ongetwijfeld, maar ik zal ook mijn voordeel hopen te doen met uw onverschilligheid.

De volgende ochtend ontving ze een verbazingwekkend tedere
brief. Er viel echter maar weinig in te lezen dat nieuwe hoop recht-

vaardigde: Andrea stelde zijn verhouding met M. niet ter discussie. Hij gaf wel toe dat hij nog niet naar Padua was gekomen omdat hij niet zeker wist hoe hij zou reageren als hij haar zag. Zijn woorden suggereerden dat ook hij in de war was, een kwetsbaarheid die haar ontroerde. Ze greep deze kans aan om zelf enig emotioneel evenwicht te hervinden.

*M*on cher frère,
Ik ontleen troost aan het feit dat u rustiger lijkt, en zekerder van mijn vriendschap. Ik heb uw oprechtheid altijd gekoesterd, en, geloof me, ik koester haar nog meer als ze uit zulke delicate gevoelens voortvloeit. En dan te horen dat u nog steeds bang voor me bent is geen geringe overwinning. Bovendien ben ik uw ware vriendin. Dat heb ik, geloof ik, tot dusverre wel bewezen. Ik zweer dat ik het tot mijn dood zal blijven... Mocht deze vriendschap u welgevallig zijn, wees dan verzekerd dat ze eeuwig de uwe zal zijn.

Als u zegt dat u me wilt beschermen, voel ik de kracht van uw zachtmoedigheid. Ik ben ook dankbaar voor uw pogingen me niet te komen opzoeken. Dat is uw besluit, en ik respecteer het. Ik kan echter alleen maar lachen als ik hoor dat zoveel mensen iedere stap die u zet nauwlettend in de gaten houden, en het zal verrukkelijk zijn ze allen te vertellen hoezeer ze ongelijk hebben gehad te denken dat u signora M. in de steek zou laten en weer een band met mij zou aangaan. Ik ken het land ook, maar ik zweer dat het nooit mijn bedoeling is geweest na mijn terugkeer de hier geldende gebruiken te trotseren en u zo aan laster, afkeuring of verlegenheid bloot te stellen. Ik zal maar kort blijven, en gedurende die tijd zal ik slechts rust en vrede zoeken. Het kan me dus niet echt schelen of de mensen me kennen zoals ik nu ben – een tegenstandster van onbetrouwbaarheid, van verleiding, van verzinsels, en vooral van zaken die de ziel van gevoelige mensen kunnen schaden... Wat doet u me een onrecht aan, lieve Memmo, me niet als een echte vriendin te behandelen!... Ik prijs, ik bewonder uw dankbaarheid, uw vriendschap, uw toewijding aan de goedgunstige M., en ik moet de eerste zijn om dit alles toe te juichen. U hoeft niet bang te zijn dat ik u zal komen opzoeken of u zal dwingen haar te bedriegen. Ze kan zich gerustgesteld en vol vertrouwen voelen – en wie, meer dan zij, verdient het zich zo te voelen?... Natuurlijk vond ik het offer dat u voor haar bracht – door me niet te komen opzoeken – niet erg aangenaam. Maar nu zweer ik dat mijn ziel groot genoeg is om haar niet met mijn ergernis lastig te vallen. U bent haar waard, en zij u, en des te sterker geldt dit voor uw wederzijdse vrijwillige verplichtingen... Maar om nu meer terzake te komen, Memmo,... geef uzelf enig krediet voor uw gevoelens voor mij. Zorg ervoor dat ze volledig doordrongen is van de waarde van uw offer. Ze wordt niet bedreigd; daar kunt u zeker van zijn... Vaarwel nu. En wees blij dat ik u als vriendin behandel.

Giustiniana maakte echter duidelijk dat het feit dat ze zijn vriendin was niet betekende dat ze hem zou helpen bij zijn amoureuze verwikkelingen. 'Als ik u kan helpen, hoe dan ook, zal ik het doen, met mijn hele ziel. Maar ik zal heel eerlijk tegen u zijn: ik ben gewoonweg niet in staat omwille van u de aandacht van de echtgenoot [van M.] te trekken.' Had Andrea echt zo'n grof voorstel gedaan, of probeerde ze alleen maar een dergelijk verzoek, dat ze al zag aankomen, voor te zijn? Hoe het ook zij, ze kon voor iets dergelijks echt niet meer de moed opbrengen. 'Ik vrees dat ik sinds mijn vertrek uit Italië de zin van dergelijke spelletjes niet meer zie... Maar verder zal ik alles doen wat u me vraagt.'

Andrea sprak de hoop uit dat Giustiniana en M. 'goede vriendinnen' zouden worden. Ze antwoordde zonder een zweempje ironie: 'Het spreekt vanzelf dat ik geheel aan uw kant sta. U kunt zich voorstellen hoe ik ernaar verlang dat er iets dergelijks zou gebeuren. [M] is een verrukkelijke vrouw.' Giustiniana's aanbod van vriendschap getuigde van opmerkelijke zelfbeheersing. Het plaatste haar ook moreel op een voetstuk. Andrea bracht weer het onderwerp Knyphausen ter sprake om in deze moeizame correspondentie ook enige last op zijn schouders te nemen. Ze antwoordde minder dubbelzinnig dan in het verleden. Een huwelijk was niet waarschijnlijk, legde ze uit, vanwege haar eigen gebrek aan geneigdheid ertoe: 'Ik geloof niet dat ik me zo gemakkelijk bind. Welke gevoelens ik ook voor de baron heb, ik zal alles doen om mijn leven zo in te richten dat hij altijd blij zal zijn me als een goede vriendin te beschouwen. Wat mij betreft, ik stel de vriendschap van deze man geweldig op prijs.'

Mevrouw Anna reisde op 8 november naar Venetië en droeg de verantwoordelijkheid voor het gezin aan Giustiniana over. 'Moge God u behoeden,' schertste ze in een bemoedigend briefje aan Andrea. 'Mijn moeder is erg vals.' De tijd en de omstandigheden hadden de oude animositeit echter van haar scherpe kantjes ontdaan. Toen hij zijn opwachting bij haar maakte en zijn hulp aanbood bij het zoeken van een huis leek zijn vroegere vijandin oprecht blij hem te zien; ze was in ieder geval dankbaar voor zijn praktische hulp. Giustiniana was blij te horen dat ze zo goed met elkaar konden opschieten: 'Ga zo door. Al lukt het u alleen maar haar iets minder wild te maken.'

Aangemoedigd door zoveel hartelijkheid vroeg Andrea zich af of hij mevrouw Anna toestemming kon vragen haar dochter in het geheim in Padua te bezoeken, waarbij hij de gemoedsrust van M. als excuus bedacht. Giustiniana wees dit idee onmiddellijk van de hand. Een bezoek van Andrea zou haar in een onaangename positie tegenover M. hebben gebracht terwijl ze juist zo ongemerkt mogelijk in het stadsleven wilde terugkeren. 'Ik sta er beslist op dat u in Venetië blijft. Welke verontschuldiging u ook bedenkt om hier te komen, uw vrienden zullen het niet goedkeuren...; bovendien zou u het risico lopen momenten van geluk mis te lopen die ik u niet zou kunnen vergoeden... Het is niet moeilijk in te zien dat het risico veel groter zou zijn dan wat we erbij zouden kunnen winnen... Wat maakt het uit of we elkaar in Venetië of in Noventa* zouden zien? De afstand tussen ons is altijd dezelfde, of we nu door een kilometer of de dikste muur van elkaar worden gescheiden. U

---

* Een klein stadje in de Veneto.

ziet dus dat het gevaar veel groter is dan het gewin. Als ik u van dienst kan zijn, ontbied me en geniet. Addio.'

M. begon inderdaad argwaan te koesteren vanwege Andrea's voorkomendheid jegens mevrouw Anna en de familie Wynne. Ze verdacht hem er zeer terecht van met Giustiniana in contact te staan. De berichten die tussen Venetië en Padua heen en weer gingen werden steeds verwarder: 'Mon Cher Frère, ik... geloof dat we elkaar niet erg goed begrijpen; maar aangezien ik bereid ben alles te geloven kan ik u verzekeren dat het u weinig moeite zal kosten me van wat dan ook te overtuigen. Ik twijfel niet aan uw oprechtheid. Soms heb ik zelfs het gevoel dat u te oprecht bent. Het is een hele troost te horen dat alleen al het noemen van mijn naam zo'n indruk maakt op uw vriendin, om nog maar te zwijgen van de glorie waarin mijn gevoel van eigenliefde zich wentelt.'

M.'s woedeaanvallen herinnerden Giustiniana aan haar eigen 'geagiteerdheid' toen ze bijna zeven jaar daarvoor verliefd was geworden op Andrea en aan de pijn en het genot die ze destijds had gevoeld. 'Weet u nog, Memmo, die oude, voorbijgaande aanvallen van jaloezie in de eerste dagen van onze liefde? O, die zoete en gezegende momenten van genot als de vrede weer was getekend!... Als ik u gelukkig kan maken, zal ik iedere manier aangrijpen. Geniet van wat u hebt.'

Nu was het de beurt aan juffrouw Mendez om de tocht van een halve dag naar Venetië te maken. Giustiniana maande Andrea zich over haar te ontfermen: 'Ze is mijn grote vriendin en ze verdient uw aandacht. Wees zo genereus haar alle informatie te geven die een nieuwkomer in dit land nodig zal hebben om de belangrijkste dingen te zien, er iets van op te steken en tegelijkertijd plezier te hebben... Ik zal u net zo dankbaar zijn als wanneer de vriendelijkheid die ik van u vraag mij werd betoond.' Ze probeerde de grote mof van Andrea in de doos te persen die ze in Verona had gekocht, maar hij paste er niet in. Ze vroeg juffrouw Mendez dus hem bij haar eigen kleren in te pakken en hem Andrea in Venetië te geven.

'Vraag me niet hoe duur hij is geweest,' schreef ze hem in een begeleidend briefje. 'Ik had geld toen ik in Lyon was en ik heb hem altijd als cadeau bedoeld.'

Giustiniana voelde zich met de dag eenzamer. Ze had er genoeg van vast te zitten in het klamme en ongezellige huis van de Erizzo's. De kou van de late herfst verkilde haar tot op het bot. Het natte weer maakte haar neerslachtig. Het bericht van de dood van koning George II (hij was op 25 oktober overleden) stemde haar treurig. Nog dieper werd ze geraakt door de geruchten over de gezondheidstoestand van Frederik van Pruisen. Erger dan door het nieuws uit het buitenland raakte ze echter gedeprimeerd door de dubbelzinnige, geen enkele hoop biedende briefjes die ze voortdurend van Andrea ontving. Hij maakte zo'n defensieve indruk – vroeg haar steeds om vergiffenis, kwam steeds met excuses: M. verbood hem haar te zien... M. verbood hem haar te schrijven... Hoe moest ze reageren? Hoe moest ze zich voelen?

Een diepe treurigheid maakte zich van haar meester. Er waren bijna twee weken verstreken sinds ze in Padua was aangekomen, uitgeput maar ook opgetogen bij de gedachte dat ze dan toch eindelijk Andrea weer zou zien. De fantasie die ze tijdens de lange reis naar huis had gevoed viel beetje bij beetje uiteen. De voortdurende dubbelzinnigheid in Andrea's brieven kwetste haar alleen maar nog meer. Ze kon de verwarring niet langer verdragen. Ze hunkerde naar definitieve duidelijkheid – ook al was ze er bang voor.

Mon Cher Frère,

... Ik heb u niet geschreven. Waarom ik u niet heb geschreven weet ik niet precies, en ik weet ook nauwelijks wat ik nu zou moeten schrijven. Er zijn momenten dat ik u begrijp, en er zijn momenten dat ik u niet begrijp. Er zijn momenten dat ik denk dat u me veracht en er zijn momenten dat ik denk dat u mijn vriend bent. Nu eens behandelt u me als uw vertrouweling, dan weer ziet het ernaar uit dat u verliefd op me bent. Ik weet in welke omstandigheden u verkeert, en u kent de mijne. Waarom toch al die intriges? Als uw goede vriendin u verbiedt me te schrijven, gun haar dan die bevrediging... Een vriendin moet medeleven kunnen tonen, en ik zou een wel heel ondankbare zijn als ik van u verwachtte dat u omwille van mij ook maar het geringste offer zou brengen. Ik werd gisteren zo door dit idee getroffen dat ik u niet meer wilde schrijven. Heeft u voor haar het offer gebracht en uzelf het genoegen ontnomen mij te zien? Dan blijft er nog maar weinig over. Geloof me: laten we de waarheid spreken. Als we elkaar ontmoeten zal ik me gedragen met de hoffelijkheid waartoe zowel mijn onveranderlijke vriendschap als de herinnering aan mijn dankbaarheid me zullen inspireren. U moet echter in Venetië wonen, ik niet. U moet de Venetiaanse geest, zijn genie, zijn zwakheden cultiveren, en dat hoef ik niet – hoewel ik al deze houdingen en vooroordelen bij u kan aanvaarden. Schrijf me dus over de koning van Engeland, schrijf me over de oorlog of ander nieuws. Daar zal ik tevreden mee zijn. Maar schrijf me niet over andere dingen, smeek ik u. En laten we ophouden elkaar te bedriegen of te kwetsen. Vaarwel.

Een paar dagen lang deed Giustiniana haar best haar woede te onderdrukken omdat ze bang was het tussen hen alleen maar erger te maken. 'Ik lees en probeer mezelf bezig te houden om me niet al te zeer te vervelen,' schreef ze met een zware ondertoon van sarcasme. 'Er gebeurt hier niet veel, maar ik merk dat de tijd toch wel voorbijgaat als ik niet al te hoge verwachtingen heb.' Op 17 november ontving ze weer een warrige brief van Andrea. Zoals gewoonlijk was hij heel teder maar ook vaag, ontwijkend, besluiteloos. Ditmaal gaf ze hem ervan langs:

*M*on Cher Frère,
Wat een lange brief! Zoveel uitvluchten! En zulke lieve formuleringen! Maar Memmo, dacht u dat ik het niet beledigend vond dat u een dergelijke brief noodzakelijk achtte? Twijfelt u zozeer aan

mijn vriendschap? Denkt u werkelijk dat ik u in de steek zou laten? U dwingt me te spreken! U wilt dat ik u uitleg hoe mijn hart
eraan toe is? Welnu dan, ik zou de baron moeten aanbidden, en
toch houd ik minder van hem dan hij verdient. Ik ben echter zijn
vriendin en dat zal ik eeuwig blijven. U wilt dat ik het over u heb?
Goed, ik zal me blootgeven. Uw woorden, de brieven die ik de laatste periode in Londen en tijdens de terugreis van u heb gekregen,
deden me geloven dat u trouw aan mij alleen maar een kwestie van
uw hoofd was. Ik koesterde dus de zoete illusie dat ik u zou terugvinden, niet als mijn geliefde – want dat was ons beiden niet
meer mogelijk – maar als mijn vriend... Om u een gunst te bewijzen verbood ik u me te komen opzoeken zoals u had beloofd; maar
nog steeds vleide ik me met de gedachte dat de eerste man die ik
in Padua zou zien in ieder geval Memmo zou zijn geweest. Het
scheen me toe dat ik u duizend dingen te vertellen had en duizend
dingen van u zou horen. Ik dacht er veel over na. Ik vond het een
leuk idee. Vaak had ik er ook last van. Ik kom in Padua aan; en ik
vind u niet. In plaats daarvan hoor ik een hoop praatjes over verantwoordelijkheden, affecties, gevoelens die kennelijk sterker zijn
dan die waarvan ik dacht dat u ze had. Ik moet me teweerstellen
tegen mijn eerste indrukken. U dwingt me dit iedere dag te doen.
Ik pleeg een aanslag op mijn ijdelheid. Ik vernietig mijn verwachtingen. Ik maak inbreuk op mijn zelfrespect. Ik voel zelfs met u
mee als u hier niet meteen heen vliegt om me te zien, omdat liefde kennelijk sterker is dan onze heel tedere vriendschap. Ik span
me in en beheers me. Ik blijf echter in een verschrikkelijke stemming verkeren en mijn moed laat het afweten. Dit is de reden dat
ik me zo verward heb uitgelaten. Dit is de reden voor mijn spot-
ternijen, voor mijn onzinnige brieven. Maar ik zweer dat het nu
afgelopen is. U hebt duizend keer sympathie voor mij opgebracht,
en nu breng ik sympathie voor u op en vergeef ik u. Misschien
moet ik u zelfs bedanken, want alleen God weet waartoe alle opwinding die ik voelde toen ik in Padua aankwam zou hebben geleid als ze ook maar even was aangemoedigd; terwijl u weet dat we
alleen als vrienden van elkaar kunnen houden. Ik heb duizend

waanzinnige dingen gedaan. U moest een nieuwe binding aangaan, waarvoor u mijn advies en mijn goedkeuring had gevraagd. Ik heb ook een binding, en ik zou wanhopig zijn als ik die niet zou kunnen behouden. Venetië is niet de omgeving voor mij. Ik kan daar niet wonen in de vrijheid waaraan ik nu gewend ben, en bovendien zie ik mezelf niet leven in een stad waar de mensen me neerbuigend behandelen of het gevoel hebben dat ze me moeten beschermen. Ik weet nog niet zeker waar ik heenga, maar ik heb plannen en ik zal u er niet over vertellen omdat er niets lachwekkender is dan plannen die voortijdig bekend worden gemaakt. Een hartstocht tussen ons zou een ware vloek kunnen zijn, en ik weet dat die hartstocht weer in me kan worden opgerakeld. Ik dank u dus nogmaals dat u me in een positie hebt gebracht waarin ik voor altijd van een dergelijke hartstocht zal moeten afzien.

Ik houd nu op met schrijven, want ik voel me helemaal niet goed... Vaarwel, en vergeef me dat ik al uw vriendelijke woorden niet vergeld. Vandaag ben ik oprecht tegen u geweest, en in mijn oprechtheid kan ik u uitsluitend dingen vertellen waaruit mijn diepste affectie en vriendschap voor u blijken.

Giustiniana voelde, nadat ze haar brief had verzonden, dat haar krachten het begaven en ze trok zich terug in haar kamer. 'Ik ben melancholiek geworden, en deze ziekte tast mijn stemming en mijn veerkracht aan. Ik ben niet meer dezelfde, en ieder genoegen is vervelend en een last geworden.' De volgende dag voelde ze zich nog beroerder, en na een volgende moeilijke nacht riep ze hulp in. 'Het gaat echt niet goed met me,' schreef ze, weer op het Frans overschakelend. 'Mijn gezondheid is erg zwak en vannacht dacht ik echt dat het einde was gekomen. Ik zag me gedwongen om vier uur in de ochtend dokter Berci te laten halen. Ik heb besloten me aan hem toe te vertrouwen om me te genezen van wat hij mijn "aanvallen van melancholieke hysterie" noemt.' Ze vroeg Andrea haar moeder in Venetië niets over dit alles te vertellen. Het had geen zin: 'Afgezien van het feit dat ik ernstig lijd en dat mijn angst nog ernstiger is, zijn deze ziekten niet gevaarlijk.'

Andrea schreef nu ettelijke malen per dag – liefdevolle brieven waarin hij haar beterschap toewenste. Giustiniana beschikte echter niet meer over de energie veel te schrijven. Ze vroeg hem haar te vergeven 'dat ik niet al uw brieven beantwoord'. Andrea bedankte haar voor de mof. Hij en juffrouw Mendez hadden het niet met elkaar kunnen vinden, moest hij tot zijn spijt zeggen. Giustiniana vroeg hem nog eens zijn best te doen ondanks het feit dat ze nu besefte dat het een 'dwaas' idee was geweest hen met elkaar in contact te brengen: 'Probeer haar op haar gemak te stellen; ze kan kwaadaardig zijn, en het is een voordeel dergelijke mensen aan je kant te hebben. U zult nu zeggen dat dat u niet veel kan schelen. Mijn ijdelheid is echter gevoelig voor complimenten die u worden gemaakt, en dus smeek ik u dit voor me te doen – ook al is het mijnerzijds alleen maar een gril... Ik stop nu. Ik ben zwak, en vanavond krijg ik een behandeling. Ik verbied u nogmaals hierover iets tegen mijn moeder te zeggen.'

De volgende paar dagen hing ze thuis rond, wachtend op nieuws van mevrouw Anna. Haar toon tegen Andrea werd afstandelijker. Op 23 november: 'Ik heb twee dagen niet geschreven. Ik heb echt geen tijd gehad... Duizend noodzakelijke karweitjes hebben me van al mijn tijd beroofd. Ik heb geen uur voor mezelf gehad.' En later: 'Mon cher frère, vergeef me, ik heb weinig of niets geschreven, ik voel me niet goed. Ik ben melancholiek. De treurigste vloek is mijn deel geworden, en alles is nu ondraaglijk. Ik heb uw brieven regelmatig ontvangen, en als ik ergens gevoelig voor zou zijn was het uw vriendelijkheid... Het spijt me te horen met welke moeilijkheden u in uw liefdeleven wordt geconfronteerd. Maar Memmo, als u zeker van haar bent, doet al het andere er dan nog toe?'

De Wynnes hadden niet meer dan tien dagen in Padua willen blijven. Er waren nu drie weken verstreken en ze bivakkeerden nog steeds in het Ca' Erizzo. Er was kennelijk sprake van een bureaucratische complicatie. Mevrouw Anna had wel een huis gevonden, maar ze aarzelde omdat het slechts zes maanden beschikbaar was. De stedelijke autoriteiten wachtten inmiddels tot mevrouw Anna het huurcontract had getekend voordat ze de familie een vergunning zouden geven om de stad te betreden, die nodig was naast de verblijfsvergunning die ze in Londen al hadden ontvangen. Door al dit uitstel werd Giustiniana prikkelbaar: 'Waarom neemt mijn moeder het huis niet? En waarom hebt u haar nog niet overreed? Inmiddels zit ik hier vast; ik voel me niet goed, en ik verveel me... Wat doet mijn moeder, dat er nog geen huis is? Mijn moeder kan het huis voor maar zes maanden huren, dus waarom dan al dat gedoe over een vergunning om de stad in te mogen? We zullen er maar zo kort zitten... Kom, Memmo, ruim deze hindernis voor ons uit de weg.'

Giustiniana zou later wel over de toekomst nadenken. Op dit moment wilde ze alleen maar rust krijgen; ze wilde een eigen kamer en schoon linnengoed en een beetje rust. 'Sta me toe naar Venetië te komen en vertrouw me, wat u zou moeten doen omdat ik van iedere aanspraak afstand heb gedaan.'

Uiteindelijk, op 26 november, kwam het bericht dat mevrouw Anna het huis had gehuurd en dat de vergunning om de stad te betreden was afgegeven. Het zou nog enkele dagen duren voordat hun koffers klaar waren, en er moesten nog een paar inkopen worden gedaan voordat ze de reis naar Venetië konden aanvaarden. Het bericht zuiverde echter de lucht en Giustiniana werd voor het eerst sinds haar aankomst in Padua weer wat optimistischer. 'Het lijkt of ik vandaag gelukkig ben, of in elk geval niet zo treurig als ik me gewoonlijk voel... Ik ben u veel dank verschuldigd voor de lieve woorden in uw laatste brief. Maar Memmo, u weet dat we er geen geloof aan moeten hechten. En wee ons als we nog naar ons hart zouden luisteren. Ik weet niet wat het mijne me over u vertelt, maar zelfs als het zijn zegje deed zou het er niets bij winnen, want ik heb gezworen doof te zijn. Laten we omwille van het erbarmen vrienden blijven.

Ik zie u dus in Mira? Ik heb veel plezier als ik me deze hereniging voorstel... Ik verdrijf het idee niet uit mijn gedachten... *Basta*. Genoeg nu... Vaarwel, Memmo.'

Hebben Giustiniana en Andrea elkaar ooit in Mira ontmoet? Dit is het laatste fragment van hun correspondentie dat tot ons is gekomen, dus we krijgen geen antwoord op deze vraag. Op een dag zullen er misschien andere brieven opduiken die ons onthullen wat er die ochtend is gebeurd. Men kan zich echter moeilijk aan het gevoel onttrekken dat dat kleine stadje aan de rivier vijftien kilometer verderop langs de weg inderdaad de plek is geweest waar zich de laatste akte van hun liefdesgeschiedenis heeft afgespeeld – of Andrea nu wel of niet op de afgesproken plaats is komen opdagen. Giustiniana's laatste brieven staan in het teken van zo'n onheilspellend voorgevoel dat wij, de nieuwsgierige lezers, begrijpen dat het afgelopen is, zelfs nog voordat ze het zelf begrijpt. Niettemin onderkennen we in de toon van die brieven een nieuw soort resoluutheid. Het is de heldere vastbeslotenheid van iemand die een storm heeft doorstaan en achter zich heeft gelaten. Giustiniana was nu klaar om haar reis te voltooien, ook al maakte ze duidelijk dat Venetië niet haar uiteindelijke bestemming was en dat ze haar leven buiten de verstikkende beperkingen van die stad zou voortzetten. En zo stellen we ons haar voor als ze met vaste tred in Mira aan boord gaat van de *burchiello* en vol zelfvertrouwen over het gladde water van de Brenta vaart, langs vissersdorpen en elegante villa's, dan de lagune op, naar de glinsterende stad aan de horizon.

Giustiniana's terugkeer in Venetië na een verblijf van meer dan twee jaar in het buitenland was geen feestelijke thuiskomst. Temidden van al het gedoe over de vertraagde aankomst van de Wynnes in de stad, na het koortsachtige zoeken van mevrouw Anna naar een appartement en de bureaucratische problemen rond de vergunning om de stad binnen te komen, om nog maar te zwijgen van de paniekerige staat waarin Andrea verkeerde en de argwaan van M., kan men zich gemakkelijk een voorstelling maken van de babbelende mannen aan de Listone die zich overgaven aan hatelijke grapjes over de terugkeer van de *inglesine* terwijl de dames achter hun geborduurde waaiers zaten te gniffelen.

Zelfs de kleine Engelse gemeenschap, die voor mevrouw Anna en haar kinderen altijd een toevluchtsoord was geweest, ontving hen met een zekere afstandelijkheid. Joseph Smith, die nu een eind in de tachtig was, was bezig afscheid te nemen van zijn post als consul. Hij was rustig neergestreken in zijn nieuwe huwelijk en deed zijn uiterste best zijn grote verzameling kunst en boeken aan de nieuwe Engelse monarch, George III, te verkopen. De ouder wordende lady Montagu was nog steeds even scherp van tong: volgens een geschokte jonge Engelse bezoeker, Thomas Robinson, was ze ook 'in hoge mate vulgair geworden'.[1] Ambassadeur Murray, die in het verleden erg blij was geweest met het gezelschap van de Wynnes en voortdurend belangstellende blikken op de meisjes had geworpen, stak in zijn ambtsberichten aan Londen nu duidelijk de draak met hen. Mevrouw Anna en haar dochters droegen 'niet weinig' bij tot het 'vermaak' in de stad, schreef hij lord Holderness. 'Hun gedragingen zijn tot nu toe zo outré geweest dat ik er op het ogenblik niet over peins bij hen langs te gaan, omdat ik niet graag de ondergang van een gezin meemaak als er geen enkele mogelijkheid is hen te redden.'[2]

Niet alleen de sfeer in de Engelse gemeenschap voelde anders aan. De stad in haar geheel was tijdens de afwezigheid van de Wynnes veranderd. De lange oorlog, in combinatie met de geïsoleerde positie van Venetië, had het optimisme getemperd en tot een algemeen gevoel van stagnatie geleid. De meer verlichte Venetianen hadden hun eerdere enthousiasme voor een modernisering van de staat verloren. Vader Lodoli, de charismatische franciscaner monnik, had Venetië als halve balling verlaten en bracht in grote armoede zijn laatste dagen op het vasteland door. Er restte vrijwel niets van de hoopvolle groep hervormers die hij de jaren voor de oorlog had geïnspireerd. Het Tribunaal van de Inquisiteurs had zijn onderdrukkende activiteiten in het dagelijks leven opgevoerd, en de in het geheim opererende Raad van Tien – de uitvoerende tak van de regering – regeerde met toenemende veronachtzaming van de Maggior Consiglio, de vergadering van patriciërs die eeuwenlang het hart van de republiek had gevormd.

Een paar maanden na haar terugkeer was Giustiniana in directe zin getuige van een keerpunt in de kwalijke ontwikkeling van de Venetiaanse republiek in de richting van een steeds autoritairder bewind van de Raad van Tien. Haar vriend Angelo Querini, een fatsoenlijke, van burgerzin vervulde jonge senator die (samen met Andrea) tot de vurigste aanhangers van Lodoli had behoord, werd aangeklaagd wegens samenzwering tegen de republiek en in de gevangenis gegooid. Querini was nauwelijks een revolutionair: het was zijn ambitie de Maggior Consiglio iets terug te geven van het gezag dat de Raad van Tien zich had toegeëigend. Zijn arrestatie was een hardhandige waarschuwing voor de hervormers in zijn omgeving en verklaart gedeeltelijk de meer behoedzame benadering waarvoor Andrea in zijn politieke loopbaan zou kiezen.

In haar brieven uit Padua had Giustiniana Andrea verteld dat ze zolang ze in Venetië was zo rustig mogelijk wilde leven. Zoals Murray's onaangename opmerkingen ons duidelijk maken duurde het echter niet lang voordat ze in de stad een zekere opschudding veroorzaakte. Thomas Robinson, de tweeëntwintigjarige zoon van lord Grantham die zich zo had verbaasd over de vrijpostigheid van lady Montagu, was erg onder de indruk van Giustiniana toen hij in de herfst van 1760 kennis met haar maakte – zozeer dat hij kennelijk met haar wilde trouwen. Van het allereerste begin af aan werd het feit dat hij protestants en Giustiniana katholiek was echter als een onoverkomelijke hindernis gezien. De jonge Engelsman verdween al snel uit beeld: in het begin van de lente verliet hij Venetië – zijn laatste pleisterplaats op zijn reis door Italië – en keerde naar Londen terug.

Kort na het vertrek van Robinson veroorzaakte Giustiniana echter de nodige ontsteltenis door de hand te aanvaarden van graaf Philip Orsini-Rosenberg, de keizerlijke ambassadeur van Oostenrijk in Venetië. Het was een opmerkelijke stunt; zo vatte zeker iedereen in haar omgeving het op. De graaf, een zeventigjarige weduwnaar, was een telg van een heel aristocratische Oostenrijkse familie die beweerde van de Romeinse familie Ursini af te stammen. Hij rondde net zijn lange diplomatieke loopbaan af met een schitterende post op de prachtige ambassade aan het Canal Grande.

Zijn vrouw, Maria von Kaunitz, was in 1755, een jaar na hun aankomst in Venetië, overleden. Na een korte periode van rouw had de graaf zich aan een tamelijk losbandig leven overgegeven en kon gokkend met zijn vrienden in de Ridotto worden aangetroffen als hij niet in het theater achter jonge actrices aanzat of zijn favoriete dames van plezier bezocht. Dit alles veranderde toen Giustiniana ten tonele verscheen. De graaf moet haar van vroeger hebben gekend – hij had haar waarschijnlijk al eerder bij consul Smith ontmoet, toen iedereen de mond vol had gehad van haar liefdesaffaire met Andrea. Nu zag hij haar echter in een nieuw licht. Ze was een rijpe jongedame van vierentwintig, met ervaringen die veel verder gingen dan haar leeftijd deed vermoeden. Hij werd betoverd door haar levendige geest, en de 'vrouwelijke' vormen waarover ze zelf zo klaagde droegen hier ongetwijfeld het hunne toe bij. Hij werd verliefd op haar zoals oudere mannen voor hem het ook waren geworden.

Giustiniana moet een tikkeltje verbijsterd zijn geweest van een man met zo'n hoge positie een aanzoek te krijgen. Ze had natuurlijk gezegd dat het huwelijk 'niets voor haar was', dat ze haar onafhankelijkheid belangrijker vond dan de zekerheid die een echtgenoot kon bieden. Ze had deze gedachten echter geformuleerd op een moment dat ze nog probeerde ruimte in haar leven te scheppen voor Andrea, en naar een onconventionele oplossing voor een onconventioneel probleem zocht. Haar langdurige affaire was nu echter achter de rug en ze deed haar best deze echt achter zich te laten. Ze moest praktisch zijn, en het is heel goed mogelijk dat ze tot de conclusie is gekomen dat haar streven naar onafhankelijkheid een omweg via enkele jaren huwelijk noodzakelijk kon maken.

Ambassadeur Murray, die er als de kippen bij was geweest de Wynnes na hun terugkeer in Venetië neerbuigend te behandelen, achtte het nieuws zo belangrijk dat hij William Pitt persoonlijk een diplomatieke missive stuurde. 'Alle gesprekken in de stad gaan over een huwelijk tussen graaf Rosenberg en de oudste juffrouw Wynne dat op korte termijn wordt verwacht,'[3] schreef hij het Lagerhuislid en behandelde de informatie als een aangelegenheid van officieel belang, wat het ook inderdaad was: Giustiniana trad immers in het huwelijk met een belangrijke dienaar van een grote mogendheid, waarmee Groot-Brittannië nog steeds in oorlog was.

Andrea, die nog steeds verstrikt was in zijn gecompliceerde affaire met M., moet de logica achter de razendsnelle beslissing van Giustiniana hebben begrepen: hij had haar immers altijd aangemoedigd met een oude man te trouwen, en de *cher frère* in hem heeft zeker de praktische voordelen voor haar positie gezien. Men kan zich echter maar moeilijk voorstellen dat het nieuws bij de vroegere minnaar niet enige innerlijke onrust heeft veroorzaakt.

De graaf en Giustiniana traden op 4 november 1761 in het huwelijk. De plechtigheid heeft waarschijnlijk op de ambassade plaatsgevonden. Er waren geen feestelijkheden, niet eens een publieke aankondiging: het was een haastige, geruisloze gebeurtenis in tegenwoordigheid van een priester, enkele intieme vrienden en haar familie (men ziet mevrouw Anna er al glimlachend bij staan, eindelijk dan toch tevreden). Toch wist iedereen in de stad ervan. Lady Montagu was niet meer van de partij om een scherpe opmerking over het voorval te maken, omdat ze na de dood van haar echtgenoot ten slotte naar Engeland was teruggekeerd, maar haar Venetiaanse vriendin Chiara Michiel zorgde ervoor dat ze op de hoogte werd gehouden: 'Monsieur Rosenberg is met Giustiniana getrouwd zonder haar tot echtgenote of vrouw van de ambassadeur aan te duiden... Een dergelijk huwelijk is flink beneden zijn stand... maar is zijn hart waardig.'[4] Lady Montagu reageerde tamelijk filosofisch: 'Die woorden zijn subtiel en rechtvaardig en nobel, en ik begrijp het allemaal.'[5]

Giustiniana, nu gravin Rosenberg, nam haar intrek in het elegante palazzo dat de Oostenrijkse regering van de familie Loredan had gehuurd. Zolang haar echtgenoot leefde was ze verzekerd van een zeer comfortabel bestaan. Na zijn dood zou ze zijn bezittingen niet erven, want die waren al voor haar stiefzoon bestemd, maar de graaf richtte een klein fonds op dat haar een inkomen van 2000 Oostenrijkse florijnen zou opleveren zolang ze zijn naam bleef dragen. Het zou genoeg zijn om fatsoenlijk, zij het niet in weelde te leven.

Haar maatschappelijke rang bleef echter onduidelijk. In de ogen van haar echtgenoot was ze gravin Rosenberg, maar ze was – iets wat Chiara Michiel snel had onderstreept – niet de echtgenote van de ambassadeur. Evenmin had het huwelijk een einde gemaakt aan alle praatjes over haar dubieuze adellijke titels. Het snobisme en de

neerbuigendheid waren deprimerend en kwamen Giustiniana afschuwelijk bekend voor.

Het hof in Wenen, dat nog niet officieel van het huwelijk op de
hoogte was gesteld, gaf uiting aan zijn diepe ontgoocheling. Eerste
minister Anthon von Kaunitz, een neef van de overleden eerste
vrouw van Rosenberg, bemoeide zich persoonlijk met de zaak en
smeekte de ambassadeur hem precies te vertellen wat er aan de hand
was. Hier volgt het antwoord van de graaf — een buitengewone
'biecht', tegelijkertijd bijtend en meelijwekkend, van een oude li-
bertijn die verliefd is op een veel jongere vrouw:

*M*eneer, het vertrouwen en de zeer speciale achting die ik altijd jegens Uwe Excellentie heb gekoesterd brengen me ertoe met
vreugde de kans aan te grijpen die me wordt geboden mijn hart
voor u open te stellen en uw vraag te beantwoorden. Het is waar
dat ik in het geheim* in het huwelijk ben getreden met juffrouw
Giustiniana Wynne, en het huwelijk zal van kracht blijven zolang
ik ambassadeur ben. Het is echter niet waar dat ze de dochter van
een Engelse koopman is. Chevalier Wynne, die ongeveer tien jaar
geleden als katholiek in Venetië is overleden, was een heer en maakte deel uit van een van de oudste huizen van Wales. Hij reisde in
Italië rond toen hij met de dochter van graaf Gazzini trouwde. Na
zijn dood werd lord Holderness tot voogd van de familie benoemd
— nog maar vijftien dagen geleden hebben de twee [broers] Wynne, die nog minderjarig zijn, schriftelijk de opdracht ontvangen om
terug te keren naar Engeland, waar de oudste aan zijn landgoederen een inkomen van 6000 pond ontleent. Ik zeg dit alles zodat
Uwe Excellentie zal inzien dat de familie van heel edele stand is en
dat ik hier het onweerlegbare bewijs van heb.[6]

---

* In het register van geheime huwelijken in de kanselarij van het aartsbisdom bevindt zich
inderdaad een stoffige oude map met de namen van Giustiniana en graaf Rosenberg erop.
Helaas ontbreken, net als in het geval van het dossier met betrekking tot Giustiniana en
Andrea, de papieren.

De graaf voegde hieraan toe dat als dit nog onvoldoende werd ge-acht het Oostenrijkse hof als laatste bewijs van Giustiniana's aris-tocratische afkomst de volgende informatie diende te overwegen: 'Andrea Memmo, een Venetiaanse edelman van een van de oudste families, was met de volledige instemming van zijn hele familie be-reid met haar te trouwen, maar madame Wynne gaf hier geen toe-stemming voor omdat hij een zeer verwarde jongeman was. Ook de zoon van lord Grantham wilde vorig jaar met haar in het hu-welijk treden, maar de jongedame heeft zijn aanzoek afgewezen omdat hij protestants was.'

De graaf 'smeekte' de eerste minister Giustiniana zijn 'bescher-ming' te garanderen, maar Von Kaunitz was niet onder de indruk van de verklaring van de graaf – hij beschikte waarschijnlijk over minder vooringenomen informatie dan het nogal inaccurate ver-slag dat zijn gewezen ambassadeur hem gaf. Hij liet graaf en gra-vin Orsini-Rosenberg in hun sop gaarkoken.

Het kan voor Giustiniana geen gemakkelijke periode zijn ge-weest, hoezeer ze ook aan dit soort maatschappelijke uitstoting ge-wend was geraakt. Werd haar teleurstelling verzacht door de vreug-de van het huwelijk? We kunnen ons moeilijk voorstellen dat Giustiniana erg verliefd was op de graaf, maar het is mogelijk dat ze steeds meer affectie en respect heeft gevoeld voor die gedistin-geerde oude man, die bereid was uit liefde voor haar zijn reputatie op het spel te zetten. Ondanks het leeftijdsverschil hebben de men-sen zeker verondersteld dat het huwelijk was geconsummeerd en dat ze een fysieke relatie met elkaar onderhielden, niet alleen van-wege Rosenbergs reputatie van seksueel actieve zeventigjarige, maar ook omdat zijn jonge vrouw al snel zwanger werd. 'Het verhaal gaat dat de mooie Giustiniana de wereld binnenkort een nieuwe vrucht zal schenken,'[7] gniffelde lady Montagu vanuit Londen, die dolgraag op de hoogte bleef van de ontwikkelingen in Venetië. Als het waar is dat ze na haar huwelijk met graaf Rosenberg zwanger is geraakt moet ze het kind hebben verloren – waarschijnlijk tot grote op-luchting van Wenen.

Als de nieuwe gravin Rosenberg was Giustiniana aan alle kan-

ten geïsoleerd. Niet alleen werd ze niet geaccepteerd door de regering van haar echtgenoot, ze was ook afgesneden van de Venetiaanse society, want hoewel Wenen haar niet als de echtgenote van
de Oostenrijkse ambassadeur erkende, deden de Venetiaanse autoriteiten dit zeker wel. In haar hoedanigheid van buitenlandse hoog-
waardigheidsbekleder was het haar niet toegestaan direct contact
met lokale patriciërs te onderhouden. De wet was een overblijfsel
van een lang vervlogen tijd. Toch was hij van kracht gebleven, tot
zeer groot ongemak en ergernis van het buitenlandse diplomatieke corps, en de naleving ervan werd sinds het begin van de oorlog
nog strenger afgedwongen. Als zij en Andrea op dat moment al
contact hebben onderhouden gebeurde dit weer in het geheim, zoals zo vaak in het verleden.

Begin 1763 zagen ze elkaar echter publiekelijk in het huis van
een wederzijdse vriend, en de inquisiteurs achtten deze episode 'in
alle opzichten zeer ernstig'.[8] Andrea was net gekozen in het ambt
van *savio di terraferma*, die bestuurlijke taken op het grondgebied
op het vasteland uitvoerde. Een van zijn eerste en meest delicate
opdrachten was de oplossing van een geschil met de Oostenrijkse
regering over het postsysteem. Giustiniana opperde dat ze misschien zou kunnen helpen door gebruik te maken van de connecties van haar echtgenoot, en ze bespraken deze aangelegenheid die
avond ten overstaan van andere gasten. Daarna stuurde ze hem een
briefje over deze materie. Hij was zo onvoorzichtig dit briefje te beantwoorden.

Andrea besefte dat hij een fout had gemaakt, of misschien is
hem ingefluisterd dat er een informant van de regering bij was geweest en hem had aangegeven omdat hij met de echtgenote van
een buitenlandse ambassadeur had gesproken. Hoe het ook zij, hij
ging direct naar het Tribunaal van de Inquisiteurs en biechtte zijn
misdrijf op. Het Tribunaal kwam tot de uitspraak dat zijn optreden 'de strengste en ernstigste bestraffing' verdiende, maar spaar-
de hem uiteindelijk vanwege zijn 'spontane bekentenis'. Hij kreeg
echter wel een laatste waarschuwing: 'In de toekomst zult u zich
onthouden van elk contact met de echtgenote van [de] ambassa-

deur en ook met de familie van deze echtgenote... het is u verboden in uw openbare functie en tijdens bijeenkomsten bij haar in
de buurt te komen... U wordt bij dezen op de hoogte gesteld dat
u voortdurend door een aandachtige blik in de gaten zult worden
gehouden.'⁹

De uitbrander was zo streng – en deed zozeer denken aan zijn
'noodlottige verbanning' van tien jaar daarvoor – dat men zich moet
afvragen of Andrea en Giustiniana elkaar weer stiekem zijn gaan
ontmoeten en of deze informatie de inquisiteurs heeft bereikt. Aan
de andere kant is het mogelijk dat de graaf zelf de autoriteiten bij
wijze van voorzorgsmaatregel op de hoogte heeft gesteld om te garanderen dat Andrea bij zijn jonge vrouw uit de buurt zou blijven.
Wat er ook is gebeurd, Andrea moet de uitbrander serieus hebben
genomen. Zijn loopbaan stond tegen die tijd op de rails – hij rukte op onder de beschermende vleugels van Andrea Tron, de machtige *procuratore di San Marco*, die in de zomer van 1756 buurman
van de Wynnes was geweest – en hij zal zeker zijn reputatie niet
hebben willen schaden door een wet van de republiek te overtreden, hoe achterhaald hij deze misschien ook gevonden zal hebben.

Na alles wat er tussen hen was voorgevallen was dit dus de stand
van zaken tussen Andrea en Giustiniana in 1763, het jaar waarin de
oorlog eindigde met de verdragen van Parijs en Hubertusburg en
de vrede eindelijk in Europa terugkeerde.

In 1764 riep het Oostenrijkse hof zijn ambassadeur in Venetië terug en stuurde hem met pensioen. Graaf Rosenberg had in de pijnlijke onderhandelingen met zijn regering over zijn nieuwe echtgenote geen enkele vooruitgang geboekt. Hij en Giustiniana verlieten
palazzo Loredan en verhuisden naar Klagenfurt in de Oostenrijkse provincie Karinthië, waar de Orsini-Rosenbergs hun familiebe-
zit hadden. In weerwil van zijn verslechterende gezondheid bleef
de graaf bij eerste minister Von Kaunitz aandringen dat deze zijn
echtgenote bescherming zou garanderen. Toen ze eenmaal in Oostenrijk terug waren doemde de mogelijkheid dat ze niet aan het
hof in Wenen ontvangen zouden worden als de ergst mogelijke

nachtmerrie op. Giustiniana besloot de zaken in eigen hand te nemen. Ze verzekerde zich van de hulp van lord Stormont, de Britse ambassadeur in Wenen, die de staatssecretaris, lord Sandwich, vroeg een verklaring te ondertekenen waarin werd bevestigd dat de Wynnes inderdaad uit een 'heel adellijke en heel oude Familie'[10] stamden.

De verklaring werd binnen enkele dagen ondertekend en gezegeld. De ironie dat de Britten, die zo gekmakend rigide waren geweest toen ze aan het hof in Londen geïntroduceerd had willen worden nu zo bereid waren te helpen, zal Giustiniana zeker niet zijn ontgaan. De Oostenrijkse regering was niettemin niet onder de indruk. Die zomer schreef Giustiniana rechtstreeks aan Von Kaunitz:

*M*eneer, met het grootste verdriet heb ik kennisgenomen van de dodelijke smart die mijn echtgenoot vanwege mij heeft moeten ondergaan. Ik dacht dat een authentieke en eerbiedwaardige uitspraak van de koning van Engeland* over mijn familie zoals u heeft ontvangen voldoende zou zijn als bewijs van haar oude herkomst... Ik koester geen enkele vrees dat zodra Hare Majesteit de Keizerin over de waarheid zal zijn geïnformeerd ze me zal willen afnemen wat me door God is geschonken, die heeft gewenst dat ik als adellijke dame in een groot land en als telg van een grote familie geboren werd. Uwe hoogheid, u weet zo goed hoe het in de wereld toegaat – zou u Hare Majesteit de rechtvaardigheid van mijn zaak en de eventuele fatale gevolgen ervan kunnen uitleggen? Meneer, uw gevoel voor rechtvaardigheid is zo bekend dat ik wel moet denken dat u een dame die om uw machtige hulp smeekt deze niet zou ontzeggen.'[11]

Deze brief is eind juli 1764 verstuurd en was ondertekend met 'Uw nederige en zeer gehoorzame dienares gravin De Rosenberg née

---

* Ze verwijst hier naar het door lord Sandwich ondertekende document.

Wynne'. Von Kaunitz, die heel goed wist dat haar echtgenoot niet gezond was, probeerde duidelijk tijd te rekken. Zijn tactiek bleek al snel succesvol. Graaf Rosenberg overleed de winter hierop, en daarmee kwam een einde aan het problematische onderwerp van hun presentatie aan het hof.

Nu haar echtgenoot was overleden kon Giustiniana in alle vrijheid uit Oostenrijk vertrekken. Maar waar moest ze heen? Ze had geen dringende reden om zich naar Venetië terug te haasten. Ze had geen huis om naar terug te keren. Ze was er niet bijzonder op gespitst weer bij haar moeder en zusters te gaan wonen, en haar broers studeerden in Engeland. Ze bleef dus nog vijf jaar in Klagenfurt. Over haar leven in Oostenrijk is weinig bekend. Het schijnt dat ze de aanvankelijke vijandigheid van de plaatselijke adel overwon en erin slaagde een hartelijke verhouding met de familie Rosenberg op te bouwen. Gezien haar karakter zal ze geprobeerd hebben het beste van haar verblijf te maken en zo veel mogelijk interessante mensen om zich heen te verzamelen. Toch moet ze in de ogen van de provinciale society van Klagenfurt een vreemde eend in de bijt zijn gebleven: men kan zich maar moeilijk voorstellen dat Giustiniana in een Duitssprekende Oostenrijkse gravin is veranderd. In laatste instantie vermoedt men dat een heel belangrijke reden waarom ze in Oostenrijk bleef was dat ze alvorens naar Italië terug te keren haar financiële zaken op orde wilde brengen en voor zichzelf een inkomen uit de erfenis van haar overleden echtgenoot wilde veiligstellen dat haar de broodnodige onafhankelijkheid en veiligheid zou bieden.

Rond 1770 keerde ze terug naar Venetië. Ze was pas begin dertig, en na zes kalme jaren in Oostenrijk wilde ze graag weer een meeslepender leven gaan leiden. Ze kwam echter tot de bevinding dat het leven in Venetië erg was gedegenereerd. De society was sleets geworden. Het culturele leven was dood. Overal heerste corruptie. Prostitutie en gokken waren onbeheersbaar. Het waren allemaal symptomen van een veel diepere crisis. De Venetiaanse heersende klasse scheen niet in staat te zijn de maatschappij richting te geven, haar blik verder te richten dan de lagune die de stad omgaf.

In de ogen van Giustiniana, die zoveel tijd in het buitenland had doorgebracht, moet de republiek heel oud en vermoeid hebben geleken – een gerimpelde grande dame die uitzag over de meest achtergebleven gebieden van Europa.

Ze betrok een huis in de buurt van het Piazza San Marco en probeerde als de weduwe gravin Rosenberg een nieuw bestaan op te bouwen. Ze nam weer contact op met oude vrienden en vriendinnen, en nu ze niet meer de echtgenote van de Oostenrijkse ambassadeur was stond het haar vrij Andrea weer te zien. Ze verzamelde een kleine *salon* om zich heen en deed al het mogelijke om belangstelling voor het leven in de stad op te brengen. In haar hart was ze er echter niet helemaal bij: de stad voelde niet meer aan als een thuis. En weer hoor je de echo van die eerdere hartenkreet: 'Venetië is niets voor mij!' Ze ontvluchtte de stad wanneer het maar enigszins mogelijk was, reisde regelmatig naar Parijs en Londen. Iedere reis betekende een vermoeiende tocht dwars door Europa, maar gaf haar ook de zuurstof waaraan het haar in de verstikkende sfeer van de lagune ontbrak.

Het was meer dan alleen maar vervreemding. Giustiniana voelde zich steeds kwetsbaarder in de door zonden vergiftigde atmosfeer in Venetië. Ze begon te gokken en raakte zoals veel van haar vrienden al snel de controle over deze gewoonte kwijt. Tegen 1774 verwoestte het spel zoveel levens dat de regering besloot de Ridotto te sluiten, waar zij en Andrea zoveel onschuldige avonden kusjes hadden gestolen en hadden gekeken hoe anderen kaart speelden. Illegale gokhuizen schoten van de ene dag op de andere in particuliere huizen en aan de straten rond het Piazza San Marco als paddestoelen uit de grond. Giustiniana sleepte zich in slecht gezelschap van het ene obscure hol naar het andere, joeg haar beperkte inkomen erdoor en bouwde enorme schulden op. In één enkele nacht van waanzin verloor ze meer dan drieduizend florijnen – anderhalf maal haar jaarinkomen. Haar leven raakte snel in het slop.

Om zich los te maken uit deze neerwaartse spiraal besloot ze meer tijd in Padua door te brengen, waar het leven niet zo decadent was en een rustiger ritme had. Hoewel het een provinciestadje was, was het op een merkwaardige manier kosmopolitischer dan Venetië. Misschien had dit te maken met de oude universiteit, die net een bloeiperiode doormaakte, of misschien was het het gevolg van de nabijheid van het platteland en van het aangename leven dat om enkele elegante villa's in de buurt draaide. Voor Giustiniana was deze omgeving zeker stimulerender. Ze huurde een appartement in een palazzo bij de Duomo. Geholpen door trouwe vrienden en haar eigen wilskracht kreeg ze zichzelf geleidelijk weer in de hand – en raakte uit de schulden.

Ze hield het huis in Venetië aan en volgde op de voet wat er in de stad gebeurde, ook al was het in toenemende mate met de blik van een waarnemer die zich op enige afstand van de actie bevond. Door haar connecties in het buitenland en haar talenkennis werd ze de ideale chaperonne voor buitenlandse reizigers, met name Engelsen. De schrijver William Beckford, die een goede vriend van haar werd, beschrijft hoe blij hij was dat hij aan de 'fascinerende' Giustiniana was aanbevolen.[12]

Toen aartshertog Paul en aartshertogin Maria van Rusland in 1782 ter ere van de nieuwe handelsbanden tussen de beide staten een 'particulier' bezoek aan Venetië brachten, schreef ze een levendig verslag van wat waarschijnlijk de laatste feestelijkheden op grote schaal waren die door de republiek op touw werden gezet. Ze schreef het in het Frans, in de vorm van een lange brief aan haar broer Richard, en het werd als een klein boekje gepubliceerd, eerst in Londen en daarna in Venetië. Het werd in literaire kringen heel goed ontvangen en ook nu is het nog verschrikkelijk leuk om het lezen. Haar oude vriend Casanova, die in Venetië terug was – en ironischerwijs als informant van de regering werkte en in armelijke omstandigheden leefde – schreef haar een bewonderende brief, waarin hij haar 'soepele en onpretentieuze stijl' prees.[13] Ze reageerde met een zeer formeel bedankbriefje. Geen van beiden roerden ze ook maar in de verste verte het verleden aan, en evenmin hernieuwden ze hun intieme vriendschap.

Schrijven was Giustiniana's ware roeping. Haar brieven aan An-

drea getuigen natuurlijk van de groei van haar talent, maar nu wijd-
de ze zich gedisciplineerder en methodischer aan het ambacht. Haar
tweede boek, eveneens in het Frans en in 1785 in Londen gepubliceerd, was een bundel essays over en herinneringen aan verschillende onderwerpen, van opvoeding tot de verwoestende effecten
van gokken. In een verrukkelijk hoofdstuk over de kunst van het
glimlachen staat een onthullende passage waaruit enig verdriet over
het verstrijken van de tijd spreekt – ze naderde toen de vijftig –
maar dat op een toon van opgewekte berusting eindigt:

Lach hartelijk, betoverende en onschuldige jeugd! Maar al te
gauw is de tijd van het glimlachen aangebroken. Deze zal op haar
beurt worden gevolgd door de jaren van de geroutineerde valse
glimlach: een voorgewende vredigheid en sereniteit zal dikwijls de
in werkelijkheid geagiteerde staat van je ziel verbergen. En als je
oud bent, als het boek der hartstochten uit is, zal het zelfs te laat
zijn om te glimlachen. Je gezicht zal al die zachte elasticiteit hebben verloren waardoor je gelaatsuitdrukking zo gemakkelijk kon
veranderen. De Tand des Tijds zal de groeven die door de hartstochten van je leven zijn getrokken hebben verdiept: ze zullen rim-
pels zijn geworden die nooit zullen worden uitgewist. Dus welk
doel zou een onhandige glimlach kunnen hebben? Hij zou alleen
de suggestie van lachwekkende pretenties wekken. Meer dan een
gelaatsuitdrukking van bedachtzaamheid en vriendelijkheid zul je
niet nodig hebben. Dat is de natuurlijke gang van zaken in de revolutie die op het gezicht van een vrouw plaatsvindt.[14]

Giustiniana ontwikkelde voor zichzelf een prettige, productieve le-
venswijze. Ze overwinterde in Padua, vanwaar ze regelmatig naar
Venetië ging. In de zomer verhuisde ze naar Alticchiero, een verrukkelijke villa op de zuidoever van de Brenta, slechts een paar kilometer van Padua, die eigendom was van haar oude vriend senator Angelo Querini. Na zijn vrijlating uit de gevangenis in 1763 had

de senator zich gedesillusioneerd over de Venetiaanse politiek teruggetrokken in zijn 'boerenhuis zonder uitzicht'.[15] Met het verstrijken van de jaren had hij het tot een elegant landhuis verbouwd
dat aan het classicisme en de kunst van de 'filosofische tuin' was
gewijd.

Giustiniana's vriendschap met Querini dateerde van de jaren vijftig van de achttiende eeuw, maar destijds had haar hart geheel Andrea toebehoord. Ze had al die jaren met Querini contact gehouden – ze hadden veel gemeenschappelijke vrienden, om te beginnen
Andrea – maar hun wegen hadden elkaar zelden meer gekruist tot
ze Venetië voor Padua had ingeruild. Toen ze uiteindelijk de gelegenheid kregen weer tijd met elkaar door te brengen was het misschien te laat voor een volwaardige romance. Toch kreeg hun
vriendschap een romantische tint die ze nooit zou verliezen. In Alticchiero was Giustiniana altijd meer dan een gast: ze was de dame
des huizes.

Ter ere van haar dierbare senator schreef ze een prachtig gidsje
over de villa en de tuin – een intelligente en hogelijk onderhoudende rondleiding door het landgoed van Querini. Het boekje werd
in 1787 in Padua gepubliceerd, geïllustreerd met uitstekende tekeningen van de beelden die het landgoed sierden.

Er was in die tijd nog een man in het leven van Giustiniana, een
heel ander type dan de senator. Graaf Bartolomeo Benincasa was
een verarmde avonturier die een mislukt huwelijk in zijn geboor-
testad Modena was ontvlucht toen hij omstreeks 1780 in de Venetiaanse Republiek arriveerde en zijn weg naar de vriendenkring van
Giustiniana had gevonden. Hij was een rusteloze ziel met literaire
ambities, die zij bewonderde, en hij was ook tien jaar jonger dan
zij. Korte tijd later was hij lid van haar huishouding en werd haar
secretaris en administrateur, en misschien ook wel haar minnaar.

Benincasa was het tegendeel van Querini: verbaal begaafd, geaf-
fecteerd en schimmig. Hij verdiende wat zakgeld door informatie
over de senator en diens gasten in Alticchiero aan de inquisiteurs
door te spelen. Hoe onbetrouwbaar hij verder ook was, hij bleef

Giustiniana echter tot het einde toegewijd. In 1788 liet ze met zijn hulp haar enige roman publiceren, *Les Morlacques*, een romantische vertelling over liefde en dood in de ruige bergen van Dalmatië. Het boek is doordrenkt van door Rousseau geïnspireerd maatschappelijk commentaar over de kwaden van de stad en de wezenlijke goedheid van de mens in de natuur, maar het pathos dat ze in het verhaal inbracht – om nog maar te zwijgen van de vampiers en feeën die de bladzijden bevolken – zijn het product van een fantasie die in veel opzichten al bij de negentiende eeuw hoorde.

Les Morlacques was haar grootste literaire succes. Rond 1790, op drieënvijftigjarige leeftijd, verkeerde ze op haar toppunt: geliefd gastvrouw, gerespecteerd intellectueel, geslaagd schrijfster. Ze was niet getrouwd maar leek tevreden met de affectie van Querini en de toewijding van Benincasa en haar vele vrienden en vriendinnen. In zijn beschrijving van haar kleine salon in Padua, waar wetenschappers, schrijvers en beeldend kunstenaars buitenlandse reizigers ontmoetten, merkte Casanova, die naar Dux in Bohemen was verhuisd en eindelijk dan toch aan zijn memoires zat te werken, op dat Giustiniana weliswaar helaas niet rijk was geworden maar toch 'straalt van wijsheid en alle goede sociale eigenschappen die ze bezit'.[16]

Ze zou niet lang van haar triomf genieten. De ziekte die haar het jaar daarop naar het graf bracht – hoogstwaarschijnlijk baarmoederkanker – woekerde al in haar. Ze leverde er negen maanden lang strijd tegen en leed gruwelijke pijn. Een zeer bezorgde Benincasa bracht in brieven aan familie en vrienden plichtsgetrouw verslag uit van het voortschrijden van de ziekte. Haar twaalf jaar oude nichtje, Betsey, die met haar familie, het gezin van Richard Wynne, op het platteland ten noorden van Padua de zomer doorbracht, schreef in haar dagboek: 'De arme gravin gaat dood. Er bestaat geen behandeling. Papa zegt dat ze er allemaal heel verdrietig om zijn...'[17]

Toen haar dood naderde kwam Andrea, haar *cher frère*, afscheid van haar nemen. Hij was volkomen 'kapot' van de aanblik van haar verwoeste lichaam en van de pijn die ze leed. Hij rouwde in stilte aan haar bed. In de nacht 'kreeg ze weer een bloeding' en die ochtend 'werd haar het laatste sacrament toegediend'.[18]

Giustiniana stierf op 22 augustus 1791 in Padua, in het huis dat ze die zomer had gehuurd: een klein, elegant palazzo met een mooie tuin. Andrea was ontroostbaar. Een diepbedroefde Benincasa schreef voor de inquisiteurs een lang, pathetische rapport over haar dood. Querini koesterde 'de bittere wond'[19] in zijn hart en zette een marmeren borstbeeld van Giustiniana in de tuin in Alticchiero. Ze werd begraven in de kerk van San Benedetto in Padua. Haar broer Richard, die op het moment van haar overlijden bij haar was, liet in de kerk een kleine gedenksteen aanbrengen, hoog in de muur boven de hoofdingang.

Er werd veel om Giustiniana gerouwd. Haar deugden werden in iedere denkbare vorm geprezen, van de uitgebreide Latijnse inscriptie op de marmeren gedenkplaat tot een lang lofdicht dat haar vrienden lieten drukken. In mijn ogen wordt haar beeld echter het beste opgeroepen door de simpele woorden van een onbekende chroniqueur uit Padua, genaamd abbé Gennari. 'Ze was erg mooi in haar jeugd,' schreef hij op de dag van haar sterven in zijn dagboek. 'En altijd levendig en vol geest.'[20]

Ik stel me graag voor dat Andrea zich Giustiniana zo heeft herinnerd in de donker wordende kamers in het Ca' Memmo, waar zijn eigen dood nu zijn schaduwen vooruitwierp. Naarmate hij ouder werd keerden zijn gedachten vaker terug naar die hoopvolle dagen in zijn jeugd, toen zijn hart vervuld was van liefde en het einde van de republiek nog niet zo dreigend dichtbij was gekomen. Ongetwijfeld dacht hij soms ook terug aan de dag dat hij Giustiniana in al haar schoonheid voor het eerst had gezien, in het huis van consul Smith. Waren deze herinneringen ooit met spijt vermengd? Andrea was nooit iemand geweest die om het verleden bleef treuren, maar natuurlijk ontging hem niet de ironie dat hij omwille van een stervende republiek de grote liefde van zijn leven had opgeofferd. Hij had zich buitengewoon verdienstelijk gemaakt. Hij had uitgebreid gereisd. Hij was een staatsman geworden, in zijn eigen land gerespecteerd en in het buitenland bewonderd. Hij had gedaan wat van hem was verwacht – en meer. Toch was hij ieder jaar meer gaan walgen van de lethargische heersende klasse waarvan hij deel uitmaakte en gedesillusioneerder geraakt over de toekomst van Venetië. Zoals zoveel patriciërs van zijn generatie was hij een uiterst cynisch man geworden. En hij had de verbittering in zijn ziel getemperd door zich over te geven aan de aardse genoegens die het leven een man met libido en, zoals hij het zei, 'met nog bijna al mijn tanden'[21] nog steeds te bieden had.

Het begin van Andrea's politieke loopbaan was samengevallen met het einde van de Zevenjarige Oorlog in 1763. Er heerste weer vrede in Europa en hij geloofde nog steeds dat de kracht en het prestige van de republiek met een juiste combinatie van politieke beleidslijnen hersteld konden worden. Daarnaast had hij het gevoel dat een radicale aanpak om veranderingen teweeg te brengen contraproductief zou zijn. In dit opzicht was bij veel pragmatischer dan zijn vriend Querini, die twee jaar in de gevangenis had gezeten omdat hij openlijk de status quo ter discussie had gesteld. Andrea had zijn aanzienlijke intellectuele energie aangewend om te leren hoe de eerbiedwaardige maar verouderde regeringsmachinerie van Venetië intern werkte. Hij leerde snel en werd in een reeks belangrijke bestuurlijke posten gekozen, waardoor hij deel werd van de bureaucratie in afwachting van het gunstigste moment om een stap naar voren te doen en een werkelijke verandering teweeg te brengen.

In persoonlijke zin leverde zijn flirt met M. niet de stabiele relatie op die hij had gezocht. In 1763, op vierendertigjarige leeftijd, leerde hij echter een oogverblindend meisje kennen dat ongeveer vijftien jaar jonger was dan hij en met wie hij een affaire begon die met enige onderbrekingen meer dan twintig jaar zou standhouden. Contarina Barbarigo was de beeldschone dochter van haar befaamd mooie moeder, Caterina Sagredo Barbarigo.* Ze was gevat, had flair en glamour. Op achttiende-eeuwse miniaturen wordt ze afgebeeld

---

* Zie voetnoot, p. 64.

met scherpe, opvallende gelaatstrekken en een kapsel dat als een enorme bijenkorf omhoog is gekamd. Net zoals haar moeder zou ze een van de meest gevierde Venetiaanse schoonheden van haar generatie worden.

Heeft Giustiniana onbewust Andrea op het idee gebracht Contarina te verleiden? In een brief die ze hem tijdens haar deprimerende verblijf in Padua in de herfst van 1760 schreef maakte Giustiniana melding van een beleefdheidsbezoek dat ze aan Contarina's beroemde moeder, Caterina, had gebracht: 'Mon Cher Frère... ik kan je verzekeren dat ik, onder ons gezegd, onder de indruk was van deze ontwikkelde en aangename dame. Haar dochters zijn absolute wonderen, en met name Contarina is zo elegant en welgemanierd – en bovendien een ware schoonheid en om deze reden het evenbeeld van haar moeder... – dat ze in Italië als een echt wonder wordt beschouwd... Ze zou trouwens overal als een bron van pure verrukking worden gezien.'

Contarina was echter voor een ander lid van het patriciaat bestemd. In 1765 trad ze in het huwelijk met Marino Zorzi, maar dit huwelijk werd al snel ontbonden omdat hij impotent was. Haar affaire met Andrea werd weer opgevat – als deze al ooit was onderbroken. Aan het huwelijksbeleid van de heersende klasse viel echter niet te tornen. In 1769, het jaar voor Giustiniana's terugkeer naar Venetië uit Oostenrijk, was het Andrea's beurt om te trouwen. Zijn bruid was Elisabetta Piovene, een mooi meisje van twintig afkomstig uit een goede familie in Vicenza. Het schijnt dat hij niet erg verliefd op haar was, maar er was geen reden om te geloven dat ze niet een fatsoenlijk huwelijk konden hebben en hun kinderen niet goed zouden kunnen opvoeden. Ze kregen twee dochters, Lucietta en Paolina, op wie Andrea verzot was.

Andrea's loopbaan had inmiddels een beslissende fase bereikt. In 1771, na een leertijd van tien jaar, zette hij zijn eerste belangrijke politieke stap: een gedurfde poging de Venetiaanse nijverheid en handel van de verstikkende controle van de gilden te bevrijden. De hervormingen die hij bepleitte waren intelligent en goed doordacht, maar hij merkte dat hij met de 'stompzinnige indolentie'[22] van de senaat te maken kreeg. Uiteindelijk werd hij door de conservatieven verslagen, maar niettemin beloond met de machtige positie van gouverneur van Padua.

Hij bestuurde deze stad gedurende een groot deel van de jaren zeventig en werd een populair gouverneur. Hij besteedde veel energie aan een ambitieus en ietwat extravagant bouwplan – de aanleg van een geweldig ovaal plein aan de oostelijke rand van de stad, dat bekendstaat als het Prato della Valle – waarin hij probeerde enkele principes van rationele architectuur in praktijk te brengen die door zijn leermeester vader Lodoli waren gepropageerd. Zijn bestuur van een van de grootste steden van de staat Venetië werd als succesvol beschouwd. In 1778 werd hij benoemd tot ambassadeur in Constantinopel, een prestigieuze post en voor Andrea een zeer symbolische: zijn oom Andrea Memmo, zijn rolmodel en mentor, was er een halve eeuw daarvoor ambassadeur geweest.

Vanuit het oogpunt van zijn carrière geredeneerd waren de jaren zeventig productief en bevredigend. 'Vier mannen van het kaliber van senator Memmo zouden genoeg zijn om heel Europa zonder problemen te regeren,'[23] zo verklaarde naar verluidt keizer Jozef II van Oostenrijk nadat hij met Andrea kennis had gemaakt. De uitspraak moge apocrief zijn, maar de mate waarin hij door de jaren heen werd aangehaald was een weerspiegeling van Andrea's groeiende reputatie als wijs en effectief staatsman.

Zijn huwelijk met Elisabetta was daarentegen, ondanks een tamelijk hoopvol begin, geen succes. Andrea's voortgaande affaire met Contarina zal hier zeker niet bij hebben geholpen. Familie en vrienden weten de mislukking echter grotendeels aan Elisabetta's 'galachtige' karakter en slechte gezondheid – om nog maar te zwijgen van haar gewoonte 's morgens azijn te drinken om slank te blijven. Mettertijd verzwakte ze en trok ze zich meer terug. Toen ze in 1780

---

* Zie het tien pagina's tellende rapport van Giuseppe Perlasca aan Andrea over de oorzaken van de dood van Elisabetta.*[25] Perlasca, een bekende arts in Venetië, was degene die schreef dat Elisabetta een 'galachtig temperament' had en 'verzwakt was door het misbruik van azijn, dat ze lange tijd 's morgens vroeg en op een lege maag in grote hoeveelheden had ingenomen uit angst dik te worden'. Ze had 'gelig slijm, jeukende plekken over haar hele lichaam,

in Venetië aan 'gastro-reumatische koorts'* overleed, zat Andrea niet aan haar sterfbed maar was hij in Constantinopel, waar hij nog als ambassadeur bij de Porte diende.

Gedurende de periode van vijf jaar die hij er doorbracht – de eerste keer dat hij echt in het buitenland verbleef – begon hij de neergang van Venetië in scherpere, meer dramatische termen te zien. Toch bleef hij zoeken naar nieuwe kansen waarmee het leven van de republiek kon worden gerekt. Net als Giustiniana bewonderde hij keizerin Catharina de Grote van Rusland, en in Constantinopel werkte hij onvermoeibaar om een officiële relatie met Moskou tot stand te brengen en een sterke nieuwe handelsalliantie met deze opkomende Europese mogendheid op te bouwen.

Na zijn terugkeer in Venetië in 1782 stortte Andrea's vertrouwen echter in. Hij raakte diep gedeprimeerd van de passiviteit en berusting van zijn collega's. Hij aanvaardde het ambassadeurschap in Rome, eens een belangrijke post maar nu weinig meer dan een sinecure. 'Ik besloot een tijdlang niet in Venetië te wonen,' legde hij een vriend uit, 'omdat ik wist dat ik er treurig van geworden zou zijn. Ik moest omwille van mijn gezondheid enige afleiding zoeken.'[24]

Hij was vierenvijftig en een alleenstaande ouder met twee dochters onder zijn hoede toen hij in het luie en decadente Rome van paus Pius VI arriveerde. Hij was gekomen om 'afleiding te zoeken', zoals hij het had genoemd, en dat deed hij ook. Hij cultiveerde de genoegens van een goede tafel en stortte zich in een maalstroom van seksuele intriges, werd een van de lievelingen van de vrouwen

---

slapeloosheid en gele vlekken'. Bovendien 'was haar baarmoeder ernstig beschadigd, had ze hevige hoofdpijnen en gastro-reumatische koortsen'. Perlasca gaf haar opdracht citroensap en lijnzaadolie te drinken, maar kennelijk dronk ze uitsluitend wijn. Zeer tot zijn woede weigerde ze zich te laten aderlaten. Een chroniqueur van die tijd, abbé Carlo Zilli, beweert (zie zijn handgeschreven memoires geciteerd in Brunelli, *Un'amica del Casanova*, p. 260) dat Perlasca de werkelijke doodsoorzaak toeschreef aan 'de excessieve hoeveelheden kwik' die zijn belangrijkste rivaal, de arts Fantuzzi, Elisabetta als behandeling van de gevolgen van een seksuele indiscretie had voorgeschreven. Onnodig te zeggen dat deze informatie niet haar weg vond naar het lijvige rapport van Perlasca aan Andrea, hoewel iedereen in Venetië er kennelijk over sprak.

van Rome – zowel prinsessen op leeftijd als hun fraai gevormde jonge dienstmeisjes. 'Die lieftallige sletten zijn tot alles bereid,' vertrouwde hij een vriend uit Florence toe, 'zolang ze een man kunnen bezitten die nooit langer dan een paar minuten door enige vrouw is bezeten.' Op tedere toon voegde hij hieraan toe: 'Afgezien van la Rosenberg.'[26]

Andrea vatte zijn taak als vader heel serieus op – misschien wel serieuzer dan zijn post als ambassadeur. Ondanks zijn talrijke galante affaires zorgde hij ervoor elke dag tijd aan Lucietta en Paolina te besteden, 'mijn enige ware liefdes'. Hij stippelde hun opleiding uit met hulp van een bekwame huisleraar en een Franse gouvernante. 'Mijn meisjes zullen mooi zijn en goed opgeleid. Ze hebben nog wat ruwe kantjes, maar veel minder dan wanneer ze in Venetië waren gebleven.'[27]

Gedurende zijn verblijf in Rome besloot Andrea de nagedachtenis van vader Lodoli voor de vergetelheid te behoeden. Na Lodoli's dood in 1761 hadden de inquisiteurs beslag gelegd op zijn papieren en ze in een vochtige cel in de gevangenis van het hertogelijk paleis laten wegrotten. Twintig jaar later, tijdens een van zijn regelmatige reizen naar Venetië, doorzocht Andrea ze. Hij vond slechts stapels doorweekt en onleesbaar papier. Deze ontdekking vervulde hem van treurigheid. Het spoorde hem ook aan door te zetten. Hij groef in zijn eigen geheugen en gebruikte iedere flinter informatie die hij kon vinden – briefjes, brieven, en vooral de herinneringen van de vele toegewijde gewezen studenten van de monnik – om een buitengewoon eerbewijs aan zijn leermeester samen te stellen.

Het eerste deel van zijn tweedelige werk werd in 1786 gepubliceerd; de volledige editie verscheen ongeveer vijftig jaar later postuum. *Elementi dell'architettura Lodoliana* was meer dan een boek over Lodoli. De geest van de jaren veertig en vijftig, toen zoveel veelbelovende zoons van de republiek op de school van de franciscaner monnik 'hun geest hadden gevormd en hun ziel hadden verbeterd', kwam op deze bladzijden weer tot leven. In de ogen van Andrea was Giustiniana een belangrijk aspect van die verdwenen wereld geweest, zodat zijn herinneringen aan die periode vervlochten raakten met herinneringen aan 'de enige die ik geheel was toegewijd'. In een grillige, liefdevolle uitweiding prees hij 'haar oorspronkelijke geest' en die 'zeldzame eigenschappen waardoor haar ziel zo subliem werd'.[28]

Andrea's boek was zo rijk aan autobiografische verwijzingen naar zijn eigen jeugd dat men zich wel af moet vragen of de dagelijkse exercitie van het schrijfwerk tijdens die anderszins zo bandeloze periode in Rome niet ook een poging was zich vrij te pleiten van het feit dat hij niet aan zijn eigen verwachtingen had kunnen voldoen.

Zijn loopbaan was echter nog niet beëindigd. Net toen hij afstand begon te nemen van de deprimerende politieke wereld in Venetië koos de Maggior Consiglio, het hoogste orgaan van de republiek, hem in het prestigieuze ambt van procuratore di San Marco. Op slag was hij weer terug in het strijdperk. Zijn aanvankelijke ongenoegen over het feit dat hij zijn gemakkelijke zij het ietwat futiele leven in Rome achter zich moest laten smolt al snel weg. Dit onverwachte eerbewijs van de zijde van zijn gelijken gaf hem nieuwe kracht. Hij keerde in 1787 naar Venetië terug en nam zijn nieuwe ambt met veel vertoon op zich, doste het paleis aan het Canal Grande uit met vlaggen en familiewapens en was gastheer bij de gebruikelijke bals en ontvangsten.

Datzelfde jaar huwelijkte Andrea na lange en moeizame onderhandelingen zijn dochter Lucietta uit aan Alvise Mocenigo, lid van een van de rijkste en machtigste Venetiaanse families. Andrea was hier om twee redenen verheugd over: de verbintenis was vanuit praktisch oogpunt zinvol, en bovendien was hij dolblij omdat Lucietta en Alvise oprecht van elkaar hielden: 'Mijn Lucietta maakt haar echtgenoot gelukkig en hij maakt haar gelukkig. Ze zijn verliefd op elkaar vanwege hun wezenlijke eigenschappen en ze respecteren elkaar evenzeer als ze elkaar aanbidden. Ze zijn het schoolvoorbeeld geworden van een huwelijk waar men jaloers op kan zijn. Er blijkt bij geen van beiden ook maar enige jaloezie en geen van beiden wekken ze ook maar de geringste schijn elkaar ontrouw te zijn.'[29]

Zoals het gebruik het wilde werd er ten tijde van de huwelijks-
voltrekking een stroom lofdichten en andere teksten gepubliceerd.
Vooral een dun boekje, schitterend gebonden en geïllustreerd,
sprong eruit. Giustiniana, die nu het grootste deel van de tijd in
Padua woonde, was voor deze gelegenheid naar de stad gekomen
en deed de bruid en bruidegom een lief allegorisch verhaal cadeau
waarin Nieuwsgierigheid en Liefde samenspanden om twee geliefden bij elkaar te brengen en vervolgens het veld ruimden voor Vol-
harding – de enige die ervoor kon zorgen dat hun geluk zou voort-
duren. Ze had het ter ere van Alvise en Lucietta geschreven, maar
het was eigenlijk, in grote duidelijke letters, opgedragen aan haar
eigen eerste grote liefde – de vader van de bruid. Ze voegde er deze regels aan toe, vrij naar Lucretius, waarin de hulp van de 'voe-
dende Venus' werd ingeroepen:

Je zoete voortekenen, Venus, roep ik op. En aan onze Memmo draag ik mijn verzen op. Aan hem die jou, Godin, dierbaar is
en met alle talenten begiftigd.[30]

Andrea trad weer in onderhandeling, ditmaal om zijn tweede dochter, Paolina, uit te huwelijken aan Luigi Martinengo, eveneens erfgenaam van een groot fortuin. De gesprekken verliepen moeizaam
en strandden daarna geheel toen de inquisiteurs de toekomstige
bruidegom onder huisarrest plaatsten vanwege zijn bandeloze gedrag (Andrea klaagde dat Luigi zich 'met een Romeinse slet had in-
gelaten' terwijl hij zijn liefde voor Paolina beleed). De gesprekken
werden uiteindelijk voortgezet en het huwelijk vond in 1789 plaats.
De prijs was echter hoog: Andrea's financiële middelen waren zo
uitgeput dat hij werd gedwongen het Ca' Memmo als deel van Paolina's bruidsschat aan de Martinengo's af te staan.

Geconfronteerd met het vooruitzicht zijn oude dag in eenzaamheid te moeten slijten, overwoog Andrea ernstig te hertrouwen. Hij bracht het idee ter sprake bij zijn oude vlam, Contarina,

die er niet tegen was. Het gesprek liep kennelijk echter verkeerd toen er over praktische regelingen werd gepraat, en dit leidde onverwachts tot het einde van hun langdurige affaire. 'Na vijfentwintig jaar galanterieën, liefde en vriendschap,' schreef hij Casanova bitter, '... is mijn verhouding met signora Contarina plotseling naar aanleiding van een trivialiteit geëindigd – en zal nooit meer worden opgevat.'[31] Hij zei niet wat de trivialiteit was.

Casanova fronste zijn wenkbrauwen over deze verloren kans. Hij herinnerde zijn oude vriend eraan dat Contarina rijk was en de middelen had om de politieke loopbaan van Andrea uit het slop te halen. Andrea was gepikeerd: 'U hebt ongelijk als u denkt dat ze me had kunnen helpen... Ze is niet meer zo rijk als vroeger... Ik wilde uit vriendschap met haar trouwen, niet om materiële redenen... Natuurlijk zou ze in geen enkel opzicht een last voor me geweest zijn, zelfs niet in bed – ze zou een eigen appartement hebben gekregen. Ik was niet zo uit op al dat slappe vlees... Goed gezelschap, wederzijdse hulp voor onze naderende oude dag, en verder niets. Mettertijd de zekerheid van een comfortabel leven en goed... eten op tafel – u vraagt het, dus zal ik u zeggen dat ik nog steeds een lekkerbek ben, en hoewel ik minder eet, eet ik nog steeds erg veel, want al mijn tanden en kiezen zijn nog gezond.'[32]

Als een ouder wordende Don Juan vond Andrea het leuk met Casanova over zijn zeer actieve seksuele leven te kletsen. 'Je kunt je niet voorstellen hoeveel moeite het me heeft gekost een zinloze correspondentie af te breken met twintig dames uit verschillende landen, die allen willen dat ik geloof dat ze smoorverliefd op me zijn,' schepte hij op. Venetië, voegde hij hieraan toe, bood meer dan genoeg afleiding: 'Ik breng mijn tijd met mijn verrukkelijke oude vriendinnen en met nog verrukkelijker jonge vriendinnen door. Ze zijn prachtig en waanzinnig en ze geven me misschien dan niet alles wat ik vraag, maar wel een heleboel.'[33]

Toen hij zestig werd legde hij zijn oude vriend de logica achter zijn koortsachtige vrouwenjagerij uit: 'Ik heb de ontlading nodig, en aangezien ik niet gok en er niets is wat ik voor mezelf wil kopen en ik gesprekken met onze politici niet verdraag en ik niets meer te lezen heb... breng ik mijn tijd met het schone geslacht door. O, je zou moeten zien, Casanova, hoeveel heerlijke meisjes er sinds jouw vertrek plotseling in onze kleine wereld zijn verschenen! Je zult me zeker begrijpen als ik je vertel dat ik het met al die meisjes probeer in de hoop dat het met een paar een succes wordt. Zonder dat dit ten koste van mijn nachtrust of eetlust gaat.'[34] De waarheid gebood te zeggen dat hij niet altijd tegen deze taak was opgewassen. Een minder promiscuë vriend dan Casanova biechtte hij eens op dat 'markiezin Ginori me liet zitten omdat ik haar niet die harde pik kon bieden die ze verdiende'.[35]

Als machtige procuratore di San Marco leek Andrea een sterke kandidaat voor het allerhoogste ambt van doge. De oude hervormers – de vrienden uit zijn jeugd – verzamelden zich in een kortstondige uitbarsting van politiek activisme om hem heen. Andrea's ijdelheid werd zeker gestreeld door deze late steun, maar hij zag al snel de nadelen van een kandidatuur. Om te beginnen in financieel opzicht: het zou een erg kostbare politieke campagne worden, en daar had hij gewoon het geld niet voor. Bovendien was de familie Memmo aan het uitsterven – noch Andrea noch zijn broers hadden een stamhouder. Waarom zou hij meedoen aan de strijd, vroeg hij, als er geen afstammelingen Memmo zouden zijn 'om te genieten van de glorie' die de hertogshoed het huis zou brengen? Ten slotte, en misschien wel het belangrijkste, waarom zou hij het goede leven opgeven om zijn laatste jaren opgesloten in het hertogelijk paleis door te brengen? 'Als ik eenmaal tot doge zou zijn gekozen,' legde hij Casanova uit, 'en toevallig een gravin of een markiezin met prachtige ogen en aantrekkelijke tietjes, luchthartig en levendig, tegen het lijf zou lopen, hoe denk je dan dat ik haar zou kunnen krijgen als ik haar niet zou kunnen verleiden met de gereedschappen die ik als procuratore nog wel mag gebruiken? Om Godswil, neem me het genot van de vrouwen niet af, want dit zal mijn geest nog verlichten als ik honderd ben... Een doge kan zich een dergelijke goddelijke behandeling niet veroorloven.'[36]

Ondanks al zijn oprechte slechte voorgevoelens won zijn poli-

tieke ambitie het pleit. Toen de oude doge, Paolo Renier, in februari 1789 overleed, meldde Andrea zich als kandidaat. Even zag
het ernaar uit dat hij echt kans maakte door een bondgenootschap
van hervormers te worden gekozen. Het was echter veel te laat. De
dominante conservatieve krachten in de oude Venetiaanse oligarchie vormden een coalitie om zijn kandidatuur te ondermijnen. Ze
waren Andrea te slim af. Op 9 maart 1789 – vier maanden voor de
bestorming van de Bastille – koos de Maggior Consiglio een man
die zo bang was voor de last die op zijn schouders werd gelegd dat
hij bijna huilend smeekte of men hem de eer wilde besparen. Hij
heette Ludovico Manin en schreef geschiedenis als de laatste doge
van Venetië.

Na zijn nederlaag bij de verkiezingen stortte Andrea zich weer
op het werk. Interessant is dat hij zijn inspanningen richtte op Dalmatië – hetzelfde gebied dat Giustiniana had geïnspireerd tot haar
roman, *Les Morlacques*, die nog maar een jaar daarvoor was verschenen. Dit stuk Venetiaans grondgebied aan de overkant van de
Adriatische Zee was erg achtergebleven en voor de republiek een
pijnlijk probleem en een bron van gêne geworden. Andrea werkte
onvermoeibaar aan een plan om de leefomstandigheden in die arme, door ziekten geteisterde provincies te verbeteren. Na veel lob-
byen en stroopsmeren zag hij in 1791, rond het moment van overlijden van Giustiniana, eindelijk kans een pakket agrarische en
bestuurlijke hervormingen door de senaat te laten goedkeuren.

Andrea's gezondheid was al een tijd aan het verslechteren. In een
van zijn benen verspreidde zich langzaam gangreen, en voor het
einde van het jaar kon hij zijn kamers in het Ca' Memmo niet meer
verlaten. Dat de hieropvolgende maanden zo moeilijk te verdragen
waren kwam niet alleen door de afgrijselijke pijn; hij zou arm sterven. Er was maar heel weinig van de bezittingen van de familie
Memmo over; veel ervan was in een dure politieke loopbaan gaan
zitten. Zelfs het familiepalazzo waar hij stierf was niet meer van
hem. 'Memmo is berooid,' schreef een chroniqueur bedroefd. 'Hij
heeft ook zijn gondel moeten opgeven.'[37]

Het duurde nog een jaar voordat Andrea uiteindelijk stierf. Een eindeloze stroom vriendinnen en vrienden en gewezen geliefden kwam bij hem op bezoek terwijl hij langzaam lag weg te rotten in zijn bed, omgeven door medicijnen, medische instrumenten en artsen die de waarheid niet vertelden. Onder de bezoekers bevond zich een Franse kunstenaar en reiziger, Dominique-Vivant Denon, die later met Napoleon Bonaparte naar Egypte zou gaan en de eerste directeur van het nieuwe *Musée du Louvre* zou worden. De man die op zekere dag bekend zou staan als 'het oog van Napoleon' hield een gedetailleerd verslag van de laatste dagen van Andrea bij. 'Ik ben vanavond bij de arme Memmo op bezoek geweest,' schreef hij een vriend op 15 oktober 1792. 'Het ziet er heel slecht uit, en hij weet het.' Twee dagen later: 'Zijn oude geliefden beweren dat zijn bloed uitstekend is... Maar de ziekte wint steeds meer terrein.' Op 26 oktober kwam Denon Memmo's arts tegen, die niets zei, 'maar zijn ogen ten hemel sloeg'. Op 1 november ging hij Andrea weer opzoeken: 'Ze hebben zijn grote teen geamputeerd... Ik noem dit een voor de patiënt zinloze foltering. In dit stadium dient men ofwel het hele been te amputeren ofwel de patiënt zo vredig mogelijk te laten sterven.'[38]

Andrea's lijdensweg duurde nog twee maanden. Hij stierf op 27 januari 1793.

Vier jaar later viel Bonaparte Noord-Italië binnen. Het Franse leger kwam snel naderbij. De Venetiaanse senaat koos haastig voor capitulatie en de Republiek stierf een snelle en smadelijke dood.

'In ieder geval hebben Andrea en Giustiniana het einde van hun geliefde Republiek niet hoeven meemaken!' had mijn vader melancholiek aan het einde van zijn aantekeningen bij de brieven gekrabbeld. Het waren woorden die hem typeerden: twee eeuwen na de zegevierende invasie van Bonaparte leed de oude Venetiaan in hem nog steeds onder het roemloze einde van de Republiek. Toen ik deze woorden las herinnerde ik me ook hoe hij zich met Andrea had vereenzelvigd, om nog maar te zwijgen van de verschrikkelijke verliefdheid op Giustiniana die hij had ontwikkeld en zijn teleurstelling hoe het tussen zijn twee geliefden was afgelopen.

In september 2001, bijna vijf jaar na zijn dood, ging ik met mijn gezin naar Venetië om het boek te schrijven dat hij had willen schrijven. We vonden een klein huis aan het Campiello agli Incurabili, vlak bij het Zattere. Het huis lag pal aan het water en had een kleine ommuurde tuin vol oleanders, laurier en uitbottende blauweregen. Overdag dansten de weerspiegelingen van de zon op de muren en schiepen een gewaarwording van voortdurende beweging. 's Nachts, als het stil was in de stad, gaf het ritmische geklots in het kanaal de wisseling van eb en vloed aan. Ik voelde me onmiddellijk thuis.

Ik had nooit eerder in Venetië gewoond. Voor mij was het altijd de stad van de kindertijd van mijn vader geweest. Ik zag haar zoals, denk ik, de meeste mensen: als een museum vol toeristen, een dode stad. Maar zoals Venetianen heel goed weten is ze veel meer dan dat. In Venetië is op een levendige, verwarrende manier het verleden blijven voortbestaan. Het houdt je voortdurend gezelschap. Het vermengt zich met het heden. En soms, als ik door de stad wandelde, liep mijn hoofd vol met Andrea en Giustiniana en gleed ik zo moeiteloos terug in de tijd dat ik niet meer wist in welke eeuw ik leefde.

Elke week kwam ik op weg naar de muziekles van mijn jongste zoon langs het Ca' Memmo. Het staat imposant ten oosten van de halte San Marcuola van de *vaporetto*, op de noordelijke oever van het Canal Grande. Het palazzo van consul Smith ligt iets verderop aan dezelfde kant van het Canal Grande, voor de bocht met de Rialto-brug. Het was kort daarvoor tot een luxueus appartementencomplex voor rijke buitenlanders verbouwd, maar het uiterlijk van het gebouw is hetzelfde als in de tijd dat Andrea en Giustiniana er tweeënhalve eeuw geleden hun eerste heimelijke kussen uitwisselden. Iedere keer dat ik langs het schitterende palazzo Tiepolo, nu palazzo Papadopoli, kwam krabde ik me op het hoofd als ik probeerde erachter te komen wat het raam op de tussenverdieping was vanwaar Andrea bewonderend naar Giustiniana stond te staren toen de Wynnes er vlak naast woonden.

De gebouwen zijn niet veranderd. De straten zijn niet veranderd. Zelfs de namen bij de deurbellen zijn vertrouwd. Geleidelijk begon ik te begrijpen hoezeer het liefdesverhaal dat mijn vader op de stoffige zolder van het palazzo Mocenigo had opgeduikeld hem niet alleen naar de stad van zijn kindertijd had teruggevoerd, maar naar een plek in zijn fantasie waar de grote Venetiaanse Republiek nog steeds bestond. En hoe het uitpluizen van de langdurige affaire van Andrea en Giustiniana bij hem – op een manier die ik nog wat mysterieus vond maar wel begon te begrijpen – een beeld had opgeroepen van de veel grotere ondergang die overal om hen heen plaatsvond.

Aan de andere kant weet ik zeker dat mijn vader, naarmate hij vorderde met zijn onderzoek, troost heeft ontleend aan de wetenschap dat zijn twee helden volle en fascinerende levens hebben geleid. Ieder ging zijn eigen weg: Giustiniana groeide uit tot een geslaagd schrijfster; Andrea werd de laatste grote staatsman van Venetië. Al die jaren bleven ze echter op heel intieme voet met elkaar verkeren. Hun wereld – de verdwijnende wereld van de Venetiaanse Republiek – was wel zo klein dat ze nooit ver van elkaar waren, ook al werden ze door grote afstand van elkaar gescheiden. En als hun wegen elkaar kruisten ontmoetten ze elkaar altijd met de tederheid die een leven lang kan duren omdat ze het gevolg is van een eerste grote liefde.

Zouden Andrea en Giustiniana werkelijk zo onder de ondergang van de Venetiaanse Republiek hebben geleden als mijn vader veronderstelde? Waarschijnlijk niet. Andrea wist dat zijn leven met het lot van de stad verbonden was. Maar hoezeer hij het Venetië van het verleden ook bewonderde, men moet zich afvragen of hij ook maar één traan zou hebben gelaten om de ondergang van de povere Republiek die hij had gekend. Natuurlijk, het werkelijke einde werd hem bespaard omdat zijn eigen dood eerder plaatsvond, maar hij was een te intelligent man om niet in te zien dat Venetië niet kon blijven voortbestaan door kleine concessies aan veranderingen te doen. Tegen de tijd dat het gangreen zich door zijn eigen lichaam begon te verspreiden wist hij dat de Republiek ook gedoemd was. Wat Giustiniana betreft: zij stierf op een moment dat haar leven al niet meer in Venetië geworteld was. Ze woonde het merendeel van de tijd op het vasteland. Haar horizon had zich aanzienlijk verbreed. Ze reisde vaak. Ze schreef in het Frans. Haar boeken werden in Londen uitgegeven. Ze kon in haar eigen onderhoud voorzien, ze was onafhankelijk en werelds. In veel opzichten was ze de vrouw geworden die ze tal van jaren daarvoor in haar brieven aan Andrea aarzelend was gaan schetsen, toen ze zo precies had voorspeld dat ze uiteindelijk gescheiden van elkaar zouden leven: 'Jij moet in Venetië wonen, ik niet.'

Een aantekening over de bronnen

De brieven waarop ik *Een liefde in Venetië* heb gebaseerd zijn niet volledig. In de hoofdstukken 1 tot en met 4 heb ik gebruikgemaakt van de oorspronkelijke brieven van Andrea aan Giustiniana, die nog steeds in bezit van mijn familie zijn. Deze brieven zijn niet gedateerd, en de precieze chronologische volgorde is onbekend. Ik heb ze gebruikt in de volgorde die me het meest logisch leek, maar het is heel goed mogelijk dat bepaalde gebeurtenissen – onbelangrijke, hoop ik – hetzij voor hetzij na het moment hebben plaatsgevonden waarop ik ze heb laten plaatsvinden. Dit gedeelte van het boek bevat tevens verschillende brieven van Giustiniana aan Andrea uit de periode 1756-1757. De hoofdstukken 5 tot en met 9 zijn daarentegen geheel gebaseerd op Giustiniana's brieven aan Andrea. Dit zijn niet de originelen maar met de hand geschreven kopieën, waarvan ik vermoed dat ze van het einde van de achttiende eeuw dateren. Hiervan zijn twee onvolledige en elkaar overlappende bundels voor het publiek beschikbaar. De ene bevindt zich in de Biblioteca Civica di Padova (Bruno Brunelli heeft deze bundel gebruikt bij het schrijven van *Un'amica del Casanova*, zijn boek over Giustiniana, dat in 1924 is gepubliceerd). De andere bundel is in Venetië gekocht door James Rives Childs in het begin van de jaren vijftig en bevindt zich nu in de alma mater van Childs, Randolph Macon College in Ashland, Virginia. Er bestaat nog minstens één andere bundel, die identiek is aan die in Ashland en die eigendom is van Giuseppe Bignami, een verzamelaar in Genua.

Het is onduidelijk wie de oorspronkelijke brieven van Giustiniana aan

Andrea heeft gekopieerd en waarom hij of zij dit heeft gedaan. Ik ben geneigd te geloven dat Andrea Giustiniana de brieven heeft teruggestuurd en dat iemand in haar omgeving – misschien Bartolomeo Benincasa – ze later heeft overgeschreven, misschien met het plan ze in de vorm van een roman in brieven te publiceren als de hoofdpersonen niet meer in leven zouden zijn. Pas als de oorspronkelijke brieven van Giustiniana ergens opduiken zullen we echter weten hoe betrouwbaar de kopieën werkelijk zijn. Natuurlijk hebben historici onderhand de meeste gebeurtenissen in dit buitengewone verhaal bevestigd. Het is echter heel goed mogelijk dat de geheimzinnige kopiist van de oorspronkelijke brieven ze gemakshalve hier en daar heeft geredigeerd.

Voorwoord

1. Gustav Gugitz, 'Eine Geliebte Casanovas', *Zeitschrift für Bücherfreunde* (1910), 151-171 en *Giacomo Casanova und sein Lebensroman* (Wenen, Strache 1921), pp. 228-261. Gugitz verklaart niet waarom Casanova ervoor koos Giustiniana's moeder madame XCV te noemen en Giustiniana juffrouw XCV. James Rives Childs suggereert dat de initialen stonden voor 'Xè'l Cavalier Vinne', Venetiaans voor 'Het is chevalier Wynne'; zie Francis L. Mars. 'Pour le dossier de Miss XCV, *Casanova Gleanings* 5 (1962): 21. Een eenvoudiger verklaring zou kunnen zijn dat de X stond voor het Latijnse voorvoegsel 'ex'. De letter 'w' bestaat niet in het Italiaanse alfabet en werd in de achttiende eeuw dikwijls als 'v' geschreven.

2. Bruno Brunelli, *Un'amica del Casanova* (Napels, Remo Sandron, 1924), p. 21.

3. 'L'epistolario, ultimo giallo,' *La Nazione*, 22 januari 1997, p. III.

4. Jean Georgelin, *Venise au siècle des lumières* (Parijs, Ecole des Hautes Etudes en Sciences Sociales, 1978), 18.

5. Giustiniana Wynne, *Pièces morales et sentimentales* (Londen, J. Robson 1785), p. 36.

6. Luca De Biase, 'Vincoli nuziali ed extramatrimoniali nel patriziato veneto in epoca goldoniana: i sentimenti, gli interessi', *Studi Trentini di Scienze Storiche*, vol. LXI, 4, (1982): 363. Zie over clandestiene huwelijken: Gaetano Cozzi, 'Padri, figli e matrimoni clandestini,' *La Cultura* 2-3 (1976): pp. 169-213, en 'Causarum matrimoniorum clandestinorum', Archivio di Stato di Venezia, Inquisitori di Stato, mappen 528-534.

Hoofdstuk een

1. Gianfranco Torcellan, *Una figura della Venezia settecentesca: Andrea Memmo* (Venetië, 1963) 23 en noot 2. In 1740 had volgens de officiële census van dat jaar het inkomen van de Memmo's 10.000 dukaten per jaar bedragen. Zie Georgelin, *Venise au siècle des lumières*, p. 521.

2. Marco Foscarini, *Della letteratura veneziana*, vol. I (Padua, 1752), p. 258, noot 99.

3. *Elogio di Andrea Memmo Cavalier Procuratore di S. Marco* (Venetië, 1793) pp. 5-6.

4. Andrea Memmo, *Elementi dell'architettura Lodoliana* (Zara: Battara), pp. 77-78.

5. Pierre Jean Grosley, *Nouveaux Mémoires ou observations sur l'Italie et sur les italiens*, vol. 2 (Londen, Jean Nourse, 1764), p. 10.

6. Carlo Goldoni, *Il filosofo inglese*, in *Opere*, vol. 5 (Milaan, Mondadori, 1959), pp. 261.

7. Zie over de verkoop van de collectie van consul Smith aan George III vooral Frances Vivian, *Il Console Smith, mercante e collezionista* (Vicenza, Nezi Pozza, 1971), pp. 69-93; Francis Haskell, *Patrons and Painters, Art and Society in Baroque Italy* (New Haven, Conn., Yale University Press, 1980), p. 310; Anthony Blunt en Edward Croft-Murray, *Venetian Drawings of the XVII and XVIII Centuries in the Collection of Her Majesty the Queen at Windsor Castle* (Londen, Phaidon Press, 1957).

8. Aangehaald in Torcellan, *Una figura*, p. 42. Zie voor een gedetailleerdere beschrijving van Andrea's ideeën over theater en zijn bewondering voor de Franse cultuur en taal zijn verslag in het Archivio di Stato di Venezia, 'Inquisitorato alle arti', map 2 bundel IV, 'Storia della Deputazione Straordinaria alle Arti', pp. 33-36.

9. Uit Goldoni's opdracht aan Andrea in *L'Uomo di mondo*, eerder gepubliceerd als *L'Uomo di mondo*, in *Opere*, vol. I, pp. 777-778.

10. 'Appunti sul Giovan Battista Mannuzzi (1750-59)', in Archivio di Stato di Venezia, Inquisitori di Stato, referta del 22 marzo 1755. Zie Giovanni Comisso, *Agenti segreti veneziani nel '700* (Milaan, Bompiani, 1945).

11. De Biase, *Vincoli nunziali*, pp. 319-367.

12. Lady Mary Wortley Montagu aan haar dochter, lady Bute, 3 oktober 1758, *The Complete Letters of lady Mary Wortley Montagu*, vol. 3, ed. Robert Halsband (Oxford, Clarendon Press, 1967), p. 179.

13. Aangehaald in Brunelli, *Un'amica del Casanova*, p. 4.
14. Wynne, *Pièces morales*, p. 195.
15. Ibid., p. 34.
16. Giacomo Casanova, *History of My Life*, vol. 3 (Baltimore, Johns Hopkins University Press, 1997), 172.
17. Wynne, *Pièces morales*, p. 35.
18. Brieven van Andrea Memmo aan Giustiniana Wynne (collectie van de schrijver).
19. Casanova, *History of My Life*, Baltimore, Johns Hopkins University Press, 1997) 171-172.
20. Wynne, *Pièces morales*, pp. 35-36.
21. Ibid., p. 36.
22. Brieven van Andrea Memmo aan Giustiniana Wynne (collectie van de schrijver).

Hoofdstuk twee

1. Pompeo Molmenti, *La storia di Venezia nella vita privata*, vol. 3 (Bergamo, 1908), 175.
2. Giacomo Casanova, *History of My Life*, (Baltimore, Johns Hopkins University Press, 1997), 75.
3. Ibid., p. 191, 249.

Hoofdstuk drie

1. Uit het dagboek van Johannes Heinzelmann (10 december 1755), aangehaald in Vivian, *Il console Smith*, 52.
2. Lady Montagu aan lady Bute, *Complete Letters*, vol. 3, 127.
3. Casanova, *History of My Life*, vol. 4, 136.
4. Murray aan Holderness, 15 augustus 1755, British Museum, Egerton Papers, 3464, f. 272.
5. Lady Montagu aan lady Bute, 13 mei 1758, *Complete Letters*, vol. 3, p. 145.
6. John Fleming, *Robert Adam and His Circle* (Londen, John Murray, 1962), p. 171.
7. Murray aan Holderness, 1 oktober 1756, British Museum, Egerton Papers, 3464, f. 274.

Hoofdstuk vier

1. 'Matrimoni segreti, Anno 1757, n. 47', Archivio della Curia Patriarcale di Venezia.
2. Vivian, *Il console Smith*, p. 55.
3. 'Matrimoni segreti, Anno 1757, n. 47', Archivio di San Marcuola, Curia Patriarcale. Wonderlijk genoeg stelt Andrea Memmo's biograaf, Gianfranco Torcellan, dat Pietro 'voortijdig stierf' en om deze reden niet in staat was op zijn zoon een invloed uit te oefenen die vergelijkbaar was met die van zijn oudere broer Andrea, de patriarch van de familie. Torcellan, *Una figura della Venezia settecentesca: Andrea Memmo* (Venetië, 1963), 27. In werkelijkheid overleed Pietro lang na zijn oudere broer, dus het heeft er alle schijn van dat zijn geringere invloed op de jonge Andrea meer een kwestie van karakter dan van leeftijd was.
4. Zie voor Antonio Maria Zanetti's contacten met Smith vooral: Vivian, *Il console Smith*, en Haskel, *Patrons and Painters*.

Hoofdstuk vijf

1. Vivian, *Il Console Smith*, p. 210. Het schilderij werd uiteindelijk aan George III verkocht. Wat betreft *De vrouw met waterzucht*: dit schilderij werd na Napoleons invasie in Noord-Italië door de Franse troepen naar Parijs meegenomen. Tegenwoordig hangt het in het Musée du Louvre, waar het werd geregistreerd als 'de eerste schenking aan het Louvre'.
2. Ralph Woodford was secretaris van de Britse delegatie in Turijn. Toen Giustiniana hem leerde kennen was hij plaatsvervangend zaakgelastigde omdat lord Bristol, de vertrekkende ambassadeur, in augustus was teruggekeerd en de nieuwe ambassadeur, John Stuart MacKenzie, pas op 14 november zou aankomen. Zie John Ingamells, *A Dictionary of English and Irish Travellers in Italy 1701-1800* (New Haven, Conn., Yale University Press, 1997).

Hoofdstuk zes

1. De hertog van Luynes overleed op 2 november 1758.
2. *Gazette de France*, november 1758.
3. *Mercure de France*, januari 1758.
4. Casanova, *History of My Life*, vol. 5, 170.

5. Ibid., 172.

6. Jean-François Marmontel, *Mémoires*, (Parijs, red. John Renwick, Clermont-Ferrard, 1972), p. 104.

7. Niccolò Erizzo aan Antonio Grimani, 1 april 1759, James Rives Childs Collection, Randolph Macon College, Ashland, Va.

8. Tommaso Farsetti aan Andrea Memmo, 26 maart 1759, James Rives Childs Collection.

Hoofdstuk zeven

1. Voor mijn beschrijving van Giustiniana's ontsnapping uit Parijs heb ik gebruikgemaakt van de informatie in haar brief aan Andrea van 24 juni 1759. De feiten kloppen globaal met die welke Casanova in zijn *Geschiedenis van mijn leven* geeft (zie Vol. 5, p. 212). Giustiniana schreef Andrea dat ze in de ochtend van 5 april uit Parijs naar Conflans was vertrokken. Moeder Eustachia heeft bij de notaris evenwel verklaard dat Giustiniana op 4 april in het klooster was gearriveerd (zie Francis L. Mars, 'Pour le dossier de Miss xcv', *Casanova Gleanings* 5 [1962], 25), en ik heb deze datum aangehouden.

2. Casanova, *History of My Life*, vol. 5, 182.

3. Ibid., 188.

4. Ibid., 187

5. *Déposition de Reine Demay au commissaire Thiéron*. Archives Nationales (Châtelet), 10873, liasse 154. Voor het eerst aangehaald in Charles Henry, 'Jacques Casanove de Seingalt et la critique historique', *Revue Historique* 41, (november-december 1889), p. 314.

6. Ibid., p. 315.

7. Casanova, *History of My Life*, vol. 5, 192.

8. 'Memoire de Emmanuel Jean de la Coste à monsieur de Sartine, maître des requetes et lieutenant général de la police de la Ville de Paris', 2 mei 1760, Archives de la Bastille, Ravaisson-Mollien, 12099.

9. Casanova, *History of My Life*, vol. 5, 196.

10. Ibid., 198.

11. Ibid., 206.

12. 'Naturalité à Justine Françoise Wynne... Par le Roy, Versailles, 13 maart 1759.' Het document, waarin ook gedetailleerd Giustiniana's rechten als Frans staatsburger worden opgesomd, werd in maart in zijn geheel gepubliceerd, 'Pour le dossier de Miss xcv', p. 27.

13. Casanova, *History of My Life*, vol. 5, 185.
14. Ibid., 238.
15. Ibid., 240.
16. Ibid., 242.
17. Anonieme brief aan Andrea Memmo, 10 juli 1759, James Rives Childs Collection.
18. Tommaso Farsetti aan Andrea Memmo, 3 september 1759. James Rives Childs Collection.
19. Niccolò Erizzo aan Andrea Memmo, 27 mei 1759, James Rives Childs Collection.
20. Casanova, *History of My Life*, vol. 5, 242.
21. 'Alexandre Fortier, notaire au coin de la rue de Richelieu et de la rue Neuve des Petits Champs', Archives Nationales, Minutier Central, Etude XXXI. Aangehaald in Mars, '*Pour le dossier de Miss XCV', p.* 24.
22. Mars, p. 25.
23. Anonieme brief aan Andrea Memmo, 10 juli 1759, James Rives Childs Collection.
24. Giustiniana Wynne aan Andrea Memmo, Conflans, 24 juni 1759, James Rives Childs Collection.
25. Anonieme brief aan Andrea Memmo, 10 juli 1759, James Rives Childs Collection.
26. Ibid.

Hoofdstuk acht

1. Horace Walpole, *Memoirs of the Reign of King George II, vol. I*, red. John Brooke, (New Haven, Conn., Yale University Press, 1985), p. 132.
2. Ibid.
3. Lord Newcastle aan de graaf van Hardwick, 2 januari 1760, British Library, (Manuscripts).
4. Walpole, *Memoirs*, vol. I, p. 132.
5. Lady Montagu aan lady Bute, 3 oktober 1758, *Complete Letters*, vol. 3, 179.
6. *The Gentleman's Magazine*, december 1759.
7. Horace Walpole, *The Letters of Horace Walpole*, vol. 3, red. Peter Cunningham (Londen, Richard Bentley, 1857) p. 263.
8. Lady Montagu aan lady Bute, 9 november 1759, *Complete Letters*, vol. 3, 227.

9. Ibid.

10. Lord Newcastle aan de graaf van Hardwick, 2 januari 1760, British Library, (Manuscripts).

11. *The Gentleman's Magazine*, februari 1760.

12. *The Gentleman's Magazine*, mei 1760.

Hoofdstuk negen

1. Georges Cucuel, *La Pouplinière et la musique de chambre au XVIIIème siècle* (Parijs, Fishbacher, 1913) p. 242.

Epiloog

1. Ingamells, *A Dictionary of English and Irish Travellers.*

2. John Murray aan lord Holderness, december 1760, British Library, (Manuscripts), Egremont 3464, ff. 272-286.

3. John Murray aan William Pitt, 10 juli 1761, British Library, (Manuscripts), SP 99/68, ff. 184-185.

4. Chiara Michiel aan lady Montagu, 10 maart 1762, *The Complete Letters of lady Mary Wortley Montagu*, vol. 3, 288, noot 2.

5. Lady Montagu aan Chiara Michiel, Londen, 8 mei 1762, *Complete Letters*, vol. 3, p. 288.

6. Graaf de Rosenberg aan prins von Kaunitz, Venetië, 21 maart 1762, aangehaald in Gugitz, *Giacomo Casanova und sein Lebensroman*, 250.

7. Lady Montagu aan Chiara Michiel, Londen, 8 mei 1762, *Complete Letters*, vol. 3, 292.

8. 'Annotazioni 537', 9 januari 1763, Archivio di Stato di Venezia, Inquisitori di Stato.

9. Ibid.

10. Uitspraak van lord Sandwich, Londen, 21 mei 1764, aangehaald in Gugitz. *Giacomo Casanova*, 252.

11. Giustiniana Wynne aan prins von Kaunitz, Klagenfurt, 30 juli 1764, aangehaald in Gugitz, *Giacomo Casanova*, p. 254.

12. William Beckford, *Dreams, Waking Thoughts and Incidents*, ed. Anne Freemantle, vol. 1 (Oxford: Oxford University Press, 1935), p. 67.

13. Casanova's brief en Giustiniana's antwoord, gedateerd 18 maart 1782, zijn verschenen in Aldo Ravà, *Lettere di donne a Casanova*, (Milaan, Treves, 1912), 2.

14. Wynne, *op. cit.*, pp. 112-113.

15. Giustiniana Wynne, *Alticchiero* (Padua, 1787), 2.

16. Casanova, *History of My Life*, vol. 3, 172.

17. Elizabeth Wynne, dagboekaantekening 23 juni 1791, *The Wynne Diaries*, red. Anne Fremantle, vol. I, (Oxford, Oxford University Press, 1935) 67.

18. De beschrijving van Andrea aan het sterfbed van Giustiniana staat in een brief van zijn dochter Lucia aan haar echtgenoot, Alvise Mocenigo, gedateerd 17 juni 1791. Particuliere verzameling van de schrijver.

19. Angelo Querini aan Clemente Sibiliato, 24 augustus 1791, in *Alcune lettere inedite di illustri veneziani a Clemente Sibiliato* (Padua, 1839).

20. Abate Gennari, 'Notizie giornaliere', ms. in de Biblioteca del Seminario, Padua, cod. 551.

21. Andrea Memmo aan Giacomo Casanova, 9 juli 1788, *Epistolari veneziani del secolo XVIII*, red. Pompeo Molmenti (Milaan, Roman Sandron, 1914).

22. Gianfranco Torcellan, 'Andrea Memmo', in *Illuministi italiani*, vol. 7. (Milaan, Ricciardi, 1965).

23. Brunelli, *Un'amica del Casanova*, p. 277.

24. Andrea Memmo aan Giulio Perini, 30 april 1785, Archivio di Stato di Firenze, Acquisti e doni, 94, map 146.

25. Museo Correr, Correr, (Handschriften, diversen IX 1138 (1201)).

26. Andrea Memmo aan Giulio Perini, 2 november 1784, Archivio di Stato di Firenze, Acquisti e doni, 94, map 146.

27. Andrea Memmo aan Giulio Perini, 30 april 1785, Archivio di Stato di Firenze, Acquisti e doni, 94, map 146.

28. Andrea Memmo, *Elementi dell'architettura Lodoliana*, p. 166.

29. Andrea Memmo aan Giacomo Casanova, 26 juli 1788, *Carteggi casanoviani*, vol. 47, (Florence, Archivio Storico Italiano, 1911), p. 330.

30. Giustiniana Wynne, gravin De Rosenberg, *A André Memmo Chevalier de l'Etoile d'Or et procurateur de Saint Marc, à l'occasion du mariage de sa fille ainée avec Louis Mocenigo* (Venctië, Rosa, 1787).

31. Andrea Memmo aan Giacomo Casanova, 9 juli 1788, *Epistolari veneziani del secolo XVIII*, red. Pompeo Molmenti, p. 192.

32. Ibid.

33. Ibid.

34. Ibid.

35. Andrea Memmo aan Giulio Perini, Archivio di Stato di Firenze, Acquisti e doni, 94, map 146.

36. Andrea Memmo aan Giacomo Casanova, 29 maart 1787, *Epistolari veneziani del secolo XVIII*, p. 185.

37. Pietro Zaguri aan Giacomo Casanova, 15 januari 1791, *Epistolari veneziani del secolo XVIII*, p. 119.

38. Dominique-Vivant Denon, *Lettres à Bettine*, red. Piergiorgio Brigliador e.a., (Arles, Actes Sud, 1999), brief gedateerd 1 november 1792. Zie ook de brieven gedateerd 15, 16, 17, 18, 21, 26 en 29 oktober 1792.

Archieven

Archives de la Bastille, Parijs
Archives Nationales (Châtelet), Parijs
Archivio della Curia Patriarcale di Venezia
Archivio di Stato di Firenze
Archivio di Stato di Venezia
Biblioteca Civica Correr, Venetië
Biblioteca Civica di Padova British Library (Manuscripten), Londen
Library, Randolph Macon College, Ashland, Virginia (The James Rives
  Childs Collection)

Secundaire bronnen

Anderson, Fred. *Crucible of War: The Seven Years' War and the Fate of
  Empire in British North America, 1754-1766*. New York: Knopf, 2000.
Barbier, Edmond Jean François. *Journal historique et anecdotique du
  règne de Louis XV*. Parijs: Renouard 1847-56 (4 delen).
Beckford, William. *Dreams, Waking Thoughts and Incidents*, red. Robert
  Gemmet, Rutherford 1971.
Bernis, François-Joaquin de. *Mémoires du cardinal de Bernis*. Parijs:
  Mercure de France, 2000.
Bignami, Giuseppe. 'Costantina dalle Fusine: un incontro',
  Intermédiaire des Casanovistes 13, (1996): p. 23.
Ibid. *Mademoiselle X.C.V.* Genua: 1985 (Pirella editore, een introductie
  op de werken van Giustiniana).

Blunt, Anthony, en Croft-Murray, Edward. *Venetian Drawings of the XVII & XVIII Centuries in the Collection of Her Majesty the Queen of Windsor Castle.* Londen: Phaidon Press, 1957.

Brooke, John. *King George III.* Londen: Constable, 1972.

Brosses, Charles de. *Lettres d'Italie du président de Brosses.* Parijs: Mercure de France, 1986.

Brunelli, Bruno. *Un'amica del Casanova.* Napels: Remo Sandron, 1924.

Brusatin, Manlio. 'Qualche donna e l'architettura funzionale a Venezia nel XVIII secolo', *Scritti di Amici per Maria Cionini.* Turijn: 1977.

Ibid. *Venezia nel Settecento: stato, architettura, territorio.* Turijn: Einaudi, 1980.

Capon, Gaston. *Casanova à Paris.* Parijs: Schemit, 1913.

Casanova, Giacomo. *Fuga dai Piombi.* Milaan: Rizzoli, 1950.

Ibid. De geschiedenis van mijn leven (12 delen). Vertaald door Theo Kars. Amsterdam: Atheneum – Polak & Van Gennep, 1991 - 1998.

Childs, J. Rives. *Casanova.* Londen: Allen & Unwin, 1961.

Comisso, Giovanni. *Agenti segreti veneziani nel '700.* Milaan: Bompiani, 1945.

Craveri, Benedetta. *La civiltà della conversazione.* Milaan: Adelphi, 2001.

Ibid. *Madame du Deffand e il suo mondo.* Milaan: Adelphi, 1982.

Cucuel, Georges. *La Pouplinière et la musique de chambre au XVIIIème siècle.* Parijs: Fishbacher, 1913.

Damerini, Gino. *Settecento veneziano.* Milaan: Mondadori, 1939.

Da Ponte, Lorenzo. *Memorie.* Milaan: Garzanti, 1976.

Darnton, Robert. *The Business of Enlightenment.* Cambridge: Belknap Press, 1979.

Davis, James C. *The Decline of the Venetian Nobility as a Ruling Class.* Baltimore: Johns Hopkins University Press, 1962.

Denon, Dominique-Vivant. *Lettres à Bettine.* Red. Piergiorgio Brugliadori et al. Arles: Actes Sud, 1999.

Desprat, Jean-Paul. *Le cardinal de Bernis (1715-1794): la belle ambition.* Parijs: Perrin, 2000.

Eglin, John. *Venice Transfigured: The Myth of Venice in British Culture 1660-1797,* Palgrave 2001.

Einaudi, Luigi. 'L'economia pubblica veneziana dal 1736 al 1755'. *La Riforma Sociale* 14 (1904).

Fleming, John. *Robert Adam and His Circle.* Londen: John Murray, 1962.

Freemantle, Anne, red. *The Wynne Diaries*. Oxford: Oxford University Press, 1935.

Fumaroli, Marc. *L'Âge de l'éloquence*. Parijs: Champion, 1980.

George, M.D. *London Life in the 18th Century*. Londen: Penguin, 1966.

Georgelin, Jean. *Venise au siècle des Lumières*. Parijs: École des Hautes Etudes de Sciences Sociales, 1978.

Goldoni, Carlo. *Memorie*. Turijn: Einaudi, 1967.

Ibid. *Opere*. Milaan: Mondadori, 1959.

Gozzi, Carlo. *Memorie inutili* (1722-1806). Turijn: Unim tipografica editrice forinese, 1923.

Grosley, Pierre-Jean. *Nouveaux mémoires, ou observations sur l'Italie et les italiens*. Londen: Jean Nourse, 1764.

Ibid. *A Tour to London* (2 delen). Londen: Lockyer Davis, 1772.

Gugitz, Gustav. 'Eine Geliebte Casanovas.' In *Zeitschrift für Bücherfreunde*, 1910, pp. 151-171.

Ibid. *Giacomo Casanova und sein Lebensroman*. Wenen: Strache, 1921.

Haskell, Francis. *Patrons and Painters, Art and Society in Baroque Italy*. New Haven, Conn.: Yale University Press, 1980.

Havelock, Ellis. 'An Anglo-Italian friend of Casanova's *Anglo-Italian Review* 2, n-7 November pp. 206-220.

Henry, Charles. 'Jacques Casanova de Seingalt et la critique historique', *Revue Historique*, 41, november-december 1889, pp. 311-316.

Infelise, Mario, red. *Carlo Lodoli: Della censura dei libri*. Venetië: Marsilio, 2001.

Ingamells, John. *A Dictionary of English and Irish Travellers in Italy 1701-1800*. New Haven, Conn.: Yale University Press, 1997.

Isenberg, Nancy. 'Mon cher frère: Eros mascherato nell'epistolario di Giustiniana Wynne a Andrea Memmo (1758-1760)'. In *Trame parentali/trame letterarie*, red. M. Del Sapio. Napels: Liguori, 2000, pp. 251-265.

Lane, Frederic C. *Venice, a Maritime Republic*. Baltimore: Johns Hopkins University Press, 1973.

Lever, Evelyne. *Madame de Pompadour*. Parijs: Perrin, 2000.

Marmontel, Jean-François. *Mémoires*. Red. John Renwick. Clermont-Ferrand: G. de Bussac, 1972.

Mars, Francis L. 'Pour le dossier de Miss XCV'. *Casanova Gleanings 5*, (1962): pp. 21-29.

Ibid. 'Une grande épistolière méconnue: Giustiniana Wynne'. In

Problemi di lingua e letterarura italiana del '700. Wiesbaden: F. Steiner Verlag, 1965. pp. 318-322.

McClellan, G.B. *Venice and Bonaparte.* Princeton: Princeton University Press, 1931.

Memmo, Andrea. *Elementi dell'architettura Lodoliana.* Rome: Pagliarius, 1786.

Ibid. *Elementi dell'architettura Lodoliana. Edizione corretta e accresciuta dall'autore,* (2 delen). Zara: 1833-1834.

Mitford, Nancy. *Madame de Pompadour.* Londen: Hamish Hamilton, 1954.

Molmenti, Pompeo. *Carteggi casanoviani.* Milaan: Remo Sandron, 1920.

Ibid. red. *Epistolari veneziani del secolo XVIII.* Milaan: Remo Sandron, 1914.

Ibid. *La storia di Venezia nella vita privata.* Bergamo: Istituto italiano di arti grafiche, 1908.

Monnier, Philippe. *Venice in the Eighteenth Century.* Londen: Chatto & Windus, 1906.

Montagu, Mary Wortley. *The Complete Letters of Lady Mary Wortley Montagu.* (3 delen). Red. Robert Halsband. Oxford: Clarendon Press, 1967.

Morris, Jan. *Venice.* Londen: Faber & Faber, 1960.

Norwich, John Julius. *A History of Venice.* New York: Knopf, 1982.

Ortolani, Giuseppe. *Voci e visioni del Settecento veneziano.* Bologna: Zanichelli, 1926.

Parreaux, André. *Daily Life in England in the Reign of George III.* Londen: Allen & Unwin, 1969.

Picard, Liza. *Dr. Johnson's London.* Londen: Phoenix Press, 2000.

Pupillo, Marco. 'Contarina Barbarigo: primi appunti sui disegni di architettura e le collezioni d'arte'. In *Gentildonne artiste intellettuali al tramonto della Serenissima.* Milaan: 1998.

Ravà, Aldo. *Lettere di donne a Casanova.* Milaan: Treves, 1912.

Rudé, George. *Hanoverian London, 1714-1808.* Londen: Secker and Warburg, 1971.

Rykwert, Joseph. *The First Moderns.* Cambridge: MIT Press, 1980.

Samaran, Charles. *Jacques Casanova, vénetien.* Parijs: Calmann-Levy, 1914.

Tabacco, Giovanni. *Andrea Tron (1712-1785) e la crisi dell'aristocrazia senatoria.* Triest: Tip. Smolars, 1957.

Tassini, Giuseppe. *Curiosità veneziane.* Venetië: Filippi, 1990.

Torcellan, Gianfranco. 'Andrea Memmo'. In *Illuministi italiani*, vol. 7, Milaan: Ricciardi, 1965.

Ibid. 'Contarina Barbarigo'. In *Settecento Veneto e altri scritti storici.* Turijn: 1969.

Ibid. *Una figura della Venezia settecentesca: Andrea Memmo.* Venezia: 1963.

Vivian, Frances. *Il console Smith, mercante e collezionista.* Vicenza: Neri Pozza, 1971.

Walpole, Horace. *The Letters of Horace Walpole*, (8 delen). Red. Peter Cunningham. Londen: Richard Bentley, 1857.

Ibid. *Memoirs of the Reign of King George II.* New Haven, Conn.: Yale University Press, 1985.

Watzlawick, Helmut. 'Clarification of Dossier Wynne.' *Casanova Gleanings 16*, (1973): pp. 31-32.

Ibid. 'Note on Giustiniana Wynne's Marriage.' *Casanova Gleanings 16* (1973): p.14.

Williamson, Rebecca. 'Giustiniana's Garden: An Eighteenth Century Woman's Construction'. In *Gendered Landscapes, An Interdisciplinary Exploration of Past Place and Space.* Red. B. Szczgiel, J. Carubia, and L. Dowler. University Park, Pennsylvania University Press, 2000.

Wynne, Giustiniana. *A' André Memmo Chevalier de l'Etoile d'Or et Procurateur de St Marc à l'occasion du mariage de sa fille ainée avec Louis Mocenigo.* Venetië: Rosa, 1787.

Ibid. *Alticchiero.* Padua: 1787.

Ibid. *Du séjour des comtes du Nord à Venise.* Londen: 1782.

Ibid. *Il trionfo dei gondolieri.* Venetië: Stamperia Graziosi, 1786.

Ibid. Met Bartolomes Bennicasa. *Les Morlaques.* Modena: 1788.

Ibid. *Pièces morales et sentimentales.* Londen: Y. Robson, 1785.

Zorzi, Alvise. *La repubblica del leone, storia di Venezia.* Milaan: Rusconi, 1979.

Dit boek zou het levenslicht niet hebben aanschouwd als mijn vader, Alvise di Robilant, de brieven van Andrea Memmo aan Giustiniana Wynne niet had ontdekt. Tegen zijn dood, in 1997, had hij ook tal van uren aan het decoderen en uitschrijven ervan gespendeerd en al heel wat onderzoek gedaan naar de belangrijkste figuren in dit verhaal. Het materiaal dat hij had verzameld, zijn aantekeningen en, vooral, de vele gesprekken die we over zijn ontdekking hebben gehad hebben me tijdens het schrijven van *Een liefde in Venetië* geïnspireerd. Het is ook zíjn boek, in meer betekenissen dan ik kan zeggen.

Michael Carlisle, een oude vriend van Columbia University, was de eerste tegenover wie ik melding maakte van het verhaal van Andrea en Giustiniana – in een lange en nogal chaotische e-mail die ik hem in de winter van 2000 stuurde. Zijn enthousiaste reactie gaf de doorslag om aan dit project te beginnen. Binnen enkele dagen werd hij mijn agent, verkocht het idee voor het boek en zette me aan het werk. Hij heeft me onophoudelijk aangemoedigd en gesteund.

Voor mijn uitgever, Sonny Mehta, moet een dergelijk debuut een hele gok zijn geweest. Ik ben hem diep dankbaar dat hij het erop heeft gewaagd. Vanaf dag één is het een voorrecht en een genoegen geweest samen te werken met alle mensen van Knopf die betrokken waren bij de productie van dit boek. Deborah Garrison is een toegewijd redactrice geweest, die altijd alert in actie kwam om me achter mijn vodden te zitten of met een probleem te helpen. Haar assistente, Ilana Kurshan, heeft onze drukke trans-Atlantische correspondentie voortdurend effectief en opgewekt gecoördineerd.

Ik heb een jaar met mijn gezin in Venetië gezeten om *Een liefde in Venetië* te schrijven. Claudio Saracco bood ons onderdak in zijn prachtige kleine huis aan het Campiello agli Incurabili en bleek een verrukkelijke en tolerante huisbaas. Het grootste deel van het boek is geschreven in de Fondazione Querini Stampalia, in de buurt van het Campo Santa Maria in Formosa. Ik had niet kunnen dromen een prettiger werkomgving te vinden. Mijn zeer oprechte dank gaat uit naar Giorgio Busetto, de onvermoeibare directeur van de stichting, en zijn fantastische staf.

De eerste die uitgebreid over Andrea en Giustiniana heeft geschreven was de Venetiaanse historicus Bruno Brunelli. Zijn boek, *Casanova Loved Her*, gepubliceerd in 1924, was grotendeels gebaseerd op de brieven van Giustiniana aan Andrea. Sindsdien is er, afgezien van de brieven die door mijn vader zijn ontdekt, een hoop rijk materiaal opgedoken, en zo kreeg ik de gelegenheid vollediger en misschien preciezer over hun liefdesgeschiedenis te schrijven. Toch heb ik altijd het gevoel gehad dat ik in Brunelli's schaduw werkte, en het is wellicht onvermijdelijk dat *Een liefde in Venetië* veel aan de blijvende aantrekkingskracht van zijn boek te danken heeft.

Rebecca Williamson, van de Universiteit van Illinois in Urbana-Champaign, die vol inzicht over Giustiniana heeft geschreven, heeft me nuttige aanwijzingen en adviezen gegeven. De architectuurhistorica Susanna Pasquali, van de Universiteit van Ferrara, heeft haar kennis van Andrea's latere correspondentie met me gedeeld. Verder heb ik mijn voordeel kunnen doen met de suggesties van een vrolijke groep *casanovisti*: Helmut Watzlawick, Giuseppe Bignami en Furio Luccichenti. Mijn grote dank gaat uit naar Nancy Isenberg, van de Universiteit van Rome. Nancy heeft met de jaren een hele hartstocht voor Andrea en Giustiniana ontwikkeld. Ze heeft me genereus en enthousiast in haar aanzienlijke kennis laten delen en belangrijke bijdragen geleverd aan de uiteindelijke gedaante van mijn boek.

Een liefde in Venetië is drie jaar lang het middelpunt van het leven van mijn gezin geweest. Mijn jonge zoons Tommaso en Sebastiano hebben het boek trouw gesteund, ook al wisten ze dat het een groot deel van de tijd opslokte die ik anders voor hen had gehad. Mijn vrouw Alessandra ben ik het meest verschuldigd: ze heeft me trouw terzijde gestaan in een project dat heel veel voor me heeft betekend en heeft samen met mij de vele vreugden en nu en dan de ellende meegemaakt waarmee het schrijven van dit boek gepaard is gegaan.